刘琪 郎需瑞 张晓芒 著

# 极正致中
## 传统辩证思维方式

中华之源与嵩山文明研究系列丛书

商务印书馆
The Commercial Press

图书在版编目（CIP）数据

权正致中：传统辩证思维方式 / 刘琪，郎需瑞，张晓芒著. —北京：商务印书馆，2022
（中华传统中文化研究丛书）
ISBN 978-7-100-21588-6

Ⅰ. ①权… Ⅱ. ①刘… ②郎… ③张… Ⅲ. ①古代辩证法—研究—中国 Ⅳ. ① B21

中国版本图书馆 CIP 数据核字（2022）第 153062 号

权利保留，侵权必究。

中华传统中文化研究丛书
**权正致中**
传统辩证思维方式
刘琪 郎需瑞 张晓芒 著

商务印书馆出版
（北京王府井大街36号 邮政编码100710）
商务印书馆发行
南京新洲印刷有限公司印刷
ISBN 978-7-100-21588-6

2022年10月第1版　　开本 889×1240 1/32
2022年10月第1次印刷　　印张 17¼

定价：128.00元

郑州中华之源与嵩山文明研究会

郑州嵩山文明研究院

郑州市嵩山文明研究基金会

资助研究出版

## "中华之源与嵩山文明研究系列丛书"
## 编纂委员会

| | |
|---|---|
| 学术顾问 | 徐光春　王伟光　李伯谦　严文明 |
| | 朱凤瀚　郭黛姮　朱绍侯　朱士光 |
| | 王　巍 |
| 主　　任 | 王文超 |
| 副 主 任 | 李柏拴　刘其文　丁世显 |
| 委　　员 | （以姓氏笔画为序） |
| | 刘太恒　齐岸青　孙英民　陈西川 |
| | 苗书梅　赵　健　赵　辉　阎铁成 |
| | 韩国河 |

## "中华之源与嵩山文明研究系列丛书"
## 编辑委员会

| | |
|---|---|
| 主　　任 | 李伯谦 |
| 副 主 任 | 王　巍　赵　辉　杨焕成　孙英民 |
| 委　　员 | 陈星灿　杭　侃　郭黛姮　郝本性 |
| | 郑杰祥　雷兴山　刘海旺　张新斌 |
| | 史家珍　李令福　杜启明　张国硕 |
| | 程民生　阎铁成　任　伟　朱　军 |
| | 张松林　王文华　顾万发　张建华 |

## 中华传统中文化研究丛书
## 编辑委员会

主　　任　王文超

副 主 任　刘太恒　阎铁成

委　　员　（以姓氏笔画为序）

　　　　　王中江　王文超　王星光　牛玉乾
　　　　　任　伟　刘太恒　宋豫秦　张建华
　　　　　张新斌　郑　开　赵保佑　黄　俊
　　　　　阎铁成

主　　编　王文超　刘太恒

# 序

中华文化源远流长,博大精深,是世界上唯一没有中断的文化。中华文化的核心和灵魂是中文化。中文化是指中华民族信中、尚中、求中、执中、用中的文化精神及其文化体系。其主要内涵和特质体现在以下五个方面。

## 一、中是中华民族传统的宇宙观

人生天地间,首先关注的是天地人之间的关系。古人通过对天地运行变化的长期观察,形成了以下观念:

其一是天地之中的观念。天在上,地在下,人在天地中间。北斗星"运乎天中",地中则在嵩洛地区。地中是"天地之所合也,四时之所交也,风雨之所会也,阴阳之所和也"。即地中自然环境条件最好,最适合人类繁衍生息。显而易见,这里的"中"既是描述空间方位的概念,也是表达价值的概念。"天地之中"观念的形成,标志着中华民族原初的宇宙观已经确立起来。

其二是"天圆地方"说。天是"圆"的,地是"方"的。随着时间的推移、知识的增加和思维能力的不断提升,人们逐渐认识到了天"大"、地"广",认识到了宇宙的无限性、事物的多样性。

其三是万物皆"易",都是恒变无常的。何谓易?生生不息之谓易。

宇宙的本质就是一个不断运动、变化、创新的过程。

其四是天人合一的观念。人与自然是对立的，又是统一的，天地与人是共生、共存的有机整体。

在这些观念形成的过程中，人们逐渐认识到"中"对于事物形成、发展、变化的极其重大的意义，从而提出了"中也者，天下之大本也"的论断。沿着这一思维路向，后世思想家则进一步强调："中者，天地之所终始也""人受天地之中以生"。并将"中"称为"天理"，认为"天下之理统一于中"。这样，以"天地之中"观念为基础，中华传统文化以"中"为核心的精神体系便逐步建立和不断完善起来。

## 二、中是中华民族认识事物、推动事物发展的方法论

在实际生活中，人们必然要面对各种各样的事物，处理各种各样的问题。通过长期的社会实践，人们逐渐总结、形成了以下认识事物、推动事物发展的方法。

首先，将构成天地万物的各种要素，归结为"阴""阳"两个方面。提出了"万物负阴而抱阳""一阴一阳之谓道""一物两体"等论断。强调任何具体事物内部都包含着"阴阳""两体"，这两个方面既对立又统一，是事物存在、变化和发展的基本法则。

其次，强调事物内部各要素之间的和谐、平衡，人和事物与外部环境的和谐、平衡，是人和事物存在、发展的前提。当某一事物内部各方面处于高度和谐、平衡状态时，即谓之"中"。反之，则为"不中"。"中"既是对事物良好状态的描述，又是对事物良好状态的评价、肯定。因此，"求中"也就成了人们认识事物、分析问题和价值选择的基本原则和方法。

再次,"执其两端,用其中于民"。即是说,在治理民众、处理各种政事时,要注意倾听各方面的意见,了解各方面的情况,兼顾各方面的利益,采取"适中"的方针措施。从而实现社会稳定,促进社会发展。这种思想对后世产生了极其深远的影响。

最后,执中致和。"中也者,天下之大本也,和也者,天下之达道也。致中和,天地位焉,万物育焉。"中为本,和为用,执中才能致和,致和才能够促使事物各适其位,遵循规律、繁衍生息。

# 三、中是中华民族传统的行为规范

人类社会要保持有序运行,就必须建立一套规范系统来约束、规范人们的行为。中华民族传统的行为规范涵盖了多个方面,是"中"的具体化。其中最主要的就是道德规范和礼仪规范。

首先是道德规范。早在五帝时期,执政者就强调执中修德,"顺天之意,知民之急,仁而威,惠而信,修身而天下服"。开始重视以德为政,以德教民。经夏、商、西周到春秋时期,道德规范趋于成熟。一是尚中、守中,以中为至高之德。二是以仁、义、礼、智、信五常为标准修身养性。三是坚守君子之道。敏而好学,文质彬彬,坦坦荡荡,成人之美,和而不同,己所不欲,勿施于人。四是做到"诚",从而达到"不勉而中,不思而得,从容中道"。

其次是礼仪规范。中华传统礼仪规范由来已久。西周时期,周公旦主持制定周礼。在夏、商礼制基础上,制定了一套系统的礼仪规范。其核心内容是:以中为本,以礼立序,以德治国,以乐致和,自强不息,忠诚无私,举贤任能,礼让为先,尊老爱幼。周礼涉及社会生活的方方面面,是礼仪规范、治国方案,也是一部法典,对后世产生了极其深远的影响。

## 四、中是中华民族的审美理想

审美是人认识、理解和评价外部事物的一种活动方式。与主体自身的宇宙观、道德观等密切相关。《国语》中提出了"和实生物"的命题。各种事物的生存、发展,正是构成事物的各要素高度"融和"的结果。而这种"融和"是以各要素的协调、平衡即"中"为前提和基础的。即由"中"致"和"。事物各要素"融和"的程度越高,事物的存续状态就越美好,就越能使主体得到愉悦。

《左传》载,晏子在论述"和"时曾谓"和如羹焉"。厨师做汤之所以要放入多种食材、佐料,目的正是在于"济其不及,以泄其过"。好喝的汤,是不同的食材、佐料由"中"致"和"的结果。同样道理,好听的音乐也是不同的乐声由"中"致"和"的结果。孔子在评论乐曲《韶》时曰:"尽美矣,又尽善也。"孔子认为乐曲《韶》的表现形式与思想内容高度和谐,故称"尽善尽美"。

孔子曰:"质胜文则野,文胜质则史。文质彬彬,然后君子。""质胜"则"文"不及,表现为粗野;"文胜"则"质"不及,表现为虚浮。"质""文"高度协调、和谐,无过无不及,这才是完美的"君子"形象。

一般来说,审美有三种境界:一是"时中"之美,也可称和时之美;二是中和之美,也可称和谐之美;三是和而不同之美,各美其美,美美与共,是最高理想境界。

## 五、中是中华民族传统治国理政之策

《尚书》载,舜传位禹时说,"人心惟危,道心惟微,惟精惟一,允执厥中"。舜要求禹要秉持"执中"的理念治国理政。舜这种治国理政的基本理念,承继于尧。尧、舜、禹一脉相承的这种治国理政的"执中"理念,为后世人们所继承和发扬,成为中华民族传统治国理政的基本理念。

秉持"执中"的理念治国理政,首先就是要"明于刑之中"。治理国家要"善刑","刑新国用轻典,刑平国用中典,刑乱国用重典"。要选择公正的贤人做刑官,犯罪依律惩治,凡有疑不符者,从轻发落。审慎施法,让当事者信服。

其次,"为政以德""宽猛相济"。"敬事而信,节用而爱人,使民以时。"当政者要忠诚守信,取信于民;要用财节俭,爱护百姓,薄赋轻徭,调用民力适时有度。

最后,要施行"仁政"。对民众要先"富之",然后"教之"。"制民之产",使民众具有一定的产业。要注重解决民众面临的实际问题。同时,"谨庠序之教,申之以孝悌之义";还要抓好农业生产,做好资源的利用与保护工作。特别是要注意把控贫富之间的差距,不能使之过于悬殊。"大富则骄,大贫则忧。忧则为盗,骄则为暴。"要对"大富"与"大贫"进行"调均之"。所谓"调均",就是在"大富"与"大贫"之间"求中"。

总之,秉持"执中"的理念治国理政,就是要求执政者做到公平、公正、无私,注意协调社会各方面的关系,注重教养民众,不要采取偏激措施,以避免激化矛盾,从而实现社会的和谐、稳定和发展。秉持"执中"的理念治国理政,就是"以德治国",就是"善政"。这种"执中"的执政理念,对于中国社会的发展产生了极其深刻而持久的影响。

中华文明的方方面面，都彰显着中文化的精神。正是中文化精神的滋养，使得中华民族具有自强不息、兼容并包、宽厚仁和、敦亲睦邻、天下为公、协和万邦的博大胸怀。中华民族的生命力、凝聚力、感召力日渐增强。

基于这样的认识，郑州中华之源与嵩山文明研究会设立了"中华传统中文化研究"重大课题。课题组先后邀请了中国社会科学院、中国科学院、北京大学、南开大学、中国传媒大学、首都经济贸易大学、上海科技大学、天津社会科学院、湖北大学、深圳大学、中南财经政法大学、中共河南省委党校、河南省社会科学院、郑州大学、河南大学、河南中医药大学、河南农业大学等单位的三十多位学者参与讨论和研究工作。确定了从资料收集梳理开始，然后设立子课题进行专题研究，最后进行综合研究的思路和步骤。中华传统中文化研究的任务是：探讨中文化形成、发展的历程；研究中文化在中华文化发展中所发挥的重大作用；明确中文化在中华文化体系中的地位；揭示中文化在新时代的意义和价值。

郑州市嵩山文明研究基金会为本课题的研究和成果的出版提供了资金支持；郑州嵩山文明研究院的同志为本课题的研究提供了非常周到的服务和保障工作。在此，特向为本课题研究做出贡献的各个单位、各位专家和工作人员，致以诚挚的敬意和衷心的感谢！

2022 年 6 月

# 目 录

**导 论 思维样法与"中"文化** …………………………………… 1
  第一节 思维"样法"——文化因素之一 ………………………… 1
  第二节 权正致中——传统辩证思维方式的过程及目的 ……… 5
    一、中——传统文化的精髓 ………………………………… 5
    二、权正致中——过程与目的 ……………………………… 10
  第三节 如何"权正"而"致中"
       ——传统辩证思维方式的根据 ……………………… 21
    一、观念与方法——爱因斯坦的启示 ……………………… 21
    二、变则通,通则久——从"权变"走向"致中"的理路 …… 24

**第一章 传统辩证思维方式的萌芽** …………………………… 41
  第一节 疏川导滞——神话中的辩证思维方式 ……………… 41
    一、四极正——渴望秩序的朦胧选择 ……………………… 42
    二、疏川导滞——意图和方法的直觉辩证 ………………… 47
    三、子孙无穷——对矛盾转化的"相信"态度 ……………… 51
  第二节 咸庶中正——《尚书》中的辩证思维方式 …………… 53
    一、选善弃恶——"成汤革夏"中取法标准的演变 ………… 54

二、中正——"德"标准的确立 …………………………………… 60
三、允执厥中——"权"的过程与结果 …………………………… 66
第三节 天命靡常——《诗经》中的辩证思维方式 ………………… 70
一、高岸为谷,深谷为陵——认识的全面性 …………………… 70
二、天命靡常——判断的条件性与取法标准的变化性 ……… 72
第四节 保合太和——《周易》中的辩证思维方式 ………………… 77
一、易者象也——有意味的形式 ………………………………… 78
二、阴阳对立——"唯变所适"的前提 ………………………… 82
三、阴阳转化——"唯变所适"的过程及结果 ………………… 88
第五节 以和、宜也——《左传》中的辩证思维方式 ……………… 96
一、物生有两——事物存在的基本形式 ………………………… 97
二、宽猛相济,政事以和——君、民、神的辩证认知 ………… 98
三、名分大义,义者宜也
——"春秋笔法"之"凡例"论式中的辩证认知 ……… 105

## 第二章 传统辩证思维方式的形成(一)
### ——先秦儒家的辩证思维方式 …………………………… 118
第一节 执两用中——孔子的辩证思维方式 ………………………… 118
一、以名正实的名实观 …………………………………………… 119
二、对伦理道德范畴"通权达变"的灵活理解 ………………… 121
三、辩证的认识方法 ……………………………………………… 126
四、孔子辩证认识方法的比较及现代意义 ……………………… 134
第二节 执中而权——孟子的辩证思维方式 ………………………… 138
一、对名分等级观念的辩证认识 ………………………………… 139
二、对"孝""信"及如何"仕"问题的辩证理解 ……………… 144

三、矛盾对立的定义方法 …………………………………… 149
　　四、"执中而权"——论辩中对于是非的辩证认识 ……… 151
第三节　中则正——荀子的辩证思维方式 ………………………… 158
　　一、"中则正"的意涵 ………………………………………… 158
　　二、制名原则中的朴素辩证因素 …………………………… 160
　　三、对"辞"中朴素辩证法因素的分析 …………………… 164
　　四、全面性思维要求的提出及运用 ………………………… 167
　　五、"贵其有辨合，有符验"的论辩原则 …………………… 170
　　六、"辩则尽故"与"解蔽"的论辩原则 …………………… 173
　　七、"与时迁徙，与世偃仰"的谈说方法 …………………… 176

## 第三章　传统辩证思维方式的形成（二）
### ——先秦墨家的辩证思维方式 …………………………… 179
第一节　择务从事——墨子的辩证思维方式 ……………………… 180
　　一、"取实予名"的名实观 …………………………………… 181
　　二、对同实异名和同名异实现象的区分 …………………… 185
　　三、对谈辩时机、地点及不同地区风俗习惯的关注 ……… 187
　　四、辩证选择"他物"的比喻式推类论辩方法 …………… 191
第二节　权，正也——《墨经》的辩证思维方式 ………………… 195
　　一、对"名"的变化性的关注 ……………………………… 196
　　二、对"名""谓"的分类 …………………………………… 204
　　三、对"名"的矛盾定义法 ………………………………… 208
　　四、"同异交得"之"权，正也"的辩证思想 …………… 210
　　五、论辩的具体方法 ………………………………………… 230
　　六、《大取》《小取》中的语境意识 ………………………… 238

七、"通意后对"的论辩要求 …………………………… 248

## 第四章　传统辩证思维方式的形成（三）
### ——先秦道家的辩证思维方式 ………………… 251
第一节　玄同——老子的辩证思维方式 ………………… 251
  一、"道"与名（言）的关系 ……………………………… 252
  二、有形事物与名（言）的关系 ………………………… 255
  三、"正言若反"的表达方式 …………………………… 259
  四、"不辩"的论辩思想 ………………………………… 266
第二节　以和为量——庄子的辩证思维方式 …………… 269
  一、道与名（言）的关系 ………………………………… 270
  二、具体事物与名（言）的关系 ………………………… 274
  三、"言不尽意" ………………………………………… 280
  四、泯灭一切事物对立的"齐物"思想 ………………… 282
  五、泯灭是非对立的"齐论"思想 ……………………… 289
  六、"辩无胜"思想 ……………………………………… 292
  七、以和为量——"辩无胜"问题的启示 …………… 294

## 第五章　传统辩证思维方式的形成（四）
### ——先秦名家的辩证思维方式 ………………… 302
第一节　时措其宜——邓析的辩证思维方式 …………… 303
  一、"循名责实""按实定名"的名实观 ……………… 303
  二、"两可"之说 ………………………………………… 305
  三、"时措其宜"的论辩原则 …………………………… 308
  四、"时措其宜"的全面性要求 ………………………… 311

五、双重论证 ............................................. 312
第二节　天地一体——惠施的辩证思维方式 ............ 315
　　一、"历物之意"的十个命题 ........................... 316
　　二、惠施"譬"式推论的"中"理 ....................... 324
第三节　物实位正——公孙龙的辩证思维方式 ............ 329
　　一、名实概念的界定及其相互关系 ................... 330
　　二、对词性的区分 ....................................... 332
　　三、对兼名和单名的分析 .............................. 335

# 第六章　传统辩证思维方式的继承——两汉时期 ...... 339
## 第一节　多类不然——《吕氏春秋》的辩证思维方式 ...... 339
　　一、关于语言和思维关系的论述 ....................... 340
　　二、关于推类的论述 .................................... 344
## 第二节　与化转移——《淮南子》的辩证思维方式 ........ 347
　　一、对名实关系的探讨 ................................. 347
　　二、对推理的论述 ....................................... 349
　　三、对推理原则的论述 ................................. 351
## 第三节　中和——董仲舒的辩证思维方式 ................. 355
　　一、常变经权论 .......................................... 356
　　二、中和论 ............................................... 360
　　三、辞指论 ............................................... 366
　　四、五行论 ............................................... 369
## 第四节　引物事验言行——王充的辩证思维方式 ........ 372
　　一、对论证方法综合性、系统性的辩证运用 ......... 373
　　二、对条件性的辩证思考 .............................. 379

三、对于语义、语用、语境的辩证思考 …………………… 386

## 第七章 传统辩证思维方式的拓展——两宋时期 …………… 396
### 第一节 量宜知权——张载的辩证思维方式 ………………… 396
一、"量宜而行"
——张载气学中的名辞理论及其辩证思维运用 …… 397
二、"不可不知权"
——张载易学推理及其辩证思维运用 ……………… 404

### 第二节 因"权"知"道"——二程的辩证思维方式 ………… 413
一、"权即是经"
——二程名辩思想中辩证思维的基础 ……………… 413
二、"因事以制名"
——二程理学名辩思想中辩证思维的体现 ………… 416
三、"知几能权"——程颐易学推理方法中的辩证思考 … 424

### 第三节 权正得中——朱熹的辩证思维方式 ………………… 431
一、"权而得中,不离于正"
——朱熹名辩思想中辩证思考的基础 ……………… 432
二、"随时释义"——朱熹理学名辩思想中的辩证思考 … 440
三、"理不走作"——朱熹易学推类中的辩证思考 ……… 450
四、"求同究异"
——朱熹政治思想论证方法中的辩证思考 ………… 460

## 第八章 传统辩证思维方式的延续——明清时期 …………… 468
### 第一节 穷理行权——方以智的辩证思维方式 ……………… 468
一、"称物当名"——方以智的名辩思想及其辩证思考 … 468

二、"费隐适当"——方氏易学思想及其辩证思考 ……… 474
第二节 因时辨宜——王夫之的辩证思维方式 ……………… 479
　一、"在彼在此之无定者"
　　　——王夫之理学中的名辞理论及其辩证思考 ……… 479
　二、"遭变事而知权"
　　　——王夫之易学推理方法及其辩证思考 …………… 487
第三节 明末清初其他思想家的辩证思维认识 ……………… 494
　一、顾炎武 ……………………………………………………… 495
　二、黄宗羲 ……………………………………………………… 495
　三、唐甄 ………………………………………………………… 496
　四、颜元 ………………………………………………………… 497
　五、戴震 ………………………………………………………… 500

# 结　语　传统辩证思维方式的研究意义及现代转换的可能性与必要性

……………………………………………………………………… 502

# 参考文献 …………………………………………………………… 514

# 后　记 ……………………………………………………………… 524

# 作者简介 …………………………………………………………… 525

# 导　论　思维样法与"中"文化

应该说,在人类文明发展的历史长河中,人的意念、意识、意志和思维才是根本,它以预设的形态潜存在每一代思想家的认识中,推动着他们对于现实情状的认知过程,并推动着人类文明中思想史的发展。中国传统辩证思维方式的发生发展亦如是。它体现在历史化的过程和大量的实践应用中,传统辩证思维方式反映了中国人在生活态度上更偏重于"事急从权"的经验感受与理性感发,抒发着自己对社会、人生的不同感悟,描述着自己的理想社会,并将之熔铸、积淀在中华文化的血脉里,潜移默化影响着中国人的思维方式。通过对它演进过程的梳理,以及对其背后的逻辑原则、文化传统、人文精神的了解,可以从逻辑与文化的角度增强我们对传统求正、求中、求宜、求和思维的方法论意义、文化认同意义的感受。

## 第一节　思维"样法"——文化因素之一

任何一个文化理念的产生,都必然要有一个背后的文化支撑,体现着一种集体性思考。而这样的文化支撑,也必然有其产生的历史背景,并在历史的积淀中,形成稳固的具有本文化特质的思维方式。中国传统辩证思维方式亦然。

我们的主张是:思维"样法"——民族思维方式。

胡适曾在其《读梁漱溟先生的〈东西文化及其哲学〉》一文中说过:"文化是民族生活的样法,而民族生活的样法是根本大同小异的。为什么呢?因为生活只是生物对环境的适应,而人类的生理的构造根本上大致相同。故在大同小异的问题之下,解决的方法,也不出那大同小异的几种。"[①]中西逻辑思想中的思维规律在根本上相同[②],即胡适所说的"样法",应该也包括了民族思维方式。

这是因为,按著名人类学家爱德华·泰勒1871年在其《原始文化》一书中给文化下的定义:"文化,或文明,就其广泛的民族学意义来说,是包括全部的知识、信仰、艺术、道德、法律、习俗以及作为社会成员的人所掌握和接受的任何其他的才能和习惯的复合体。"[③]显然,在这个几乎包容了人类生活所有方面的"文化"内涵中,应该也包括了作为传播工具的语言和如何表达思想的思维样式等。

联合国教科文组织1998年公布的《世界文化报告》对文化做了广义和狭义的界定,从广义上讲,"文化是一种生活方式和生存方式。这包括人们所持的价值观,对他人(民族和性别)的容忍,外在的以及与之相对的内在的取向和偏好,等等";从狭义上讲,"文化是艺术、音乐、文学等方面的体现"。[④] 前者的广义理解,应该不仅包括了"何以"生活和生存的指导观念,也应该包括了"怎样"生活和生存的思维认知样式。观念与方法统一在一起才是现实的生活方式和生存方式。后者的狭义

---

① 欧阳哲生编:《胡适文集》(3),北京大学出版社1998年版,第193页。
② 参见张晓芒:《先秦辩学法则史论》,中国人民大学出版社1996年版,第30—54页。
③ 爱德华·泰勒:《原始文化》,连树声译,上海文艺出版社1992年版,第1页。
④ 联合国教科文组织:《世界文化报告(1998)——文化、创新与市场》,关世杰等译,联合国教科文组织、北京大学出版社2000年版,第1页。

理解，则应该包括了语言符号。

从这种意义上讲，文化既是精神的，也是物质的，是两者有机结合的统一。故有历史学家斯塔夫里阿诺斯的"文化"界定："人类，只有人类能创造预定的环境，即今日所谓的文化。……具体地说，人类文化包括工具、衣服、装饰品、制度、语言、艺术形式、宗教信仰和习俗。所有这一切使人类能适应自然环境和相互间的关系。"①

从这些有关"文化"的界定反溯，春秋战国时期是中国历史上的一个社会大变革时代，"溥天之下莫非王土，率土之滨莫非王臣"②的局面已打破，"社稷无常奉，君臣无常位"③成为真实写照，被《诗经》形象地比喻为"高岸为谷，深谷为陵"④，"礼乐征伐自诸侯出""陪臣执国命"的所谓"天下无道""礼崩乐坏"情状屡见不鲜。在这新旧交替过程中，代表旧事物的"名"与大量涌现出来的新事物之"实"并存，造成了"名实是非相淆"、社会风俗不正、刑罚不清的混乱局面。即管子所说的"名实之相怨，久矣"⑤。故而南宋陈亮对此时的评价是："夫今日之患，正在夫名实是非之未辨，公私爱恶之未明。其极至于君子小人之分犹未定也……名实是非当日以淆，而公私爱恶未知所定，何望夫风俗之正而刑罚之清哉?"⑥

由是，如何平定天下，重新实现对社会的有效管理与控制，始终是

---

① 斯塔夫里阿诺斯：《全球通史：1500年以前的世界》，吴象婴等译，上海社会科学院出版社1999年版，第67—68页。
② 《诗经·小雅·北山》。
③ 《左传·昭公三十二年》。
④ 《诗经·小雅·十月之交》。
⑤ 《管子·宙合》。
⑥ 《陈亮·策·庭对》，载中国逻辑史研究会资料编选组：《中国逻辑史资料选》（汉至明卷），甘肃人民出版社1991年版，第353页。

当时诸政治家、军事家、思想家亟待解决的问题。现实的政治活动、军事活动、外交活动的需要，决定了这个时代是一个需要论辩思想、产生论辩艺术的时代。先秦诸子为了政治、军事、外交、伦理等传播的需要，围绕"名"的性质、内容、相互关系等问题，展开辩论并进而深入关于"辩"的理论研究中。这些有关"名辩"的思想都熔铸着先秦诸子的真知与睿智，充分显现了他们对播其声（主张）、扬其道（理想）、释其理（理由）的期待，具有传统特色的名辩思潮也由此展开。在如何"正名—用名"、如何"谈辩—用辩"的理性思考与实践运用中，形成了中国先秦时代特有的论辩文化。

任何一个时代的思想文化，都应该是被这个时代的历史要求催发或"逼迫"出来的，都有其存在的必然性和合理性，它们本来就是为了满足人的现实需要而创生出来的。当一个民族试图理解其文化价值及其意义时，其独特的"文化的历史"便提供了意义框架，并将之付诸历史的实践。

由此，一个稳定的文化传统必定包含了这个民族的思维方式，中国先秦时代的名辩思潮，就在如何认识世界、如何认识社会的过程中，经过中国古代先人历史积淀的认知实践及粗浅的理论概括，在如何"正名—用名"、如何"谈辩—用辩"的"辨名析理"思考与实践运用中，形成了两种相互联系的思维方式：一种是意象性思维，一种是整体性思维。在意象性思维的基础上，产生了具有中国古代文化特质的建立在"类"概念基础之上的由"言事"而"论道"的"推类"思维方法[①]；在整体性思维基础上，则产生了同样具有中国古代文化特质的"权—正—中"的传统辩证思维方式。

---

① 有关意象性思维基础上的"推类"思想与方法，张晓芒在将由中国社会科学出版社出版的著作《先秦推类思想辩证》一书中进行了详细讨论。

## 第二节　权正致中——传统辩证思维方式的过程及目的

现代学者张东荪曾认为逻辑是跟着文化走的。即文化上某一方面的需要逼迫人们的思想不得不另有一种联结,所以,逻辑的联结为其背后的文化与概念所左右。因此他提出,"我以为不但中国人,即中国以外的其他民族,如果其文化与西方不同,自可另用一套思想程式。这种另外的一套依然不失为正确的与有效的",因此,"逻辑不是普遍的与根本的,并且没有唯一的逻辑,而只有各种不同的逻辑"[①]。按此,"中国逻辑"的传统名辩思想自有它的一套思想程序,而体现在传统名辩思想中的辩证思维方式,也定有它自己的产生根源、过程、目的。因此,分析探讨中国古代名辩思想中"权正致中"的传统辩证思维方式以怎样的过程达致怎样的目的,还须从产生它的时代文化开始谈起。

### 一、中——传统文化的精髓

"天行健,君子以自强不息",因此,德业不可以有终极之时;"地势坤,君子以厚德载物",因此,德业又以返回刚大为归宿。二者的统一,契合着一种恰当适宜的以"中"为原则,以"和"为目标、效果的"中和"文化。

---

[①] 张东荪:《不同的逻辑与文化并论中国理学》,载张汝伦编选:《理性与良知——张东荪文选》,上海远东出版社1995年版,第387页。

作为一种基本的公共知识,"中国传统文化以正统的儒家学说为基础,融合了墨、道、法家以及后来被中国化的佛教,在伦理道德上强调'父慈子孝,兄友弟恭',以仁、义、礼、智、信来约束自己的行为;在宇宙观上主张'天人合一',强调与自然的和谐;在哲学观上提倡'阴阳'对立统一与'中和'思想;在处理人际关系上力求做到'和为贵,礼为先';把'正心、修身、齐家、治国、平天下'作为人生奋斗目标等等"[①]。这是一种历史选择的结果,是作为历史主体的人的思维选择的结果,是在传统历史文化整合中保留或展现差异,提倡"和"而反对"同"以求得一致的结果。

按《左传·昭公二十年》记载齐景公与晏婴的一段对话:

公曰:"唯据与我和夫。"

晏子对曰:"据亦同也,焉得为和?"

公曰:"和与同异乎?"

对曰:"异。和如羹焉,水、火、醯、醢、盐、梅,以烹鱼肉,燀之以薪。宰夫和之,齐之以味,济其不及,以泄其过。君子食之,以平其心。君臣亦然。君所谓可而有否焉,臣献其否以成其可。君所谓否而有可焉,臣献其可以去其否。是以政平而不干,民无争心。故《诗》曰:'亦有和羹,既戒既平。鬷嘏无言,时靡有争。'先王之济五味,和五声也,以平其心,成其政也。声亦如味,一气,二体,三类,四物,五声,六律,七音,八风,九歌,以相成也。清浊,小大,短长,疾徐,哀乐,刚柔,迟

---

① 王晓德、张晓芒主编:《历史与现实:世界文化多元化研究》,天津人民出版社2007年版,第18页。

速,高下,出入,周疏,以相济也。君子听之,以平其心。心平,德和。故《诗》曰:'德音不瑕。'今据不然。君所谓可,据亦曰可。君所谓否,据亦曰否。若以水济水,谁能食之? 若琴瑟之专一,谁能听之? 同之不可也如是。"

意谓,梁丘据是春秋时齐国的大夫,很受齐景公的信任。于是齐景公说:"只有梁丘据与我和谐啊!"晏子回答说:"梁丘据只是相同而已,哪里称得上是和谐?"于是齐景公问道:"和谐与相同有差别吗?"

晏子对此疑问展开了引征谕证①:和谐就像做羹,用水、火、醋、酱、盐、梅来烹调鱼肉,用柴草来烧。厨师加以调和,使味道适中,味道太淡了就加佐料,味道太浓了就加水冲淡。这样,君子吃了就会内心平静。君臣之间也是如此,国君认为可行而其中有不可行的,臣下就指出它不可行的部分使行的部分更加完善;国君认为不可行而其中有可行的,臣下就指出它可行的部分而去除不可行的部分。这样就会政事平和而不违反礼仪,人民没有竞争之心了。所以《诗经》才说:"再把肉羹调制好,

---

① 引征:引出、征引一个包含公共知识的生活经验或历史经验作为"推类"的前提;谕证:以联想的工作机制用引征的前提隐喻或意涵当下所要说明的治国理政道理。又按,现代语言学家王力认为,在中国古代用"譬"表示的"推知"过程,寓说理于譬喻之中的"喻"和"谕"本无分别,直到汉代还相互混用,后来才有了分别:单纯"比喻"意义的用"喻"不用"谕",在"晓得"或"使人知道"的推论意义上,则用"谕"不用"喻"(参见王力主编:《古代汉语》(第一册),中华书局1985年版,第324页)。这可以《说文解字》为证:"譬,谕也""谕,告也"(《说文解字·言部》)。段注:"晓之曰谕,其人因言而晓亦曰谕。"由之,"推类"之"譬"一定是要借助于其他的事情来说明、谕证某一事理。即《文心雕龙·比兴》篇给"兴"做的语义解释,"'兴'则环譬以记讽",之后又进一步解说其功用,"观夫'兴'之托谕,婉而成章;称名也小,取类也大"。此处的"谕"即为晓告。为此,本书中凡涉及"引征谕证"的传统"推类"方法时,用"谕"不用"喻"。

五味平和最适中,心中默默来祷告,次序井然无争抢。"①按西晋时期杜预的《春秋左氏传集解》注,先王调匀五味,和谐五声,用来平静自己的心情,成就他的政事。声音也同味道一样,是由一气②、二体③、三类④、四物⑤、五声⑥、六律⑦、七音⑧、八风⑨、九歌⑩相互组成的,是通过清浊、小大、短长、疾徐、哀乐、刚柔、迟速、高下、出入、疏密相互调和的。君子听受它们,用来平静自己的心情。心情平静了,道德就能和谐。所以《诗经》才说:"德音没有疏缺。"⑪现在梁丘据却不是这样,君王认为行的,梁丘据也说行,君王认为不行的,他也说不行。这就像用水来调和水,谁还愿意吃它?就像琴瑟只发出一种音调,谁还愿意听它?不应该"相同"的道理和这是一样的啊!

于是又有了此段对话下面的孔子将之引申至对子产施政理念的政事评价:

仲尼曰:"善哉!政宽则民慢,慢则纠之以猛。猛则民残,

---

① 见《诗经·商颂·烈祖》。
② 杜预注:"须气以动。"声音是由空气来发动。
③ 杜预注:"舞者有文武。"指古代舞蹈中的文舞与武舞两种体态。
④ 杜预注:"风、雅、颂。"
⑤ 杜预注:"杂用四方之物以成器。"
⑥ 指古曲中的宫、商、角、徵、羽五个音阶。
⑦ 杜预注:"黄钟、太簇、姑洗、蕤宾、夷则、无射也。阳声为律,阴声为吕。"指用来确定声音高低清浊的六个阳声。
⑧ 指宫、商、角、徵、羽、变宫、变徵七种音阶。
⑨ 八方之风。
⑩ 杜预注:"九功之德皆可歌也。六府三事谓之九功。"一说指可歌唱的金、木、水、火、土、谷、正德、利用、厚生九功之德。
⑪ 见《诗经·豳风·狼跋》。

残则施之以宽。宽以济猛,猛以济宽,政是以和。《诗》曰:'民亦劳止,汔可小康。惠此中国,以绥四方。'施之以宽也。'毋从诡随,以谨无良。式遏寇虐,惨不畏明。'纠之以猛也。'柔远能迩,以定我王。'平之以和也。又曰:'不竞不絿,不刚不柔。布政优优,百禄是遒。'和之至也。"

亦即,宽和与严厉互相调剂可以使政事和谐。《诗经》所说的不争竞也不急躁,不刚强也不柔软,施行政令多宽和,各种福禄聚身上,这是和谐到了顶点。

由是,"和"与"同"的意义完全不同,"和"是有差别的"和谐""和睦""融合","同"则是无原则的盲从苟同。只有在有差别的"不同"基础上形成了"和",事物才可以发展,有差别的"和"即为事物发展的"无之必不然"的必要条件;如果一味追求无差别的"同",不仅使事物得不到发展,反而会使其衰败,无差别的"同"即为事物衰败的"有之必然"的充分条件。这也就是《国语·郑语》记载的史伯在回答桓公的问话时所表达的思想:

夫和实生物,同则不继。以他平他谓之和,故能丰长而物归之;若以同裨同,尽乃弃矣,故先王以土与金木水火杂,以成百物。

在史伯看来,"和"与"同"的意义完全相异,性质不同的音声结合谓之"和",相同的音声重复谓之"同",所以"和"是多样与统一的结合,"同"则完全是一种模式的重复。此当是积淀历史经验的片言居要。所以,当孔子说"君子和而不同,小人同而不和"[1]时,和谐、和睦但又不盲从苟同的思想原则及目的、效果的统一跃然纸上。

这种不仅注重人际和谐、社会和谐,更注重天人和谐、人生和谐的文化,就是倡导中庸、中和的传统"中"文化。

## 二、权正致中——过程与目的

对于中国古代如本末、阴阳、内外、先后、上下、大小、浅深、部分或群体"你中有我、我中有你"的"即此即彼"的中庸观念,宗白华先生曾做了中肯的评价,认为中庸之道并非庸俗一流,而是一种不偏不倚的毅力,是综合的意志,是力求取法乎上、圆满地实现个性中的一切而得和谐。至于如何达致和谐,归纳概括传统整体思维的理念,当是通过"权—正—中"的传统辩证思维方式。

我们先从解字入手。

1. "权"

"权"字,有说甲骨文为"𣘻"。正字繁体是"權"。按《说文解字》:"权,黄华木也,从木,雚声。一曰反常。"[2]

按此,"权"的本义为名词衡器,因黄花木坚硬,难以变形,被用于秤杆、锤柄、拄杖,"于时冰泮发蛰,百草权舆"[3]。

又有权利之意。"雚",既是声旁也是形旁,是"勸"字的省略,表示

---

[1] 《论语·子路》。
[2] 许慎:《说文解字·木部》。《说文解字》是中国第一部系统分析汉字字形和考究字源的字书,也是世界上较早的字典之一。
[3] 《大戴礼记·诰志》。

上级勉励下级。按"权"的正字繁体"權",金文为"木、杖"加"雚(勸)",表示手杖所代表的上对下的支配资格。作为名词使用的手杖代表决策、支配的资格,影响环境的势力。如权柄、权杖、权臣、权贵、权力、权势、权威、权位、权利、权益、权能、权术等等。由名词衡器引申为动词,而有称量、比较之意。或如,"权,称也"①"百姓有过,在予一人,谨权量,审法度,修废官,四方之政行焉"②"权,然后知轻重;度,然后知长短"③"为之权衡以称之,则并与权衡而窃之"④"量多少者不失圭撮,权轻重者不失黍累"⑤"权者,铢、两、斤、钧石也,所以称物平施,知轻重也"⑥等等。引申出均平的平衡、权衡、比较之意。或如,"权,平也"⑦"九和之弓,角与干权"⑧"原父子之亲,立君臣之义,以权之"⑨"两害相权取其轻"⑩等等。

又引申为权宜、变通之意,即通权达变。常与"经"相对。即如《说文解字》所说的"一曰反常",按清人徐灏《段注笺》引《公羊传》说,"权者,反于经"。而所谓"经"即指不变的道理或常理。或如,"井以辨义,巽以行权"⑪"权者何?权者反于经,然后有善者也"⑫等等。

---

① 《论语·尧曰》。
② 《论语·尧曰》。
③ 《孟子·梁惠王上》。
④ 《庄子·胠箧》。
⑤ 《汉书·律历志上》。
⑥ 《汉书·律历志上》。
⑦ 《广韵·仙韵》。
⑧ 《周礼·考工记·弓人》。
⑨ 《礼记·王制》。
⑩ 概括《墨经·大取》之意。
⑪ 《周易·系辞下传》。
⑫ 《公羊传·桓公十一年》。

综上，由"礼有经，亦有权"，我们关心的是为什么"权，变也。反常合道，又宜也"①？那就是"男女授受不亲，礼也；嫂溺援之以手者，权也"②的过程，要使自己的思维认知达到一个"不偏不倚"的"正位"，亦即"权非为是也，亦非为非也。权，正也"③。于是，由"权"又牵系出"正"。

2."正"

"正"，"正(疋)，是也。从止，一以止。凡正之属皆从正。𤴓，古文正。从二，二，古上字。𤴔，古文正。从一、足。足者亦止也"④。

按"正"的甲骨文(𤴓)，上为"口"(城邑)下为"止"(脚趾)，本义为走向城邑。后引申出一系列的含义。与本书传统辩证思维方式之主旨相关的如下。

正中、平直之意。或如，"惟木从绳则正"⑤。

正直、端正之意。或如，"晋文公谲而不正，齐桓公正而不谲"⑥"席不正不坐"⑦"有绳不以正"⑧等等。

整饬、纠正之意。或如，"立必正方，不倾听"⑨"君子正其衣冠"⑩

---

① 《广韵·仙韵》。
② 《孟子·离娄上》。
③ 《墨经·大取》。
④ 《说文解字·正部》。
⑤ 《尚书·说命上》。
⑥ 《论语·宪问》。
⑦ 《论语·乡党》。
⑧ 《吕氏春秋·君守》。
⑨ 《礼记·曲礼上》。
⑩ 《论语·尧曰》。

"就有道而正焉"①"政以治民,刑以正邪"②"正法则,选贤良"③,孔子的"正名以正政"思想,等等。

决定、考定之意。或如,"维龟正之,武王成之"④。

恰、止之意。或如,"正唯弟子不能学也"⑤。

正当、合适之意。或如,"日永星火,以正仲夏"⑥"名不正则言不顺"⑦,等等。

在先秦政治伦理文化下,正当、合适之意往往和为政、政教之"政"相联系。或如,"政者,正也。子率以正,孰敢不正"⑧"齐景公问政于孔子。孔子对曰'君君、臣臣、父父、子子'"⑨;《汉书·陆贾传》有"夫秦失其正,诸侯豪杰并起",颜师古注,"正,亦政也"。可见"正"与"政"同义。⑩ 故有"有不贡士谓之不率正者"⑪"古者文武为正均分"⑫"虽天子三公问正"⑬等等。

应该说,当孔子说出"政者,正也"的时候,其基本目的当是"君君、

---

① 《论语·学而》。
② 《左传·隐公十一年》。
③ 《荀子·王制》。
④ 《诗经·大雅·文王有声》。
⑤ 《论语·述而》。
⑥ 《尚书·尧典》。
⑦ 《论语·子路》。
⑧ 《论语·颜渊》。
⑨ 《论语·颜渊》。
⑩ 参见黄现璠:《古书解读初探》,载《古书解读初探——黄现璠学术论文选》,广西师范大学出版社2004年版,第466页。
⑪ 《尚书·皋陶谟》。
⑫ 《墨子·兼爱下》。
⑬ 《荀子·大略》。

臣臣、父父、子子"的各得其所。又因有"和而不同"的基本原则及目的的统一,其基本途径就应当是"不偏不倚"的"权"之"正"的原则,希望在"和而不同"之承认差别的基础上,达致"不偏不倚谓之中庸"的最终目的。即如宋代朱熹在其《中庸章句》题注中所说:"中者,不偏不倚,无过不及之名。"

在这个意义上,与西方"政治"(politics)一词是由"城邦"(polis)演变而来不同,先秦时代"政治"概念所表达的则纯粹是政事得以恰当、适宜的治理。"道洽政治,泽润生民"①,孔安国传曰:"道至普洽,政化治理,其德泽惠施,乃浸润生民。"孔子一生所汲汲追求的"正名以正政"即如是。

故而,"和"之于"中",在先秦政治伦理文化中,是整体和部分的关系,"和"是求治过程中总体的状态和目标或效果,"中"是求治过程中部分应处的状态和要求或原则。两者的辩证统一,就是"咸以正罔缺"②之"各正性命"③,就是"刚健中正"④"君子大居正"⑤之"中正""中和",就是原则与目标、效果的统一。"君子'黄'⑥中通理,正位居体,美在其中,而畅于四支。发于事业,美之至也!"⑦由是,"中"的原则的重要性也就突显了。

---

① 《尚书·毕命》。
② 《尚书·君牙》。
③ 《周易·乾》。
④ 《周易·文言传·乾》。
⑤ 《公羊传·隐公三年》。
⑥ 《周易·坤·六五》。
⑦ 《周易·文言传·坤》。

3. "中"

"中","内也,从口|上下通"①。意谓,中,纳入;口,回绕、范围;中间的"|"表示上下贯通。亦即,将"|"纳入"口"中。

按,"中"的甲骨文本义是中旗,是氏族社会的征帜,建旗于"口"中。② 甲骨文"中"的字形多样,有说法认为,有的甲骨文(𧘇)像两旗相对,表示两军对峙;有的甲骨文(𧘇)在两旗之间的对称位置加一点指事符号"●",并在圆点上加两点"▎ ▎"(分),表示在相互对峙的两股军事、政治力量之间没有倾向;有的甲骨文(𧘇)将圆点简化成"O"(域),表示两军之间不偏不倚的地带;有的甲骨文(𧘇)省略掉字形下端的旗帜,像一杆旗插在城邑(O)的核心地带;有的甲骨文(中)更加简化,将两杆旗都省去了。应该说,金文(中)、篆文(中)也基本承续了甲骨文的简化字形。

"中"的最基本含义为中间、当中、里面。又有许多相关的引申字义。与本书传统辩证思维方式之主旨相关的如下。

不偏不倚、无过不及的合适、适当之意。或如,"衣冠不中,不敢以入朝"③"是秦之计中,而齐燕之计过矣"④"不得中行而与之,必也狂狷乎"⑤"中庸之为德也,其至矣乎"⑥等等。按不偏叫中,不变叫庸,中庸是儒家最高的道德标准。

---

① 《说文解字·|部》。
② 参见汤可敬:《说文解字今释》,岳麓书社2001年版,第60页。
③ 《晏子春秋》。
④ 《战国策·齐策二》。
⑤ 《论语·子路》。
⑥ 《论语·雍也》。

正之意。或如,"允执厥中"①"允执其中"②。

符合之意。或如,"砉然向然,奏刀騞然,莫不中音"③"其曲中规"④"言中法,则辩之;行中法,则高之;事中法,则为之"⑤等等。

按上总括,"中"即符合、恰当、适中之意。如果说《周易》可以"一言以蔽之"的话,那就应该是由吉凶对立到吉凶转化的"守中"之道。这种社会伦理色彩浓厚的"守中"思想,应该就是由"权"而"正"而"中"的思维认知变通的结果。在先秦政治伦理文化的大背景下,这成为一种执政及做人做事的应然态度或适宜标准。抑或也可以说成是合乎法度的准则,即"中和"⑥。

"中和"作为儒家的重要伦理思想,就是符合"中"之不偏不倚不乖戾,"喜怒哀乐之未发,谓之中;发而皆中节,谓之和。中也者,天下之大本也;和也者,天下之达道也。致中和,天地位焉,万物育焉"⑦。这里仍然体现着以"中"为原则,以"和"为目标、效果的统一。这种原则与效果的统一也是为政的根本,"中和者,听[政]之绳也"⑧。以至于孔子感慨,"中庸之为德也,其至矣乎,民鲜久矣"⑨。

按孔子本意,"中庸"就是指对待事物的辩证态度,是寻求平衡的基本思维认知方法之一。这种思维认知方法就是具有传统色彩的辩证思

---

① 《尚书·大禹谟》。
② 《论语·尧曰》。
③ 《庄子·养生主》。
④ 《荀子·劝学》。
⑤ 《商君书·君臣》。
⑥ 按东汉许慎原著、南唐徐锴注释的《说文解字》小徐本,"中"作"和"。
⑦ 《礼记·中庸》。
⑧ 《荀子·王制》。
⑨ 《论语·雍也》。

维方式。

其思维认知的目的作为为政之准则,当为治国治民的方法。或如,当《尚书》之《大禹谟》中舜提出"允执厥中"时,其目的在于"刑期于无刑,民协于中";在《尚书·盘庚》篇中则以"各设中于乃心",告诫反对迁都的人不要违法,要把中道放在心上,故而才可以在明了迁都的好处、不迁都的坏处中,按一定的标准(同心同德按王的意见)行事,"汝分猷念以相从",以寻求对立双方的连接点,使对立双方平衡,给迁都的行为划定界限和目标,从而在"原则"的意义框架下,保证殷商旧制的稳定,"往哉生生……永建乃家"。

其思维认知的目的,作为做人做事之准则,当可与"义"相联系,成为一切行为的应然态度或适宜标准,即所谓的"义者,宜也"①。按孟子所说,"义"是进行调节变通的,"大人者,言不必信,行不必果,惟义所在"②;按韩非子的细论,"义者,君臣上下之事,父子贵贱之差也,知交朋友之接也,亲疏内外之分也。臣事君宜,下怀上宜,子事父宜,贱敬贵宜,知交朋友之相助也宜,亲者内而疏者外宜。义者,谓其宜也,宜而为之"③。这也显现着孔子所认定的人生要义、立身之本:"君子以义为质"④,"君子义以为上"⑤。

基于上,由"权"而"正"而来的"中",以其不偏、中正、正好的传统辩证含义,表达了一种人生处世的态度,并因此在一定的"原则"意义框架下,以"和"之目的或希冀达致的效果,成就了中国传统哲学的人文

---

① 《礼记·中庸》。
② 《孟子·离娄下》。
③ 《韩非子·解老》。
④ 《论语·卫灵公》。
⑤ 《论语·阳货》。

精神。

4."权—正—中"的逻辑条件关系

如上,我们从解字入手,梳理并厘清了"权—正—中"的传统辩证思维方式的过程及目的。那么,从逻辑推理形式上讲,"权—正—中"三者之间究竟是一种什么样的条件关系呢?

按北宋二程所说,虽然"中者,只是不偏,偏则不是中"[①],但要做到"中"须臾不能离"权",即"中无定体,惟达权然后能执之"[②]。而作为中间适宜状态的"中"则是"中则无不正者,而正未必得中也"[③]。

朱熹承继了二程的说法,认为"权"要合乎"中",首先要合乎"正"。亦即,由"权"而"中"之前,必须先"正":

> 夔亚夫问"中正"二字之义。曰:"中须以正为先。凡人做事,须是剖决是非邪正,却就是与正处斟酌一个中底道理。若不能先见正处,又何中之可言。"[④]

亦即,没有"正"则无所谓"中":

> 凡事先理会得正,方到得中;若不正,更理会甚中。[⑤]

---

① 程颢、程颐:《河南程氏遗书·卷十五》,载《二程集》,中华书局1981年版。
② 《河南程氏粹言·卷一》。
③ 《河南程氏粹言·卷一》。
④ 《朱子语类·卷六十七》,载朱杰人等主编:《朱子全书》(第16册),上海古籍出版社、安徽教育出版社2010年版。
⑤ 《朱子语类·卷六十七》。

亦即，符合"中"的事物一定符合"正"，但是符合"正"的事物不一定符合"中"，"于理无所当"的"正"就不符合"中"的要求：

> "中重于正，正未必中。"盖事之斟酌得宜合理处便是中，则未有不正者。若事虽正，而处之不合时宜，于理无所当，则虽正而不合乎中。此中未有不正，而正未必中也。①

由之，在"权—正—中"的三者逻辑条件关系中，二程、朱熹就要比先秦孟子以"权"一步至"中"要更进一步了，认为没有经过"正"之环节的"权"，还不能真正称为"权"。其详细的引征例证我们将在第七章阐述。

从"中则无不正者，而正未必得中也"，以及"先理会得正，方到得中；若不正，更理会甚中""中重于正，正未必中"的语言表达式之逻辑性质——"无之必不然；有之不必然"看，"权—正—中"由前而后的条件关系是普通逻辑复合推理（条件推理）中的"必要条件假言判断及推理"。

亦即，必要条件假言判断是断定一事物情况是另一事物情况存在的必要条件的假言判断。即，只有 p 才 q(p←q)。而根据必要条件假言判断的逻辑性质进行的推理，其基本规则有二。

（1）规则 1

否定前件就要否定后件，肯定前件不能肯定后件。亦即，无之必不然，有之不必然。

（2）规则 2

肯定后件就要肯定前件，否定后件不能否定前件。

---

① 《朱子语类·卷六十七》。

我们将"权—正—中"套进来,其推理过程即为:

只有"权"才"正",只有"正"才"中"。

按规则1,否定前件就要否定后件:没有经过"权",肯定不会"正";没有经过"正",肯定不会"中"。

按规则1,肯定前件不能肯定后件:经过"权"了,不一定"正";经过"正"了,不一定"中"。

按规则2,肯定后件就要肯定前件:"中"了,一定"正"过;"正"了,一定"权"过。

按规则2,否定后件不能否定前件:没有"中",不一定没有"正"过;没有"正",不一定没有"权"过。

对比二程与朱熹对于"权—正—中"三者之间逻辑条件关系的论断,我们认为,他们的论断符合普通逻辑中必要条件假言判断及推理的有效规则。尽管他们的这种论断可能是经验的直觉,但也"中肯"地表达了"权—正—中"的逻辑根据——"中理",能够大致"中和"。

由于必要条件假言判断及推理的无效式所说明的问题,不是本书讨论的范围,所以我们不再赘述。我们在这里只是想再引征一段孔子的"正名以正政"[①]以帮助读者直觉地推类感受"权—正—中"三者之间存在的必要条件推理关系。

子路曰:"卫君待子而为政,子将奚先?"子曰:"必也正名乎!"……"名不正,则言不顺;言不顺,则事不成;事不成,则礼

---

① 由"正名以正权"的"正名"思想演化而来的"名分大义"观念最终成为了中国人精神的重要组成部分。参见辜鸿铭:《中国人的精神》,海南出版社2007年版,第43页。

乐不兴；礼乐不兴，则刑罚不中；刑罚不中，则民无所措手足。故君子名之必可言也，言之必可行也。君子于其言，无所苟而已矣。"①

我们将其形式化（p←—q←—r←—s←—t←—……）：

只有"名正"才"言顺"，只有"言顺"才"事成"，只有"事成"才"礼乐兴"，只有"礼乐兴"才"刑罚中"，只有"刑罚中"才"民有措手足"。

现在"名正"了，"言"顺不顺？"事"成不成？"礼乐"兴不兴？"刑罚"中不中？民有无措手足？

## 第三节　如何"权正"而"致中"
## ——传统辩证思维方式的根据

世界上唯一不变的法则是永远在变。因为，事物总是发展变化的，人的认识也总是要发展变化的。如何在"权正致中"的认知过程中，"有理"与"有法"、"中理"与"中法"地认识和把握不断发展变化的事物，同时又不落入相对主义或诡辩的思维陷阱里，这就涉及传统辩证思维方式的根据问题。

### 一、观念与方法——爱因斯坦的启示

爱因斯坦曾有一段有关中西逻辑比较的评价："西方科学的发展是

---

① 《论语·子路》。

以两个伟大的成就为基础的。那就是：古希腊哲学家发明的形式逻辑体系（在欧几里得几何学中），以及通过系统的实验发现有可能找出因果联系（在文艺复兴时期）。在我看来，中国的贤哲没有走上这两步，那是用不着惊奇的。令人惊奇的倒是这些发现［在中国］全部做出来了。"①而我们的思考如下：

其一，爱因斯坦所说的"用不着惊奇"，表明的是中国古代文化并不刻意注重"逻辑"。而这也决定了中国古代名辩思想的发展结果。首先，中国古代政治文化的主体核心是伦理纲常，其思维"样法"的基本特征是经验性、随意性、直观性、模糊性，其思维认知的意象性特点与整体性特点，成为中国传统思维方式的主要特点。其次，浓厚的务实功利主义决定了中国古代名辩思想的"名实察辩"只有纳入政治伦理的使用范围，才有它存在的意义。

其二，爱因斯坦所说的"全部做出来了"，除了他所比较的西方逻辑的两个主要内容外，是否还包含了其他？

从对中国古代名辩思想的有关文献梳理来看，古代思想家们在如何"正名—用名"、如何"谈辩—用辩"的"辨名析理"思考与实践运用中，不但包含对事物"类同""类异"的规范性认识问题，同时也包含对事物"类同""类异"的变易性认识问题。

结合我们上述的，中国古代思维"样法"的基本特征是经验性、随意性、直观性、模糊性，反映在思维认知方式上，其意象性特点与整体性特点就成为中国传统思维方式的主要特点，我们就能够更加深刻地领会

---

① 爱因斯坦：《西方科学的基础与古代中国无缘——1953年4月23日给J.S.斯威策的信》，载《爱因斯坦文集（增补本）》（第1卷），许良英等编译，商务印书馆2009年版，第772页。

张岱年先生所期待的传统思维的现代转化:"由于重视整体思维,因而缺乏对于事物的分析研究。由于推崇直觉,因而特别忽视缜密论证的重要。中国传统之中,没有创造出欧几里得几何学那样的完整体系,也没有创造出亚里士多德的形式逻辑的严密体系;到了近古时代,也没有出现西方十六、十七世纪盛行的形而上学思维方法,更没有伽利略所开创的实证科学方法。应该承认,这正是中国传统思维方法的重大缺陷。英国哲学家罗素在晚年著作《西方的智慧》中说:'在全世界,唯有希腊文化是哲学运动与科学传统携手并进的。'我们虽然不能说中国古代没有科学,然而中国古代科学比起西方近代科学来还是相形见绌的。在这方面,我们只有诚心诚意地学习西方。在今日建设社会主义文化的新时代,必须做到思维方式的现代化。既要发挥辩证思维的优良传统,更要学会缜密分析、进行实验的科学方法。中国新文化的灿烂未来,有待于思维方式的更新。"[1]

同时我们也可以更加深刻地领会孙中原先生的观点,如果要了解中国古代逻辑思想的特殊性和普遍性,我们应该采用"形式逻辑与辩证逻辑""实事求是和具体分析"的方法。[2] 也就是在孙中原先生所倡导的"特殊和普遍""同和异"的"讲逻辑"与"用逻辑"相结合的方法下,将中国古代名辩思想中的传统辩证思维方式纳入我们的视野。

同时我们也希冀印证,"在中国文化中,事实的认知与价值的评价彼此交错,从道、礼和语言的层面观察,认知都展现出以人观之的向度,其过程不仅限定于狭义的对事实的把握,也同时指向价值的评价""这种认知取向既表现为以道观之,又呈现为以类观之。前者关

---

[1] 张岱年:《文化与哲学》,教育科学出版社1988年版,第208页。
[2] 孙中原:《中国逻辑研究》,商务印书馆2006年版,第32—36页。

注对象本身的关联性、整体性、过程性,内含辩证思维的趋向;后者从类的层面把握对象,并以类同为推论的出发点"[①]。在本书中,我们将在理解把握有关"辩证思维"的特点及作用基础上,思考、分析、评价中国名辩思想中的传统辩证思维方式,亦即,在如何"正名—用名"、如何"谈辩—用辩"的理性思考与实践运用中体现出来的传统辩证思维方式。

## 二、变则通,通则久——从"权变"走向"致中"的理路

按清代金农的《平山堂》,"夕阳返照桃花渡,柳絮飞来片片红"。这是对白色的柳絮为什么又是红色的一种随条件变化而认知具体的辩证认识。对于这种具有完全不同于确定性认识的思维的辩证性质,我们不能将其混淆。

这是因为,逻辑矛盾和辩证矛盾是两种完全不同性质的矛盾。逻辑矛盾是指确定性思维中的自相矛盾,违反的是思维规律;而辩证矛盾是指事物的统一体中相互矛盾的两个方面,即事物的对立统一。亦即,辩证矛盾是事物在发展过程中其内部对立的两个方面,既互相排斥、互相斗争;又在一定条件下相互依存、相互转化。辩证矛盾普遍存在于自然、社会和思维中。也正是因为这两类具有完全不同性质的"矛盾"不能混淆,所以明末清初学者方以智才在其《一贯问答》中说,"设教之言惟恐矛盾,而学天地者不妨矛盾"。

应该说,逻辑的基本规律(同一律、矛盾律、排中律)对于一个确定

---

① 杨国荣:《以人观之、以道观之与以类观之——以先秦为中心看中国文化的认知取向》,《中国社会科学》,2014 年第 3 期。

性认识是极为重要的,否则,我们将无以认识确定性下的事物。但这种重要性的体现是有条件的,它只有在同一时间、同一关系下对具有确定性的同一对象进行思维认识时才起作用。离开了这种"三同一"的条件,我们的思维认识就要进入新的场景中,并在"有无其他因素影响推理"的指导下,做出新的"辩证性"的判断。因为,凡是真理都是具体的。这个"具体"就是指在"确定性"场景中的具体。或如,南宋辛弃疾的《丑奴儿·少年不识愁滋味》：

少年不识愁滋味,爱上层楼,爱上层楼,为赋新词强说愁。
而今识尽愁滋味,欲说还休,欲说还休,却道"天凉好个秋"！

到底知道不知道"愁"？随着时间的转移,事物的变化,判断可以不一样,所谓的"愁"也就不一样了。上片的"愁"指的是"闲愁",下片的"愁"指的是怀才不遇的"哀愁"。各自有条件确定性。

这也表明,在现实生活中,任何思维方式都不是纯逻辑的,都不能不包含着世界观、认识论、方法论的性质。因此,我们把支配整个世界乃至各种物质运动形式的运动和发展的辩证法作为辩证思维的观念基础,并认为,辩证思维就是以辩证法为观念基础而进行认知的一种思维方式。它的一个基本的思维原则,就是辩证性原则。

辩证性作为辩证思维的一个基本原则,在实际的思维活动和过程中,又可具体化为一些具体的思维原则。或如,黑格尔曾经为了说清楚"具体"这个概念的含义,举感性事物"花"为例："花虽说具有多样的性质,如香、味、形状、颜色等,但它却是一个整体。在这一朵花里,这些性质中任何一种都不可缺少,这朵花的每一个别部分,都具有整个花所有的特性。"① 可以看出,黑格尔所认为的"具体"的观点,就是整体的观点、全面的观点、系统的观点。

1. 整体思维原则的具体性

整体思维原则是辩证思维的首要特征。其基本思想是:一,以整体方式存在着的思维对象,其基本特点是具有整体性;二,整体不等于部分的简单相加,因此认识了对象的各个部分不等于认识了对象的整体性质;三,作为一个有机整体的系统,不仅事物内部要素之间保持有机联系,而且事物本身也与外部环境保持有机联系,外部环境的变化会引起事物的变化,事物本身的变化也会对环境的变化发生作用。

应该说,中国古代对于整体思维原则的具体性早有认识。

或如,我们在第二章第一节将要论述的孔子的整体思维原则的具体性认识。

"无可无不可"的言语谈说理念:

> 逸民:伯夷、叔齐、虞仲、夷逸、朱张、柳下惠、少连。子曰:"不降其志,不辱其身,伯夷、叔齐与!"谓:"柳下惠、少连,降志辱身矣,言中伦、行中虑,其斯而已矣。"谓:"虞仲、夷逸,隐居放言,身中清、废中权。我则异于是,无可无不可。"②

这是在列举并评论古代逸民伯夷、叔齐、虞仲、柳下惠等人——有的不动摇意志,不做官辱身;有的则相反;有的逃避乱世,隐居不仕——

---

① 黑格尔:《哲学史讲演录》(第1卷),北京大学哲学系外国哲学史教研室编译,生活·读书·新知三联书店1956年版,第30页。
② 《论语·微子》。

的行为之后,孔子对比他们所说的自我评价。"无可无不可"即意谓没有什么可以,也没有什么不可以。在孔子那里,"无可"是说他没有什么考虑的,"无不可"是说他没有什么"不仕"的理由,他要为仕坚持行仁道,不考虑什么辱身不辱身,因为,"天下有道,丘不与易也"。这里所强调的就是一切分析要从具体实际出发,根据不同情况做出不同处理的思维方法。对于孔子的"无可无不可",孟子曾给了很高的评价。

按言语谈说中的恰当性原则:

> 子曰:"可与言而不与之言,失人;不可与之言而与之言,失言。知者不失人,亦不失言。"①
> 孔子曰:"侍于君子有三愆:言未及之而言谓之躁,言及之而不言谓之隐,未见颜色而言谓之瞽。"②
> 子曰:"邦有道,危言危行;邦无道,危行言孙。"③
> 子曰:"辞达而已矣。"④

"执两用中"的言语谈说方法:

> 吾有知乎哉?无知也。有鄙夫问于我,空空如也。我叩其两端而竭焉。⑤

---

① 《论语·卫灵公》。
② 《论语·季氏》。
③ 《论语·宪问》。
④ 《论语·卫灵公》。
⑤ 《论语·子罕》。

不同语境应采取不同的言说策略,并不执着于某种特定的言说方式,这些表明了孔子的整体的辩证认识方法。亦即,理解每一事物的对立两端,以全面看待问题的辩证观点,为使矛盾不至于崩溃,而寻求一种保持事物旧质的解决方法。孔子以"允执其中"①和"执其两端,用其中于民"②,提出了解决矛盾的方法。

这种"两端"的认识和言语谈说方法,在《论语》中用得很多。

对待他人,孔子要求不绝对肯定或否定任何一个人,而是以"义"为连接,调整自己为人处世的态度:"君子之于天下也,无适也,无莫也,义之于比。"③

在做人的态度上,孔子则把偏执一端与用中的不同结果描述得淋漓尽致:"质胜文则野,文胜质则史,文质彬彬,然后君子。"④

在思想感情上,孔子要求不应使矛盾一味向一端发展:"乐而不淫,哀而不伤。"⑤

在伦理行为上,孔子要求用正直回报怨恨,也避免了矛盾的进一步恶化:"以直报怨,以德报德。"⑥

这种"两端"论法以承认差异、保持对立为前提,设法使对立双方互相补充,而对认识事物的质的稳定性做了范围、尺度的规定,以避免"过犹不及"⑦。所以孔子认为"君子和而不同"⑧,要求不要使两端崩溃,而

---

① 《论语·尧曰》。
② 《礼记·中庸》。
③ 《论语·里仁》。
④ 《论语·雍也》。
⑤ 《论语·八佾》。
⑥ 《论语·宪问》。
⑦ 《论语·先进》。
⑧ 《论语·子路》。

要使两端归诸中正,否则,便会"不得中行而与之,必也狂狷乎!狂者进取,狷者有所不为"①。

对于这种全面看待问题、不偏执于一隅的认识态度和言语谈说方法,孟子曾给予很高的评价:

可以速而速,可以久而久,可以处而处,可以仕而仕。②
孔子圣之时者也。③

孟子此处提到的"时",正是"无可无不可"的特点,即清代学者焦循所谓的"道中于时而已"④。对此他还进行了很好的说明:"有两端则异,执其两端,用其中于民,则有以摩之而不异。刚、柔,两端之异者也,刚柔相摩,则相观而善……凡执一皆为贼道,不必杨墨也。执一则不能攻,贼道则害不可止……攻之则不执一,而能易地皆然矣。"⑤

或如,我们在第五章第一、二节将要详细论述的先秦名家代表人物邓析、惠施的一些辩题:

山渊平,天地比,齐秦袭,入乎耳,出乎口,钩有须,卵有毛,是说之难持也,而惠施、邓析能之。⑥

惠施多方,其书五车,其道舛驳,其言也不中。历物之意

---

① 《论语·子路》。
② 《孟子·万章下》。
③ 《孟子·万章下》。
④ 《论语补疏》。
⑤ 《论语补疏》。
⑥ 《荀子·不苟》。

曰：至大无外，谓之大一；至小无内，谓之小一。无厚，不可积也，其大千里。天与地卑，山与泽平。日方中方睨，物方生方死。大同而与小同异，此之谓小同异；万物毕同毕异，此之谓大同异。南方无穷而有穷。今日适越而昔来。连环可解也。我知天下之中央，燕之北、越之南是也。泛爱万物，天地一体也。惠施以此为大观于天下，而晓辩者。天下之辩者相与乐之。①

"山渊平"之类的论断，都表现了在不同的对立之"名"（概念）之间，其对立不是绝对的，而是相对的。从而使这些论断具有了辩证思维的具体性。

而惠施及与其有关的"历物十意"和"辩者二十一事"，历来被人们认为是违反常识的诡辩。但是，"历物十意"和"辩者二十一事"中也包含着非常宝贵的经验和合乎科学的部分，如"一尺之棰，日取其半，万世不竭"等。所以说，这些辩题在当时的人看来，是地地道道的诡辩。但现在看来，尽管仍然不失其诡和巧，但其中也确实包含着合乎实际的、科学的内容。所以可以说，这些辩题虽然违反古人的常识，却以科学主义的精神，包含了科学的点滴真理，可以说是具体情况具体分析的真知睿智。亦即，这些论断在启发人们思索事物的稳定性之外，又注意稳定的相对性；在思索概念的确定性之外，又注意概念的灵活性，可以引人做更深层的整体思维下的"具体"思索。

或如，我们在第四章第二节中分析评价庄子引征各种树以谕证他的相对主义时，提出的"以和为量"准则，就是借引征来说明，整体思维

---

① 《庄子·天下》。

的原则要求人们思考和分析问题时,要有整体的观念,形成整体论的思考方式,即在思维活动中,把对象看作是一个具体的有机整体,从整体出发,从具体分析其内部各组成部分之间以及整体与外部环境之间的相互关系入手,揭示它的整体性质中的"具体"。

> 庄子行于山中,见大木,枝叶盛茂,伐木者止其旁而不取也。问其故,曰:"无所可用。"庄子曰:"此木以不材得终其天年。"
>
> 夫子出于山,舍于故人之家。故人喜,命竖子杀雁而烹之。竖子请曰:"其一能鸣,其一不能鸣,请奚杀?"主人曰:"杀不能鸣者。"
>
> 明日,弟子问于庄子曰:"昨日山中之木,以不材得终其天年;今主人之雁,以不材死。先生将何处?"
>
> 庄子笑曰:"周将处乎材与不材之间。材与不材之间,似之而非也,故未免乎累。若夫乘道德而浮游则不然。无誉无訾,一龙一蛇,与时俱化,而无肯专为;一上一下,以和为量,浮游乎万物之祖;物物而不物于物,则胡可得而累邪?此神农、黄帝之法则也。若夫万物之情,人伦之传,则不然。合则离,成则毁,廉则挫,尊则议,有为则亏,贤则谋,不肖则欺,胡可得而必乎哉?悲夫!弟子志之,其唯道德之乡乎!"①

庄子在这里所提出的"以和为量",就是要求以"和顺自然"为最高"原则"。这种准则也表现在庄子的人生态度中,或如,"庖丁解牛"的

---

① 《庄子·山木》。

"缘督以为经"之"顺应自然中道,以为常法"。

2. 全面认识原则的具体性

全面认识原则,即在思维活动中,把思维对象及其矛盾置于具体的时间、地点和条件中,置于特定的历史和现实的环境中加以考虑的原则。这一原则要求在思维活动中要有全面性。

全面认识原则是对整体思维原则的进一步展开,是在整体分析中继续贯彻整体思维原则的具体性,从而在认识对象各个部分以及相互关系的基础上,得以把握对象的全面和整体性质。

或如,我们将在第五章第一节论述的先秦名家邓析的"两可之论"。

> 洧水甚大,郑之富人有溺者。人得其死者。富人请赎之。其人求金甚多,以告邓析。邓析曰:"安之。人必莫之卖矣。"得死者患之,以告邓析。邓析又答之曰:"安之。此必无所更买矣。"[①]

其基本特点在于,从两个相反的角度考察同一个事物,使两个截然不同的结论均得以成立;其合理因素在于,邓析能够从相反的角度,认识到对立双方的立场都是相对的,有它形成的条件性,从而在动态的是非判断中,让对立双方的矛盾立场在事物的发展变化中具有了一定的同一性。亦即,"两可之论"在于引起对立双方对所持立场的全面性的注意。或者说,就是变换思维认识的角度,"从反面看"。

或如,我们将在第二章第一节讲到的先秦儒家孔子的"两端"说,也是要求在全面看待问题的基础上,承认矛盾的存在,承认矛盾自身有否

---

① 《吕氏春秋·离谓》。

定的因素并以向其反面转化为前提,希望在矛盾两端之间,寻找连接点与中介尺度,以保持事物的平衡,继而维持事物的稳定。

或如,我们将在第四章第二节讲到的庄子在"以和为量"、全面认识的具体性问题上,通过引征大葫芦、大树之例证,谕证了自己关于"有用"和"无用"的相对性认识,体现了一种在全面认识事物的情况下,其具体的合理性。

3. 系统思维原则的具体性

所谓系统思维原则,就是把事物视为一个由要素构成的、具有一定结构和功能并与外界相互作用的系统,着重从要素与要素之间、整体与部分之间、整体与外部环境之间的相互联系、相互作用、相互制约的关系中综合精确地考察事物,以期全面把握事物的一种思维原则。

系统思维原则中的具体性,表现在其思维的整体性、结构性、层次性上。关于整体性我们已谈过,以下我们讨论结构性与层次性问题。

系统思维原则的结构性是指,任何事物作为一个有机整体的系统,其内部各种要素必然形成一定的结构。如果各种要素是"一盘散沙",没有结构,就形不成系统的有机整体。系统的有机整体性就在于其内部有结构。结构乃是系统自身存在,具有整体性和功能性的基础。

或如,《史记·孙子吴起列传》所载田忌赛马的故事。

田忌是战国时期齐国的一员大将,他经常应国君齐威王之邀,与齐威王赛马。按比赛规则,双方各出上等马、中等马、下等马各一匹。最后按胜负次数定输赢。由于齐威王每一等级的马都要比田忌相应等级的马优良,所以每次比赛,田忌总是以连输三阵而败北。此事被田忌好友、齐国的军师孙膑知道了,于是他给田忌出了个主意,让田忌以下等马、上等马、中等马的排列,对阵齐威王的上等马、中等马、下等马。这就使得田忌在以后的比赛中,尽管还是用原来的马,却总是以一负两胜的结果,让齐威王屡屡败北。

如果只在原有比赛的结构上思考,这仍然是一个无解的问题。那就让我们先分析一下关于胜负的要求是什么?齐威王屡胜、田忌屡败的原因又是什么?按胜负次数定输赢;齐威王每一等级的马都优于田忌相应等级的马。亦即,对等马排阵的"质结构"决定了胜负的"量结构"。

既然胜负的"量结构"是由对阵的"质结构"决定的,那么改变原有对阵的"质结构",并使这种新的"质结构"与新的"量结构"建立起有利于己的联系,将会怎么样?新的合理的排列组合应能从中产生。按此,事物结构上的灵活性必然要求思维主体对事物结构认识的灵活性。这个灵活性也就是具体性。

结构性的认识要求人们在思考时不仅要有整体观念,还要有结构观念。如果说离开了整体观念就会片面地看问题,那么离开了结构观念就会表面地看问题。

> 集大成者也,金声而玉振之也。金声也者,始条理也;玉振之也者,终条理也。始条理者,智之事也;终条理者,圣之事也。智,譬则巧也;圣,譬则力也。由射于百步之外也。其至,尔力也;其中,非尔力也。①

儒家重道德修养,孟子亦然。但孟子的认识又自有特点。他是既重道德又重知识,是知识与道德的统一论者。古代演奏乐曲,先击钟,乐曲开始;最后击磬,乐曲终止。所以在上述推类谕证中:其一,孟子先

---

① 《孟子·万章下》。

引征演奏乐曲来谕证,一首乐曲的演奏自始至终都必须发挥每一个演奏者的技巧(智)与修养(圣),这样才能自始至终保持和谐一致。只有技巧而没有修养,或者只有修养没有技巧,都不可能取得圆满适宜的演奏效果。唯有二者的高度结合,才能使演奏尽善尽美。其二,孟子又引征射箭来谕证,将"智"比喻为技巧,将"圣"比喻为力量。只有技巧而没有力量,不能"中的";只有力量没有技巧,也不能"中的"。唯有二者的高度结合,才能使射箭者百发百中。

如何看待智慧、知识、技巧与道德修养的关系,亦即如何看待才能与道德的关系,是自古至今的一个大问题。在两者的关系上,偏重于任何一方,都对社会的发展不利。正确的态度是要对事物的发展有一个辩证的认识。体现在思维判断和言语论辩中,就是一个对发展中的事物,如何认识它的是非问题了。

或如我们在第四章第二节中将要讲到的"庖丁解牛"。虽然"缘督以为经"之"顺应自然中道,以为常法",是庄子引征"庖丁解牛"之后所谕证的意喻所在,但我们在这里所关注的是"庖丁解牛"中对于整体目标的结构的选择问题,即骨节间的间隙是下刀时所应选择的具体目标,庖丁为此练了三年时间。其次是处在复杂的社会里,要保全自己,就得像庖丁解牛一样,找空隙下刀,避开一切矛盾,"以无厚入有间",这样就能像保护刀刃一样,不至于使自己受到损害,才可以"保身""全生"。

系统思维的层次性是指,整个世界是一个有层次性的系统,是一个由简单到复杂、按秩序构成的无限层次的系统。层次性既是物质世界的根本性质,也是系统的根本性质。它表明一切系统都是由不同的层次结构组成的。一个系统往往又是更大系统的组成要素,它本身还有更深层次的子系统。处于不同层次的系统都有它一定的结构和功能,层次之间又相互联系、相互制约和相互作用,结成纵横交错的网络系统。

从物质世界的层次性出发,要求人们在考察对象,特别是研究复杂问题时,不仅要有整体观念和结构观念,还要有层次观念。不能够撇开系统所处的层次去考察,而要注意对不同层次之间的纵向和横向联系进行综合考察,也就是要全方位、立体性地分析研究问题。

或如,在第一章第五节将分析的"春秋笔法"之"凡例"论式中的辩证认知中,就有着层次性的问题。

4. 普遍联系原则的具体性

普遍联系的原则是指,在认知活动中要把握思维对象之间的相互依存、相互作用、相互转化,乃至万事万物通过无限多样的关系而联系在一起的原理,并以此考察思维对象的原则。这一原则要求在实际的思维活动中,思维要有整体性、全面性。

先秦兵家孙子说:"兵法:一曰度,二曰量,三曰数,四曰称,五曰胜。地生度,度生量,量生数,数生称,称生胜。……形也。"[1]

因此,联系的观点也是辩证思维的本质特征之一。如何对事物之间相互联系、相互依存、相互作用、相互制约的关系进行分析?一般采用的是对事物的具体矛盾进行具体分析的矛盾分析法,在实际的思维和认识活动中又可以分为几种具体的形式。

(1) 正反分析法

正反分析法是思维从正反两方面对一事物或现象进行思考和分析的方法。通过这种分析,可以发现和把握思维对象的对立二重性质。亦即,在事物的正面规定性中,发现和把握它的反面规定性。

或如,我们在第五章第二节所讲述的名家惠施的一些辩题就体现

---

[1] 《孙子兵法·军形篇》。

了这一点。

或如,我们在第四章第一节讲述的老子的"正言若反"的思维方法与语言表达技巧,就是在规范人们对于矛盾对立、同一、联系、转化的认识途径的同时,启发人们进行整体性的相互联系的思考。现代学者张东荪将其称为"相关律名学"或"二元相关律名学"。[①] 他认为这种"相关律名学"所注重的是那些有无、高下、前后、刚柔、进退、阴阳等对立概念的相反相成及其联系,是一种有别于古希腊亚里士多德的形式逻辑的另一种逻辑系统,是带有道统思想的"辩证法的名学"。此"辩证法的名学"可以用来分析和看待社会问题,"祸福相依""否极泰来"等就昭示了这一点。

应注意的是,正反分析的辩证思维并不仅仅是对某一问题或现象提出相反意见,如惠施等辩者的一些否认运动的辩题那样,更不是一种反复辩难之术。使正反分析成为辩证思维方法的关键,在于对事物进行正反分析后,还应该有第三个环节——把握两个相反意见的内在同一。这就使正反分析法在本质上成为对事物辩证本性进行分析的辩证思维方法。它可以使人们从相反的、对立的方面去分析、认识事物。但正反分析法又属于比较简单的矛盾分析法,它满足于指出事物正反两方面的性质。而在分析推动事物运动、发展的动力和源泉的内在矛盾时,就必须运用矛盾分析法的另一种形式——对立面分析。

(2)对立面分析

通常所说的矛盾分析法,主要指对立面分析。它是把构成事物统一体的矛盾对立面在思维中既分析开来分别加以认识,又综合起来概

---

[①] 张东荪:《思想言语与文化》,载张汝伦编选:《理性与良知——张东荪文选》,上海远东出版社1995年版,第365页。

括认识,以揭示统一体性质以及其运动、变化和发展趋势的辩证思维方法。

对立面分析的一般特征在于:在对某一事物或问题进行思考时,通过分析,抓住事物内部的对立面即内部的基本矛盾,通过分析和考察对立面之间既对立又统一的关系,揭示出事物的内容、性质以及变化发展规律和趋势等。说到底,对立面分析方法实际就是辩证思维方式的矛盾原则在思维和认识活动中的运用。而在运用中,应该注意分析和把握思维对象内部的主要矛盾以及矛盾的主要方面。同时,还要注意寻求对立面转化的条件和中介。

或如,第三章第二节讲述的后期墨家的《墨经》即认为,"辩"的目的之一是"明同异之处"。但在对同、异理解的过程中,有两种同一性:一种是抽象的同一性,一种是具体的同一性。抽象的同一性表现为事物质的稳定性和思维认识的确定性,而具体的同一性则于自身包含了差异性。《墨经》显然也认识到了这一点,因此它要求在对同、异的理解、认识、论辩中,不但要辩明同、异在确定的条件下的稳定性,从而达到认识的确定性,而且还要求认识、论辩清楚同、异之间的相互渗透、相互转化,即认识、论辩清楚具体事物的同中有异、异中有同。《墨经》的这种认识具体表现在第三章第二节所述的"同异交得放有无"的辩证论证中,其中既体现了对"同""异"的辩证理解,也体现了"同异交得放有无"何以可能的"权,正也"的辩证过程,亦即,要将"权"之"正"放在最适宜、恰当的具体条件上。

5. 变化发展原则的具体性

物质世界的一切事物、现象及其在思维中的反映,都是由简单到复杂、由低级到高级、由旧质到新质的有规律的运动和变化的过程。因此,同联系的观点一样,发展的观点也是物质世界的总体特征之一,思维同样要求认识这些特征,故而发展的观点也是辩证思维的本质特征之一。亦即,它要求在实际思维活动中,要具有"具体的"灵活性和预见性。

或如,我们在第二章第二节讲述的孟子,他对于如何认识发展中的事物,有着明确的辩证意识。按孟子认为,"是非之心,人皆有之"①,"是非之心,智之端也"②,将能辨别是非看成智慧的顶点。从他的论辩行为来看,"知类""明故"是懂得是非的"智莫大焉"的表现;而"不知类""不明故"则是不知是非。但在孟子的是非观中,他对确定情景下的是非和事物发展过程中的是非,显然有着辩证认识和明确区分。即是非不是绝对的是非,是非的确定性是由具体的条件所决定的。因此,确定的是非取决于确定的条件。即如第二章第二节讲述的孟子面对"二难诘难"时的辩证回答,就是针对事物的发展变化而阐发的。正是由于确定的是非取决于确定的条件。以及在此基础上,孟子所引出的"权",并以"权,然后知轻重;度,然后知长短"③的权变思想,进一步提出了他的"执中而权"思想,将孔子的"叩其两端而竭焉"以及《中庸》中的"执其两端而用其中"的思想与"权"相结合,通过衡量"两端"的情况而用其"中"的辩证分析评价,表明"权"之所以要符合"中",就是希望以"中"来解决那些事实上与伦理上的冲突。

或如,我们在第三章第二节讲述的《墨经》的一些论辩,同样是"同异交得"式地全面审视是非的辩证思维方式的作用使然。

李泽厚先生曾经说过:"实用理性便是中国传统思想在自身性格上

---

① 《孟子·告子上》。
② 《孟子·公孙丑上》。
③ 《孟子·梁惠王上》。

所具有的特色。"[1]而梁漱溟也将中国的学问称为"人生实践之学",张东荪则称之为"文化哲学"或"生命哲学"。这反映了中国古代哲学的实践理性取向。我们将此映射到上述"具体性与确定性的关系"上,表现在传统名辩思想中,就是在如何"正名—用名"、如何"谈辩—用辩"的"辨名析理"思考与实践运用中,怎样经过"变则通,通则久"的辩证,达致"究天道玄理,和地理同光"地治理天下的"思想路数"。这既涉及中国传统文化的精髓,也涉及上述传统名辩思想中"权正致中"之传统辩证思维方式的过程与目的。

综上,"思维样法"是文化的内容之一。在中国传统名辩思想发生发展过程中,"权正致中"之传统辩证思维方式也是中国古代的"思维样法"之一。我们在以下各章中,则以传统辩证思维方式的萌芽、形成、继承、拓展为主线,选取了古代名辩思想发生发展的先秦、两汉、两宋、明清时期,作为本书论述中国古代传统辩证思维方式发生发展的主要时代范围。亦即,我们在本书中讨论不同时期不同思想家的传统辩证思维方式,也就是在讨论体现在他们名辩思想中的传统辩证思维方式。

---

[1] 李泽厚:《中国古代思想史论》,人民出版社1986年版,第304页。

# 第一章　传统辩证思维方式的萌芽

按著名的儿童心理学家、认知心理学家皮亚杰所认为的，人的思维发展的最初阶段是感知运动阶段。我们在这里可以将此观点运用在中国古代传统辩证思维方式是如何萌芽的探讨途径上。

## 第一节　疏川导滞——神话中的辩证思维方式

中国现代哲学家张东荪在其《知识与文化》中说过："中国人论到政治的好坏问题无不把天视为标准。"[①]在他看来，在古代社会，天、治者、人民三者之间是一种相互贯通、相互联系的稳定性互动关系。张东荪以一种直观的三角图形进行了描述：

$$\begin{matrix} & 天 & \\ \swarrow & & \searrow \\ 治者 & \longrightarrow & 民 \end{matrix}$$

亦即，治者承天命而治民；民既被治者所治，又时时以民意折射天意。于是在人民与统治者之间，又插进一个标杆式的起着稳定性取法标准作用的第三者——天。因此，一个世道的好坏、治乱，无不以反映

---

[①] 张东荪：《知识与文化》，载张汝伦编选：《理性与良知——张东荪文选》，上海远东出版社1995年版，第290—291页。

天意的民意为标准。治者顺天意而治民,是谓治世;治者逆天意而治民,是谓乱世。于是,三者不同的互动分别显现着治世与乱世。但是,这种起着稳定性作用的"取法于天"之标准的确定,是从什么时候开始形成的?它有无一个发生、发展、变化的过程?我们可以并且也应该将眼光追溯至产生"天"的人伦意识的上古神话阶段。这是因为,上古神话是初民以幻想的方式,按照一定的心理、愿望对所接触的各种自然现象、社会现象和人类自身所做的最初的想象和描摹,从思维认知科学的角度去探讨上古神话中所体现的初民的意念、意识、意志和思维,似可从源头上去体会为什么在人类文明的发展中,统括人的意念、意识、意志和思维才是根本。

## 一、四极正——渴望秩序的朦胧选择

上古时期,自然环境恶劣,生产力极其低下,上古初民尽管已经"人猿相揖别",但远未真正从自然界脱离出来。他们的生存条件时刻受制于自然的现实存在。对自然环境无可奈何的顺应以及渴望对之施加改造以期使之顺应自己的矛盾心情,理应在上古初民的思维中激起二分式的情感,即对自然的恐惧与崇拜,并不自觉地规定了他们下意识的取舍态度,亦即趋利避害的思维定式,并由此构成了上古神话的基线。

在比较接近于原始形态的上古神话如"女娲补天""盘古开天地"中,其所描述的情景,实际上就是自然界从无序到有序、再至无序、再至有序的变化:

> 天地混沌如鸡子,盘古生其中,万八千岁,天地开辟,阳清为天,阴浊为地。……天日高一丈,……盘古日长一丈。如是

万八千岁,天数极高,地数极深,盘古极长。后乃有三皇,数起于一,立于三,成于五,盛于七,处于九。故天去地九万里。

首生盘古,垂死化身,气成风云,声为雷霆,左眼为日,右眼为月,四肢五体,为四极五岳,血液为江河,筋脉为地理,肌肉为田土,发髭为星辰,皮毛为草木,齿骨为金石,精髓为珠玉,汗流为雨泽,身之诸虫,因风所感,化为黎甿。①

这种从无序到有序的发展的描述,表明初民对自然正常秩序的渴望。虽然这种对自然界无序状态的描述,可能并非是上古初民的理性理解,而是上古神话在口传笔录的历史化过程中,渗入了后人的道家思想。如《庄子·应帝王》所载:

南海之帝为儵,北海之帝为忽,中央之帝为浑沌。儵与忽时相与遇于浑沌之地,浑沌待之甚善。儵与忽谋报浑沌之德,曰:"人皆有七窍以视听食息,此独无有,尝试凿之。"日凿一窍,七日而浑沌死。

这个故事表明了道家对自然无序状态的一种自然无为的态度。但在从无序到有序的发展过程中,以人之形体各部,比附自然世界的天地万物,却鲜明地表现了初民由人体的有序状态想象出自然界亦理应如

---

① 三国时期徐整的《三五历纪》和《五运历年纪》提出盘古说,被认为是所有古史传说前最早的天地开辟的神话,并使"自从盘古开天地,三皇五帝到如今"成为中国古史的定型。后世学者对此也有一些争论。

此。这种心境应是初民对所处的社会生活状态的无可奈何的折射。在生产力极其低下的原始生活中,初民对于自然界是无能为力的,但出于安定生存的愿望,他们又时刻热盼着一种稳定秩序的永存。虽然恶劣的自然环境经常打破初民的迷梦,"洪水神话"中的洪水猛兽时刻威胁着初民的生存,现实的存在使他们不能不采取一种忍受态度,但在现实的生存中,他们又不甘心消极地忍受,于是在矛盾心情中,他们把再生秩序的渴望寄托在神话中,这突出地表现在"女娲补天"中。

> 天地亦物也。物有不足,故昔有女娲氏炼五色石以补其阙;断鳌之足以立四极。①
>
> 共工与颛顼争为天子不胜,怒而触不周之山,使天柱折,地维绝。女娲销炼五色石以补苍天,断鳌足以立四极。天不足西北,故日月移焉,地不足东南,故百川注焉。②
>
> 往古之时,四极废,九州裂,天不兼覆,地不周载,火爁焱而不灭,水浩洋而不息,猛兽食颛民,鸷鸟攫老弱。于是女娲炼五色石以补苍天,断鳌足以立四极,杀黑龙以济冀州,积芦灰以止淫水。苍天补,四极正,淫水涸,冀州平,狡虫死,颛民生。③

虽然"女娲补天"仍然是神话历史化的结果,在远古时期"女娲炼石补苍天"与"共工怒触不周山"是完全独立的两个故事,至东汉王充利用

---

① 《列子·汤问》。
② 《论衡·谈天》。
③ 《淮南子·览冥训》。

"共工怒触不周山"为背景,完善情节,解释了"女娲炼石补苍天"中缘何天塌地陷、发生灭世灾难的原因,至此,女娲补天与共工触山,融合成了一则救世神话,使得"女娲补天"具有了现实的社会意义。这是因为,在这些神话故事中,无序表明的是一种自然界的无常,而有序则是安定生存的保障,因此,初民面对这种现实存在和现实理想,出于趋利避害的直观感受和直觉意识,必然要产生出一种被动的选择意识。

但在现实存在中,初民所直接面对的是自然之天,其间还并无第三者插入,因此,初民别无选择地将自然之天定为利害的标准,人与天之间是一种非常简单的二元关系。自然之天的好坏,决定了初民现实存在的利害,现实的存在取法于自然之天。远古的"创世神话"和"洪水神话"鲜明地表明了这一点。

虽然初民具有选择意识和选择标准,但这种选择应该是极为被动的。因为,他们本身并不具有这种选择的自主权,他们只能在自然的无序状态中无奈地仰望苍穹,期盼着自然的有序。这种原始思维的过程,按文化人类学家列维-斯特劳斯所认为的,就是神话在最荒诞的幻想中隐藏着"秩序",没有了"秩序",就没有了神话的活力。这种"秩序"体现为"一再于全世界重复出现"的秩序化的故事或相对稳定的"结构"。因此,神话是埋藏着"原逻辑"的原始思维的最好标本。[①]

这种对于利害的被动选择的"标本",显现了初民不甘心这种"安之若命"的等待和翘望,因此,在"英雄神话"中,初民将这种利害选择的权力寄托在了重整自然秩序、救民于水火的神话英雄身上,对自然的崇拜转变为对神话英雄的崇拜。虽然这种崇拜明确的动机与内涵仍然是趋利避害,但在初民无力自助而用幻想来控制自然的思维认知中,神话英

---

① 参见列维-斯特劳斯:《野性的思维》第一章,李幼蒸译,商务印书馆1987年版。

雄的好坏,决定了初民现实生存的利害。

神话英雄如不好,则民不聊生。或如,古代神话中的水神共工:

> 共工氏与颛顼争为帝,怒而触不周之山,折天柱,绝地维,故天倾西北,日月星辰就焉;地不满东南,故百川水潦归焉。①
>
> 昔者共工与颛顼争为帝,怒而触不周之山,天柱折,地维绝,天倾西北,故日月星辰移焉;地不满东南,故水潦尘埃归焉。②
>
> 舜之时,共工振滔洪水,以薄空桑,龙门未开,吕梁未发,江淮通流,四海溟涬,民皆上丘陵,赴树木。③

而倘若神话英雄好,则救民于水火。或如:

> 共工为水害,故颛顼诛之。④
>
> 舜乃使禹疏三江五湖,辟伊阙,导廛涧,平通沟陆,流注东海。鸿水漏,九州干,万民皆宁其性,是以称尧舜以为圣。⑤
>
> 尧乃使羿诛凿齿于畴华之野,杀九婴于凶水之上,缴大风于青丘之泽,上射十日而下杀猰貐,断修蛇于洞庭,擒封豨于桑林,万民皆喜,置尧以为天子。⑥

---

① 《列子·汤问》。
② 《淮南子·天文训》。
③ 《淮南子·本经训》。
④ 《淮南子·兵略训》。
⑤ 《淮南子·本经训》。
⑥ 《淮南子·本经训》。

在这种神话故事结构中,英雄人物承担起一种"灾难—救灾—再生"的责任,其结果就是"女娲补天"之后的"颛民生"与"羿射十日"之后的"万民皆喜"。这样,在人与自然之天的二元关系中,初民就根据现实生存的需要安排了一个第三者——神话英雄。神话英雄人物历史地充当了利害的取法标准,初民虽仍然受制于自然之"天",但神话英雄代表了民意。神话历史化的过程,使人类社会开始在想象中从自然界脱离出来了。

## 二、疏川导滞——意图和方法的直觉辩证

按上,上古神话中趋利避害的"秩序"观念,熔铸为一种思维方式的朦胧规范,初步决定了神话的结构模式。这种观念性的规范所决定的趋利避害的选择,虽然是唯一性的,但这种唯一性是随着认识的加深而不断变化的。在现实的选择中,自然之天曾别无选择地被定为利害取法的标准,"洪水神话"体现了这一点。而在"英雄神话"中,取法标准又被推衍至重整自然秩序的神话英雄身上,对自然的崇拜转变为对神话英雄的崇拜,其崇拜的动机与内涵仍然是趋利避害。而从思维选择的论证意图和论证方法的角度,在"救灾"这一现实的选择中,仍然透露着一些原始心理对于事物因果关系以及利害转化的初步认识。

或如,在洪水神话中,对于自然规律性的朦胧的全面认识,体现在对舜任用鲧和其子禹治理河水的不同方法的认识中。

　　洪水滔天,鲧窃帝之息壤以堙洪水,不待帝命。帝令祝融

杀鲧于羽郊。鲧复生禹,帝乃命禹卒布土以定九州。①

　　昔共工弃此道也,虞于湛乐,淫失其身,欲壅防百川,堕高堙庳,以害天下。皇天弗福,庶民弗助,祸乱并兴,共工用灭。其在有虞,有崇伯鲧播其淫心。称遂共工之过,尧用殛之于羽山。其后伯禹念前之非度,厘改制量,象物天地,比类百则,仪之于民而度之于群生。共之从孙四岳佐之,高高下下,疏川导滞,钟水丰物,封崇九山,决汨九川,陂鄣九泽,丰殖九薮,汨越九原,宅居九隩,合通四海。故天无伏阴,地无散阳,水无沉气,火无灾燀,神无间行,民无淫心,时无逆数,物无害生。帅象禹之功,度之于轨仪,莫非嘉绩,克厌帝心。皇天嘉之,祚以天下。②

　　同样是治水,但由于鲧治水的方法为堵,所以"九载无绩"。在自然界的利害对立中,其思维的论证意图似无可厚非,但其审视的眼界决定了他的方法选择没有顺应自然规律,反而害之更甚。其被诛杀也令人唏嘘。而其子大禹治水,之所以千古流芳,就在于他感性地意识到在救灾的过程中,取利弃害应以全面审视自然规律为出发点。显然,论证意图一样,但方法如何可行就成为这里的转化点。"高高下下,疏川导滞……合通四海",就是利用水自高处向低处流的自然趋势,顺地形把壅塞的川流疏通,将洪水引入已疏通的河道、洼地或湖泊,然后入海。亦即《水经注·河水四》所谓的:

---

① 《山海经·海内经》。
② 《国语·周语下》。

> 砥柱,山名也。昔禹治洪水,山陵当水者,凿之。故破山以通河。河水分流,包山而过,山见水中若柱然,故曰砥柱也。三穿既决,水流疏分,指状表目,亦谓之三门矣。

鲧与大禹治水的论证意图一样,但如何审视自然的眼界决定了论证方法的不同。大禹治水的"随山浚川……九河既道"①,使得史载一连串的破、凿、穿、通、导,就不再局限于鲧之"窃帝之息壤以埋洪水"的眼界,而是在全面性、整体性的审视下,以新的思维方式在确定的论证意图下有了多样性的论证方法的重新选择。大禹治水,千古流芳,就是这种辩证思考的结果。

或如,关于后稷的神话:

> 周后稷,名弃。其母有邰氏女,曰姜原。姜原为帝喾元妃。姜原出野,见巨人迹,心忻然说,欲践之。践之而身动,如孕者。居期而生子,以为不祥。弃之隘巷,马牛过者皆避不践;徙置之林中,适会山林多人,迁之;而弃渠中冰上,飞鸟以其翼覆荐之。姜原以为神,遂收养长之。初欲弃之,因名曰"弃"。
>
> 弃为儿时,屹如巨人之志。其游戏,好种树麻、菽,麻、菽美。及为成人,遂好耕农,相地之宜,宜谷者稼穑焉,民皆法则之。帝尧闻之,举弃为农师,天下得其利,有功。帝舜曰:"弃,黎民始饥,尔后稷播时百谷。"封弃于邰,号曰"后稷",别姓姬

---

① 《尚书·禹贡》。

氏。后稷之兴,在陶唐、虞、夏之际,皆有令德。[①]

前后两者"弃""封"的不同选择,其思维方式虽然始终是以趋利避害的目的为规范的,但思维的取舍大相径庭,其取舍选择的现实性因事物内在不同的因果联系而不再是僵化的,认识的视角不同使得选择呈现出一种变异性。虽然这种变异性仍然直观地建立在事物表象的因果联系上,仍然是一种不自觉的变化,但这种变化生动地表明了初民对于世界的认知视角不再是直线的了。而其后后稷的发展情况也表明了这种变异性辩证选择的正确性。

或如,按《孟子·万章上》所载:

尧崩,三年之丧毕,舜避尧之子于南河之南。天下诸侯朝觐者,不之尧之子而之舜;讼狱者,不之尧之子而之舜;讴歌者,不讴歌尧之子而讴歌舜。……

禹荐益于天,七年,禹崩,三年之丧毕,益避禹之子于箕山之阴,朝觐讼狱者不之益而之启。

在这种原始军事民主选举情况中,两种情况截然相反,初民的选择也前后不同。这就有两个问题可以讨论。其一,就初民的选择来说,归根结底还是以趋利避害为根据,而不是以道德上的善恶为分野。因为传说中的丹朱与舜争帝位还算不上是一种"恶"的表现,应该是原始宗法观念的启蒙。而益不与启争帝位,也不算是"善"的表现,只是自感领导初民趋利避害的能力不足。因此,初民对于帝的选择,还是从自身的

---

① 《史记·周本纪》。

最现实利益出发,以利害为主,不以善恶为分。其二,在初民选择帝的思维过程中,希望帝能够领导大家达到趋利避害的目的是一样的,但谁更能做到这一点,却是需要按实际能力来衡量的。论证意图是一样的,论证方法的根据却有了条件性。

## 三、子孙无穷——对矛盾转化的"相信"态度

对于论证根据之条件性的认识,初民可能并不是理性的认知,但至少在一定意义上,他们采取了"相信"的态度。这体现在对矛盾转化的幼稚想象中。

或如,《山海经·北山经》中所记载的,"炎帝之少女名曰女娃。女娃游于东海,溺而不返,故为精卫,常衔西山之木石,以堙于东海",在无限大与无限小的对比中,初民对于"精卫衔微木,将以填沧海"的行为,并没有采取不相信的态度,而是报以一种同情心。虽然这种量变到质变的认识在精卫填海的行为中并没有得以实现,但在对她的这种不屈的精神肯定中,至少表明初民是以一种相信的态度触及了这种转化。以至于现在有一个成语"精卫填海",比喻不畏艰难、不达目的誓不罢休的决心。

或如,在"愚公移山"中,初民的这种相信的态度就直截了当地付诸了现实:

> 北山愚公长息曰:"汝心之固,固不可彻,曾不若孀妻弱子。虽我之死,有子存焉;子又生孙,孙又生子;子又有子,子又有孙;子子孙孙无穷匮也,而山不加增,何苦而不平?"河曲智叟亡以应。

操蛇之神闻之,惧其不已也,告之于帝。帝感其诚,命夸娥氏二子负二山,一厝朔东,一厝雍南。自此,冀之南,汉之阴,无陇断焉。①

虽然这种辩证的量变到质变的转化事实,最终仍然是靠帝的帮助才得以实现;虽然"愚公移山"中对矛盾的正确认识,以及对矛盾的辩证转化的完整思想内容,可能是在神话历史化过程中为后人所加,但这种对于矛盾对立两极的辩证转化意识,在初民那里可能也是以一种朦胧的不成熟的观念形态存在的。此后,这种观念更转化为一种民族精神。

《列子》一书,崇尚虚静,强调人在自然天地间的积极作用。"愚公移山"的神话故事就象征了"道"的永恒性。从它恒久的现实意义上讲,"愚公移山"体现的正是一种不屈不挠、一往无前的民族精神。徐悲鸿于抗战时期的1940年,创作大型油画《愚公移山》,其意旨就是在中国人民抗日的危急时刻,以形象生动的艺术语言展示抗日民众的决心和毅力。从这个意义上讲,现如今一些在现代科技、现代生活下的对"愚公移山"的批判性评价,甚至有人建议从中学教材中删除这一神话寓言故事的论断,都有着对它们进行再"评价批判"的必要。

按上,神话是历史的产物,在其发生发展的过程中,神话采取了历史化的发展方式,因而被赋予了现实的事实性。其中所流露的传统辩证思维意识,应当被视为一种不自觉的观念形态,但在其事实性中所表露的初民对于自然秩序合理正常的向往与追求的心理,仍然以趋利避害的思维取舍方式的唯一性和条件性,以"适宜"的规范功能,直接体现在神话的架构中,并成为一种现实的辩证思维规范。这种"适宜"的规

---

① 《列子·汤问》。

范功能，由于选择的对象直接与初民的现实生存状态息息相关，因此它直接来自人性中原发性的本能。亦即，欲发现自然秩序的最初原因和最终结果的追求，形成了最早的传统辩证思维发展观念。但这种最早的传统辩证思维观念与其说是理性的自觉产物，毋宁说是初民在经年累月中通过积累与自然拼搏的经验和习惯所形成的一种群体下意识。也正是因为这种群体下意识的不自觉，所以它比自觉的艺术夸张更接近于初民内心深处的愿望。

## 第二节　咸庶中正——《尚书》中的辩证思维方式

《尚书》是我国最古老的一部历史文献汇编，所涉年代甚广，内容甚多，其核心思想是"敬天""明德""慎罚""保民"等。按《尚书·序》所说：

> 古者伏牺氏之王天下也，始画八卦、造书契，以代结绳之政，由是文籍生焉。伏牺、神农、黄帝之书，谓之"三坟"，言大道也。少昊、颛顼、高辛、唐、虞之书，谓之"五典"，言常道也。至于夏商周之书，虽设教不伦，雅诰奥义，其归一揆，是故历代宝之，以为大训。八卦之说，谓之"八索"，求其义也。九州之志，谓之"九丘"……《春秋左氏传》曰"楚左史倚相，能读三坟、五典、八索、九丘"，即谓上世帝王遗书也。……

> 讨论坟典，断自唐虞以下，迄于周，芟夷烦乱，剪截浮辞，举其宏纲，撮其机要，足以垂世立教，典、谟、训、诰、誓、命之文，凡百篇，所以恢弘至道，示人主以轨范也。帝王之制，坦然明白，可举而行。

《尚书》之所以能够成为"人主"之"轨范",在于其在"同一天命"的基础上,尊崇着思维的"法"①"则"②之观念,希冀在一系列的"辩"③"察"④"审"⑤"度"⑥"择"⑦的思维进程中,始终择善弃恶。而在这种由"标准意识"至"规范意识"至"论证意识"的逻辑演变中,也展现了一定的传统辩证思维方式。

## 一、选善弃恶——"成汤革夏"中取法标准的演变

如上一节所述,初民在趋利避害的历史选择中,根据自身的认识发

---

① "法"在今古文《尚书》中共于5篇出现7次。除去古文《尚书》外,为3篇5次。不过《周书·吕刑》中的"法"更多的是指"刑法",作为一种行为上的强制标准,其抽象程度远不如《尚书》中的"则"。《周书·大诰》中的"法"("尔时罔敢易法")指上帝的定命、决定,有了较为抽象的规定、标准之意。

② "则"在今古文《尚书》中共出现94次,作为标准、表率意义上的"则"共出现6次。去除古文《尚书》外,有2篇3次。《虞夏书·禹贡》:"咸则三壤成赋。"意谓按一定标准划分之意引申出的具体标准含义。《周书·君奭》"不降我则,鸣鸟不闻""天惟纯佑命则",意谓一种德行的表率。这是一个由直观标准到抽象表率的过程,"则"从定赋的标准演变为正确指导行为的思维规范。即行事要合于标准,行为要合于表率。

③ 《虞夏书·尧典》:"平章百姓。""平",《史记·五帝本纪》引作"便",《史记索隐》作"辩",《后汉书·刘恺传》引作"辨",郑玄注,"辨,别也"。可知"平"为分辨,"章"为彰明。

④ 《虞夏书·舜典》:"在璇玑玉衡,以齐七政。""在",《尔雅·舜典》:"察也。"为观察北斗七星以列出七项政事。

⑤ 《周书·吕刑》:"惟察惟法,其审克之。""察"与"审",要求明审依法,务必核实。

⑥ 《周书·吕刑》:"何度非及。"意谓,要考虑审议什么,不就是判断公正适宜吗?

⑦ 《周书·吕刑》:"何择,非人。"意谓,应当选择什么呢?难道不是道德高尚的人吗?

展与现实需要,将利害的取法标准由"天"转移到了神话英雄身上。而随着历史的发展,以及神话历史化的因素影响,英雄人物与始祖神趋于统一,并由此产生了"帝"的概念。

"帝"的甲骨文为"🐾"和"🐾",《说文解字》:"谛也,王天下之号也。从上,朿声。"①《尔雅》:"帝,君也。"②南宋史学家郑樵的《尔雅注》以花蒂之形,假借为帝王字。③ 又有传说炎黄二帝为头戴黄花与红花的部族首领,而黄红二花即是部族首领的标记。④ 但无论怎样,"帝"总意味着至高无上。由是,随着"帝"概念的产生并与始祖神联系在一起,崇拜英雄也就意味着崇拜祖先、崇拜上帝。

"帝"概念的产生以及其在神话中的体现,表明了社会关系中善恶对立二分之观念的出现。这从"牛郎织女"与"颛顼绝地天通"中可见一斑。

"牛郎织女"的神话故事可谓家喻户晓,但在其形成初期,还并无善恶的二分对立,只是一种人间男耕女织的劳动关系在天上的折射,即如,"维天有汉,监亦有光,跂彼织女,终日七襄。虽则七襄,不成报章,睆彼牵牛,不以服箱"⑤。其基本情节中人与上帝的善恶对立,是在经年累月的神话历史化的过程中才形成的。⑥

"绝地天通"的神话故事是与"黄帝与蚩尤之战"相联系的。

---

① 《说文解字·上部》。
② 《尔雅·释诂》。
③ 参见汤可敬:《说文解字今释》,岳麓书社2001年版,第4—5页。
④ 关于"帝"即"花蒂"的问题,作者曾向山西省博物馆古文字学家张颔先生探讨过,深受启发,这里采用了他的看法。
⑤ 《诗经·小雅·大东》。
⑥ 参见王孝廉:《中国的神话故事》第五章,作家出版社1991年版。

> 若古有训,蚩尤惟始作乱,延及于平民,……皇帝哀矜庶戮之不辜,报虐以威,遏绝苗民,无世在下,乃命重、黎绝地天通。①

这种"报虐以威",以善恶对立,以及"绝地天通"的弃恶从善的二分观点,是神话历史化的结果。这在《国语·楚语下》中得到了进一步的发挥:

> 古者民神不杂,……各司其序,不相乱也。民是以能有忠信,神是以能有明德。民神异业,敬而不渎,故神降之嘉生,民以物享,祸灾不至,求用不匮。及少皞之衰也,九黎乱德,民神杂糅,不可方物。……颛顼受之,乃命南正重司天以属神,命火正黎司地以属民,使复旧常,无使侵渎,是谓绝地天通。

《国语》中所讲,已然不是自然秩序的紊乱,而是社会秩序的紊乱,它将《尚书·吕刑》中由恶造成的社会秩序的紊乱,以及"绝地天通"重复"善"及重整社会秩序的行为进一步明确化,初民现实生存的利害取舍被善恶取舍的伦理道德观念取代,"帝"开始与"德"相配,从而使人们趋利避害的思维观念向择善弃恶的思维观念转化。这种思维规范在《史记·五帝本纪》的记载中进一步固定下来:"蚩尤作乱,不用帝命,于是黄帝乃征师诸侯……遂擒杀蚩尤。"

至殷,延续了上帝的崇拜,"殷人尊神,率民以事神"②。上帝统管着

---

① 《尚书·吕刑》。
② 《礼记·表记》。

一切自然现象,从而也主管着人间的一切事物,如征伐、田猎、生产、救灾等。

> 贞,帝令雨弗造年。①
> 贞,帝令雨造年。②
> 羽癸卯帝其令风。③
> 羽癸卯帝不令风。④
> 我伐马方,帝受我右。⑤

在这种尊神、事神的行为过程中,人们的思维取舍只能以上帝的意志是从,故一切行为、思想莫不同一于上帝。据称尧的儿子丹朱就因侮慢上帝而不为帝所重用:"吁,静言庸违,象恭滔天。"⑥而商汤征伐夏桀也是遵从上帝的意志:"夏氏有罪,予畏上帝,不敢不正。"⑦这样,随着时移世易,善恶观念的出现,以及"帝"所具有的"善",人们将取法标准从幻想的神又转移到具体的"帝"的身上。思维取舍已然从面对自然秩序的趋利避害的二分法,演变到面对社会秩序的择善弃恶的二分法了。

但历史发展的问题并不如此简单,在"夏有乱政而作《禹刑》,商有乱政而作《汤刑》,周有乱政而作《九刑》"⑧的过程中,先民的取法标准又

---

① 罗振玉编:《殷虚书契前编》1.50.1,1932年。
② 罗振玉编:《殷虚书契前编》1.50.1,1932年。
③ 董作宾编:《殷虚文字乙编》2542,中央研究院历史语言研究所1948年版。
④ 董作宾编:《殷虚文字乙编》2542,中央研究院历史语言研究所1948年版。
⑤ 董作宾编:《殷虚文字乙编》5408,中央研究院历史语言研究所1948年版。
⑥ 《尚书·尧典》。
⑦ 《尚书·汤誓》。
⑧ 《左传·昭公六年》。

开始由"帝"历史化地回归转化为"天"了。

卜辞中虽无"天"字,但卜辞中"上""帝"连用,表明"帝"在天。①

又有,金文"帝"(帝)进一步演化为架木祭天之形②,表明"天"是将"帝"进一步抽象化的结果。西汉董仲舒即言:"天者,百神之君也,王者之所最尊也。"③虽然董仲舒之意在于"天人合一"下的君权神授,在合理性与合法性的基础上使君主权力神圣化,但如回溯这种观念的逻辑发展顺序,应是先民在由多元崇拜向一元崇拜的过渡中产生的。"天"表现为一个有意志、有人格的最高主宰,它能发布命令,赏善罚恶,密切注视着臣民的行为,以决定其祸福寿夭。或如,《尚书·汤诰》有"天道福善祸淫";《国语·周语中》有"天道赏善而罚淫";《尚书·高宗肜日》有"惟天监下民,典厥义,降年有永不永,非天夭民,民中绝命";等等。

由于"天"是"帝"的进一步抽象化的结果,因此,代"帝"伐罪,就是代"天"伐罪。"有夏多罪,天命殛之"④"今予惟恭行天之罚"⑤。这种由"予畏上帝"到"恪谨天命""乃命于天"⑥,表现了先民取法标准的进一步抽象化的转变,并在"商纣暴虐,鼎迁于周"⑦中定型。这样,天道与人

---

① 在《诗经》的大、小《雅》中,就有数篇有"上帝"连用。或如,在《诗经·小雅·正月》中,既讲"天",也讲"上帝"。"瞻彼中林,侯薪侯蒸。民今方殆,视天梦梦。既克有定,靡人弗胜。有皇上帝,伊谁云憎?"而在《诗经·大雅·大明》中,"天"出现7处,也有"上帝"连用。"维此文王,小心翼翼。昭事上帝,聿怀多福。厥德不回,以受方国。"有意思的是,在这两篇中,对"天"或"上帝"的评价截然相反。表达了对"天""上帝"作为取法标准认识的朴素辩证态度。
② 参见徐中舒主编:《甲骨文字典》卷一,四川辞书出版社1988年版,第7页。
③ 《春秋繁露·效义》。
④ 《尚书·汤誓》。
⑤ 《尚书·甘誓》。
⑥ 《尚书·盘庚》。
⑦ 《左传·宣公三年》。

道、自然与社会,这两个不同的领域进一步疏离,人类终于在思想复调式叙述的基础上从自然界彻底分离了出来,从而表现了人类自我人格的独立与人的自觉。

虽然"天命玄鸟,降而生商"①,但随着"鼎迁于周"的王权转移,必然要产生一个问题,即同样是王者受命于"天",为何周要取代商呢?殷纣王就声称:"我生不有命在天?"②因而殷民不肯轻易就范。周人为了确保自己辛辛苦苦夺到的王权,必须要想出一个办法来解决这个矛盾。因此,不能不从联系的、发展的观点出发,多视角地全面看待王权的转移。

亦即,同样是王者受命于"天",但获得"天"之佑是有条件的。

夏不听天命故天不保佑,被天抛弃:"上帝引逸,有夏不适逸……降致罚,乃命尔先祖成汤革夏……在今后嗣王诞罔显于天……罔顾于天显民祗,惟时上帝不保,降若兹大丧。"③

商纣王的命运也如此:"尔殷遗多士,弗吊旻天,大降丧于殷。我有周佑命,将天明威,致王罚,敕殷命终于帝。"④

《诗经·大雅·皇矣》更直截了当地指出:"皇矣上帝,临下有赫。监观四方,求民之莫。维此二国,其政不获。"夏、商的王权失德,故失去"天"的保佑,其王权的失落是理所当然的了,而周人则是相反。

于是,一方面,历史的经验告诉人们"天不可信"⑤"天命靡常"⑥"天

---

① 《诗经·商颂·玄鸟》。
② 《尚书·西伯戡黎》。
③ 《尚书·多士》。
④ 《尚书·多士》。
⑤ 《尚书·君奭》。
⑥ 《诗经·大雅·文王》。

命不彻"①；另一方面，"天"仅授命于有德者："惟乃丕显考文王，克明德慎罚……闻于上帝，帝休，天乃大命文王。"②在这种"惟我周王，灵承于旅，克堪用德……简畀殷命"③的现实中，虽言"天不可信"，但也因"我道惟宁王德延，天不庸释于文王受命"④，意谓只要把文王的美德加以推广，"天"将不会废弃文王所受的福命。故而只要有德，天仍然可以信赖，仍然有着警戒及稳定社会的作用。而这种警戒及稳定社会的作用一直在历史地延续着，"胡不相畏，不畏于天"⑤"畏天之威，于时保之"⑥"今天或者大警晋也"⑦"天方授楚，未可与争，虽晋之强，能违天乎"⑧"不畏于天，将何能保"⑨。之所以如此，是因为在中国传统的伦理思维中，"天"始终是具有道德意义的"人伦之天"。

## 二、中正——"德"标准的确立

这种天命标准的有条件性，使得取法标准又形而上地落在了"德"的身上。

"德"(徝、悳、德)为会意字，第一个甲骨文左边符号"彳"(chi)在古文字中表示小步、行动，右边是只眼睛，眼睛之上是一条直线，表示目光

---

① 《诗经·小雅·十月之交》。
② 《尚书·康诰》。
③ 《尚书·多方》。
④ 《尚书·君奭》。
⑤ 《诗经·小雅·雨无正》。
⑥ 《诗经·周颂·我将》。
⑦ 《左传·宣公十二年》。
⑧ 《左传·宣公十五年》。
⑨ 《左传·文公十五年》。

直射。寓意行为要中正,目不斜视。第二个金文又在目下加心,目正心正为德。第三个小篆右边上方变成了"直",直心为德。①

"德"字之所以在金文中又加上了"心",原因在于古代的人们往往把思维认知与人的灵魂联系在一起,认为心是人的思维器官,人的思维认知是心的产物,心与人的灵魂同生同灭。古希腊亚里士多德就曾经认为,心脏是灵魂和智慧的中心。先秦孟子也曾经说,"心之官则思"②;荀子则说,"心者,形之君也,而神明之主也"③"心居中虚,以治五官,夫是之谓天君"④。

如果单从"心"的思维认知功能看,充其量也只是"逻辑真"的"心有征知。征知则缘耳而知声可也,缘目而知形可也,然而征知必将待天官之当簿其类然后可也"⑤"所以知之在人者谓之知,知有所合谓之智"⑥。但"心"(图、图、图)的认知功能一旦与"德"(图)之"目正心正"相联系,就有了异常直观的"伦理真"的"道德"之意象性思维的联想路径,有了理想的人格框架或社会图景"道",有了立身的根据和行为准则"德":

　　志于道,据于德。⑦
　　方物莫不尊道而贵德。⑧

---

① 参见左安民:《汉字例话》,中国青年出版社1984年版,第138页。
② 《孟子·告子上》。
③ 《荀子·解蔽》。
④ 《荀子·天论》。
⑤ 《荀子·正名》。
⑥ 《荀子·正名》。
⑦ 《论语·述而》。
⑧ 《老子·五十一章》。

> 尊德乐道。①
> 道德仁义,非礼不成。②
> 德者道之功。③
> 仁与义为定名,道与德为虚位。④
> 德,其体,道,其用,一于气而已。⑤

这种取法标准的进一步转移,表明人们的一种"天命难保"的自我警觉,他们在"天命靡常""天命不彻"中,不能不对社会、人生进行思考。在这种思考中,伦理常道的人生问题成为唯一被关心的问题,对于宇宙根源、自然法则的认识,也往往掺入政治伦理的色彩。《诗经》《尚书》就将"德"提升到一个"祈天永命"的至高而悠远的地位⑥,成为人们思维、行动的标准。《诗经·大雅·下武》更以"永言孝思,孝思为则",明确了"德"之表现"孝"就是法则。因此,要想永保王业,还必须用中正和顺的美德来指导自己,以圆满地完善天命,"若德裕乃身,不废在王命"⑦"王其疾敬德"⑧。

在这种警示下,"德"成为一种"法则"式的规范标准。"先君周公制

---

① 《孟子·公孙丑下》。
② 《礼记·曲礼上》。
③ 《韩非子·解老》。
④ 韩愈:《原道》。
⑤ 张载:《正蒙·神化》。
⑥ 《诗经·周颂·维天之命》"维天之命,于穆不已。于乎不显,文王之德之纯。假以溢我,我其收之。骏惠我文王,曾孙笃之";《尚书·召诰》"王其德之用,祈天永命"。
⑦ 《尚书·康诰》。
⑧ 《尚书·召诰》。

《周礼》曰:'则以观德,德以处事,事以度功,功以食民。'作《誓命》曰:'毁则为贼……有常无赦,在《九刑》不忘。'"①甚至在其后的春秋时期,在诸侯国的各种事务中,"德"也高居首位:"德刑政事典礼不易,不可敌也。……德立,刑行,政成,事时,典从,礼顺,若之何敌之?"②

应该说,在问题情境化与历史化的追问中,遵"德"与"恪谨天命""乃命于天"并不矛盾,因为德性的养成过程就在于畏"天",它的养成可以是自在的,这是符合周礼的。这种观念一脉相承地延续到以后。或如:

(鲁宣公十五年春,楚国入侵宋国,作为盟约国,)晋侯欲救之。伯宗曰:"不可。古人有言曰:'虽鞭之长,不及马腹。'天方授楚,未可与争。虽晋之强,能违天乎?谚曰'高下在心。'川泽纳污,山薮藏疾,瑾瑜匿瑕,国君含垢,天之道也,君其待之。"乃止。③

齐侯其不免乎。己则无礼,而讨于有礼者……《诗》曰:"胡不相畏,不畏于天?"④君子之不虐幼贱,畏于天也。在《周颂》曰:"畏天之威,于时保之。"⑤不畏于天,将何能保?以乱取国,奉礼以守,犹惧不终;多行无礼,弗能在矣!⑥

---

① 《左传·文公十八年》。
② 《左传·宣公十二年》。
③ 《左传·宣公十五年》。
④ 《诗经·小雅·雨无正》。
⑤ 《诗经·周颂·我将》。
⑥ 《左传·文公十五年》。

这两则文献均是正反引征谕证,既表明了对"天"仍然保持着一贯敬畏的态度,也表明了顺应天意的自我修养的重要性。由是,对"天"的敬畏已然与君王的行事准则与自我修养有了相互映射的必然联系。

在此之后的庄子看到了这种变化,并将此称为"以天为宗,以德为本"①。这种以德配天命,天惟"德"是择的结果,不但以王权得失的成败教训为功用坐标,提高了"德"在政治伦理中的地位,而且还由于"德"的直接体现是人生的自我价值,故而"德"的取法标准的确立,实质上是上古神话阶段以来的取法标准的复归于人,提高了"德"的事实标准和价值标准在普遍思维认知中的实在性和功用性。

如前所述,在上古神话阶段,初民由于自己对自然界莫可奈何、无能为力,在无望于自然之天后,将利害选择的权力拱手交予了英雄人物。这种权力的转移,实际上是对自身价值的否定,是人未脱离自然界的表现。但这种牺牲个体的代价,却换来了群体意识的集中。这无疑是思维发展史上的一个进步,使得先秦时代的思维法则观念趋于自觉、知性、抽象。当人类一步步从自然界脱离,以"人能群"②的形态,成为"一切社会关系的总和"③,这种取法标准就一步步从自然之天转变至神、至帝、至人伦之天、至德,最后又复归于人。此时,取法标准由具体到抽象,再到思维中的具体,其内涵更加丰富,其眼界更加宽广了。

历史选择,归根到底是作为历史主体的人民大众的选择。每一选择都必然会在历史发展的长河中显现出自己的地位与价值,并由当代人与后代人的实践来予以肯定或否定。故而从认知科学的角度看,生

---

① 《庄子·天下》。
② 《荀子·非相》。
③ 中共中央马克思恩格斯列宁斯大林著作编译局编译:《马克思恩格斯选集》(第1卷),人民出版社1972年版,第18页。

活、实践的观点,应该是认识论首要的和基本的观点。基于此,我们可以认为,上古神话以来的取法标准的演变,实质上只是外在形式的演变,其内在的规定性却一直未变。亦即,取法标准时刻是以人的自身生存、自身价值为基准,趋利避害也罢、择善弃恶也罢、从德舍怨也罢,无一不是以人为根本的。

其结果,首先是在"念天威"以同一天命的同时,也要顾及人,"罔尤违,惟人"①。而本章第一节开篇所述的"天、君、民"的三角图形中,天与民是矛盾的统一体。"天"虽然始终处于一种被敬畏的高度,但仍然要服从"民之所欲,天必从之"②的法则。由是也就有了"天聪明,自我民聪明;天明畏,自我民明威"③"天视自我民视,天听自我民听"④等一系列反向的对"天"的警戒。其次,是由道德责任的自觉到思维的自觉。由于历史的成败教训,"我不可不监于有夏,亦不可不监于有殷……惟不敬厥德,乃早坠厥命",所以,"王敬作所,不可不敬德"。⑤ 由之才可"安民则惠,黎民怀之"⑥,进而"王其德之用,祈天永命"⑦。

在这种责任感的自觉下,先民思维取舍的自觉性大大提高了,"人无于水监,当于民监"⑧。这样,以人为本的全面性的眼光就使得思维的取舍有了全面性的准确尺度,才能在"惟人万物之灵"⑨下,理性地、真正

---

① 《尚书·君奭》。
② 《尚书·泰誓上》。
③ 《尚书·皋陶谟》。
④ 《尚书·泰誓中》。
⑤ 《尚书·召诰》。
⑥ 《尚书·皋陶谟》。
⑦ 《尚书·召诰》。
⑧ 《尚书·酒诰》。
⑨ 《尚书·泰誓》。

自觉地同一天命、审视王德,按人自身的要求,二分式地取舍善恶。

于是,本章之始所述"天、治者、民"之三角图形,就在"天命有德……天讨有罪""用罪罚其死,用德彰其善""天喜善怨恶""天道福善祸淫""德无常师,主善为师"的一系列警诫中,不断历史化地稳定着辩证认知的互动结构。

## 三、允执厥中——"权"的过程与结果

中和思想为儒家的伦理思想,指不偏不倚不乖戾,"喜怒哀乐之未发,谓之中;发而皆中节,谓之和。中也者,天下之大本也;和也者,天下之达道也。致中和,天地位焉,万物育焉"①"中和者,听[政]之绳也"②。还如本书导论中所反复强调的,"中"是原则,"和"是目标或效果。作为原则和效果的统一,或论证动机与论证效果的统一,中和即中庸,为孔子所提,"中庸之为德也,其至矣乎,民鲜久矣"③。按《论语》本义,中庸是指对待事物的态度,从方法论角度讲,则是一种寻求平衡和顺的基本方法。"中庸"虽为孔子所提,但中和思想在《尚书》中也有端倪。

按《大禹谟》所载,舜提出了"允执厥中"的思想:"人心惟危,道心惟微,惟精惟一,允执厥中。"允,诚信;执,遵守;厥,其;中,中正。这里是舜告诫禹:人心危险难安,道心幽微难明,只有精心一意,诚恳地秉执其中正之道,才能治理好国家。其思维规范的目的在于"刑期于无刑,民协于中"。此虽存疑④,但"中和"思想在《尚书·盘庚》中却以"各设中于

---

① 《礼记·中庸》。
② 《荀子·王制》。
③ 《论语·雍也》。
④ 《大禹谟》为古文《尚书》,故存疑。

乃心",告诫反对迁都的人不要违法,要把中道放在心上。

> 呜呼!今予告汝:不易!永敬大恤,无胥绝远!汝分猷念以相从,各设中于乃心。乃有不吉不迪,颠越不恭,暂遇奸宄,我乃劓殄灭之,无遗育,无俾易种于兹新邑。
> 
> 往哉!生生!今予将试以汝迁,永建乃家。

亦即,《尚书·盘庚》在极言迁都的好处,不迁都的坏处时,要求按一定的标准(同心同德按王的意见)行事,"汝分猷念以相从",以寻求对立双方的连接点,使对立双方平衡,给迁都的行为划定界限和目标,从而保证殷商旧制的稳定。从这一点来看,"各设中于乃心"就是要让不愿迁都的人从迁都之事中看到迁都之后的好处,从而在新地重建家园,谋求新的幸福生活,"往哉!生生!……永建乃家"。

又按,提出"作稽中德"的《尚书·酒诰》,可以说是中国最早的禁酒令,由西周统治者在推翻商代的统治之后发布。周公旦封小弟康叔为卫君,令其驻守故商墟,以管理那里的商朝遗民。他告诫年幼的康叔,商朝之所以灭亡,是由于纣王酗于酒,淫于妇,以至于朝纲混乱,诸侯举义。其中,《尚书·酒诰》是从历史的经验教训出发,提出"作稽中德",要求言行举止要符合中正的美德。从全篇看,目前限制行乐饮酒,正是为了真正的酒足饭饱,"尔乃饮食醉饱"。而且,按"作稽中德",只是要求不饮酒乱德,并非禁酒。如在农事毕、孝敬父母、祭祀祖先等时,还是可以"致用酒"的。如是,"中"仍然是在思维认知的选择中寻求一种对立双方的连接"度",以规范饮酒行为的不偏不倚,给饮酒行为划定一个符合德的界限。"饮惟祀,德将无醉。"

"中"作为一个合理认识的"度"的意识,在《尚书·吕刑》中得到彻底的发挥。而这个"中",是经过"权"来实现的。

《尚书·吕刑》规定了刑罚内容和适用的原则和制度等,认为"其审克之""有伦有要"是"慎罚"的辨察思维过程,而"咸庶中正"则是这个思维过程的原则规范。

> 上下比罪,勿僭乱辞,勿用不行,惟察惟法,其审克之!上刑适轻,下服;下刑适重,上服。轻重诸罚有权。刑罚世轻世重,惟齐非齐,有伦有要。罚惩非死,人极于病。非佞折狱,惟良折狱,罔非在中。察辞于差,非从惟从。哀敬折狱,明启刑书胥占,咸庶中正。其刑其罚,其审克之。狱成而孚,输而孚。其刑上备,有并两刑。

意谓:要上下比较所犯罪行,不要错乱供辞,不要采取已被废除之法,要谨慎明察依法,认真审核。上刑适宜于减轻的,就减一等处置;下刑适宜于加重的,就加一等处置。各种刑罚的处置轻重要有权变的灵活性。刑罚的时轻时重,相同或不相同,都有它的条理和纲要。刑罚虽不置人死地,但受刑罚的人感到比重病还痛苦。不是巧言令色的人审理案件,而是公正善良的人审理案件,这样就不会有不公正或不合理适宜的了。从差异处考察供词,不服从的犯人也会服从接受。应当怀着哀怜的心来判决诉讼案件,明白地检查刑书,互相斟酌,都要以公正适宜为标准。当刑当罚,要详细审核。要做到案件既判,人们信服;改变判决,人们也接受。刑罚贵在慎重,有时也可以把两种罪行合并只罚一种。

在这种"咸庶中正"的规范下,"轻重诸罚有权"之"权",就有了它的"当用"之地,亦即,刑罚就不再是绝对的,而是具有了一定的权衡比较下的灵活性。凡是用五刑定罪而感到有疑的,可以从轻处以五罚;凡是以五罚处置而感到有疑的,可以从轻处以五过,"五刑之疑有赦,五罚之疑有赦,其审克之"。另外,罪情虽重,本应处以重刑,但仅为偶一为之,非一贯不法,便可以从轻发落;罪情较轻,本应从轻发落,但因是一贯不法,或故意犯罪,也要从重处罚。总之,刑罚轻重有一定的权衡比较下的灵活性与适宜性,要根据社会的具体情况而确定。"上刑适轻,下服;下刑适重,上服。轻重诸罚有权。刑罚世亲世重,惟齐非齐,有伦有要。"于是,在这种"轻重诸罚有权"的传统辩证思维方式的理解诠释下,不但保证了"其审克之"之后"有伦有要"之结论的有效性问题,同时也具有了"咸庶中正"之结论的适宜性问题,以及由此产生的可接受性问题。难怪《尚书·吕刑》将这种按"权""度"灵活、合理、适宜的"慎罚"称为"祥刑"。

应该说,《尚书》中对"中"的认识把握还未达到一种理性的高度,但其对"中"之原则的知性感觉和实际应用,却在寻求平衡连接点之"度"的"权"的掂量权衡[①]中,给具体的行为划定了一个适宜合理的界限。尤其体现在《尚书·吕刑》中,灵活适宜合理的"慎罚",既有了质的规定性,又有了量的相对性,反映在"权"的思维掂量认知中,就有了确定性和可变性两方面,并在代表"中"的度上得到了统一。正如曾运乾在其《尚书正读》中注《尚书·吕刑》时所说:"中字为全篇主旨……凡八用中字,得此中道,守而弗失,庶几祥刑也。"这一评价切中肯綮。

基于此,在推动中国古代传统辩证思维思想产生发展的历史历程

---

① 掂量权衡是正反论证的一种方法。如对于支持理由与反对理由各为简单的一个,判断哪个更有支持度,那就双手各拿一个掂一掂,感觉哪个更"重",于是就好选择了。

中,《尚书》也做出了自己的贡献。

## 第三节 天命靡常——《诗经》中的辩证思维方式

《诗经》是我国古代最早的一部用文字记载的诗歌总集,其创作年代大抵为周初至春秋中叶,所涉内容也甚多,反映了当时的社会风貌。

《诗经》三百零五篇,分为三大类,《风》《雅》《颂》。按汉代《毛诗序》,"风也,教也,风以动之,教以化之,……上以风化下,下以风刺上,主文而谲谏,言之者无罪,闻之者足戒,故曰风""雅者,正也,言王政之所由废兴也""颂者,美盛德之形容,以其成功告于神明者也"。

按此对《风》《雅》《颂》的语义说明,《诗经》所体现的现实主义精神,当是产生思维法则的现实主义基础。

《吕氏春秋·行论》曾引《诗经》逸诗中的一段,"将欲毁之,必重累之;将欲踣之,必高举之",以论君主的进退应根据"义"的准则行事,而不应以"快志"为能事。表明毁与累、踣与高这一矛盾对立面,在一定的条件下可以相互转化。虽然只此逸诗,我们无从断定它的全貌指何、为何,但这段逸诗中所体现的同于之后《老子》更为抽象的"将欲废之,必固兴之;将欲夺之,必固与之"①的辩证意识,在《诗经》中还是可以窥探到的。

### 一、高岸为谷,深谷为陵——认识的全面性

"高岸为谷,深谷为陵"是《小雅·十月之交》中的两句,我们可以将

---

① 《老子·三十六章》。

之视为是一个命题或判断。结合全篇来看,诗文起始就将日食、月食、强烈地震同朝廷用人不善联系起来,以抒发个人深沉的悲痛与忧虑,认为这些灾难是上天对人类的警告。

　　十月之交,朔月辛卯。日有食之,亦孔之丑。彼月而微,此日而微;今此下民,亦孔之哀。
　　日月告凶,不用其行。四国无政,不用其良。彼月而食,则维其常;此日而食,于何不臧。
　　烨烨震电,不宁不令。百川沸腾,山冢崒崩。高岸为谷,深谷为陵。哀今之人,胡憯莫惩?

以此怨刺周幽王任用小人,滥用民力,政失常规,定会同自然界的变化一样造成社会各阶层的变化。

按《诗经》的年代,多藏货物有车马的富人居然高居官位,"佌佌彼有屋,蔌蔌方有谷";鄙陋之人有屋有爵禄,显得威风凛凛,"哿矣富人,哀此惸独"①,此正可谓"深谷为陵"。而旧贵族则"维昔之富不如时,维今之疚不如兹"②,此正是"高岸为谷"的写照。在这种由于"四国无政,不用其良"的德政败坏所造成的贫富变化及权力变化下,对贫富、权力归属的判断远不是以贵族的"永宁天命"为基准了,从前的"溥天之下,莫非王土;率土之滨,莫非王臣"③,已不是永宁永令的了。一方面,"不

---

① 《诗经·小雅·正月》。
② 《诗经·大雅·召旻》。
③ 《诗经·小雅·北山》。

吊不祥,威仪不类"①;另一方面,"人之云亡,邦国殄瘁"②。由此也就自然有了《诗经》中屡屡出现的"心之忧矣""心之悲矣"。

正是在这种贫富、权力的变化下,"高岸为谷,深谷为陵"形象地揭示了世上万物变动不居、互相转化的朴素的辩证法则认识。由此也不能不重新在变化的场景中,重新以辩证分析的眼光感悟、认识世界。正是在这种问题情景化、问题历史化的意义上,《小雅·十月之交》在其最后一句,以"天命不彻,我不敢效我友自逸",提出了对天命不循常道的怀疑与自省。

日后的《左传》更是将"高岸为谷,深谷为陵"当成了"社稷无常奉,君臣无常位"的注脚。"社稷无常奉,君臣无常位,自古以然。故《诗》曰:'高岸为谷,深谷为陵。'三后之姓,于今为庶,主所知也。"③这也进一步发展了《诗经》中传统辩证思维的全面认识的认知方式。

## 二、天命靡常——判断的条件性与取法标准的变化性

商人笃信鬼神、上帝,周人代商而为天下主,也延续了这种基本观念,只是赋予了上帝以人格,是人格化的上帝——天,并成为周人的至上神。

> 天生烝民,有物有则。民之秉彝,好是懿德。天监有周,昭假于下。保兹天子,生仲山甫。④

---

① 《诗经·大雅·瞻卬》。
② 《诗经·大雅·瞻卬》。
③ 《左传·昭公三十二年》。
④ 《诗经·大雅·烝民》。

在这里,天不仅成为事实上的最高权威,而且在思维认知的前提预设上也成为不二的取法标准。天命成为王权在思维认知过程中的信用状。

但至周厉王、周幽王时期,民不聊生,贵贱易位,不仅旧贵族,连普通民众也对天产生了怀疑。《诗经》中的变风、变雅①正是这种时移世易之变化了的问题情景化的真实写照。

最初是对"天"的脾气的怀疑:

> 上帝板板,下民卒瘅。出话不然,为犹不远。靡圣管管。不实于亶。犹之未远,是用大谏。②

首二句以"上帝"对"下民",前者反常昏聩违背常道,后者辛苦劳累多灾多难,相关因果关系一目了然。

在《大雅·荡》中,"天"之善恶本性也受到怀疑:

> 荡荡上帝,下民之辟。疾威上帝,其命多辟。

全篇以"荡"之放荡不守法规为纲领,其后各章均以"文王曰咨,咨女殷商"开头,假托周文王慨叹殷纣王无道,借古讽今,警告周厉王"殷

---

① 指《国风》、大小《雅》的部分内容,与"正风""正雅"相对,是作于周王朝政治衰乱时期的作品。即《毛诗序》所言,"至于王道衰,礼仪废,政教失,国异政,家殊俗,而变风变雅作矣"。按清代马瑞辰《毛诗传笺·风雅正变说》,《风》《雅》正、变的区分标准不以时间为界,而是以"政教得失"来区分,凡是讥刺时政的《诗》都属于变风、变雅。

② 《诗经·大雅·板》。

鉴不远,在夏后之世"。

到了周幽王时代,对"天"的态度就不仅是怀疑,简直是咒骂了。上天不明,降下大祸乱;上天不慧,降下大灾难;上天太不公平:

> 昊天不佣,降此鞠讻。昊天不惠,降此大戾。……
> 昊天不平,我王不宁。①

这种对"天"的怀疑和不满,在《小雅·雨无正》《小雅·小旻》《小雅·巧言》中都可找到。

> 浩浩昊天,不骏其德。降丧饥馑,斩伐四国。旻天疾威,弗虑弗图。舍彼有罪,既伏其辜。若此无罪,沦胥以铺。……
> 如何昊天,辟言不信。②

意谓,苍天浩荡,却不美其德,降此死亡和饥荒,残害天下四方。苍天暴虐,不虑不谋,藏匿有罪,却使无辜痛苦。……如此苍天,法度之言不听?

> 旻天疾威,敷于下土。③

意谓,苍天暴虐,下降灾难。

---

① 《诗经·小雅·节南山》。
② 《诗经·小雅·雨无正》。
③ 《诗经·小雅·小旻》。

悠悠昊天,曰父母且。无罪无辜,乱如此幠。昊天已威,予慎无罪。昊天泰幠,予慎无辜。①

意谓,高远苍天,如同父母,无罪无过,却遇大祸。苍天发威,但我无过,苍天糊涂,我确无辜。

如上这些对"天"的无望空喊,宣泄着一种思维认知上的直觉,而"天命靡常"②就是这种对"天"的怀疑和不满的感性直觉的概括总结。

亦即,"天命靡长"以命题的形式,反映了由事物的变化所决定的思维认知上判断的条件性,以及取法标准的变化性。

亦即,上一节所讲的"德"标准的确立,就是如此在问题情景化与问题历史化的过程中完成的。

亦即,"天命靡常"直接以命题的形式,突破了那种绝对同一天命以决定思维取舍的法则观念,将"德"与"天"相配,反映了一种同一天命的条件性。这种条件性告诫君主在接受天命的同时,也要尽人事,尊崇德与善:

无念尔祖,聿修厥德。永言配命,自求多福。殷之未丧师,克配上帝。宜鉴于殷,骏命不易。

命之不易,无遏尔躬。宣昭义问,有虞殷自天。上天之载,无声无臭。仪刑文王,万邦作孚。③

---

① 《诗经·小雅·巧言》。
② 《诗经·大雅·文王》。
③ 《诗经·大雅·文王》。

在"天命靡常"的警觉中,时刻要以殷为鉴,敬天修德,才能匹配天的意志而不变,永保多福。这样才能效法周文王的德行和勤勉,得天福佑,长治久安。

在这种自我警觉中,全面性的认识,条件性的认识,反映在思维认知中,就不但要"帝谓文王……顺帝之则"①,同时也要做到"有孝有德……四方为则""如圭如璋……四方为纲"②了。

这种德性的内在作用与外在影响,二者相互映射、相得益彰,使得德、善的完善虽是上帝的尺度,但追求这种完善变成了人的尺度。"诚者天之道也,诚之者人之道也。"③在"德"标准的历史进程中,在理想与现实的纠葛中,吻合了"权—正—中"的传统辩证思维过程。这也就为日后的"社稷无常奉,君臣无常位"④的辩证认识乃至先秦诸子的传统辩证思维法则思想,提供了一条合理的思维认知依据和理论前提。

恩格斯曾经指出:"第一次把自然界、社会和思维发展的一般规律以普遍适用性的形式表达出来,这始终是具有世界历史意义的勋业。"⑤《诗经》的"高岸为谷,深谷为陵"与"天命靡常",当得起这一赞誉。

---

① 《诗经·大雅·皇矣》。
② 《诗经·大雅·卷阿》。
③ 《礼记·中庸》。
④ 《左传·昭公三十二年》。
⑤ 中共中央马克思恩格斯列宁斯大林著作编译局编译:《马克思恩格斯全集》(第20卷),人民出版社1971年版,第407页。

## 第四节　保合太和——《周易》中的辩证思维方式

《周易》是我国古代一部极为重要的文化典籍,它在古代思维科学和认识论方面的价值,以及对古代自然科学和人文科学方面的广泛影响,使它在历代都受到重视,被尊为"六经"之首。作为一部占辞汇编,《周易》以卦和爻来占卜与象征自然、社会变化的休咎吉凶。按东汉魏伯阳《周易参同契》所标"日月之谓易","易"取上"日"下"月"之象形,认为"易"是说明天地之间、日月系统以内人生与事物变化的根本法则,并以此来指导卜筮以辨吉凶。按此,在卜筮以辨吉凶的思维认知过程中,一定的思维法则观念就应当成为有效辨别吉凶变化的思维认知坐标了。

又按《周易·系辞下传》所述:"《易》之为书也不可远,为道也屡迁,变动不居,周流六虚,上下无常,刚柔相易,不可为典要,唯变所适。"理解了"唯变所适",也就实现了"知变化之道者,其知神之所为乎?"①所以汉代以后的易学家,多以为《周易》的精神就是抓住"变"与"动"的两个要点,以查究一切事物变化的道理。其最终目的当为追求《彖辞上传·乾》所说之情景:

> 大哉乾元,万物资始,乃统天。云行雨施,品物流形。大明终始,六位时成,时乘六龙以御天。乾道变化,各正性命,保合太和,乃利贞。首出庶物,万国咸宁。

---

① 《周易·系辞上传》。

"乾道变化"就是天道变化,乾道生育万物;"各正性命",就是使万物的性和命各自得以归于正位;即"保合太和",才能"利贞"。如是,不仅能产生万事万物,而且还会使天下获得中正、和合、安宁。由之,"保合太和"的认知意图与"唯变所适"的认知方法,在"变""动"问题中历史化地"志功为辩""志功合一"了。

## 一、易者象也——有意味的形式

《系辞下传》和《系辞上传》中有两段话分别说明了八卦的生成方法:

> 古者包牺氏之王天下也,仰则观象于天,俯则观法于地,观鸟兽之文与地之宜,近取诸身,远取诸物,于是始作八卦。以通神明之德,以类万物之情。

> 是故《易》有太极,是生两仪,两仪生四象,四象生八卦。八卦定吉凶,吉凶生大业。

在这两段话中,"以类万物之情",是个"比类"推导的过程,而"八卦定吉凶"则是"比类"推导的结果。它们之所以能够成立,是因为,"太极"为天地未分之前的混沌状态,是至高至极、绝对唯一的东西。由它生出的"两仪"即阴与阳,《周易》分别以符号"▬▬"和"▬ ▬"来表示。"两仪"又可以相互搭配组成"四象","四象"进一步按阴、阳消长的原则,又可生成"八卦",分别以符号来表示,即"☰"为"乾"、"☷"为"坤"、

"☳"为"震"、"☴"为"巽"、"☵"为"坎"、"☲"为"离"、"☶"为"艮"、"☱"为"兑"。并由此形成层级化的结构(图1)：

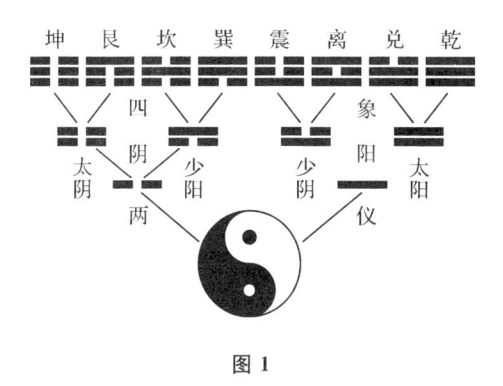

图 1

在"八卦"的基础上，"八卦"两两相互重叠，又可以推演生成"六十四卦"："为乾、坤、……既济、未济。"

《周易》的"唯变所适"之"变""动"，就是"阴""阳"的"变""动"，以及由此引发出来的事物吉凶变化。基于此，"阴""阳"是《周易》中的综合性范畴，代表着世间万物最基本的相反相成。其基本符号以卦画"⚋""⚊"代表之。"阳"表示刚健、进取、阳性，"阴"表示柔顺、退守、阴性。

按"⚊""⚋"称为"爻"，郭沫若认为是古代生殖器崇拜观念的残存，以"⚊"象征男根，以"⚋"象征女阴。① 高亨则认为是远古人们卜筮时所用竹节的象征，以"⚊"表示一节之竹，以"⚋"表示两节之竹。此外，还有"⚊""⚋"取自日、月，取于结绳记事，取于古数字等说法。我们姑且不论"⚊""⚋"两爻源于什么，只就这两爻的"形"与

---

① 参见郭沫若：《〈周易〉时代的社会生活》，载郭沫若著作编辑出版委员会：《郭沫若全集(历史编)》第1卷，人民出版社1982年版，第59页。

"意"来看,至少表明了这样的人工语言符号,其象征事物的抽象性和表达内容的丰富性,已经远远超出了象形、指事、会意一类的自然语言文字的造字法。从它只须规定为阴、阳,通过自身的组合变化,就可以把万事万物的性质、运动法则、变化形式、变化趋势等都表现得淋漓尽致来看,由"▬▬""▬ ▬"组成的八卦乃至六十四卦的卦象,我们有理由将其视为"当名辨物"[1]过程中的"有意味的形式"[2]。

这是因为,按《系辞下传》所说,"易者,象也,象也者,像也"。以八卦来看,它的卦象均以特定的"有意味的形式"之人工语言符号表示着特定的含义,以"强制的牌"[3]的身份,在"能指"与"所指"的表达过程中,

---

[1] 《周易·系辞下传》:"夫《易》,彰往而察来,而微显阐幽,开而当名辨物,正言断辞,则备矣。其称名也小,其取类也大,其旨远,其辞文,其言曲而中,其事肆而隐。因贰以济民行,以明失得之报。"

[2] "有意味的形式"本是一个美学概念。英国艺术家克莱夫·贝尔在他的《艺术》一书中分析人类审美心理的变化时提出了这一概念。参见克莱夫·贝尔:《艺术》,中国文联出版公司1984年版,第4页。李泽厚在他的《美的历程》中就美所产生的源头,沿着时代的顺序,分析了各个时代美学的基本特征和不同性格,在从历史的角度分析了人类审美心理的变化及永恒继承性时,也分析了这一概念。见李泽厚:《美的历程》,天津社会科学院出版社2001年版,第350页。

[3] 瑞士现代语言学家索绪尔曾指出:"能指对它所表示的观念来说,看来是自由选择的,相反,对使用它的语言社会来说,却不是自由的,而是强制的。语言并不同社会大众商量,它所选择的能指不能用另一个来代替。这一事实,似乎包含着一种矛盾,我们可以通俗地叫作'强制的牌'。人们对语言说:'你选择罢!'但是随即加上一句:'你必须选择这个符号,不能选择别的。'已经选定的东西,不但个人即使想改变也不能丝毫有所改变,就是大众也不能对任何一个词行使它的主权;不管语言是什么样子,大众都得同它捆绑在一起。"索绪尔:《普通语言学教程》,外语教学与研究出版社2001年版,第107页。王力先生也有相似的论断:"语言自身有它的约束性。全社会都这样说,你就不得不这样说。这种社会约束性就是天然的规范。"转引自王则柯:《勿忘字母名称汉语化的前车之鉴》,南方网2010年4月14日。

应当属于"名"的自我说明。即后世荀子所说的"名足以指实"①。

或如,八卦各象分别由"☰"(乾)、"☷"(坤)、"☳"(震)、"☴"(巽)、"☵"(坎)、"☲"(离)、"☶"(艮)、"☱"(兑)来表示八种自然界的基本物质:天、地、雷、风、火、水、山、泽。由于乾卦为纯阳之卦,象征阳性的事物,所以乾卦有刚健的属性,所以为天、为马、为首、为父、为君等有刚健属性的事物。而坤卦为纯阴之卦,象征阴性的事物,所以坤卦有柔顺的属性,所以为地、为牛、为腹、为母等具有柔性的事物。故而有"天行健,君子以自强不息""地势坤,君子以厚德载物"。

至于其他六卦,分别因卦象中阴阳爻的不同位置而有动、入、丽、陷、止、说的不同属性,又分别象征着具有这些属性的不同的人体部位、不同的动植物、不同的人伦关系乃至不同的季节、方位等等。

应该说,这种基于分析、比较基础,寻找不同事物中的共同因素,舍弃不同事物中的不同因素,按不同事物的共同属性来比拟各种事物的抽象的"有意味的形式",无疑已经有了"类事理"同一的逻辑概括、分类方法的端倪了。这种概括、分类的结果,在寻找"类事理"的抽象思维过程中,使八卦的卦"象"具有了概括性与抽象性;同时,概括结果的定名的主观性和客观性的统一,使之具有了普遍适用性。亦即,它可以指称任一个有这种"象"形所具有的属性或规定的事物。但它还并不等同于认识对象,它不存在于客观事物中,它只存在于认知主体的主观意识中,它仍然是观念性的东西。只不过这种观念性的东西,在其整合过程中,仍然显现着客观性的源泉,从而以"易者象也",成为"有意味的形式"。

这种"当名辨物""名足以指实"的"有意味的形式",在"以通神明之

---

① 《荀子·正名》。

德,以类万物之情"的过程中,以纯粹的人工语言符号,蒸发了人类对林林总总的各种事物的复杂认识,以综合、抽象出来的"八卦"和"六十四卦"的独立图像形式及其变化,推演与预测着人事、自然和社会的"思维内容的再现",不但在实际的应用中不断强化着"有意味的形式",也以其所包含的思维主体的自我理解,在工具性与人文性的统一中,蕴涵了人类心灵中求真的情怀、感悟、观念及精神,从而为之赋予了知性的意义。

## 二、阴阳对立——"唯变所适"的前提

这种"有意味的形式"的人工语言符号系统,其排列顺序所遵从的思维认知原则,就是阴、阳两爻所代表的"对立统一""物极必反"的传统辩证思维原则。其阴、阳所表达的对立,不仅有卦象之语形上的对立,而且还有着卦爻辞说明之语义上的对立。

1. 卦象的语形对立

《周易》以"两两相耦,非覆即变"的形式,组成《周易》的六十四卦,共三十二对。其中,将卦象颠倒的一对卦排在一起,共二十八对,称作"覆卦"。如《泰》卦"䷊"(乾下坤上)和《否》卦"䷋"(坤下乾上),《剥》卦"䷖"(坤下艮上)和《复》卦"䷗"(震下坤上),《既济》卦"䷾"(离下坎上)和《未济》卦"䷿"(坎下离上)等。

或将卦象上相反的一对卦排在一起,共四对,称作"变卦"。如《乾》卦"䷀"(乾下乾上)和《坤》卦"䷁"(坤下坤上),《坎》卦"䷜"(坎下坎上)和《离》卦"䷝"(离下离上),《颐》卦"䷚"(震下艮上)和《大过》卦"䷛"(巽下兑上)等。

无论是覆卦还是变卦,在六十四卦的排列顺序中,每一对卦总是处在相邻的位置。《周易》的这种以"阴""阳"两爻的最直观的"有意味的形式",在中国古代名辩思想的历史发展中,首次抽象地表达着矛盾对立的思维认知。

2. 卦爻辞说明中的语义对立

《周易》各卦的阴阳对立,目的在于说明其所代表的事物的吉凶对立,这一任务是由卦爻辞来完成的。亦即,卦爻辞是对卦象的语义说明,每一卦的卦象,只有在与卦辞、爻辞联系起来时才有实际的语用意义。《周易·系辞上传》说"系辞焉,所以告也""辞也者,各指其所之""辨吉凶者存乎辞",这些均说明《周易》中"辞"的基本性质和功用,就是用"辞"的"有所断定"的形式,或告之,或指之,或辨之。亦即"断一卦之吉凶",或"断一爻之吉凶"。

从逻辑学角度讲,概念指称的只是某个事物,只有将其以"是"与"不是"的形式展开,才有逻辑的判断问题。而逻辑学中的判断是陈述性语句,"告""指""辨""断"就有陈述、辨别的意义,亦即有了判断的意义。因此,卦爻辞的"辞"就是主观判断的一种形式,它最为重要的一点就是有所断定。这一点符合逻辑"判断"的第一个逻辑特征。①

或如,《需》卦(䷄),卦形乾下坎上。坎象征水,不容易涉水渡过。然而乾是纯刚,坚强有力,只要有信心,守正待机,最终仍然可以亨通,故而只要坚守纯正,就能涉水渡过大川。故占断为吉,即卦辞所说,"有孚,光亨,贞吉,利涉大川"。《周易·象传》更针对《需》卦的九五爻辞"需于酒食,贞吉",直截了当地点出"中正","'酒食贞吉',以中正也"。宋代司马光说,"有孚、光、贞吉,人君所以待天下之道也。九五居中履

---

① 逻辑上的判断有两个逻辑特征,一个是有所断定,一个是有真假。

正,以待天下之需,中则尽时措之宜,正则长久而不已";清代刘沅说,"九五阳刚中正,居君位而需焉,盖当治具昌明之时,休养生息,涵煦天下,而不求近功;在修身者道德和平,优游餍饫,皆需于酒食之象。惟贞则吉,言以中正,非耽乐也"。

与此上下卦排列相反的《讼》卦(☰☵),则讲争讼。上卦乾刚健,下卦坎险陷,必然争讼。又刚健踏在险陷上,自认为笃实而逞强,则行不通,唯有反省,戒惧慎惕,才会祥和,如一味争强好胜,最终则为凶。如遇到公正的大人做主还会有利,但要像涉大川一类的冒险逞强则不利。故卦辞说,"有孚,窒惕,中吉,终凶。利见大人,不利涉大川"。

或如,《剥》卦(☷☶),卦形坤下艮上,卦辞为"剥:不利有攸往"。按《说文解字》,"剥,裂也",引而申之,剥落、衰落、残谢等都可以叫剥。不过《剥》卦所讲的,乃是阴剥阳的剥。照《周易》的解释,从《剥》卦的内外卦来看,内卦坤为顺,外卦艮为止。故"止顺"为大势所趋。而从整个卦体的六爻组合来看,下五爻均为阴爻,仅上九爻为阳爻。这表示阴性的东西正在生长,阳性的东西正在衰落。由阳代表君子,阴代表小人,则表示为阴盛阳衰,小人得势,君子困顿;小人壮而君子弱;天时与人事均于君子不利。所以君子宜藏器待时,勿有所往。即使要前进,因前进已被断定有所不利,所以前进时定要谨慎从事,要有所顺从。积极行动则不利。这是从阴阳两义所做的断定。如从爻辞做断定,从初六至六五,无一不在讲诸阴如何一步步剥阳,可谓险象丛生。直到上九,仅余一阳像一颗果实未被剥尽。按照"消息盈虚,天行也"的对立蕴涵转化的规律,阳不能尽剥,事物才有了一线转机。所以此时上九爻辞说:"硕果不食,君子得舆,小人剥庐。"此时人心思治,众心愿载君子,小人则不敢剥尽于上,否则他也将自失所覆,连安身之所也没有了。由之,《剥》卦的卦辞和爻辞均断定小人众强而得势,阴强阳弱,其有所往必败。所以占得此卦时，就可得知所从事的是主凶不吉的。这正是卦爻辞所表达出来的认识。

而与《剥》卦卦象相反的《复》卦（☷☳），卦形震下坤上。初九爻为阳，表示阳性的东西正在复苏。虽然只有这一阳爻，但它却是新生力量，是正在发展向上的东西，所以《复》卦卦辞断定为："亨，出入无疾，朋来无咎，反覆其道，七日来复，利有攸往。"即《复》卦为回、返本，阳剥极必复反于下，虽仅一阳，势单力薄，但因其是新生的、向上的、前进的，犹如冬至时节阳气复生，万物即将复苏，其生生之势必不可挡。在上五阴虽众，但必然要披靡消散，已经构不成在下一阳勃然生气的障碍了。在下一阳则是野火烧不尽，春风吹又生。所以，卦辞告诉我们出入均无疾患，朋友自远方来也无咎，出行者往返于途中，七日即可回家。因此有所往，也有所利。所以是主吉。至于《复》卦的六爻，也各有其吉凶的断定内容。

黑格尔曾指出，现实的东西是合理的，并不意味着现存的一切事物都是现实的，因而都是合理的。"在日常生活中，任何幻想、错误、罪恶以及一切坏东西，一切腐败幻灭的存在，尽管人们都随便把它们叫作现实，但是，甚至在平常的感觉中，也会觉得一个偶然的存在不配享受现实的美名。因为所谓偶然的存在，只是一个没有什么价值的、可能的存在，亦即可有可无的东西。"①在黑格尔看来，只有符合历史发展趋势的才是真正"现实的东西"："现实性在它的开展中表明它自己是必然性。"②因此，从黑格尔的观点看《复》卦，它的卦爻辞断定了事物发展的现实必然性，从而也就表明了它的"主吉不凶"的现实合理性。

---

① 黑格尔：《小逻辑》，贺麟译，商务印书馆1981年版，第44页。
② 黑格尔：《法哲学原理》，范扬、张企泰译，商务印书馆1961年版，第280页。

或如,《师》卦(☷☵)讲军队、战争之事,而《比》卦(☵☷)则讲亲近比附之事;《泰》卦(☷☰)讲亨通泰平,《否》卦(☰☷)则讲闭塞黑暗;《随》卦(☱☳)讲怎样使人追随的原则,《蛊》卦(☶☴)则讲革新;《损》卦(☶☱)讲损失、减少,《益》卦(☴☳)则讲增多、收益;《既济》卦(☵☲)意为完成,《未济》卦(☲☵)则意为未完成;等等。

如果从卦爻辞所反映的矛盾对立现象看,《周易》所涉的矛盾现象非常广泛。

首先,自然界存在着大量的矛盾对立现象。

不明晦;初登于天,后入于地。① (明晦、初后、天地对立。)
枯杨生华,老妇得其士夫。② (枯杨、士夫对立。)
无平不陂,无往不复。③ (平往、陂复对立。)
利西南,不利东北。④ (西南、东北对立。)
潜龙勿用,见龙在田。⑤ (潜、见对立。)

其次,社会领域也存在着大量的矛盾对立现象。

过其祖,遇其妣;不及其君,遇其臣,无咎。⑥ (君臣对立。)

---

① 《周易·明夷·上六》。
② 《周易·大过·九五》。
③ 《周易·泰·九三》。
④ 《蹇》卦辞。
⑤ 《周易·乾·初九、九二》。
⑥ 《周易·小过·六二》。

大君有命,开国承家,小人勿用。① (大君、小人对立。)

君子吉,小人否。② (君子、小人对立。)

小人吉,大人否。③ (小人、大人对立。)

长子帅师,弟子舆尸。④ (长子、弟子对立。)

舆脱辐,夫妻反目。⑤ (夫妻反目对立。)

再次,人们的认知行为上也大量存在着对立现象。

弗损益之,无咎。⑥ (损益对立。)

君子有攸往,先迷后得主,利;西南得朋,东北丧朋,安贞吉。⑦ (先后、得丧对立。)

观我生,进退。⑧ (进退对立。)

出入无疾,朋来无咎。⑨ (出入对立。)

小往大来,吉,亨。⑩ (小大对立。)

亨,利贞;可小事,不可大事;飞鸟遗之音,不宜上,宜下,大吉。⑪ (小事大事、上下对立。)

---

① 《周易·师·上六》。
② 《周易·遁·九四》。
③ 《周易·否·六二》。
④ 《周易·师·六五》。
⑤ 《周易·小畜·九三》。
⑥ 《周易·损·上九》。
⑦ 《坤》卦辞。
⑧ 《周易·观·六三》。
⑨ 《复》卦辞。
⑩ 《泰》卦辞。
⑪ 《小过》卦辞。

倾否,先否后喜。①(否定喜欢对立。)

概之,《周易》中所概言反映的矛盾对立现象至多,是前所未有的。整个世界都充满着矛盾现象,而这些矛盾现象最终均反映在思维认知辨别中,并最终归结为吉凶的对立。这体现在《周易》中,吉凶的对立贯穿始终,从而从事物的对立中,完成了辨别吉凶分化的认知工作。这种吉凶对立且相互依存的意识观念,就为《周易》的"唯变所适"的吉凶转化认知,准备了前提条件。

## 三、阴阳转化——"唯变所适"的过程及结果

《周易》之"易",即有变易之义。从卦象直观看,一个确定的卦象,只要变动其中任一爻,就会变成卦象及意义完全不同的另一个卦。于是《周易》就有了运动变化的内涵。

1. 运动变化的观念

《周易》认为事物的变化是一个发展的过程。

或如,《周易》首卦《乾》即表明了这一点。

初九,潜龙勿用。
九二,见龙在田,利见大人。
九三,君子终日乾乾,夕惕若厉,无咎。
九四,或跃在渊,无咎。
九五,飞龙在天,利见大人。

---

① 《周易·否·上九》。

上九,亢龙有悔。

《乾》卦以龙的潜伏、出现、跳跃、飞天,象征事物的变化发展过程,事物发展至一定阶段,就会向其相反方面转化。

而这种变化是一种渐进过程。《渐》卦表明了这一点。

初六,鸿渐于干,小子厉;有言,无咎。
六二,鸿渐于磐,饮食衎衎,吉。
九三,鸿渐于陆,夫征不复,妇孕不育,凶;利御寇。
六四,鸿渐于木,或得其桷,无咎。
九五,鸿渐于陵,妇三岁不孕;终莫之胜,吉。
上九,鸿渐于陆,其羽可用为仪,吉。

按《渐》卦(䷴),下艮上巽相叠。艮为山,巽为木。山上有木,逐渐成长,山也随着增高。这是逐渐进步的过程,所以称渐,渐即进,故而《渐》卦以鸿由干(河干)、磐(稍高于河干)、陆、木、陵、阿(上九之陆应为阿,大陵曰阿)的上升发展过程,象征事物由低向高的前进运动。在此渐进过程中,有其不同的情况、不同的变化,但总的趋势是在不断上升,渐渐前进而不急速。而当境况不佳时要耐心等待,切莫操之过急,对此用"妇三岁不孕,终莫之胜"做了说明。这种"渐进蓄德"之趋势,或这种"循序渐进之利",恰与下一卦《归妹》(䷵)卦之谈"急于求成之弊"的意义相切合。

2. 矛盾转化的观念

上例举《乾》《渐》两卦,展现运动变化的结果是形势的转化和地位的转化。当然,既然是转化,就会存在两种不同的结果。

一种是坏事变成好事。或如,《大过·九二》"枯杨生梯,老夫得其女妻,无不利",《大过·九五》"枯杨生华,老妇得其士夫,无咎无誉"。"枯梯"(嫩叶)、"枯华"本是对立矛盾,但也可以相互转化。与此相对应的老夫、老妇已到了不娶不嫁的枯槁之年,但"老"之"枯"仍然可以向"少"之"华"转化,竟以娶嫁少妇、少夫。《周易》认为这种转化是吉利的。故而爻辞以"枯杨生梯,老夫得其女妻""枯杨生华,老妇得其士夫"进行了谕证。

另一种是好事变成坏事。或如,《井·九二》:"井谷射鲋,瓮敝漏。"这是说向井中射鱼不着,反将汲水器皿射穿,结果是好事变成坏事。

正是由于《周易》认知到了矛盾现象的对立、发展、转化,因此,"无平不陂,无往不复"[1]的辩证命题,就是一个革命性的命题。因为,这是从万事万物的对立、发展、转化中得出来的,其认知意义要比《诗经》的"天命靡常"深刻得多,其方法论的普遍性也要深远得多。这个命题同《诗经》中的"高岸为谷,深谷为陵"相一致,显示了古代原始辩证命题的光辉。

《周易》作为一部占辞汇编,其主要功能与目的在于"辨吉凶"。由于上述对于事物对立、发展、变化的认知,直接导致以往思维方式的变革,它不再是上古以来简单地辨别利害、善恶,以决定简单的趋利避害、择善弃恶,而是从认知对象的本质中的"矛盾"意识出发,思考认知对象的对立面是如何能够同一、如何达致同一的。按此,《观》卦所明示的观察认识的全面性,以避免因观察失误而行动错误,就决定了《周易》的认知方式,是从客观世界的具体实际来辨别具体的吉凶。

---

[1] 《周易·泰·九三》。

首先,具体吉凶有其条件性。

或如,《屯·九五》:"屯其膏,小贞吉,大贞凶。"意谓,囤积油脂,不食用又不施舍,小搞还可以,大搞必定凶险。或如,《蒙·上九》:"击蒙,不利为寇,利御寇。"意谓,打击昏暗无道的国家,要区分两种情况,如是为了掠夺,就不利;如是为了自卫,则有利。或如,《否·六二》:"包承,小人吉,大人否。"意谓,祭祀所用的肉,本应放在鼎俎里,小人用茅草包祭祀之肉,虽无鼎俎,还有祭祀之肉,仍不失为小裕;而大人也如此行事,则虽有祭祀之肉,却已无鼎俎,则是大贫的象征了。或如,《观·初六》:"童观,小人无咎,君子吝。"意谓,童稚般的观察、认知,出于小人还无碍,出于大人则难以为事。

其次,具体的吉凶在一定条件下可以相互转化。

或如,《履·九四》:"履虎尾,愬愬。终吉。"意谓,踩到老虎尾巴,本是一件危险的事,但如果履险而有所戒惧,就可以化险为夷。或如,《谦·六五》:"不富以其邻,利用侵伐,无不利。"意谓,受到邻国的掠夺,本来是一件坏事,但如能借此激发卧薪尝胆的抗争决心,仍然可以三千越甲可吞吴。或如,《家人·九三》:"家人嗃嗃,悔厉,吉;妇子嘻嘻,终吝。"意谓,处于危难之境,家人嗷嗷哀鸣,大家均存戒惧之心,报奋勉之志,事情终会有反复而顺利;反之,在顺境情况下,不居安思危,一味沉湎于欢乐,嘻嘻而忘危忧,仍然会导致困难的结局。

按上,《周易》直观朴素地意识到了对立概念的辩证本性,这是《周易》在认识矛盾概念的对立、相依、发展、转化过程中完成的。它们既是确定事物的抽象反映,又有其变化的具体性和灵活性。并由此实现了概念的形式和内容的辩证统一。同时,《周易》也直观朴素地意识到了吉凶判断的辩证本性,它要求在断辞以辨吉凶的过程中,要认识到吉凶的具体性、相对性和变化性。亦即,任一吉凶的断定,都有其条件性,在确定的条件下,吉凶判然两明。而随着条件的变化,吉凶又可以相互转化。这种根据具体的条件性以辨吉凶的思维认知方式,使得对立概念的辩证本性在判断中得以展开,实现了"知变化之道者,其知神之所为乎"①。

黑格尔曾给予西方辩证法之父赫拉克利特的哲学以很高的评价,认为赫氏的"第一个真理只是变,这是人们在认识方面所得到的一个伟大洞见"②。黑格尔对于赫拉克利特的这个评价,我们也完全可以移证《周易》。因为"生生之谓易"中"不可为典要,唯变为适"之思维认知观念,其"保合太和"之过程与目的,就是上古以来传统辩证思维原则意识、观念的进一步自觉,也一直影响至今。《周易》六十四卦都是相反相成的,都讲和合、和谐的思想,八卦的天地、水火、山雷、风泽,也是融冲突而和合、和谐。因此,"保合太和"之"天道"内不仅蕴含着浮沉、升降、动静、相感的性质,而且也会在变化的过程中,使每个事物都在"各得其所"中取得协调、和谐。

从这个意义上讲,《周易》的思维方式具有中国传统意象思维的那种只注重内容、不注重形式的特色。或者说,后世之所以通行现在所见的六十四卦排列,主要在于中国古代所注重的是对于语形的语义解释,其语义说明是为了解卦的语用运用。其着眼点在于阴阳互变的辩证认知,其目的在于通过认识这种阴阳消长的变化规律,以"守中"的原则得到"和顺"的最终目的。这里,其社会伦理色彩是浓重的。我们甚或可以说,如《周易》可以"一言以蔽之"的话,即为由吉凶对立到吉凶转化的

---

① 《周易·系辞上传》。
② 黑格尔:《哲学史讲演录》(第1卷),贺麟、王太庆译,上海人民出版社2013年版,第299页。

"守中"。这种社会伦理色彩浓厚的"守中"思想,对后世的影响应该说是非常大的。"守中"之"和",经过之后先秦儒家、道家、墨家等的阐发,成为中国古代思想史上的一个核心范畴与首要的价值观。《周易》功不可没。

3. 辩证的追问

《周易》的符号系统,作为"有意味的形式""简而天下之理得矣"①。它虽然只有六十四卦、三百八十四爻,但因其每一卦、每一爻均可视为一个"思维样式",均可以代入自然、人生、社会各类事物,可以"引而伸之,触类而长之"②,因此,这所有的卦、爻已经可以包括尽天下所有的"道"了。所以《周易·系辞上传》评价说:"易与天地准,故能弥纶天地之道。""与天地准",就是说它其中的道理跟自然、人生、社会的现象、规律是一一对应的;"弥纶天地之道",亦即遍包天地之道。

《周易·系辞上传》还认为所有的事物既不能离开"道",也不能违反"道","与天地相似故不违,知周乎万物而道济天下,故不过。……范围天地之化而不过,曲成万物而不遗""夫易广矣,大矣""其道甚大,百物不废"。由此可见,在《周易》这个符号系统中,所有的推演"样式"(卦爻)都是世间万物因果关系的概括抽象,万物无论怎样变化,都不能离开卦象所代表的"道"。《周易》这套符号系统,其推演的作用之大,万物因果已经尽在其中了。

但我们可以继续追问的问题是,这样的一套演绎系统,为什么没有开辟出中国古代的科学发展之路?或者说,为什么没有发展出一种重演绎的逻辑传统?

---

① 《周易·系辞上传》。
② 《周易·系辞上传》。

其实,说到底,《周易》就是一部占筮之书。它的推演规则是从占筮过程中衍生出来的,它的功用决定了它的命运;它的"思维样式"在类比自然、人生、社会各类事物从而可以"引而伸之,触类而长之"的过程中,已经将结论预设在前提中了,从而也就有了命定论的结果。

或如,《左传》《国语》等史书就记载了许多古人遇事占卜的例子。其基本方法都是以卦爻辞的语义说明推论所为之事的吉凶。在这种以卦"样式"推论万事万物的类推中,《周易》的使用价值才真正体现。万事万物,不管其原因、结果、过程,只要套入某一卦的思维"样式"中,其吉凶自有说明,可否操行也就一目了然,万物因果尽在其中了。而且,这种推论方法的推论范围之广泛,也是令人咋舌的。

不过,在这样的推论中,将千差万别的事物现象,不问其性质、特点,只要占卜得哪一卦,就以这一卦的吉凶情况推断某一事物的吉凶情况,并认定其操作性如何,这种生拉硬扯也是不言而喻的。据说清代纪晓岚在应乡试时,占得《困》卦(䷮),他的先生按《困》卦的六三爻辞"困于石,据于蒺藜,入于其宫,不见其妻,凶",断得此次乡试不利。但是纪晓岚对此爻辞做了相反的语义说明:根据他当时尚未娶妻,所以"不见其妻"意即无偶,无偶就是第一名;而"困于石"意即"石"在"纪"之后,第二名应该姓石;"据于蒺藜"意指第三名的姓名与蒺藜有关,蒺藜形状如"米",所以第三名应该姓米。后来发榜,果真如纪晓岚所断。不管这个故事真实与否,倒是可以说明一点,就是《周易》的卦爻辞的语义说明随意性很强。

如果说纪晓岚之例"疑莫大焉"的话,在《左传·襄公二十五年》中,却实实在在地记载有一则同样都占得《困》卦的事情:

> 齐棠公之妻,东郭偃之姊也。东郭偃臣崔武子。棠公死,

偃御武子以吊焉。见棠姜而美之,使偃取之。偃曰:"男女辨姓,今君出自丁,臣出自桓,不可。"武子筮之,遇《困》䷮之《大过》䷛。史皆曰:"吉。"示陈文子,文子曰:"夫从风,风陨妻,不可娶也。且其《繇》曰:'困于石,据于蒺藜,入于其宫,不见其妻,凶。'困于石,往不济也。据于蒺藜,所恃伤也。入于其宫,不见其妻,凶,无所归也。"崔子曰:"嫠也何害? 先夫当之矣。"遂取之。

同样都是《困》卦的六三爻辞"困于石,据于蒺藜,入于其宫,不见其妻,凶",但太史们都说"吉",文子却解出"凶"来,而齐国大夫崔杼(武子)则认为,一个寡妇有什么害怕的,即使有"凶",也已经让她的先大夫棠公承担了。最后还是娶了棠姜。虽然按史书记载,崔杼后来还是因庄公与其妻棠姜私通,引发了后面的一连串事情,最后上吊自杀,尸体为景公戮曝,似乎印证了《困》卦之"凶",但就当下的占卜解卦来看,究竟谁的断定更为真实准确呢?

看来,随意性应是《周易》的一个无法忽视或回避的弱点。只是在以后的名辩思想发展中,先秦思想家才自觉认识到"别类""异类""异类不比""类不可必推"的重要性,使中国古代的推类方法趋于完善、合理。

但从认知的方法论角度看,《周易》的自系统语义解释可以在方法论意义上提升古代对于传统辩证思维方式的思考,这对中国古代思想史曾产生过深远的影响,甚至中医药理论、气功理论等都可上溯至《周易》。譬如,中医药是以整体观为主导思想,以脏腑经络的生理、病理为基础,以辨证论治为诊疗依据,对症下药。其基本理念,就是盛则泄之,虚则补之,寒则热之,热则寒之,促使阴平阳秘,补偏救弊。

还有学者认为,中医理论有其"形名"的逻辑特征,是通过"以形正名"来规范特征现象形成概念、证候和推理模式的;有其"类推"的逻辑特征,是通过"取象比类",对生理、病理现象归类判断形成命题;有其"辨证"的逻辑特征;等等。因此,"中国传统的中医药应用《易传》的'一阴一阳之谓道'的思想,将'阴阳'贯穿于(内在于)名、辞、说、故、理、类这些逻辑范畴中,矛盾是概念(类)的本质,故的根据,理、辞、说的法则。完成了由现象把握本质、由感性上升到理性、由经验上升到理论的认识过程,使中医药学能够通过现象抓住生命和疾病的本质规律,构筑起中国人的辩证、形名、类推逻辑的医学理论体系"。[①]

随着两汉时期的谶纬化、魏晋时期的玄学化、宋明时期的理学化,《周易》就离科学越来越远了。我们今天所要做的,应该是淡化《周易》的占筮色彩,从方法论角度探析它在推演中如何展现"据象而推""据辞而推""取象比类"的作用及意义,探讨它如何"奠定了中国人以类比为主要特征的传统思维方式的坚实基础"[②]。

## 第五节 以和、宜也——《左传》中的辩证思维方式

《左传》是我国古代第一部规模宏大而内容翔实的史学巨编,相传为春秋末年鲁国左丘明为《春秋》做注解时所著。记述范围从公元前722年(鲁隐公元年)至公元前468年(鲁哀公二十七年)。主要记载了

---

① 任秀玲:《中医药理论是辩证、形名、类推逻辑体系》,"中国逻辑史第十一次全国学术研讨会"论文,2007年;再参见任秀玲:《中医理论范畴——〈黄帝内经〉建构中医理论的基本范畴》,中医古籍出版社2001年版。
② 温公颐、崔清田主编:《中国逻辑史教程》(修订本),南开大学出版社2001年版,第11页。

东周前期 254 年间涉及周王朝和晋、鲁、楚、郑、齐、卫、宋、吴、秦、越、陈等十多个诸侯国的政治、经济、军事、外交和文化方面的重要事件和重要人物。按西汉史学家司马迁所言,"《春秋》之中,弑君三十六,亡国五十二,诸侯奔走不得保其社稷者不可胜数"①,因此,在思想倾向性上,《左传》在不同事件的叙述中,总是通过不同的引征,谕证着作者在对不同事件的描述中,自己不同的爱憎、臧否态度。反映了其在历史化过程中,对历史人物的褒贬,仍然是以仁、义、礼、德等道德规范为标准。而在施政理念上,在辨名析理上,《左传》也融贯着整体性、条件性的传统辩证思维方式。

## 一、物生有两——事物存在的基本形式

我们在第三节中讲到,《左传》将《诗经》"高岸为谷,深谷为陵"的命题当成了自己的"社稷无常奉,君臣无常位"命题的注脚。如果结合整个语境来看,这是昭公三十二年的记载,鲁昭公被季平子赶出鲁国,在流亡中死于乾侯。晋国赵简子就此事问于史墨:"季氏出其君而民服焉,诸侯与之,君死于外,而莫之获罪也?"史墨对此予以了辩证性的分析评价:

> 物生有两,有三,有五,有陪贰。故天有三辰,地有五行,体有左右,各有妃耦,王有公,诸侯有卿,皆有贰也。天生季氏,以贰鲁侯,为日久矣。民之服焉,不亦宜乎! 鲁君世从其失,季氏世修其勤,民忘君矣。虽死于外,其谁矜之? 社稷无

---

① 《史记·太史公自序》。

常奉,君臣无常位,自古以然。故《诗》曰:"高岸为谷,深谷为陵。"三后之姓,于今为庶,主所知也。在《易》卦,雷乘《乾》曰《大壮》䷡,天之道也。①

"物生有两"之"两",是指事物在生成的过程中总是存在着对立的矛盾双方,因此,"物生有两"就是事物最基本的存在形式。并且这种对立互为补益、两两相对,会向其对立面转化。如鲁君代代失其政,季氏代代勤于政事,所以季氏得到人们的拥护,鲁君被驱逐死于国外,没有人可怜他。所以"社稷无常奉,君臣无常位",历史上没有永恒不变的君臣关系。史墨引征了《诗经》的"高岸为谷,深谷为陵",谕证了夏商周三代君主的子孙而今已变成百姓了。史墨还引征了《周易》的《大壮》卦象,以自然界的现象谕证了人类社会的道理。按《大壮》卦(䷡)震上乾下,震为雷,为臣;乾为天,为君。雷居天上,表示臣居君上。这种变化就是"天之道"。在史墨看来,这种转化的"天之道"并不是衰落,而是发展,此即为"大壮"。

史墨从具体事物中看到了事物之间存在的矛盾性质,分析评价了鲁君与季氏君臣关系发生变化的必然性与合理性。而建立在"社稷无常奉,君臣无常位,自古以然"基础上的"物生有两",可以被看作是一个哲学命题,丰富并发展了中国古代的朴素辩证法思想。

## 二、宽猛相济,政事以和——君、民、神的辩证认知

应该说,由"高岸为谷,深谷为陵""社稷无常奉,君臣无常位"而来

---

① 《左传·昭公三十二年》。

的"物生有两",其所评价的问题,仍然是我们在本章第一节开始即标示出的张东荪所提出的问题,亦即"中国人论到政治的好坏问题无不把天视为标准"的关于"天、治者、民"三者之间的互动关系。或者说,"物生有两"也牵系着如何施政的理念问题。亦即,对立面所处地位的相互转化和政权更迭的必然性,从根本上是如何治民的问题。

"天、治者、民"三者之间的互动关系,在《左传》中被表达为"神、治者、民"。在这种互动关系中,民的地位似被提高了。

或如,鲁桓公六年,楚武王入侵随国后,派遣薳章去随国议和。随国则派少师主持和谈。楚国斗伯认为随国少师一向傲慢自大,便提出一个建议,让楚国军队表现疲惫以示弱,诱使随国军队来攻,并以此来离间随国与其他小国之间的关系。少师果然中计,"少师归,请追楚师,随侯将许之"。于是贤臣季梁劝谏说:"如今天佑楚国,楚军却显疲软,恐有诈。我闻听小国能够抗拒大国,是因为小国得道和大国失道。所谓的道,就是对百姓忠实,对神灵虔诚。国君经常想到如何使百姓得到好处,这就是忠;祝史主持祭祀,祈祷时言辞不虚妄,这就是信。如今百姓饥饿而国君却一心要满足私欲,祝史在神灵面前虚报功德,我不知道这样如何能够抵抗大国。"随侯说:"我祭祀用的牲畜色纯膘肥,黍稷丰盛,怎么能说不诚呢?"于是季梁说了如下的话:

> 夫民,神之主也。是以圣王先成民而后致力于神。……故务其三时,修其五教,亲其九族,以致其禋祀。于是乎民和而神降之福,故动则有成。今民各有心,而鬼神乏主,君虽独丰,其何福之有!君姑修政而亲兄弟之国,庶免于难。①

---

① 《左传·桓公六年》。

于是"随侯惧而修政,楚不敢伐"。

"夫民,神之主也"的认知起点或观念预设,就是"政权的存在、兴盛和灭亡取决于民而不是取决于神"①。此即为:

> 国将兴,听于民;将亡,听于神。神,聪明正直而一者也,依人而行。②

由是,在"神、治者、民"的互动关系中,"国"之兴亡与对"民"之态度有着密切的关系。"国之兴也以福,其亡也以祸。"③至于为何如此,"国之兴也,视民如伤,是其福也。其亡也,以民为土芥,是其祸也"④。在《左传》中,"民"的权重显然是提高了。

其一,忠民则保国。

或如,上述鲁桓公六年,楚武王入侵随国后,贤臣季梁劝谏随侯不要上当之语:

> 臣闻小之能敌大也,小道大淫。所谓道,忠于民而信于神也。上思利民,忠也;祝史正辞,信也。今民馁而君逞欲,祝史矫举以祭,臣不知其可也。……于是乎民和而神降之福,故动

---

① 吴显庆:《论〈左传〉中的政治辩证法思想》,《北京大学学报》(哲学社会科学版),1993年第5期。
② 《左传·庄公三十二年》。
③ 《左传·哀公元年》。
④ 《左传·哀公元年》。

则有成。①

显然,在君国与民众的关系中,君国依赖于民众,只要忠民就可保国。在这里,忠民是保国在逻辑学中"有之必然"的充分必要条件假言推理($p \longleftrightarrow q$,当且仅当 p,则 q)正面肯定前件肯定后件式。

其二,失民则失国。

或如鲁襄公三十年六月,郑国的子产从陈国回来,告知大夫说:"如果君主只顾囤积粮食,修建城池,却不知道民众需要安抚,其离亡国就不远了。"

> 陈,亡国也,不可与也。聚禾粟,缮城郭,恃此二者,而不抚其民。其君弱植,公子侈,大子卑,大夫敖,政多门,以介于大国,能无亡乎? 不过十年矣。②

与忠民则保国相反,只要失民就会失国。失民是失国在逻辑学中"无之必不然"的充分必要条件假言推理反面否定前件否定后件式。君国依赖于民众的道理同样成立。故而有了在君主之政与民众安乐之间,民众是君主政权基础的认知:

> 民无内忧,而又无外惧,国焉用城? 今吴是惧而城于郢,守己小矣。卑之不获,能无亡乎? 昔梁伯沟其公宫而民溃。

---

① 《左传·桓公六年》。
② 《左传·襄公三十年》。

民弃其上,不亡何待?①

但是,在"神、治者、民"的互动关系中,君与民毕竟是治者与被治者的关系,君主如何在认知清楚三者互动关系的基础上,做到合理有效的治理呢?这就涉及另一种新的辩证认识:施政宽与施政猛之间的关系。按《左传·昭公二十年》记载:

> 郑子产有疾,谓子大叔曰:"我死,子必为政。唯有德者能以宽服民,其次莫如猛。夫火烈,民望而畏之,故鲜死焉。水懦弱,民狎而玩之,则多死焉。故宽难。"疾数月而卒。大叔为政,不忍猛而宽。郑国多盗,取人于萑苻之泽。大叔悔之,曰:"吾早从夫子,不及此。"兴徒兵以攻萑苻之盗,尽杀之,盗少止。
>
> 仲尼曰:"善哉! 政宽则民慢,慢则纠之以猛。猛则民残,残则施之以宽。宽以济猛,猛以济宽,政是以和。《诗》曰:'民亦劳止,汔可小康。惠此中国,以绥四方。'施之以宽也。'毋从诡随,以谨无良。式遏寇虐,惨不畏明。'纠之以猛也。'柔远能迩,以定我王。'平之以和也。又曰:'不竞不絿,不刚不柔。布政优优,百禄是遒。'和之至也。"②

大叔没听子产之言,施政后不忍猛而宽,结果是郑国因此有了很多盗贼,他们从沼泽地广招人手。于是大叔又发兵攻打盗贼,将他们全部

---

① 《左传·昭公二十三年》。
② 《左传·昭公二十年》。

杀灭,盗贼才稍微被遏止。应该说,子产的施政宽与猛的说法,是经验的、直观的,既有向善利民一面,又有刑罚暴力一面,两者性质不同,方式相反,但在动机与效果的统一性上,辩证地结合在一起了。

而孔子对子产宽猛相关之经验的评价,则是引征《诗经》以谕证自己的观点,亦即,施政宽厚民众就怠慢,怠慢就须用刚猛的施政来纠正;施政刚猛民众就受伤害,受伤害了就施与他们宽厚的政策。用宽大来调和严厉,用严厉来补充宽大,政事因此而调和。

在这种引征谕证的理论论证中,孔子既引征了《诗经·大雅·民劳》首章十句,以"民众也劳累了,差不多可以稍稍休息啦;爱护城中的民众,来安抚四方",说明施政"宽"的重要性,这是引征谕证"正"的方面;以"不要放纵奸诈,用来防范邪恶;遏止盗贼肆虐,恶毒是不害怕美好的",说明施政"猛"的重要性,这是引征谕证"反"的方面;以"宽柔对待远方民众使大家亲近,来稳定我们的王朝",说明用和缓的政策来使民众平安祥和。

为了说明这一点,孔子又引征了《诗经·商颂·长发》第四章歌颂成汤奉行天意温厚施政,刚柔适中,为诸侯表率,因得天赐百禄的诗句,"不争斗不急躁,不刚猛不柔弱,实施政策平和,汇集所有的福祉",用以最后谕证总结了"政和"的极致。

之所以能够得出这种"宽猛相济,政事以和"的施政道理,是因为在这个对话及评价之前有一个背景材料,即我们在导论第二节所引征的《左传·昭公二十年》记载的齐景公与晏婴的一段对话:

公曰:"唯据与我和夫。"
晏子对曰:"据亦同也,焉得为和?"
公曰:"和与同异乎?"

对曰:"异。和如羹焉,水、火、醯、醢、盐、梅,以烹鱼肉,燀之以薪。宰夫和之,齐之以味,济其不及,以泄其过。君子食之,以平其心。君臣亦然。君所谓可而有否焉,臣献其否以成其可。君所谓否而有可焉,臣献其可以去其否。是以政平而不干,民无争心。故《诗》曰:'亦有和羹,既戒既平。鬷嘏无言,时靡有争。'先王之济五味,和五声也,以平其心,成其政也。声亦如味,一气,二体,三类,四物,五声,六律,七音,八风,九歌,以相成也。清浊,小大,短长,疾徐,哀乐,刚柔,迟速,高下,出入,周疏,以相济也。君子听之,以平其心。心平,德和。故《诗》曰:'德音不瑕。'今据不然。君所谓可,据亦曰可。君所谓否,据亦曰否。若以水济水,谁能食之?若琴瑟之专一,谁能听之?同之不可也如是。"

根据这段对话一系列的引征谕证,"同"与"和"的差别跃然纸上。于是才有了孔子将之引申至政事的评价:宽和与严厉互相调剂可以使政事和谐;才有了《国语·郑语》所记载的史伯的思想:"夫和实生物,同则不继。以他平他谓之和,故能丰长而物归之;若以同裨同,尽乃弃矣,故先王以土与金木水火杂,以成百物。"

总之,正是由于有了对"和与同异乎"的拷问,才引发出"宽猛相济"的小故事,通过子产授政理念的阐发,以及孔子的理论评价,阐明了为政应当"宽以济猛,猛以济宽"。这种以"宽猛相济"达致"政事以和"的辩证施政观念,乃至"和实生物,同则不继"的辩证理论升华,熔铸了辩证认知的传统整体思维方式,"其辩证性在于,第一,已认识到统治者、政权与民众三者之间是一种前者依赖于后者的关系,而这种依赖关系的存在和变化是由利益趋向决定的,即利民者得民,利己者失民。而政权的得失则是由民众的拥戴或离叛决定的。第二,统治地位或国家政权的取得与丧失,本身就存在一种相互转化的规律,而促成这种转化的条件就是利民或害民,因而他们主张通过利民来保持与民众的良好关系,争取民众的支持,以取得和巩固政权"[1]。而从问题历史化的角度看,这种熔铸了辩证认知的传统整体思维方式的、"宽猛相济"的辩证施政观念,"和实生物,同则不继"的辩证理论升华,对后世影响很大,成为中国古代历代统治者治理国家的根本手段。

## 三、名分大义,义者宜也——"春秋笔法"之"凡例"论式中的辩证认知

在先秦名辩思潮中,正名问题是首要的问题,"谈说论辩"需要首先从正名开始。在先秦政治伦理的文化精神下,对"名"进行语义解释及语用分析的历史过程,就是一个"辨名析理"的伦理化过程。而这种"辨名析理"的伦理化过程,体现在《左传》中,就是"辨物之理,以正其名"。对此,《左传》作者夸赞有加:

> 故君子曰:"《春秋》之称,微而显,志而晦,婉而成章,尽而不污,惩恶而劝善。非圣人谁能修之?"[2]

对于此一点,西汉董仲舒的评价就有着"名辩逻辑"的"正名"意味:

---

[1] 吴显庆:《论〈左传〉中的政治辩证法思想》,《北京大学学报》(哲学社会科学版),1993年第5期。
[2] 《左传·成公十四年》。

《春秋》辨物之理,以正其名。名物如其真,不失秋毫之末……圣人之谨于正名如此。①

这实在是因为在孔子编修《春秋》的过程中,"笔则笔,削则削"②,以"一字为褒贬"③,含有"微言大意"④。故而后人将这种文笔曲折而意含褒贬的文字称为"春秋笔法"。而"春秋笔法"的这种谨慎"辨理"的目的在于"正名"。

或如,"郑伯克段于鄢"之"伯""克""段",其褒贬含义深刻。⑤

这种"辨物之理,以正其名"在《左传》中已经形成一种成型论式:"凡……曰"。

即"《春秋》凡例",共50见。从隐公至哀公凡十二公中,除闵公、哀公二公没有出现外,其他十公那里都有出现,都是在《传》中"类属性"相同意义下,为《经》中所用某字进行"为什么这样使用"的精准的语义说明或语义规定,从而保证某"名"的正确使用。这种从"语义"的精确说明到"语用"的正确使用,实际上也是一个如何"名分大义""义者宜也"的辩证思考过程。

之所以说"名分大义",是因为在先秦时代,任何一个伦理之名,都是在"名诚,始于受,中于想,终于思。领纳之谓受,受非爱憎不著;取象之谓想,想非呼召不征;造作之谓思,思非动变不形"⑥中形成的。自孔

---

① 《春秋繁露·深察名号》。
② 《史记·孔子世家》。
③ 杜预:《春秋左氏传集解·序》。
④ 《汉书·艺文志》。
⑤ 《左传·隐公元年》:"段不弟,故不言弟;如二君,故曰'克';称郑伯,讥失教也。"
⑥ 章太炎:《原名》,载中国逻辑史研究会资料编选组:《中国逻辑史资料选》(近代卷),甘肃人民出版社1991年版,第383页。

子始,先秦时期诸子百家争鸣,无一不讨论正名问题,就是因为当时"礼崩乐坏"的局面,以"名实是非相淆"的表现形式,造成了社会风俗不正、刑罚不清,使得"名实之相怨,久矣"①。因此,公孙龙所谓的"正名实而化天下"②是他们共同的意愿。先秦诸子之一的尹文子将他论证"正名"问题的篇名取为《大道》,是有其历史原因的。迄今为止,严肃对待正名问题,始终是中国人的一种人生态度,即"导论"中所引辜鸿铭之言:通过正名达致"信仰第一条款就是名分大义",并以"名分大义"的言语行为的意义理论,规定每个人在社会中的政治、伦理地位与角色,并使这种伦理精神融化在中国传统文化中,因而被认为是"中国人的精神"。

之所以说是"义者宜也"③,如前曾述,是因为按后世孟子所说,"大人者,言不必信,行不必果,惟义所在"④;韩非所说,"义者,君臣上下之事,父子贵贱之差也,知交朋友之接也,亲疏内外之分也。臣事君宜,下怀上宜,子事父宜,贱敬贵宜,知交朋友之相助也宜,亲者内而疏者外宜。义者,谓其宜也,宜而为之"⑤。因此,所谓"义",就应是一切行为的应然态度或适宜标准了。继而才会有标准意识、规则意识之后的论证意识。

基于此,如何"名分大义",如何"义者宜也",就需要在具体的语境下辩证思考具体的语义解释及语用运作问题了。我们援引《左传》"凡例"论式简要说明之。

---

① 《管子·宙合》。
② 《公孙龙子·迹府》。
③ 《礼记·中庸》。
④ 《孟子·离娄下》。
⑤ 《韩非子·解老》。

1. 基本句式

(1)书曰"某"。凡……曰某。

这是先提出《经》中使用某"名",然后将为什么要使用此"名"的大前提式的根据说出来,亦即此"名"的语义说明或规定是什么。

> 夏,阳虎归宝玉、大弓。书曰"得",器用也。凡获器用曰得,得用焉曰获。①

这种"辨物之理,以正其名",基本上就是在给一个"名"做语义说明。得到器物用具用"得"字记载,得到人或其他动物用"获"字记载。亦即,是在描述得到某物时规定如何用"名"。

有时,还会将此"名"与相关的彼"名"之间的属性差别进行相关的语义说明。

> 书曰:"郑公子归生弑其君夷。"……凡弑君,称君,君无道也;称臣,臣之罪也。②

按,郑国公子宋想做君主,郑灵公抵制他,于是公子宋胁迫公子归生一起杀掉郑灵公。这说明"臣弑君,子弑父"是春秋时期的普遍现象。按《春秋》"凡例",凡是杀死国君,如果只记载国君的名字,就说明是由于国君无道;如果记载了臣子的名字,这说明是臣子有罪过。不同用"名"之间的差异是清晰的。

---

① 《左传·定公九年》。
② 《左传·宣公四年》。

有时,将此"名"与不用此"名"进行正反的语义说明。

> 杞成公卒。书曰"子",杞,夷也。不书名,未同盟也。凡诸侯同盟,死则赴以名,礼也。赴以名,则亦书之,不然则否,辟不敏也。①

为什么杞成公去世,《春秋》称其为"子"呢?杞是夷人,不记载他的名字,是因为他没有和鲁国结盟。按《春秋》"凡例",凡是结盟的诸侯,死后就在讣告上写上名字,这是合乎礼法的。讣告上写名字,《春秋》就加以记载,否则就不记载,这是为了避免因搞不清而误记。在这里,用某"名"与不用某"名"的原则规定性也是清清楚楚的。

(2) 凡……曰某。

这是直接将《经》中记载的简单描述移至此,对其中某"名"进行语义说明。

> 公以楚师伐齐,取谷。凡师能左右之曰以。②
> 沈溃。凡民逃其上曰溃,在上曰逃。③

所谓"以",就是能够任意指挥别国的军队。

所谓"溃",就是百姓逃离了他们的国君,而国君逃走则叫作"逃"。

(3) ……(书)故曰"某"。凡……曰某。

---

① 《左传·僖公二十三年》。
② 《左传·僖公二十六年》。
③ 《左传·文公三年》。

这是先将为什么《经》使用某"名"的原因进行解释,再进行语义规定。

……故曰"子"。凡在丧,王曰小童,公侯曰子。[1]
……故曰"取"。凡克邑不用师徒曰取。[2]

《春秋》之《经》之所以用"子",结合语境,是因为宋桓公去世,宋襄公还没有将桓公安葬,就会见了诸侯。按《春秋》"凡例",凡是处于丧事期间,天子称为"小童",公侯称为"子"。显然,这样的语义规定已经有了伦理的礼仪内涵。

《春秋》之《经》之所以用"取",结合语境,是因为鲁国很容易地攻取了鄫国。按《春秋》"凡例",凡是不使用武力的就叫作"取"。

(4)……礼也。凡……曰某。

《春秋》始终在强调一个"礼"字。故而这个基本句式就是先对《春秋》记载某时某事时所用的某字进行描述,表明它的使用是符合"礼"的,然后再语义说明,在一类事物中符合什么情况用某字。

救患也。凡侯伯救患分灾讨罪,礼也。[3]
而书,礼也。凡分、至、启、闭,必书云物,为备故也。[4]

结合语境,邢国迁到夷仪,诸侯为邢国建造了都城。这是帮助他们

---

[1]《左传·僖公九年》。
[2]《左传·昭公四年》。
[3]《左传·僖公元年》。
[4]《左传·僖公五年》。

解救患难。凡是出面解救患难、分担灾祸、讨伐罪人的行为,都是合乎礼法的。

结合语境,这一年冬天,僖公在太庙听政一个月后,登上观测台观望云气,并对此进行了记载。这也是合乎礼法的。因为,凡是春分秋分、夏至冬至、立春立夏、立秋立冬,都必然要记载云气情况,为的是若有灾害时便于及时做准备。

至于那些不符合"礼"的情况,就不能用某字了。

> 秋,禘而致哀姜焉,非礼也。凡夫人不薨于寝,不殡于庙,不赴于同,不祔于姑,则弗致也。①

秋季,鲁国举行了宗庙合葬仪式,把哀姜的灵位放在了太庙中,这是不符合礼法的。因为凡是夫人,如果不死在正房里,不停棺于祖庙,不向盟国发讣告,其神位不放在婆婆的神位旁边,就不能把她的神位放在太庙中。

或者是某种行为不符合表述这种行为之"名"所具有的语义说明或语义规定。

> 齐侯送姜氏于欢,非礼也。凡公女嫁于敌国,姊妹则上卿送之,以礼于先君,公子则下卿送之。于大国,虽公子亦上卿送之。于天子,则诸卿皆行,公不自送。于小国,则上大夫送之。②

---

① 《左传·僖公八年》。
② 《左传·桓公三年》。

鲁国的公子到齐国迎娶齐女。齐僖公护送姜氏到了鲁国。这是不符合礼法的。因为，凡是诸侯国的公室女子出嫁到同等国家，如果是国君的姐妹，就由上卿护送，表示对前代国君的敬重；如果是国君的女儿，就由下卿护送。如果出嫁到大国，即使是国君的女儿，也要由上卿护送。如果是嫁给天子，就由各个大臣护送前往，国君并不需要亲自护送。如果出嫁到小国，就由上大夫护送。礼仪规定之复杂，不能丝毫有误。

按言语行为三要素，语谓行为即要"说什么"，语旨行为即"说的用意或目的"，语效行为即"在听话者身上所产生的效果"。在《左传》"凡例"的基本论式中，语义说明至语用运作需要一定的条件性，而语用运作也依赖于在这种条件性下对语义说明的全面审视。精确的语义说明（语谓行为）与正确的语用运作（语效行为）在"礼"的社会规定性（语旨行为）下，是辩证统一的。其整体性的伦理文化意义框架下的论证，也就凝固为具有类似于三段论公理意识的礼仪规则意识之"凡例"论式。其在"名分大义""义者宜也"之原则与目的或效果的辩证统一下，在现实的社会场景中，成为并满足了当代论证理论所认为的，一个好论证是理性说服他人接受结论的论证。

2. 基本特点

(1)在"凡……曰某"的语义说明或语义规定中，既有事实判断，也有价值判断。

关于事实判断的语义说明。

书,时失也。凡雨,自三日以往为霖。平地尺为大雪。①

秋,大水。凡平原出水为大水。②

入蔡,以城下之盟而还。凡胜国,曰灭之;获大城焉,曰入之。③

公会齐侯伐莱,不与谋也。凡师出,与谋曰及,不与某曰会。④

成周宣榭火,人火之也。凡火,人火曰火,天火曰灾。⑤

**关于价值判断的语义说明。**

穆伯如齐,始聘焉,礼也。凡君即位,卿出并聘,践修旧好,要结外授,好事邻国,以卫社稷,忠信卑让之道也。⑥

襄仲如齐纳币,礼也。凡君即位,好舅甥,修昏姻,娶元妃以奉粢盛,孝也。孝,礼之始也。⑦

对此,《左传》还就为什么"书"与"不书"进行了一定的礼仪说明。

书曰:"诸侯盟于扈。"无能为故也。凡诸侯会,公不与,不

---

① 《左传·隐公九年》。
② 《左传·桓公元年》。
③ 《左传·文公十五年》。
④ 《左传·宣公七年》。
⑤ 《左传·宣公十六年》。
⑥ 《左传·文公元年》。
⑦ 《左传·文公二年》。

书,讳君恶也。与而不书,后也。①

而这也恰是礼仪的规定。

七年春,滕侯卒。不书名,未同盟也。凡诸侯同盟,于是称名,故薨则赴以名,告终嗣也,以继好息民,谓之礼经。②

(2)正反规定。

在"凡……曰某"的语义说明或语义规定中,有时是正面的规定性辅之以反面的规定性,以便更为精确地理解《经》之所"书名"与"不书名"之间的区别所在。

宋不告命,故不书。凡诸侯有命,告则书,不然则否。③
秋,邾人戕鄫子于鄫。凡自虐其君曰弑,自外曰戕。④
卫人来媵共姬,礼也。凡诸侯嫁女,同姓媵之,异姓则否。⑤
书曰:"周公出奔晋。"凡自周无出,周公自出故也。⑥
书曰:"晋侯执曹伯。"不及其民也。凡君不道于其民,诸侯讨而执之,则曰某人执某侯。不然,则否。⑦

---

① 《左传·文公十五年》。
② 《左传·隐公七年》。
③ 《左传·隐公十一年》。
④ 《左传·宣公十八年》。
⑤ 《左传·成公八年》。
⑥ 《左传·成公十二年》。
⑦ 《左传·成公十五年》。

(3) 对"类"事物的粗浅划分。

在一些"凡……曰某"论式的语义说明或语义规定中,如果需要说明或规定的"类"事物情况有两种以上,《左传》还要一一列出其差异所在,并且表明不同的事物情况要使用相关的不同的"名"来表达。这种对差异所在的说明,有似于对"类"事物进行一定属性差别意义上的"逻辑的"划分。

> 公次于滑,……凡师,一宿为舍,再宿为信,过信为次。①
>
> 十一年夏,宋为乘丘之役故侵我。公御之,宋师未陈而薄之,败诸鄑。凡师,敌未陈曰败某师,皆陈曰战,大崩曰败绩,得人隽曰克,覆而败之曰取某师,京师败曰王师败绩于某。②
>
> 冬,杞伯姬来,归宁也。凡诸侯之女,归宁曰来,出曰来归。夫人归宁曰如某,出曰归于某。③
>
> 书曰"复入"。凡去其国,国逆而立之,曰"入";复其位,曰"复归";诸侯纳之,曰"归";以恶,曰"复入"。④
>
> 冬,卫子叔、晋知武子来聘,礼也。凡诸侯即位,小国朝之,大国聘焉,以继好结信,谋事补阙,礼之大者也。⑤
>
> 秋,吴子寿梦卒。临于周庙,礼也。凡诸侯之丧,异姓临

---

① 《左传·庄公三年》。
② 《左传·庄公十一年》。
③ 《左传·庄公二十七年》。
④ 《左传·成公十八年》。
⑤ 《左传·襄公元年》。

于外,同姓于宗庙,同宗于祖庙,同族于祢庙。①

(4)可以补足"凡……曰"句式的。

在《左传》中,有些在《经》的记述后,并没有出现"凡……曰"句式,但按记述的文意,还是可以补足这种句式的。或如:

书曰:"宋人杀其大夫。"[凡]不称名,[曰]众也,且言非其罪也。②

按上,《左传》中的"凡……曰"句式,鲜明地体现了"类属性"相同意义下,"辨物之理,以正其名"的"春秋笔法"。"《左传》凡例,无论就《左传》自身的内容,还是其与《春秋》经文的关系,都以其解释性作用成为密不可分的一体文字。"③亦即,这种句式以《春秋》之《经》在某时记载某事时所用的某字为小前提,然后在《传》中就这一字展开了一个全称式的大前提,从而或者推出在一类事物中符合什么情况用某字,不符合这样的情况不能用某字;或者说明为什么在一类事物 A 中表述这样的行事都是符合礼仪的;或者说明在一类事物 A 中符合"情况 A1"时用某字,符合"情况 A2"时用某字,符合"情况 A3"时用某字……,从而将类似于三段论公理意识的礼仪规则意识,"辩证地"应用在了"正名"问题上,这就使得用"名"的语义准确性、语用正确性问题,在"辨物之理,以正其名"的"礼"之社会规定性的全面辩证思考中,以其不同的"条件性"

---

① 《左传·襄公十二年》。
② 《左传·文公七年》。
③ 葛志毅:《〈春秋〉义例的形成及其影响》,《中华文化论坛》,2006 年第 2 期。

采取不同的用法而得到了解决。亦即,在《左传》"凡例"中,"名"的确定性是在具体的政治伦理意义下有"条件性"地进行规定的。

基于此,《春秋》之所以有其"微言大义",之所以"孔子成《春秋》,而乱臣贼子惧"①,之所以"拨乱世,反之正,莫近于《春秋》"②,归根结底还是在于这种"正名"精神的历史功效是显著的,"《春秋》之称微而显,婉而辨。上之人能使昭明,善人劝焉,淫人惧焉,是以君子贵之"③。而这种历史功效,也正是在"正名"思想的伦理化倾向及过程中,通过"名分大义""义者宜也"的辩证思考,在"条件性"的名辩语义、语用的统一中而达成的。

要之,"正名"精神之所以被认为是"中国人的精神",是有其历史的传统辩证思维方式的根据的。

---

① 《孟子·滕文公下》。
② 《史记·太史公自序》。
③ 《左传·昭公三十一年》。

# 第二章　传统辩证思维方式的形成（一）
## ——先秦儒家的辩证思维方式

学界认为,儒家思想的核心为九个字:仁、义、礼、智、信、恕、忠、孝、悌。如何讨论、界定、践行这九个字的基本内涵,是其时政治伦理社会的名辩问题;如何讨论践行中的条件性问题、全面审视问题,以保障保合太和、万国咸宁的政治伦理社会,则是儒家名辩思想中的传统辩证思维方式问题了。

## 第一节　执两用中——孔子的辩证思维方式

孔子(公元前551—前479年)名丘,字仲尼,春秋末期鲁国人。孔子是中国古代伟大的思想家、教育家,是儒家学派的创始人,一生聚众讲学,以"诗书礼乐"教学生。在传道过程中,孔子非常重视言语谈说的重要性,体现在他的"无所苟而已"的言谈态度中,有鲜明的具体要求。

孔子的思想、言论主要集中在《论语》一书中,《论语》为语录体,叙事简洁,语言精练,含义丰富深刻。其"正名以正政"的"正名"学说,以"名分大义",规定了每个人在社会中的地位与角色,如前述,被认为是"中国人的精神"。"名正言顺"也因此成为中国人一切行为的准则。孔子辩证的思维方式,在经年累月的历史发展中,对中国人中庸人格的形成,也有着不能忽视的影响。

## 一、以名正实的名实观

孔子十分注重"名"的作用。当被问及"卫君待子而为政,子将奚先?"时,孔子提出:"必也正名乎!……名不正则言不顺,言不顺则事不成,事不成则礼乐不兴,礼乐不兴则刑罚不中,刑罚不中则民无所措手足。故君子名之必可言也,言之必可行也。君子于其言,无所苟而已矣。"①按逻辑学的知识点看,这段话展示了一套假言联锁推理,它包括如下五层推论:

(如果)名不正,则言不顺;

(如果)言不顺,则事不成;

(如果)事不成,则礼乐不兴;

(如果)礼乐不兴,则刑罚不中;

(如果)刑罚不中,则民无所措手足;

所以,(如果)名不正,则民无所措手足。

孔子认为如果"名不正""言不顺",那么就会引发一系列影响社会稳定的不利因素,产生一系列严重后果——"礼乐不兴""刑罚不中""民无所措手足"。亦即,社会政治、伦理道德混乱的根源就在于"名不正"。因此,为从根本上解决上述问题,亟需"正名",通过"正名"以正实,即"正政"。按此,孔子在名实关系问题上的主张当为:名为第一性,实为第二性,以名正实。

---

① 《论语·子路》。

为什么"名"可以正实？在孔子看来，"名"的实质是永恒不变的。其心中的不变的"名"主要是指名分，或者是他理想中的伦理道德范畴。

就名分而言，君臣、父子、夫妇、昆弟、朋友之义是亘古长存的，是超越时间和空间限制的。"名"的永恒不变性决定了可以据名定实。故而孔子在回答齐景公问政的问题时谈道："君君、臣臣、父父、子子。"①意涵即为君主就要做符合君主名分的事情，臣子就要做符合臣子名分的事情，二者应该做的事情不可混淆。

在此匡正名实的责任感下，孔子对当时社会"名实淆乱"中的实不符名现象大加斥责。

或如，"八佾"是天子享用的宫廷舞蹈，八人为一行，为一佾；诸侯享用的是"六佾"；大夫享用的是"四佾"。鲁国大夫季平子身为大夫，却在家中享用"八佾"的舞蹈，面对于此，孔子"是可忍也，孰不可忍也"②的愤慨跃然纸上。

或如，"觚"本来是上圆下方、腹部与足部有四条棱的"君主享用的礼器"，但后来"觚"的名称没变，形状却变成了圆桶形且没有棱角的"臣子享用的礼器"。难怪孔子面对此"四不像"会发出"觚不觚，觚哉？觚哉？"③之感叹！

按逻辑学的观点，如果一个概念的内涵改变了，那它就不再是反映原来那个事物的概念了。从这一点看，孔子强调"名"的确定性和不变性自有一定的合理性。然而以名定实，在事物（实）发生变化与固有名称出现矛盾时，孔子所要求做的工作不是重新厘定新名，而是根据固有

---

① 《论语·颜渊》。
② 《论语·八佾》。
③ 《论语·雍也》。

之名,即用表示原有等级秩序的名分来批判性地质疑社会发展变化的客观事实。

应该说,孔子已经注意到事物的运动变化和社会历史的变迁:"天何言哉?四时行焉,百物生焉,天何言哉?"①"逝者如斯夫,不舍昼夜。"②以及"殷因于夏礼,所损益可知也;周因于殷礼,所损益可知也。其或继周者,虽百世可知也"③。但孔子所主张的社会变迁是有限定的,他反对对周代的政治伦理秩序进行根本的变革,他所主张的"损益"似只在于社会制度的修补,执着于事物量的减少和增加。故而孔子虽认可事物的变化,然而又以不变的"名"来定"实",这实际上又否认了事物的变化,以事物根本性质不变为"常"。这种常、变的观点,使孔子把事物的存在状态理解为一种绝对和谐、均衡的统一。这种认知使他进一步把中庸作为人们的行为标准和原则。或如,他在评价颛孙师时所说的"过犹不及"④,恰是中庸涵义的具体说明。

## 二、对伦理道德范畴"通权达变"的灵活理解

就伦理道德范畴而言,在孔子那里,"名"的本质规定性是不变的,如"仁""忠""孝"等都有各自的确定内涵。孔子就是根据这些道德范畴的本质内涵来衡量某个具体的人或事是否是真的"仁""忠""孝"。然而道德范畴的本质是极为抽象、极难概括的,它很难像具体事物如"圆"为"一中之长"般地被"唯一"地说明性定义出来。因此,在具体的不同场

---

① 《论语·阳货》。
② 《论语·子罕》。
③ 《论语·为政》。
④ 《论语·先进》。

景中,孔子往往根据提问者(主要是诸学生)的具体情况对这些道德范畴(概念)分别进行解释。

或如,关于"仁":

> 颜渊问仁。子曰:"克己复礼为仁。"
> 仲弓问仁。子曰:"出门见大宾,使民如承大祭。已所不欲,勿施于人。在邦无怨,在家无怨。"
> 司马牛问仁。子曰:"仁者,其言也讱。"
> 樊迟问仁。子曰:"爱人。"①
> 樊迟问仁。子曰:"居处恭,执事敬,与人忠。虽之夷狄,不可弃也。"②
> 子张问仁。子曰:"能行五者于天下为仁矣。"③

按此,孔子对同一"名"(道德范畴)的界定是因人而异的。这不仅是因为这些范畴难以确定,更重要的是不同弟子的性格属于不同的类别,对不同类别就需要不同的回答方式。以"仁"为例,"克己复礼"是孔子倡教儒学的根本目的,颜渊是孔子最得意的弟子,领悟性极高,所以孔子便用最切要领的"克己复礼"揭示"仁"的内涵;仲弓出身"贱人",在尊重他人方面有所欠缺,孔子针对他的不足,以"如见大宾"提示他;司马牛说话啰嗦、脾气急躁,孔子就要求他与别人说话要有耐心。由是,虽然这些道德范畴的本质规定性是不变的,但具体落实到不同的认知

---

① 《论语·颜渊》。
② 《论语·子路》。
③ 《论语·阳货》。

主体处,却可以根据认知主体的具体情况给予最为适宜的解释。这种因人而异的解释方法不仅是孔子因材施教的优良品质,也是他朴素辩证思维的具体体现。

相关的范例还有《论语·为政》篇中对"孝"的不同问答:

> 孟懿子问孝。子曰:"无违。"
> 孟武伯问孝。子曰:"父母,唯其疾之忧。"
> 子游问孝。子曰:"今之孝者,是谓能养,至于犬马,皆能有养,不敬,何以别乎?"
> 子夏问孝。子曰:"色难。有事,弟子服其劳,有酒食,先生馔,曾是以为孝乎?"

此外,孔子回答众弟子对"政"的问询以及对于"礼"的践行也体现了这一点。

关于"政":

> 子贡问政。子曰:"足食,足兵,民信之矣。"
> 子张问政。子曰:"居之无倦,行之以忠。"
> 季康子问政于孔子。子曰:"政者,正也。子帅以正,孰敢不正。"[1]
>
> 子路问政。子曰:"先之,劳之。"
> 仲弓为季氏宰,问政。子曰:"先有司,赦小过,举贤才。"

---

[1] 《论语·颜渊》。

叶公问政。子曰:"近者悦,远者来。"

子夏为莒父宰,问政。子曰:"无欲速,无见小利。欲速,则不达;见小利,则大事不成。"①

关于"礼":

孔子一生都以复兴周礼为己任。他严格遵守礼制的要求,但也不乏因时制宜、通权达变的一面。

一方面,《论语·乡党》一章详细记录了孔子行为、举止、态度容貌上对礼的践履,表现了其对礼的忠诚。或如,孔子被任命接待外宾时的姿态:

君召使摈,色勃如也,足躩如也。揖所与立,左右手,衣前后,襜如也。趋进,翼如也。宾退,必复命,曰:"宾不顾矣。"

或如,孔子大至上庙堂、入公门,小至穿衣、饮食对礼制细节的履行:

入公门,鞠躬如也,如不容。立不中门,行不履阈。过位,色勃如也,足躩如也,其言似不足者。摄齐升堂,鞠躬如也,屏气似不息者。出,降一等,逞颜色,怡怡如也。没阶,趋进,翼如也。复其位,踧踖如也。执圭,鞠躬如也,如不胜。上如揖,下如授,勃如战色,足蹜蹜,如有循。享礼,有容色。私觌,愉愉如也。

---

① 《论语·子路》。

或如,对待国君的各种"臣礼":

> 君赐食,必正席先尝之。君赐腥,必熟而荐之。君赐生,必畜之。侍食于君,君祭,先饭。疾,君视之,东首,加朝服拖绅。君命召,不俟驾行矣。

另一方面,"麻冕,礼也。今也纯,俭,吾从众。拜下,礼也。今拜乎上,泰也。虽违众,吾从下"①。礼帽用麻料制作,这是合乎礼法的;现在大家都用丝线制作,这样更节俭一些。孔子赞成这种做法。臣与君行礼,先在堂下磕头,升堂之后再磕头,这是合乎礼法的;现在大家直接到堂上磕头,这是傲慢的表现。虽然违反大家的做法,但孔子还是赞同以前的礼法。

应该说,在春秋已然是礼崩乐坏的时代,虽然孔子主张"正名",用不变的"礼"去匡正变化的社会现实,以实现社会秩序的合理有序,但他也强调了"通权达变"的重要性。上述两个方面就反映了孔子既不僵守死礼,也不盲目从众,而是具体问题具体分析,展现了一种灵活变通的处事态度。反映在孔子的思想中,就是"权"与"学""道""立"三者的有机联系。

孔子认为四者具有递进的关系:

> 子曰:"可与共学,未可与适道;可与适道,未可与立;可与立,未可与权。"②

---

① 《论语·子罕》。
② 《论语·子罕》。

"权"作为最难掌握的能力,处于最高层次,属于"从心所欲而不逾矩"的境界。按此,孔子一方面强调用不变的"礼"来匡正社会现实;另一方面也重视通权达变,这就为后世讨论"礼"(经)与"权"之间的辩证关系埋下了伏笔。为此,有学者在论述中国文化的"明其所宜"的文化取向时即认为:"礼作为规范系统,具有对人的言行之调解作用。言行唯有合乎礼,才能不仅在实质的层面获得正当性,而且在形式的层面呈现得体、合适的形态。……礼所包含的原则并不仅仅呈现绝对性,而具有可变通性,……唯有当普遍原则的制约与一定情境下对原则的变通得到恰当的协调,行为才具有合宜的性质。"[1]如是,只有懂得通权达变,才能真正践行好礼。

总的来看,孔子一方面不满意春秋时期社会政治、经济关系中的新变化;另一方面又不得不承认这种变化的现实性和不可逆性。因此,一种"重整社会秩序"以维护周礼的政治目的,使得孔子的思维方式中虽有一些与朴素辩证思维相对立的因素,但这囿于时代的局限性须由后人来修正。

## 三、辩证的认识方法

1. 言语谈说中的恰当性原则

孔子一生教学、游说,非常重视言语谈说的重要性。

> 《论语》者,孔子应答弟子、时人及弟子相与言而接闻于夫

---

[1] 杨国荣:《以人观之、以道观之与以类观之——以先秦为中心看中国文化的认知取向》,《中国社会科学》,2014 年第 3 期。

子之语也。当时弟子各有所记,夫子既卒,门人相与辑而论纂,故谓之《论语》。①

孔子分"四科"来评价弟子们各自的能力:

> 德行:颜渊、闵子骞、冉伯牛、仲弓。言语:宰我、子贡。政事:冉有、季路。文学:子游、子夏。②

在"四科"中,言语的能力仅次于孔子非常看重的德行。

在人际沟通中,如要充分发挥言语在交际中的作用,就必须遵守一些准则。孔子关于言语准则的言论,概括起来主要有信实、慎言、笃行、德操、恰当等。其中,言语谈说的恰当性原则应是体现了他的朴素辩证思维。

所谓恰当性原则,就是要求言语同语境相协调。对语境的关注,就是强调言语的选择要随着场合的变化而变化,不可固执于某一种言谈方式。而孔子很重视沟通交际时的语境,注意同语境的协调,亦即表达的恰当性。

> 子曰:"可与言而不与之言,失人;不可与之言而与之言,失言。知者不失人,亦不失言。"③

---

① 《汉书·艺文志》。
② 《论语·先进》。
③ 《论语·卫灵公》。

可以与他交谈而不谈,错过了人才;不可与之交谈却与他谈,浪费了语言。

> 孔子曰:"侍于君子有三愆:言未及之而言谓之躁,言及之而不言谓之隐,未见颜色而言谓之瞽。"①

侍奉君子容易犯三种过失:还没到说话的时候说话;该说话的时候不说;不看脸色、情况而说话。

> 子曰:"邦有道,危言危行;邦无道,危行言孙。"②

政治清明的时候,言语要正直,行为也要正直;政治黑暗的时候,行为要正直,言语要谨慎。即清代毛奇龄在其《论语稽求篇》中所谓的"邦无道,则当留有用之身匡济时变,故举动虽不可苟,而要不宜高谈以招祸也"。

这三种情况都表明孔子在不同的语境中注重采取不同的言说策略,并不执着于某种特定的言说方式。只有能够在不同的谈话背景中找到适合的交谈方式,才算做到了恰当性原则。

此外,孔子在谈到表达要点时也说:

> 子曰:"辞达而已矣。"③

---

① 《论语·季氏》。
② 《论语·宪问》。
③ 《论语·卫灵公》。

按孔子"言语足以表达意思就行了"之意,有人认为孔子要求达意就行,不必讲究修辞。实际上,所谓"达"是指"达及他人",使他人明白,收到谈话的预期语用效果。人们的表达,即使是准确的表达,也未必就能够满足"辞达"的要求,因为最佳的表达除准确性外,还要有恰当性和灵活性。所谓恰当性和灵活性,就是根据谈说对象的具体情况选择适合的言说方式。由之,一个完美的表达同样离不开恰当性原则。这种恰当性原则应该是孔子名辩思想中朴素辩证思维的具体体现。

2. "无可无不可"的言语谈说理念

孔子在言语谈说中始终坚持着灵活性、恰当性的原则。"无可无不可"的谈说理念显著体现了这一原则。

> 逸民:伯夷、叔齐、虞仲、夷逸、朱张、柳下惠、少连。子曰:"不降其志,不辱其身,伯夷、叔齐与!"谓:"柳下惠、少连,降志辱身矣,言中伦、行中虑,其斯而已矣。"谓:"虞仲、夷逸,隐居放言,身中清、废中权。我则异于是,无可无不可。"①

孔子在这里所列举的古代逸民,伯夷是商末孤竹君的长子,叔齐是次子,孤竹君原封次子叔齐为继承人,孤竹君死后,叔齐要让位给伯夷,伯夷不接受,周武王灭商后,二人隐居首阳山,不食周粟而死;柳下惠是春秋时鲁国大夫,以善于讲究贵族礼节"坐怀不乱"著称。这些人等,有的不动摇意志,不做官辱身;有的则相反;有的逃避乱世,隐居不仕。孔子对比他们之后所说的"无可无不可",意谓没有什么可以,也没有什么不可以。应该说,"无可无不可"并不是一种不辨是非、模棱两可的应对

---

① 《论语·微子》。

方法和说话技巧,而是一种强调一切分析要从具体实际出发,根据不同情况做出不同处理的思维方法。孔子将自己与这些高尚人士相比较,显示出自己的灵活性,不拘泥于一种形态。这种思维方法与上述孔子所强调的言语谈说的恰当性原则是相一致的。对此,孟子有所评价。

> 孟子曰:"孔子之去鲁,曰'迟迟吾行也,去父母国之道也'。去齐,接淅而行,去他国之道也。"①

孔子离开鲁国时说:"我们慢慢走吧。"而当他离开齐国时,米还没有淘洗干净就急急忙忙带上走了。由是,孔子在不同情况下采取了不同的行为方式。孟子认为孔子的这种思维方法是:

> 可以速而速,可以久而久,可以处而处,可以仕而仕。……
> 孔子圣之时者也。②

孟子此处所提到的"时",正是"无可无不可"的特点,即清代焦循在其《论语补疏》中所说的,"道中于时而已",也就是中国人所说的"识时务者为俊杰"。

由于"无可无不可"强调了一切分析都要从具体实际出发,根据不同情况做出不同的处理。所以,对同一问题,孔子针对不同的询问主体

---

① 《孟子·尽心下》。
② 《孟子·万章下》。

会给出完全不同的回答。或如：

> 子路问："闻斯行诸？"子曰："有父兄在，如之何其闻斯行之？"
> 冉有问："闻斯行诸？"子曰："闻斯行之。"
> 公西华曰："由也问闻斯行诸，子曰，'有父兄在'；求也问闻斯行诸，子曰，'闻斯行之'。赤也惑，敢问。"子曰："求也退，故进之；由也兼人，故退之。"①

同样是"闻斯行诸"的问题，由于冉有行为退缩，子路勇敢鲁莽，因此，孔子给出了不同的回答。这种针对不同对象进行不同指导，不求绝对判断的因人施教的事例，在《论语》中有很多。如前述对于"仁""礼""孝""政"的解释。而这些均在一定意义上，体现了"无可无不可"中具体情况具体分析与解答的言谈技巧，以及"毋意、毋必、毋固、毋我"②的恰当、合宜的辩说态度。

3."执两用中"的言语谈说方法

作为一代教育家，孔子非常注重教学中的方法，其中，答问法和对话法是那个时代所产生的特有的教学方法，要求学生对于问题进行分析、思考。在孔子的答问、对话教学方法中，"叩其两端"是这种教学方法的体现之一。或如，《论语·子罕》载孔子说：

> 吾有知乎哉？无知也。有鄙夫问于我，空空如也。我叩

---

① 《论语·先进》。
② 《论语·子罕》。

其两端而竭焉。

在这里,"两端"是指事物的两头,引申为事物的正反两面。"叩"本义是"敲",在这里即是指运用思维,分析、思考事物的正反两方面,亦即揭示事物矛盾的对立两极。类似命题在《论语》中还有一条:

攻乎异端,斯害也已。①

清代焦循曾对孔子的"两端"之论有过这样的解释:"凡事皆有两端。如杨朱为我,无君也;……墨子兼爱,无父也。……一旌善也,行之,则诈伪之风起;不行,又无以使民知劝。一伸枉也,行之,则刁诉之俗甚;不行,又无以使民知惩。一理财也,行之,则头会箕敛之流出;不行,则度支或不足。一议兵也,行之,则生事无功之说进;不行,则国威将不振。凡若是皆两端也。"②而清代戴震则将"两端"诠释为:"端,头也。凡事有两头,谓之异端。"③这些解释均揭示了任何事物都存在矛盾的两方面,契合了事物发展的辩证法。

孔子的这种教学方法,要求在言语谈说的过程中,通过分析、思考,理解每一事物的对立两端,以全面看待问题的辩证观点,为使矛盾不至于崩溃,而寻求一种保持事物旧质的解决方法。孔子以"允执其中"④和"执其两端,用其中于民"⑤,提出了解决矛盾的认知原则与方法。

---

① 《论语·为政》。
② 《论语补疏》。
③ 《皇清经解续编·卷九十》。
④ 《论语·尧曰》。
⑤ 《礼记·中庸》。

"执两用中"是"叩其两端"的继续,它在全面看待问题的基础上,以承认矛盾的存在,承认矛盾自身有否定的因素并向其反面转化为前提,希望在矛盾两端之间,寻找连接点与中介尺度,以保持事物的平衡,维持事物的稳定。所以在认识事物和言语谈说中,"叩其两端"和"执两用中"要求对事物的矛盾双方绝对不能完全肯定或完全否定它们的永久必然性,而是肯定双方正确的东西,否定双方偏执的东西,并以此消弭或缓解矛盾。对于这种全面看待问题,不偏执于一隅的认识和言语谈说方法,焦循也给了很好的说明:"有两端则异,执其两端,用其中于民,则有以摩之而不异。刚、柔,两端之异者也,刚柔相摩,则相观而善……凡执一皆为贼道,不必杨墨也。执一则不能攻,贼道则害不可止……攻之则不执一,而能易地皆然矣。"①

这种"两端"的认识和言语谈说方法,在《论语》中用得很多。

在对待人的态度上,孔子要求不绝对地肯定或否定任何一个人,而是以"义"为连接,调整自己为人处世的态度:"君子之于天下也,无适也,无莫也,义之于比。"②

在做人的态度上,孔子则把偏执一端与用中的不同结果描述得淋漓尽致:"质胜文则野,文胜质则史,文质彬彬,然后君子。"③

在思想感情上,孔子要求不应使矛盾一味向一端发展:"乐而不淫,哀而不伤。"④

在伦理行为上,孔子要求用正直回报怨恨,也避免了矛盾的进一步

---

① 《论语补疏》。
② 《论语·里仁》。
③ 《论语·雍也》。
④ 《论语·八佾》。

恶化:"以直报怨,以德报德。"①

概之,"两端"论法是以承认差异,保持对立为前提,设法使对立双方互相补充,而对认识事物的质的稳定性做了范围、尺度的规定,以避免"过犹不及",所以有后人诠释孔子所言"过犹不及"为"事缓从恒,事急从权;事缓则圆,事急则乱"。这也是在考虑全局,找到适宜切入点再施为的"缓恒""急权"的意义框架下,认为孔子以"君子和而不同",要求不要使两端崩溃,要使两端归诸中正,否则,便会"不得中行而与之,必也狂狷乎!狂者进取,狷者有所不为"②。尽管孔子面对现实的社会场景还不无伤感地说,"中庸之为德也,其至矣乎!民鲜久矣"③,但诠释孔子所言"过犹不及"的"事缓从恒,事急从权;事缓则圆,事急则乱",在"缓恒""急权"的意义框架下,仍然是为最具中国古代传统辩证思维方式特点的两个成语"反经行权""反经合义",做了经验性的知性注脚。

## 四、孔子辩证认识方法的比较及现代意义

同我们第五章第一节将要论述的邓析"两可之论"一样,孔子的"两端"之说与"无可无不可"的认知方法,在承认事物存在有对立的矛盾双方,因此应当把事物当作一个矛盾整体来认识的方面,它们之间有共同点。要求看待事物要全面认识事物正反两面的性质,要从肯定中看到否定的因素,从否定中看到肯定的因素。

但邓析的"两可之论"缺乏一种条件性的约束,故而流于诡辩;而孔

---

① 《论语·宪问》。
② 《论语·子路》。
③ 《论语·雍也》。

子的"两端"之说与"无可无不可"。在解决矛盾的时候,采取的根本方法是"执两用中",这种"执两用中"的方法,只是希望消弭对立,希望在事物的两端之间寻求一个连接的中介点,从而调和矛盾,达到认识事物时的平衡,并以此指导人的社会行为要不偏不倚。可以说,中国人在经年累月的历史发展中所形成的中庸人格,与孔子的这种认知事物的思维方法不无关系。

一是强调整体性的思维,要守"中"。"喜怒哀乐之未发,谓之中""中也者,天下之大本也"①。反映在社会生活态度上,就是不尚争的文化心理。

二是强调慎独精神。所谓"慎独",指当独处而无人察觉时,仍然谨慎地使自己的行为符合道德标准。故而有"莫见乎隐,莫显乎微,故君子慎其独也"②。这也成为中国人自我修养的方法,体现了一种道德快乐主义。如孔子对弟子颜回的赞扬:"贤哉,回也。一箪食,一瓢饮,在陋巷。人不堪其忧,回也不改其乐。贤哉,回也。"③

又,相对于中国人的慎独精神,国外有弗洛伊德的"本我控制说"。"本我"指人性中"本能"的一面,随着生命成熟而渐渐沉淀在心底,成为无意识,时时刻刻乘机而动,准备满足人的欲望。如不加以节制,就会使人堕落,危害社会。因此,需要有"自我""超我"出面干涉"本我",控制"本我"。由此也可看出中西"慎独"精神的区别:中国古代的"慎独"是从人性善出发的,而西方的"本我控制说"是从人性恶出发的。这似乎也可以算是中西思维方式不同的一个方面吧。

---

① 《礼记·中庸》。
② 《礼记·中庸》。
③ 《论语·雍也》。

我们在导论第三节和第一章第五节分别引征分析了《左传·昭公二十年》中,齐侯与晏婴关于"和"与"同"的一段对话,以及在此前提下子产的施政理念及孔子的评价。按前述分析,"和"与"同"的意义完全不相同,"和"是有差别的"和谐""和顺""和睦""融合","同"则是无原则的盲从苟同。只有在有差别的"不同"基础上形成了"和",事物才可以发展,有差别的"和",即事物发展的"无之必不然"的必要条件;如果一味追求无差别的"同",不仅事物得不到发展,反而会衰败,故而无差别的"同"即事物衰败的"有之必然"的充分条件。

而晏婴、子产、孔子与史伯"和实生物,同则不继"[①]的辩证理论升华,皆可成为积淀历史经验的片言居要。因此,当孔子说"君子和而不同,小人同而不和"时,和谐、和顺、和睦但又不盲从苟同的原则与目的的统一跃然纸上。

将这些先秦时代辩证的观念、思想映射到当代全球化的过程中,"和而不同"的思想对研究世界文化的多样性和一致性的辩证关系也深有启迪。因为它体现了一种包容的理想,但不包含是非不分的完全平等,更凸显出传统资源的价值和意义。我们是否可以这样认为,全球化(同)要以鲜明的民族化(不同)为基础,才有望实现。

或如,印度佛教在传入中国近千年的历史中,曾深刻影响了中国的哲学、文学、艺术、建筑以及民间风俗习惯等诸多方面,同时也在中国这块土地上开枝散叶,成为中国传统文化的三大源流之一,"以儒治世,以佛治心,以道治身",撑起了传统社会的不同情怀的蓝天。但佛教与儒、

---

① 《国语·郑语》。

道对话、冲突、磨合的过程历经百难,以至于"这餐饭整整吃了千年"①。这个"千年"过程就是一个从"不同"趋于"和"的过程。

这是因为,文化的多元性不仅是人类历史发展的重要组成部分,而且是人类文明不断走向进步的主要推动力之一。联合国教科文组织在其《世界文化报告》中即从七个方面指出文化多元性的重要性:"第一,文化多元性作为人类精神创造性的一种表达,它本身就具有价值。第二,它为平等、人权和自觉权原则所要求。第三,类似于生物的多样性,文化多元性可以帮助人类适应世界有限的环境资源。在这一背景下多元性与可持续性相连。第四,文化多元性是反对政治和经济的依赖与压迫的需要。第五,从美学上讲,文化多元性呈现一种不同文化的系列,令人愉悦。第六,文化多元性启迪人们的思想。第七,文化多元性可以储存好的和有用的做事方法,储存这方面的知识和经验。"②这一提倡文化多元化发展的报告尤其得到发展中国家的赞成。

因此,文化全球化的过程同时也是一个与多样性、多元化同步进行的过程,这几乎是所有民族必须面对的,其所挖掘自己民族的传统资源以适应这种变化,也是非常自然的。孔子的"和而不同"的理念应是当前处理全球文化的统一性和多样性的关系时,最自然涌现在我们面前的中华传统文化资源。其"己欲立而立人,己欲达而达人。能近取譬,可谓仁之方也"③的"将心比心""推己及人"的换位过程,其

---

① 黎锦熙:《佛教十宗概要(宋元明思想学术文选前编)》,北平京城印书局 1935 年版,第 4 页。
② 联合国教科文组织:《世界文化报告(1998)——文化、创新与市场》,关世杰等译,联合国教科文组织、北京大学出版社 2000 年版,第 3 页。
③ 《论语·雍也》。

"己欲立而立人,己欲达而达人""己所不欲,勿施于人"①的正反面要求,熔铸着对话沟通中的伦理道德原则、诚信原则,设定了"和而不同"原则下文化多元共处的必定要预设的前提,保证了文化多元共处的有机有序、能动变迁的适应性,以及文化相对、伦理互通、历史特殊、人性普同的互信。

## 第二节　执中而权——孟子的辩证思维方式

孟子(公元前372—前289年)名轲,是战国中期邹国人,曾就学于孔子之孙子思,成为儒家弟子。孟子憧憬"王道",反对"霸道",将孔子的"仁"的观念发展成"仁政"学说;以"民为贵,社稷次之,君为轻"②,阐述了儒家的"重民"思想;认为人性本善,具有天赋的仁、义、礼、智四端等等。历史上以"思孟学派"见称的孟子和子思之学,被历代学者认为是儒学正宗。

孟子对孔子的思想不是一味简单地继承,而是结合所处时代政治伦理发展的需要,对其进行了必要的修正和补充。此外,孟子好辩,他要求在论辩中要"知言""知类",发展了先秦逻辑思想中类推论辩的方法技巧。孟子还要求在变化了的场景中,思维认识也要随之而变,要用辩证的眼光来审视事物的发展变化,用辩证的思维规范自己对发展中的事物的是非认识,以不断修正自己对事物情况的是非判定。孟子对于是非判断的辩证意识,是对以往传统辩证思维的继承和发扬。

---

① 《论语·颜渊》。
② 《孟子·尽心下》。

## 一、对名分等级观念的辩证认识

战国时期,封建的政治体制在各诸侯国中已经基本确立,并得到了巩固。孔子理想中的,国家政权"天下有道,则礼乐征伐自天子出""天下有道,则政不在大夫;天下有道,则庶人不议"的改朝换代、归于天子的局面不但没有出现,其所慨叹的"天下无道,则礼乐征伐自诸侯出。自诸侯出,盖十世希不失矣;自大夫出,五世希不失矣;陪臣执国命,三世希不失矣"①,反而愈发严重。如齐宣王、梁惠王等人,其祖辈在春秋时期不过是诸侯属下的大夫,而现在却可自立称王。面对这样的客观现实,孟子虽然仍坚持"乃所愿,则学孔子也"②,但不再机械地照搬孔子"君君、臣臣、父父、子子"的正名学说了,而是结合实际加以修正和补充。

在君臣、父子等名分等级观念上,孟子不似孔子那般执着。以君臣关系为例,他认为君臣关系不是一成不变的。按《离娄下》记载:"无罪而杀士,则大夫可以去;无罪而戮民,则士可以徙。……君仁,莫不仁;君义,莫不义。……非礼之礼,非义之义,大人弗为。"亦即,臣对君的尽忠,并不是无条件的,而是取决于君王是否行仁义之道。如果君主不实行仁义之道,随便杀掉士人,屠戮百姓,那么臣子可以不尽忠。

孔子曾对舜和武王时的乐曲评价道:"《韶》尽美矣,又尽善也。谓《武》尽美矣,未尽善也。"③三国时期何晏的《论语集解》引孔安国注曰:

---

① 《论语·季氏》。
② 《孟子·公孙丑上》。
③ 《论语·八佾》。

"武,武王乐也。以征伐取天下,故未尽善。"据说,舜是通过尧的禅让而继位的,周武王却是用武力讨伐商纣夺取王位的。在孔子眼里,这是僭越犯上;武王在建国之初,也曾被指责为"以暴易暴"①。武王伐纣,有损于"至德",故而为未尽善。

但孟子并不这样认为。据《孟子·梁惠王下》记载,齐宣王认为儒家既讲君臣之义、上下有别,又颂扬汤武,但是夏桀、商纣是君,而商汤、周武是臣,于是他诘难孟子,认为儒家的观点有矛盾:"齐宣王问曰:'汤放桀,武王伐纣,有诸?'孟子对曰:'于传有之。'曰:'臣弑君可乎?'"

这同西汉黄老学派诘难儒家如出一辙:帽子虽然是旧的,但必定要戴在头上;鞋虽然是新的,也一定是穿在脚上。

但孟子反驳说:"贼仁者谓之'贼',贼义者谓之'残';残贼之人,谓之'一夫'。闻诛一夫纣矣,未闻弑君也。"

与孔子观点"陈恒弑其君,请讨之"②不同,孟子严格区分了"诛"与"弑"。虽然"诛""弑"二字都作"杀"解,但用法不同。"弑"专指下杀上,如臣杀君,子杀父;"诛"则指讨伐、处死不义之人。在所杀的对象上,两者并不具有"类事理"的同一性。损害仁义的人应该称独夫民贼,不能算是"君"了,所以不能把诛讨"一夫"说成是"弑君"。故而武王讨伐的是有罪者,这是正义之战,无须声讨武王。显然,自称"知言"的孟子,通过纠正这种背理的"邪辞",虽然暗示了名辩过程中,所使用的词语、概念(名)一定要有确定的含义,但这种"名"的确定性,与《左传》"凡例"一样,是在具体的政治伦理意义下有"条件性"地进行规定的。

或如,齐国大臣沈同曾私下里问孟子:"燕可伐与?"孟子回答说:

---

① 《史记·伯夷列传》。

② 《论语·宪问》。

"可。"当齐国果真出兵讨伐燕国时,"或问曰:劝齐伐燕,有诸?曰:未也"。孟子的回答前后不一,似乎陷入了自相矛盾。但孟子是这样解释的:

> 沈同问:"燕可伐与?"吾应之曰:"可。"彼然而伐之也。彼如曰:"孰可以伐之?"则将应之曰:"为天吏,则可以伐之。"今有杀人者,或问之曰:"人可杀与?"则将应之曰:"可。"彼如曰:"孰可以杀之?"则将应之曰:"为士师,则可以杀之。"今以燕伐燕,何为劝之哉?①

孟子前后两次的回答都"真",并不存在思维矛盾。而对方的责问则是对"伐"的理解失当的"淫辞"了。因为,对第一个问题的回答,并没有构成齐国可以讨伐燕国的充足理由,而只是燕国可以被讨伐的理由之一。不过孟子对于"施加对象"的回答也的确有些模糊。以至于他后来不得不对这个模模糊糊的"可"再做辩解。汉代王充就认为孟子的回答无条件地语义模糊,应对不省,也属于"不知言"的毛病之列。②

不过,孟子对君主的态度也不似孔子般顺从。据记载:

> 孟子将朝王,王使人来曰:"寡人如就见者也,有寒疾,不可以风。朝,将视朝,不识可使寡人得见乎?"
> 对曰:"不幸而有疾,不能造朝。"
> 明日,出吊于东郭氏。公孙丑曰:"昔者辞以病,今日吊,

---

① 《孟子·公孙丑下》。
② 见本书第六章第四节。

或者不可乎?"

曰:"昔者疾,今日愈,如之何不吊?"

……

曰:"……故将大有为之君,必有所不召之臣,欲有谋焉,则就之。其尊德乐道,不如是,不足与有为也。故汤之于伊尹,学焉而后臣之,故不劳而王;桓公之于管仲,学焉而后臣之,故不劳而霸……"①

万章曰:"庶人,召之役,则往役;君欲见之,召之则不往见之,何也?"

曰:"往役,义也;往见,不义也。且君之欲见之也,何为也哉?"

曰:"为其多闻也,为其贤也。"

曰:"为其多闻也,则天子不召师,而况诸侯乎? 为其贤也,则吾未闻欲见贤而召之也。"

……

曰:"敢问招虞人何以?"

曰:"以皮冠。庶人以旃,士以旂,大夫以旌。以大夫之招招虞人,虞人死不敢往。以士人之招招庶人,庶人岂敢往哉? 况乎以不贤人之招招贤人乎? 欲见贤人而不以其道,犹欲其入而闭之门也。夫义,路也;礼,门也。唯君子能由是路,出入是门也。……"

万章曰:"孔子,君命召,不俟驾而行,然则孔子非与?"

---

① 《孟子·公孙丑下》。

曰:"孔子当仕,有官职,而以其官召之也。"①

齐王派人来召见孟子,孟子便装病不应召,次日却到东郭氏家去吊丧,意思是想让齐王知道,想要求教于他,则应礼贤下士,登门求教。《孟子·万章下》更是明确指出孟子没有遵从君主的召唤,是因为君主没有采用适宜的召唤方式。进而,他解释了孔子"君命召,不俟驾而行"的做法。孔子当时正在做官,有官职,国君用召唤官员的礼节召唤他。这再次强调了臣子对于君主并不是无条件的绝对服从,君臣之间应该是一种对等的关系,君主对臣子的态度直接决定着臣子对君主的态度:

君之视臣如手足,则臣视君如腹心;君之视臣如犬马,则臣视君如国人;君之视臣如土芥,则臣视君如寇仇。②

此外,就臣而言,臣有谏的义务。如果臣子屡次进谏而君主一直无改正,那么臣子就可以废弃他的王位改立别人。

齐宣王问卿。孟子曰:"王何卿之问也?"王曰:"卿不同乎?"曰:"不同,有贵戚之卿,有异姓之卿。"王曰:"请问贵戚之卿。"曰:"君有大过则谏;反覆之而不听,则易位。"王勃然变乎色。曰:"王勿异也。王问臣,臣不敢不以正对。"王色定,然后请问异姓之卿。曰:"君有过则谏,反覆之而不听,则去。"③

---

① 《孟子·万章下》。
② 《孟子·离娄下》。
③ 《孟子·万章下》。

这一切都表明,孟子结合战国时期的具体社会状况,改变了孔子旧有的君臣观念,在如何"正名—用名"的问题上,对孔子的正名学说进行了符合时代的辩证修正。亦即,在具体的场景下有"条件性"地进行着政治伦理意义的修正。

## 二、对"孝""信"及如何"仕"问题的辩证理解

"孝""信"是先秦时期重要的伦理道德范畴,对父母孝顺、诚实信用是这两个范畴的一般含义。但孟子认为并不是时刻都要对父母孝顺、对任何人都要诚实信用,在特殊的情况下要采取权宜之计,即使违背了"孝""信"的一般含义也是可以的。

或如:孟子对"孝"的理解:

> 万章问曰:"《诗》云:'娶妻如之何?必告父母。'信斯言也,宜莫如舜。舜之不告而娶,何也?"
> 
> 孟子曰:"告则不得娶。男女居室,人之大伦也。如告,则废人之大伦,以怼父母;是以不告也。"
> 
> 万章曰:"舜之不告而娶,则吾既得闻命矣。帝之妻舜而不告,何也?"
> 
> 曰:"帝亦知告焉则不得妻也。"[①]

> 不孝有三,无后为大。舜不告而娶,为无后也,君子以为

---

① 《孟子·万章上》。

犹告也。①

子女并不是事事都要征询父母的意见后才可行。舜没有禀告他的父母就娶了妻子,就是担心没有后代,君子认为他如同禀告了父母一样。所以他并不是不孝。相比较于"不告而娶","无后"更重要,这就是两害相权取其轻。即"不告而娶"是为避免遭受更大损失("无后")而采取的一种权宜之计。

或如:孟子对"信"的理解。孟子关于"信"的认识同孔子对"信"的看法如出一辙。

  人而无信,不知其可也。②
  言必信,行必果,硁硁然小人哉!③
  君子贞而不谅。④
  言语必信。⑤
  君子不亮,恶乎执?⑥
  大人者,言不必信,行不必果,惟义所在。⑦

孔孟对"信"的理解并不矛盾。一方面,"信"是君子立身处世的基

---

① 《孟子·离娄上》。
② 《论语·为政》。
③ 《论语·子路》。
④ 《论语·卫灵公》。"贞"指大信,"谅"指小信,此"贞"有别于孟子"亮"(谅)所泛指的一般的信。
⑤ 《孟子·尽心下》。
⑥ 《孟子·告子下》。"亮"同"谅",意为诚信。
⑦ 《孟子·离娄下》。

本原则之一;但另一方面,又不能拘泥于小节小信。所以,应该以"义"来进行调节变通,此即为孟子所说的"惟义所在"。

要之,要大信(贞),不要小信(谅),要在原则问题上讲信用,不要拘泥固守于小节上的一成不变。二者是辩证统一的关系。

此外,在君子何时、如何"仕"的现实问题上,孟子也采用灵活变通的态度,而非一味固守原有的行为准则。

在"仕"的问题上,孟子多次将伯夷、伊尹、柳下惠和孔子做比较:

> 孟子曰:"伯夷,目不视恶色,耳不听恶声。非其君不事;非其民不使。治则进,乱则退。……"
>
> "伊尹曰:'何事非君?何使非民?'治亦进,乱亦进,曰:'天之生斯民也,使先知觉后知,使先觉觉后觉。予,天民之先觉者也。予将以此道觉此民也。'思天下之民匹夫匹妇有不与被尧舜之泽者,若己推而内之沟中——其自任以天下之重也。"
>
> "柳下惠不羞污君,不辞小官。进不隐贤,必以其道。遗佚而不怨,厄穷而不悯。与乡人处,由由然不忍去也。'尔为尔,我为我,虽袒裼裸裎于我侧,尔焉能浼我哉?'故闻柳下惠之风者,鄙夫宽,薄夫敦。"
>
> "孔子之去齐,接淅而行;去鲁,曰:'迟迟吾行也,去父母国之道也!'可以速而速,可以久而久,可以处而处,可以仕而仕,孔子也。"
>
> 孟子曰:"伯夷,圣之清者也;伊尹,圣之任者也;柳下惠,

圣之和者也;孔子,圣之时者也。孔子之谓集大成。"①

孟子曰:"孔子之去鲁,曰:'迟迟吾行也,去父母国之道也。'去齐,接淅而行,去他国之道也。"②

"伯夷伊尹何如?"曰:"不同道。非其君不事,非其民不使;治则进,乱则退;伯夷也。何事非君,何使非民;治亦进,乱亦进:伊尹也。可以仕则仕,可以止则止,可以久则久,可以速则速:孔子也。皆古圣人也。吾未能有行焉;乃所愿,则学孔子也。"

孟子曰:"伯夷非其君不事,非其友不友,不立于恶人之朝,不与恶人言;立于恶人之朝,与恶人言,如以朝衣朝冠,坐于涂炭。推恶恶之心,思与乡人立,其冠不正,望望然去之,若将浼焉。是故,诸侯虽有善其辞命而至者,不受也;不受也者,是亦不屑就已。柳下惠不羞污君,不卑小官;进不隐贤,必以其道,遗佚而不怨,厄穷而不悯。故曰:'尔为尔,我为我;虽袒裼裸裎于我侧,尔焉能浼我哉!'故由由然与之偕而不自失焉。援而止之而止;援而止之而止者,是亦不屑去已。"

孟子曰:"伯夷隘,柳下惠不恭,隘与不恭,君子不由也。"③

伯夷天下太平时就做官,不太平就隐退;伊尹不管天下太平与否都

---

① 《孟子·万章下》。
② 《孟子·尽心下》。
③ 《孟子·公孙丑上》。

做官;柳下惠不管是什么样的君主、什么样的官职都可以接受,入朝为官一切按原则办事。只有孔子在可以做官的时候就做官,不可以做官的时候就不做官。孔子的自我评价是"我则异于是,无可无不可"①。亦即,孔子对行为的选择,全在于"时",在于应时达变。孟子将其誉为"圣之时者",认为孔子是圣人当中的集大成者,最值得自己学习和效仿。

进而孟子提出了君子就职和离职的几种情况:

> 陈子曰:"古之君子何如则仕?"
> 孟子曰:"所就三,所去三。迎之致敬以有礼;言,将行其言也,则就之。礼貌未衰,言弗行也,则去之。其次,虽未行其言也,迎之致敬以有礼,则就之。礼貌衰,则去之。其下,朝不食,夕不食,饥饿不能出门户,君闻之,曰:'吾大者不能行其道,又不能从其言也。使饥饿于我土地,吾耻之。'周之,亦可受也,免死而已矣。"②

孟子认为就职或离职各有三种情况:第一种情况是,被人恭敬而有礼地迎接,计划实行他的主张就做官;礼貌程度没减,但不再实行他的主张就离职。第二种情况是,虽没有实行他的主张,但恭敬有礼地迎接他就做官;待他不再礼貌就离职。第三种情况是,早晚没吃的没喝的,饿得出不了门,虽然君王不能实行他的主张,也不能听从他的言论,但是对他加以接济,这也可以做官。

从上述三种情况推之,孟子建议人们要充分根据自身的具体实际

---

① 《论语·微子》。
② 《孟子·告子下》。

情况选择就职或是离职。如果处于最为困顿的情况下,即使君主不采纳你的意见也应该去就职,这是一种在特殊情况下保全自己的权宜做法。

综上,孟子并没有将对"孝""信"伦理范畴的理解固定化,强调处处都要遵守"孝""信"的道德原则,而是在具体分析事物情况,在权衡利弊、轻重的前提下选择是否应该"孝""信"。这种权衡进而做出选择的过程突出反映了孟子较为灵活变通的传统辩证思维方式。而对君子如何"仕"问题的分析,更是通过比较孔子与伯夷、伊尹、柳下惠在"仕"问题上的不同做法,强调并赞赏了孔子可以仕则仕、不可以仕则不仕的应时达变思想。孟子对"时"的重视,就是强调要随着事物存在条件的变化而适时改变自己的想法,选择最适合当时当地条件的做法,这是一种顺时达变的思想,是孟子传统辩证思维方式的具体体现。

## 三、矛盾对立的定义方法

孟子已初步认识到,从事物的对立面认识和理解事物更能全面地把握事物。这使得他在形成关于事物的"名"时带有某些辩证思维的特点。

或如,关于"耻":

> 人不可以无耻,无耻之耻,无耻矣。[①]

人不可以没有羞耻,没有羞耻的羞耻,真是不知羞耻。这样"耻"就

---

① 《孟子·尽心上》。

包括"耻"和"无耻"两方面,也可称为"无耻之耻"。

或如,关于"教"。教育有多种方式方法,这是不言而喻的。

> 孟子曰:君子之所以教者五:有如时雨化之者,有成德者,有达财者,有答问者,有私淑艾者。此五者,君子之教也。[1]

孟子在此提出了五种教育方法,但他也关注另一种教育方法——不屑之教。

> 教亦多术矣。予不屑之教诲也者,是亦教诲之而已矣。[2]

不屑之教,是亦教之。这是一种独特的教育方法。"不屑之教"的奥妙就在于,我之所以不屑于教诲他,是让他羞愧而奋发向上。因此,不屑于教诲只是不从正面讲道理而已,从反面激发他的自尊心,仍然是一种教育方法。此处的"不屑之教"就包括"教"和"不教"两方面。

实则,孔子正是采取这种"不屑之教"的老手。"孺悲欲见孔子,孔子辞以疾。将命者出户,取瑟而歌,使之闻之。"[3]这是一种典型的不屑之教。

又有,"朽木不可雕也,粪土之墙不可杇也。于予与何诛"[4]。对于宰予这样的人,还有什么好责备的呢?说没有什么好责备的,其实正是最严厉的责备。所以,这也是一种"不屑之教"。想来宰予是羞愧而奋

---

[1] 《孟子·尽心上》。
[2] 《孟子·告子下》。
[3] 《论语·阳货》。
[4] 《论语·公冶长》。

发向上了,后来还做了齐国的临淄大夫。

或如,关于"为":

> 人有不为也,而后可以有为。①

在孟子看来,一个人不能事事都做,要把事情做好,就须放弃一些工作,然后才能把所须做的工作做好。工匠无为于刻木,而有为于用斧;主无为于亲事,而有为于用臣。只讲"为"或"不为"都是片面的。所以"为"是包括"为"和"不为"两个方面的。

概言之,孟子能够随着时代潮流的变化应时转变自己的思想,对君臣、父子等名分关系以及伦理道德范畴多有新的理解,这种理解多从事物存在的条件性出发,要求人们的思想随着事物存在条件的变化而变化,是非对错的判定要依具体情况而定,行事的策略也应根据具体条件的变化而适时改变,拘泥于某一种方法是行不通的。而这种对条件性的重视正是传统辩证思维方式的具体要求。同时,从正反两方面去认识事物,进而形成的对事物的全面认识无疑也是传统辩证思维方式的具体要求。只有用传统辩证思维方式规范自己对发展中事物的认识,才能不断修正自己对事物情况的判定,进而采取适宜的行动。

## 四、"执中而权"——论辩中对于是非的辩证认识

对于是非的辩证认识,涉及是非的具体性问题。而孟子对于如何认识发展中的事物,有着明确的辩证意识。亦即,是非不是绝对的是

---

① 《孟子·离娄下》。

非,是非的确定性是由具体的条件决定的。因此,确定的是非取决于具体的条件。

> 陈臻问曰:"前日于齐,王馈兼金一百而不受;于宋,馈七十镒而受;于薛,馈五十镒而受。前日之不受是,则今日之受非也;今日之受是,则前日之不受非也。夫子必居一于此矣。"孟子曰:"皆是也。当在宋时,予将有远行。行者必以赆,辞曰:'馈赆。'予何为不受?当在薛也,予有戒心。辞曰:'闻戒。故为兵馈之。'予何为不受?若于齐,则未有处也。无处而馈之,是货之也。焉有君子而可以货取乎?"①

面对弟子的二难诘问,孟子似乎在"必居一于此"的是非对立前挺难堪的。因为,从逻辑思维的基本规律来看,排中律思想是矛盾律思想的进一步延伸。当矛盾律思想规定在同一个思维过程中,两个相互矛盾的判断不可能都是真的,即不可"A 并且非 A":$\neg(A \land \neg A)$。排中律思想则进一步要求这两个相互矛盾的判断不可能都是假的,其中必有一个是真的:或者 A 真,或者 ¬A 真($A \lor \neg A$)。排中律思想的重点不在于"A"与"非 A"的矛盾关系,而在于表示"A"与"非 A"所提供选言判断的选言支已经穷尽。由于"A"与"非 A"已经穷尽了一切可能判断,两者之外不存在第三种可能,因此,排中律思想的根本逻辑特征就在于排除了中间可能性。由于穷尽了一切可能判断的"A"与"非 A"不可能都是假的,因此,"A"与"非 A"两判断之间必有一真,不能同假。例如,我们把一枚硬币抛上去,当它掉下来的时候,肯定是这面朝上或是那面朝

---

① 《孟子·公孙丑下》。

上。它没有立在地上的特异功能。

这样就是为什么排中律要求人们在是非面前,要给出明确的回答,即要有所断定。遵守排中律的要求,就是为了消除人们判断中的模糊性。因此,排中律从明确性的角度,进一步要求了推理论证的确定性。这也才有了孟子弟子的"前日之不受是,则今日之受非也;今日之受是,则前日之不受非也。夫子必居一于此矣"的二难诘问。

但排中律的作用也是有条件的。首先,排中律并不否认客观事物在发展过程中有中间的过渡状态。它只在事物情况只有两种可能——非此即彼、两者必居其一时才起作用。所谓"排中",就是排除了是非之间的"居中可能性"。其次,排中律并不要求人们对任何存在矛盾观点的问题都做出明确表态,如对某些问题,人们尚未深入了解,对是非界限还不清楚,这时不表态是允许的。这与在同一思维过程中对两个相互否定的思想不承认其中必有一真是不相同的。但是,只要表态,就必须有个明确的态度。至于那些实在不好表态的,排中律的作用也会立即让人们知道你的确有难言之苦。

或如,齐宣王的"王顾左右而言他"即是如此。

> 孟子谓齐宣王曰:"王之臣有托于妻子于其友而之楚游者。比其反也,则冻馁其妻子,则如之何?"王曰:"弃之。"曰:"士师不能治士,则如之何?"王曰:"已之。"曰:"四境之内不治,则如之何?"王顾左右而言他。①

在这个类推中,孟子采用了类推诱问的论辩技巧。他先从无关宏

---

① 《孟子·梁惠王下》。

旨的小事说起,使齐宣王承认了此类道理,然后逐步紧逼,最后点出在"类事理"上具有同一性的论辩的主题:要尽责尽力地爱护自己的国民,治理自己的国家,否则,就应该让位。这种由小到大、由远及近、从外至内、层层类推的方法,由隐蔽而逐渐明显,其迷惑性越大,其不露痕迹地把自己的思想灌输到对方意识中的效果就越好。齐宣王之所以要"顾左右而言他",是他明白了孟子论辩的主要目的,只是他不好当下表态罢了。亦即,从言语行为的三要素来分析,孟子的这个论辩中的语谓行为(说什么)是"要行仁政";语旨行为(说的用意或目的)是劝说要"尽心"行"仁政";语效行为(在听话者身上所产生的效果)是"王顾左右而言他"。从结果来看,孟子的这则引征谕证的论辩是成功的。

而当对于事物的判断不是同一个问题或事物的发生条件有了变化时,排中律也就失去了它的规范作用。如孟子在这个"接受不接受馈赠"的论辩中,就根据事物的不同情况,认为接受不接受馈赠都必须要以当时的实际情况来决定,都必须要符合礼仪。从这段论辩来看,孟子在查找断定是非的根据中,没有把是非绝对化,而是依据条件的不同来断定不同的是非。即是非的确定要以不同的时间、地点、情景等条件为转移,要对具体的情况做具体的分析。这无疑是对是非矛盾的断定融注了辩证的认识。

又如下:

矢人岂不仁于函人哉?矢人唯恐不伤人,函人唯恐伤人。巫匠亦然。故术不可不慎也……人役而耻为役,由弓人而耻为弓,矢人而耻为矢也。如耻之,莫如为仁。仁者如射,射者正己而后发；发而不中，不怨胜己者，反求诸己而已矣。①

孟子在这里虽然论辩的是后天的职业对人性的影响和作用，但我们如撇开这些伦理的原则，单从孟子评价各种工匠是非不能一概而论来看，孟子对是非判断的条件性有着清醒的认识。这就引出了如何衡量的"权"：

> 淳于髡曰："男女授受不亲，礼与？"孟子曰："礼也。"曰："嫂溺，则援之以手乎？"曰："嫂溺不援，是豺狼也。男女授受不亲，礼也；嫂溺援之以手者，权也。"曰："今天下溺矣，夫子之不援，何也？"曰："天下溺，援之以道；嫂溺，援之以手。子欲手援天下乎？"②

这里涉及一个伦理"二难"：男女之间不亲手交换东西，这是礼制的规定，因此，当"嫂子"掉在水中时，如果你伸手去救，就违背了"男女授受不亲"的"礼"之规定，即违背预设的伦理道德；落水面临生命危险的时候，如果你不伸手救助落水的"嫂子"，那么很有可能她就会溺亡。救，违背预设的伦理道德；不救，就会溺亡。这是一个两难困境。然则，在孟子那里，虽然有礼制的规定，但是，礼制的规定还有变通的灵活性。在这场论辩中，孟子就将原则性与变通性辩证地统一了起来，以符合礼义的"权变"，"喝断"了对方对"礼"的僵化理解。而且还以一句反问，空灵轻捷自然地引出了自己一贯的思想——只有用"王道"才能拯救天

---

① 《孟子·公孙丑上》。
② 《孟子·离娄上》。

下。这个"权变"的过程就是一个称量权衡①的过程。

我们前述孟子对"孝"的理解,在"舜"娶妻而告与不告父母这则故事中,同样体现着"权"的辩证理解。因为,"舜父顽母嚣,常欲害舜,告则不听其娶,是废人之大伦",亦即舜的父母顽固嚣张,娶妻这件事如果告诉了他们,一方面,他们会阻拦、不许舜娶妻,父母之命不可不听,因此舜就没法娶妻生子,而"不孝有三,无后为大",这就会造成"不孝";另一方面,则"孝子之至,莫大乎尊亲"②,娶妻必须事先告诉父母,这也是最大的"礼",不告诉父母,也是"不孝"。

总之,告诉是"不孝",不告诉也是"不孝",如何进行选择,这似乎也造成了伦理上的"二难"困境。

但是,即如前所述,在孟子看来,相较于"不告而娶","无后"更严重,这就是两害相权取其轻。即"不告而娶"是为避免遭受更大损失("无后")而采取的一种权宜之计。这个"两害相权取其轻"的过程也是一个称量权衡的过程。

故而,孟子的权变思想,就是"权,然后知轻重;度,然后知长短"③。而"权"这种称量轻重、知晓长短的过程,在孟子那里,就是他进一步提出的"执中而权"思想。

> 孟子曰:"杨子取为我,拔一毛而利天下,不为也。墨子兼爱,摩顶放踵利天下,为之。子莫执中。执中为近之。执中无

---

① 称量权衡是正反论证的一种方法。如对于支持理由与反对理由不一样多,判断哪方面更有支持度,那就放在评价之"秤"上称一称,看哪个更"重",于是就好选择了。
② 《孟子·万章上》。
③ 《孟子·梁惠王上》。

权,犹执一也。所恶执一者,为其贼道也,举一而废百也。"①

这样,孟子就在针对杨朱"为我"以及墨家"兼爱"思想的批判中,将孔子的"叩其两端而竭焉"以及《中庸》中的"执其两端而用其中"的思想与"权"相结合,通过衡量"两端"的情况而用其"中"的辩证分析评价,在既反对杨朱单纯的"为我",也反对墨子的"兼爱",并在这些他称为"贼道"的思维选择中,权衡求取一个"中"道。

此即,无论是"救"还是"不救","告诉"还是"不告诉","为我"还是"兼爱",其实都可以看作是事物的"两端",孟子所想表明的"权"要符合"中",就是希望以"中"来解决上述这些伦理上的冲突。

中国古代有两句成语:"反经行权""反经合义",讲的就是如何判断是非的具体性。"经者,道之常也;权者,道之变也""经是万世常行之道,权是不得已而用之"。②"权者,反于经然后有善者也"③"权,变也。反常合道,又宜也"④。这里的"经",指的是常道、经验,原则性、确定性;"权",指的是变通,灵活性、条件性。"经"与"权"相反相成,没有原则性,就不会有灵活性;同样,没有灵活性,原则性也就变成了僵死的教条。二者的辩证统一就是"适宜"。

总之,自诩"知言""知类"的孟子,在阐述自己的名辩思想与方法的过程中,不但要求在"举相似"⑤以辨别事物类同、类异的过程中,要以"类事理"的"同情""同理"的同一性来规范自己的思维过程,反对"不知

---

① 《孟子·尽心上》。
② 《朱子语类·卷三十七》。
③ 《春秋公羊传·桓公十一年》。
④ 《广韵·仙韵》。
⑤ 《孟子·告子上》:"故凡同类者,举相似也。"

类"的自相矛盾,而且还要求在变化了的场景中,思维认识也要随之而变,要用辩证的眼光来审视事物的发展变化,用辩证的思维规范自己对发展中的事物的是非认识,以不断修正自己对事物情况的是非判定。孟子对于是非判断的辩证意识,是对以往传统辩证思维的继承和发扬。中国古代的传统辩证思维方式之所以源远流长,也正是在这一代代的思想家的推动下,长流不息,生生不已。

## 第三节　中则正——荀子的辩证思维方式

荀子(公元前313—前238年)名况,战国末期赵国人。15岁时游学齐国,后往来各国。50岁时再次来到齐国,参加稷下学宫的恢复工作。曾"三为祭酒",是稷下学宫名声显赫的学者,司马迁称其"最为老师"[1]。

### 一、"中则正"的意涵

荀子是先秦儒学的集大成者。他以孔子的正名主义为宗的,沿袭了孔子"正名以正政"的正名逻辑,强调正名的任务在于"以正道而辨奸",使"邪说不能乱,百家无所窜"[2]。在名与实的关系上,荀子认为"名"以指"实","名闻而实喻",亦即,实为第一性,名为第二性,名是用来反映实的。这是和孔子以名定实的名实观的不同之处。此外,荀子

---

[1] 《史记·孟子荀卿列传》。
[2] 《荀子·正名》。

不同于孔子之处还在于,二者虽都旨在"正名",但荀子并不是一味地因循旧名,维护旧体制下的礼仪、伦理之名,而是主张顺应社会进步,建立统一的封建制国家。因此,他能够随着时代条件的变化更新对"名"的认识。这些都是其朴素辩证思维的具体体现。此外,在论辩方面,荀子对"辩"的原则、方法等都做了界说,其中一些也有着辩证精神。

在先秦诸子中,荀子也十分重视引征谕证型式的"推类"方法。在他的"谈说之术"中,他专列出了"譬称以喻之"①的论辩方法。这种方法的运用,在《荀子》篇中也比比皆是。其中有一则记载:

> 孔子观于鲁桓公之庙,有欹器焉。孔子问于守庙者曰:"此为何器?"守庙者曰:"此盖为宥坐之器。"孔子曰:"吾闻宥坐之器者,虚则欹,中则正,满则覆。"孔子顾谓弟子曰:"注水焉。"弟子挹水而注之。中而正,满而覆,虚而欹。孔子喟然而叹曰:"吁!恶有满而不覆者哉?"②

这则寓言说理的故事表征是,所谓放在座位右边用以警戒自己的"宥坐之器",空了就倾斜,不空不满就端正,满了就倾倒。但其真正的意蕴隐涵却是告诫人们,任何时候都不能骄傲自满,凡是骄傲自满的人,没有不栽跟头的。其中的"中则正",就是一种经过实践检验的传统辩证思维结果。相比于《荀子·劝学》中"故君子居必择乡,游必就士,所以防邪辟而近中正也"所指的"正直之士",这里的"中则正"则以实践的辩证经验体现在荀子的名辩思想中。

---

① 《荀子·非相》。
② 《荀子·宥坐》。

## 二、制名原则中的朴素辩证因素

荀子在其《荀子·正名》篇中曾谈道:"若有王者起,必将有循于旧名,有作于新名。""循于旧名"就是继续沿用原有的可用之名,如"刑名从商,爵名从周,文名从礼";"作于新名"就是对新实冠以新名,使得名称符合变化的现实。后者是荀子考察的重点问题。"作新名"即"制(新)名"必须遵循一定的原则,运用一定的方法,即"制名之枢要,不可不察也"。而在这种"不可不察"的思考中,融贯了"中则正"的朴素辩证因素。

1."同""异"之间的推移、转化

在《荀子·正名》篇中,荀子提出了"然后随而命之:同则同之,异则异之"的"制名"原则。荀子对于这一原则的解释是:

> 知异实者之异名也,故使异实者莫不异名也,不可乱也。犹使同实者莫不同名也。

意谓,制定名称时,一定要根据实来确定名,保证"同实同名","异实异名",名实间要有一一对应的关系。

荀子进一步指出:

> 故万物虽众,有时而欲遍举之,故谓之物。物也者,大共名也。推而共之,共则有共,至于无共然后止。有时而欲偏举之,故谓之鸟兽。鸟兽也者,大别名也。推而别之,别则有别,至于无别然后止。

所谓"推而共之",是概念概括的逻辑推演,其特点就是越推演概括程度越高。概括的极限是外延最大的范畴,荀子称"大共名",如"物"。所谓"推而别之",是概念限制的逻辑推演,其特点就是越推演概括程度越低,如物—生物—动物—鸟、兽。不过荀子将鸟、兽称为"大别名"按现在的逻辑观点看是有疑问的。因为鸟、兽是类名,还可以继续限制下去。限制的极限是不能再限制的单独概念,如"此鸟""彼兽"。

荀子在这里表现出了一定的概念的概括和限制的思想,指出了"共名"和"别名",即逻辑学中属概念和种概念是相对的、互相推移的。正是根据这种个别和一般、同和异的推移与转化关系,荀子对物质的形态做了划分,他说,"水火有气而无生,草木有生而无知,禽兽有知而无义,人有气有生有知亦且有义"①。这是根据当时科技水平所做的概括,既对物做了正确的划分(把物分为有生命的和无生命的,把生物分为有感知的和无感知的,把动物分为有义的和无义的),又给无机物、植物、狭义的动物和人类下了说明的语义定义。按此,荀子不仅给出了"同则同之,异则异之"的制名原则,而且实际上也从个别与一般、同和异的推移与转化关系,揭示了中国古代传统的朴素辩证法思想同样是名辩思想中所应有的。

2. "实"与"名"对应的思维调整

《正名》篇依据"所缘以同异"的论断指出,作为事物本身是发展变化的,且其状态更是纷繁复杂的。针对这种情况,他提出了"稽实定数"的"制名"原则:

> 物有同状而异所者,有异状而同所者,可别也。状同而为

---

① 《荀子·王制》。

异所者,虽可合,谓之二实。状变而实无别而为异者,谓之化;有化而无别,谓之一实。此事之所以稽实定数也。

事物有形状相同但各自占有不同空间和形状不同但占有同一空间这两种情况。对于形状相同,但各自占有不同空间的两个物体,虽然可以合用一个名,但仍是两个实体。如位于两地的牛,形状虽同,但处在不同的空间,故谓"二实"。对于形状不断发生改变,但占有同一空间的物体而言,仍是一个"实"。如一头牛,从小到大直至死亡,在形状上发生着越来越大的变化,但始终只占据一个空间,因此是"一实"非"二实"。在此,荀子区分"一实"和"二实"的目的是要强调,在"制名"过程中应当注意考察事物的状态、数量等方面的可变因素,要随着事物属性的变化而不断调整名称,这样才能使名"足以指实"。这一原则仍然是上述"同则同之,异则异之"原则的引申和具体化。

3. "名"之"约定"的适宜性

古希腊柏拉图在他的对话《克拉底鲁篇》曾指出,一个语词的声音和它的意义及其所表示的对象之间,没有天然的联系。《荀子·正名》篇在与柏拉图相近的时代也提出了类似的观点。即"约定俗成"的"制名"原则。

名无固宜,约之以命,约定俗成谓之宜,异于约则谓之不宜。名无固实,约之以命实,约定俗成谓之实名。名有固善,径易而不拂,谓之善名。

"名"作为一种指号,本来没有天然合适不合适的问题,它是人们共同约定来指称某一事物的产物。符合人们的共同约定并且已经形成习惯的,就是合适的名称;和人们共同约定相违背的,就是不合适的名称。名一经确定以后,便有了明确、固定的所指。

然而,需要注意的是,不同地区——"远方异俗之乡"之间对同一事物的命名可能不同,可能会出现"越人安越,楚人安楚"①的情况。如,"干、越、夷貉之子,生而同声,长而异俗,教使之然也"②,不同地域的人出生时虽然哭声都一样,但由于因袭不同的风土人情以及不同的后天教育,而表现出不同的风俗习惯。

为消除各地域之间的交流障碍,达到有效沟通的目的,荀子提出两种方法:

其一是"从诸夏之成俗曲期。远方异俗之乡,则因之而为通"③,即对照中原地区的既有之名进行约定,达成一致。

其二是入乡随俗,"居楚而楚,居越而越,居夏而夏"④。

第一种方法主要是从名的确定性角度而言的,即根据中原地区的风俗习惯,设定一个"放之四海而皆准"的名,让其他地区的人们遵守之;第二种方法则是从名的灵活性角度而言的,不同地区对同一事物会冠以不同的名称,因此要结合所在区域的具体情况理解该事物。

由是,荀子论述"制名"的原则的基本理念是以实定名。这些原则中既有符合西方传统逻辑要求的条目:一定时期内,根据实的确定性建立名与实的对应性;而且也有体现其朴素辩证思维的论说:随着事物(实)本身属性或存在条件的变化而重新确定名实间新的对应性以及个别与一般的辩证关系。

---

① 《荀子·荣辱》。
② 《荀子·劝学》。
③ 《荀子·正名》。
④ 《荀子·儒效》。

## 三、对"辞"中朴素辩证法因素的分析

"辞"相当于西方传统逻辑中的判断。荀子对"辞"有简明的定义："辞也者兼异实之名以论一意也。"①"兼"有"并"之意,即联结意。"兼异实之名以论一意",从现代的逻辑学知识看,就是把判断的主词和宾词概念的关系阐明。因此,"辞"就是把主词和宾词联系起来,揭示出某一判断的意义。例如"人是动物",在这一判断中"人"和"动物"是异实之名,把这两个异实之名联系起来,就构成了"人是动物"的判断。

按,判断自身的辩证法因素主要表现在两个方面:

其一,表现在其主词和宾词的对立统一上。它用主词与宾词的差异把概念的一系列内在矛盾分化和展现出来。

恩格斯曾指出:"同一性自身包含着差异性,这一事实在每一个命题中都表现出来,在这里述语必须是和主语不同的。百合花是一种植物,玫瑰花是红的,这里不论是在主语或是在述语中,总有点什么东西是述语或主语所包括不了的……与自身的同一,从一开始起就必须有与一切别的东西的差异作为补充,这是不言而喻的。"接着,他又指出:"同一和差异——必然性和偶然性——原因和结果——这是两个主要的对立,当它们被分开考察时,都互相转化。"②列宁进一步指出:"一般辩证法的阐述(以及研究)方法也应当如此……从最简单、最普遍、最常见的等等东西开始;从任何一个命题开始,如树叶是绿的,伊万是人,哈

---

① 《荀子·正名》。
② 中共中央马克思恩格斯列宁斯大林著作编译局编译:《马克思恩格斯选集》(第3卷),人民出版社1972年版,第537—538、539页。

巴狗是狗等等。在这里(正如黑格尔天才地指出过的)就已经有辩证法:个别就是一般。"在该文的另一地方,列宁又指出:"这里已经有偶然和必然、现象和本质,因为当我们说伊万是人,哈巴狗是狗,这是树叶等等时,我们就把许多特征作为偶然的东西抛掉,把本质和现象分开,并把两者对立起来。"亦即,主词和宾词间的对立统一关系展现的就是个别和一般的辩证关系,"个别就是一般""个别一定与一般相联而存在。一般只能在个别中存在,只能通过个别而存在。任何个别(不论怎样)都是一般。任何一般都是个别的(一部分,或一方面,或本质)。任何一般只是大致地包括一切个别事物。任何个别都不能完全地包括在一般之中等等"。① 个别属于一般,但个别又不等同于一般,一般存在于个别之中,二者是对立统一的关系。

如前所述,荀子在论述"共名""别名"的思想中就初步蕴含着个别与一般的辩证关系:

> 物也者,大共名也。推而共之,共则有共,至于无共然后止。有时而欲偏举之,故谓之鸟兽。鸟兽也者,大别名也。推而别之,别则有别,至于无别然后止。②

以"物"和"鸟兽"为例。鸟兽是物,"物"作为"共名",为一般;"鸟兽"作为"别名",为个别。物与鸟兽间的关系即一般与个别间的关系。由"物"可以通过"推而别之"过渡到"鸟兽",如:物—生物—动物—鸟、

---

① 中共中央马克思恩格斯列宁斯大林著作编译局编译:《列宁全集》(第38卷),人民出版社1990年版,第409—410页。
② 《荀子·正名》。

兽。反之,由"鸟兽""推而共之"过渡到"物"。这一过程就清楚展示了个别与一般的辩证关系,即个别不同于一般,个别与一般有各自特定的内涵,但个别又属于一般,个别与一般是种属关系,一般存在于个别之中。

其二,判断是认识主体对于被认识的客观对象有所断定,即对所认识的对象有所分别。"共则有共""别则有别"就是既要把"共"与"所共"、"别"与"所别"区别开来,又要把"共"与"所共"、"别"与"所别"的共同点找出来。所以判断既有别异的作用,又有认同的作用。从异中认出同,又从同中找出异,这也是"共名""别名"在"推而共之""推而别之"过程中形成判断的朴素辩证法因素的体现。

荀子说:"心生而有知,知而有异;异也者,同时兼知之;同时兼知之,两也。然而有所谓一;不以夫一害此一,谓之壹。"①荀子既言"两",又言"一","不以夫一害此一",不以"同之一"害"异之一",也不以"异之一"害"同之一"。"两"中有"一","一"中有"两",这充分表明了判断的肯定和否定作用的统一。

通过以上对荀子的"辞"的定义、功用的认识,可以看出,荀子对"辞"的分析已经不限于西方传统逻辑的范畴,而是接触到了辩证思维的领域。似乎这也印证着"任何一个命题中……都可以(而且应当)发现辩证法一切要素的萌芽……辩证法本来是人类的全部认识所固有的"②。

---

① 《荀子·解蔽》。
② 中共中央马克思恩格斯列宁斯大林著作编译局编译:《列宁全集》(第38卷),人民出版社1990年版,第410页。

## 四、全面性思维要求的提出及运用

在《荀子》一书中,荀子使用了一套表示全体和局部(整体和部分)的概念:共、别;遍、偏;两、一;全(尽、俱、周、道、大理)、曲(隅)。

应用这些范畴的例句如《荀子·正名》篇:

> 故万物虽众,有时而欲遍举之,故谓之物。物也者,大共名也。推而共之,共则有共,至于无共然后止。
> 
> 有时而欲偏举之,故谓之鸟兽。鸟兽也者,大别名也。推而别之,别则有别,至于无别然后止。

《荀子·解弊》篇:

> 凡人之患,蔽于一曲,而暗于大理。
> 此数具者,皆道之一隅也。
> 曲知之人,观于道之一隅而未之能识也。
> 同时兼知之,两也。

其他的如《荀子·君道》:"均遍而不偏""上好曲私,则臣下百吏乘是而后偏""偏立而乱,俱立而治……兼能之"。

《荀子·无论》:"万物为道一偏。"

《荀子·非相》:"以道观尽……向乎邪曲而不迷。"

《荀子·正论》:"上偏曲,下比周。"

《荀子·劝学》:"尊以遍矣,周于世矣。……全之尽之,然后(为)学者也。君子知夫不全不粹之不足以为美也,故诵数以贯之,思索以通之。"

《荀子·强国》:"兼是数具者而尽有之。"

《荀子·仲尼》:"兼此数节者而尽有之。"

《荀子·礼论》:"两至者俱积焉。"

《荀子·儒效》:"涂人之百姓积善而全尽。"

《荀子·臣道》:"人知其一,莫知其他。"

偏、一、曲等表示局部、部分、特殊,遍、两、全等表示全局、整体、全面。按此,荀子认为全面的认识要高于局部的认识,如果坚持局部的认识,用它代替全体,就是错误的思维方法。虽然事物千差万别,复杂多样,人的片面性认识几乎是无可避免的。但聪明的人善于从局部认识过渡到全体的认识,全面把握事物。按理,整体性思维(全面性思维)是传统辩证思维方式的一个基本要求,但荀子的这种全面性思维的要求在当时来说应是非常有创见的思想。

但对这些要求全面认识、把握事物的创见思想,荀子在《荀子·正名》篇对"乱名"现象的一些批判中,似乎没有完全坚持到底,这反而使他对其他诸子论点的"批判"有了一定的可争议性。

《荀子·正名》篇记载了三种"乱名"现象(也称"三惑"):

"见侮不辱""圣人不爱己""杀盗非杀人也",此惑于用名以乱名者也……"山渊平""情欲寡""刍豢不加甘""大钟不加乐",此惑于用实以乱名者也……"非而谒楹""有牛马非马也",此惑于用名以乱实者也。

其中,"杀盗非杀人"的命题见于《墨经·小取》。荀子从生理学意义上立论,认为盗是人,杀盗就应该是杀人。而墨家是从伦理学意义上把"人"区分为一般的人和非伦理的"盗人",为此墨家还仔细分析了"侔"式推理中可能出现的种种谬误,论证重点就在于说明"盗"与"好人""一般人"的区别,按照这个逻辑可以得出"多盗非多人,无盗非无人""恶多盗非恶多人,欲无盗非欲无人""爱盗非爱人,不爱盗非不爱人,杀盗非杀人"等命题。按此,荀子和《墨经》作者是站在不同的立场,从不同的角度解读这个命题的,荀子忽略了墨家论证的伦理社会的语境,只抓住人的生理意义的标准,舍弃了墨家以道义作为区分人的标准,简单将此命题列为"用名以乱名"类,似没有反映出墨家"杀盗非杀人"论点的全貌。①

"牛马非牛非马"命题出自《墨经·经说下》,意思是说"牛马"(群)的"集合"不等于"牛"的"集合"和"马"的"集合"。以现代的观点看,这是区分不同概念的内涵和外延的正确提法。荀子避开《墨经》本身的论证,从常识观点出发,认为实际情况应该是有"牛马"就是"有马"。荀子

---

① 按"盗",甲骨文中为"𥂵",《说文解字》中的篆体字为"盗",意谓"私利物也,从次,次欲皿者"(《说文解字·次部》)。又按"次",意谓"慕欲口液也。从欠,从水"(《说文解字·次部》)。按林義光《文源》:"欠像人张口形。从人,口出水。"(参见汤可敬:《说文解字今释》,岳麓书社2001年版,第1196页)由是,"盗"的本义就是对别人的器皿(之物)羡慕得流口水,想要偷窃为己有。又因"民有耻心,何盗之为"(《列子·说符》),"盗"之名也就因其丧失羞耻之心、丢弃人伦道德的负面影响,在其使用过程中内含了"不是人"的否定性评价。因之有了"(孔子)过于盗泉,渴矣而不饮,恶其名也"(《尸子·卷下》);"水名盗泉,尼父不漱"(刘昼《刘子新论·鄙名》);"曾子立廉,不饮盗泉"(《淮南子·说林训》);等等。先秦诸子之一的尹文子在他论证"正名"问题的《大道》中也曾以一个故事说明了这一点:"庄里丈人字长子曰'盗',少子曰'殴'。盗出行,其父在后追,呼之曰'盗,盗'。吏闻因缚之。其父呼'殴',喻吏遽而声不转,但言'殴,殴',吏因殴之,几殪。"(《尹文子·大道下》)

在这里单纯从常识观点看问题,而避开《墨经》本身的论证,也带来的一定的争议性。

"山渊平"是名家的观点。《庄子·天下》记述了名家的一些辩题,其中有"天与地卑,山与泽平"。按常识来说,山高渊低。但就个别事实来说,可能出现山和渊高度一样的情况,甚至还有高原上的渊比平地上的山高的情况。唐代杨倞注《荀子》一书,其注所引"山渊平,天地比"一语如下:"或曰:天无实形,地之上空虚者尽皆天也,是天地长亲比相随,无天高地下之殊也。在高山则天亦高,在深泉则天亦下,故曰天地比。地去天远近皆相似,是山泽平也。"从这里引述的"或曰",可分析出该命题重在强调由于人们观察事物角度的不同,会产生有别于以往的认识结果,不可执拗于事物固有的名。个别固然不能等同于一般,但也不能忽视个别的存在。事物处在绝对的运动变化发展之中,如果只是在一般的层面上去看待、理解事物,就可能将有别于事物存在的一般情况的个别视为谬误。

综上概之,荀子在有关名实关系的论述中展现了较为突出的传统辩证思维方式,他对"名""辞"的认识以及"制名"原则的论说不仅丰富了先秦名辩思潮的内容,而且也为先秦时期传统辩证思维方式的进一步发展做出了较大贡献。但他在评价其他学派的一些思想时,也存在一些不合于自己所提出的全面性思维要求的争议。

## 五、"贵其有辨合,有符验"的论辩原则

对于什么是"辩",荀子认为:

> 名也者,所以期累实也。辞也者,兼异实之名以论一意

也。辨说也者,不异实名以喻动静之道也。期命也者,辨说之用也。①

"辩"是在不变更反映实物的概念(不异实名)的基础上,以同一概念的推导关系来说明是非的道理(动静之道)的。而名、辞、说则是"辩"的基本要素,"辩"是名、辞、说等思维基本形式的综合运用。要做到"喻动静之道",一方面不能偷换概念,要遵守思维基本规律的同一律;另一方面概念又必须是灵活、生动的。这就是说,思维形式本身应是确定性和灵活性的统一。荀子把名辩思潮中的"名"结合为"辞"、"辞"结合为"辩说"的"累而成文"的运动,看作是包含矛盾的、"不异实名以喻动静之道"的过程,仍然融贯着传统辩证思维方式的因素。

荀子对"辩"有如下的具体要求:

辨说也者,心之象道也。心也者,道之工宰也。道也者,治之经理也。心合于道,说合于心,辞合于说,正名而期,质请而喻。②

在进行辩论时,思维(心)要符合客观规律(道),推理、论证(说)要符合逻辑思维(心),判断(辞)要符合推理的形式(说),并要用正确的名称、概念来表达思想,根据实际情况来加以说明。

如何才能做到"心合于道"呢?

---

① 《荀子·正名》。
② 《荀子·正名》。

故善言古者必有节于今,善言天者必有征于人。凡论者,贵其有辨合,有符验,故坐而言之,起而可设,张而可施行。①

一切言论,都要遵循"贵有辨合"和"贵有符验"两个原则。所谓"贵有辨合"就是说言论要经过正确的分析和综合;所谓"贵有符验",就是说思想认识要得到事实的验证。做到这两点,就可以达到知和行、名和实的统一。荀子在这里指出了两种方法,即分析与综合的统一、思想认识与事实的统一。其中,分析与综合的统一是传统辩证思维方式的核心要素。

按辩证法的观点看,矛盾存在于一切事物的发展过程中,任何矛盾都是由既对立又统一的两个方面组成的。要正确地理解矛盾和解决矛盾,就必须考察矛盾的诸方面,弄清它们各自的性质及其在矛盾中所处的地位,然后将它们结合起来,考察它们是如何相互斗争又相互联结的,并在一定条件下相互转化的。而所谓分析的方法,是在思维中把对象的整体分解为各个部分、方面、特性和因素而分别加以研究的一种方法;所谓综合的方法,同分析的方法的思维进程相反,它是在思维过程中将有关对象的部分、方面和特性的认识联结起来加以考察,从而形成关于认识对象的整体认识的一种方法。为了把握认识对象的内在矛盾,不仅需要综合的分析(从总体上了解矛盾的各个方面的特殊性),也需要在分析基础上的综合(在研究矛盾的各个方面基础上了解矛盾的总体)。因此,分析与综合的方法,即具体分析矛盾从而把握矛盾的方法,也成为了传统辩证思维方式的核心要素。

---

① 《荀子·性恶》。

## 六、"辩则尽故"与"解蔽"的论辩原则

墨子曾强调在论辩中要察类明故,荀子更进一步提出"持之有故,言之成理""辩则尽故"的主张。

> 纵情性,安恣睢,禽兽行,不足以合文通治;然而其持之有故,其言之成理,足以欺惑愚众,是它嚣、魏牟也。
>
> 忍情性,綦溪利跂,苟以分异人为高,不足以合大众,明大分;然而其持之有故,其言之成理,足以欺惑愚众,是陈仲、史鳅也。
>
> 不知壹天下、建国家之权称,上功用、大俭约而僈差等,曾不足以容辨异、县君臣;然而其持之有故,其言之成理,足以欺惑愚众,是墨翟、宋钘也。
>
> 尚法而无法,下修而好作,上则取听于上,下则取从于俗,终日言成文典,反紃察之,则倜然无所归宿,不可以经国定分;然而其持之有故,其言之成理,足以欺惑愚众,是慎到、田骈也。
>
> 不法先王,不是礼义,而好治怪说,玩琦辞,甚察而不惠,辩而无用,多事而寡功,不可以为治纲纪;然而其持之有故,其言之成理,足以欺惑愚众,是惠施、邓析也。①

---

① 《荀子·非十二子》。

> 辨异而不过，推类而不悖；听则合文，辨（辩）则尽故。①

"故"即原因、理由。在《非十二子》篇中，荀子虽然对各派学者的观点都进行了批判，但无一例外地承认各派学者都对己方观点给出了充分的根据，进行了充分的论证。荀子对论辩理由、根据的重视可见一斑。进一步而言，荀子要求"辩"不仅要有"故"，而且要"辩则尽故"。所谓"辩则尽故"，即在进行辩说时要全面地阐明所以然之故，要把各方面的理由尽可能全面地列举出来。这与后期墨家的《墨经·小取》篇所讲的"以说出故"的原则是一致的。

辩说者尽可能全面地列出辩说的理由，这是最理想的情况。但在荀子看来，当时许多学派虽然"持之有故，言之成理"，但都没有"尽故"。因为他们都"蔽于一曲，而暗于大理"②。"一曲"指部分、一隅，"大理"指全体、全局。亦即，如果被事物的一个方面蒙蔽，那么就看不见全面的、根本的道理，就会产生以偏概全的错误。

> 墨子蔽于用而不知文，宋子蔽于欲而不知得，慎子蔽于法而不知贤，申子蔽于势而不知知，惠子蔽于辞而不知实，庄子蔽于天而不知人。③
>
> 慎子有见于后，无见于先；老子有见于诎，无见于信；墨子有见于齐，无见于畸；宋子有见于少，不见于多。④

---

① 《荀子·正名》。
② 《荀子·解蔽》。
③ 《荀子·解蔽》。
④ 《荀子·天论》。

荀子认为百家争鸣中的各家都有类似的片面性和局限性。如慎子主张法治,但认为人们只要跟在君主的法令后面,行动不离于法就行了,反对运用智慧及使用贤人而有所建树、有所倡导,荀子认为这是片面的;老子主张消极顺应自然,无为而治,反对积极征服自然,荀子认为这也是片面的;墨子主张兼爱,取消差等,不赞成明确等级,荀子认为这也是片面的;宋钘只见情欲少的一面,认为只要有"五升之饭足矣"[①],未见情欲多的一面,荀子认为这也是一种片面性。

为防止这种错误,正确地进行辩说,就要"解蔽",即破除人们思想上的主观性、片面性,以便能客观地全面地认识世界。

首先,荀子在《解弊》篇中分析了人们被遮蔽的原因:

> 故为蔽:欲为蔽,恶为蔽,始为蔽,终为蔽,远为蔽,近为蔽,博为蔽,浅为蔽,古为蔽,今为蔽。凡万物异则莫不相为蔽。此心术之公患也。

这里的"心术"是指思维方法。从客观上来说,存在欲与恶、始与终、远与近、博与浅、古与今的差异,亦即矛盾,因而容易使人只见一面而不见另一面。从主观上来说,人们往往对自己的知识和经验的积累,有所偏爱。

> 私其所积,唯恐闻其恶也;倚其所私以观异术,唯恐闻其美也。

---

[①] 《庄子·天下》。

由是，对自己所偏爱的，唯恐听到有人批评；对不同于己的见解，唯恐听到有人赞美。这些都是造成人们被遮蔽的原因。

其次，荀子提出了"解蔽"的方法：

> 圣人知心术之患，见蔽塞之祸，故无欲、无恶、无始、无终、无近、无远，无博、无浅，无古、无今。兼陈万物而中县衡焉，是故众异不得相蔽以乱其伦也。

具体方法是：首先，"兼陈"（多面考察），即对事物的各方面进行仔细考察。其次，在分别"兼陈"的基础上实现总体"悬衡"（总体综合衡量），即把所考察的事物的各方面整合起来，从而达到不乱条理地全面认识事物的目的。实则，这也是分析方法与综合方法的统一这一传统辩证思维方式的体现。荀子通过"兼陈"而"悬衡"之"权"的传统辩证思维方式，解析诸子的认识偏伤之蔽，从而对百家争鸣的论辩做了为什么要"中县衡"和如何"中县衡"的理论总结。

## 七、"与时迁徙，与世偃仰"的谈说方法

荀子较为集中地论述了这种方法：

> 凡说之难，以至高遇至卑，以至治接至乱。未可直至也，远举则病缪，近世则病佣。善者于是间也，亦必远举而不缪，近举而不佣，与时迁徙，与世偃仰，缓急嬴绌，府然若渠匽、檃

栝之于己也,曲得所谓焉,然而不折伤。①

谈说之难,在于用高深的道理去教化卑浅的人,用先王治世理论来劝说末世最混乱的君主。遇到这种情况,不可过于直截了当地简单对待,而要采取灵活的方法,旁征博引,谈古论今,以达到全面细致地论说事理和教育感化的目的。这种多方征引和谈古论今的灵活方法的特点是,"与时迁徙,与世偃仰"地因时制宜、因地制宜,"曲得所谓"地言尽其理,而又不挫伤别人。亦即,根据谈说对象的具体情况与谈说的内容,选择一种对方可以接受的方式进行交谈,只有这样才能收到理想的效果。荀子的"未可与言而言谓之傲,可与言而不言谓之隐,不观气色而言谓之瞽。故君子不傲不隐不瞽"②,说的也是这个道理。

由此,荀子在论述"圣人之辩"时,再次强调了这一方法:

> 有小人之辩者,有士君子之辩者,有圣人之辩者。不先虑,不早谋,发之而当,成文而类,居错迁徙,应变不穷,是圣人之辩者也。先虑之,早谋之,斯须之言而足听,文而致实,博而党正,是士君子之辩者也。
>
> 听其言则辞辩而无统,用其身则多诈而无功,上不足以顺明王,下不足以和齐百姓,然而口舌之均,噡唯则节,足以为奇伟、偃却之属,夫是之谓奸人之雄,圣王起,所以先诛也。然后盗贼次之。盗贼得变,此不得变也。③

---

① 《荀子·非相》。
② 《荀子·劝学》。
③ 《荀子·非相》。

所谓"圣人之辩",就是凡事不须考虑,不提前谋划,说出的话就很恰当,写出的文章就井井有条。由之圣人才能"居错迁徙,应变不穷"地审时度势、随机应变。这里对荀子理想中的圣人的论辩情况的描绘,有些(如"不先虑,不早谋")似乎是过于美化了。但应该看到,荀子所说的"居错迁徙""应变不穷"与上述"与时迁徙""与世偃仰"大同小异,都是强调一种灵活的、具体问题具体分析的论辩方法。这是他极其看重的,也是圣人应该具备的。

综上,荀子提出的"贵其有辨合""尽故""解蔽"的论辩原则以及"与时迁徙,与世偃仰"的论辩方法,都是在变易型名辩法则的指导下产生的,其中体现的传统辩证思维方式尤为明显。这些蕴涵着朴素辩证思维的原则、方法对后世名辩思想的发展具有重要的指导意义。但由于受到时代和个人阶层的局限,荀子的传统辩证思维方式的发展程度还不是特别充分,他在评论其他学派观点时,存在着一定的片面性,这也是他预设前提的儒家立场所决定的,故而不能苛责。

# 第三章　传统辩证思维方式的形成（二）
## ——先秦墨家的辩证思维方式

墨家是一个手工业者团体，作为墨家学派的创始人，墨子所处的时代，对于如何治理国家、社会，争论依然激烈。"夫弦歌鼓舞以为乐，盘旋揖让以修礼，厚葬久丧以送死。孔子之所立也，而墨子非之。兼爱、尚贤、右鬼、非命，墨子之所立也，而杨子非之。全性、保真，不以物累形，杨子之所立也，而孟子非之。"①在如此激烈的訾应对诤中，各家站在不同立场上，是其所是，非其所非，其政治伦理观点上的对立，不能不假于"名辩"来立与破。墨子是最先认识到这一点的人，在先秦百家争鸣时代，他是最先旗帜鲜明地提出并主张"论辩"的人。

>　　为义孰为大务？子墨子曰："譬若筑墙然，能筑者筑，能实壤者实壤，能欣者欣，然后墙成也。为义犹是也：能谈辩者谈辩，能说书者说书，能从事者从事，然后义事成也。"②

"能谈辩者谈辩"就是将"辩"的辨别、认识、论辩含义概括成一门有关论辩方法、技巧的学问，"谈"即是指分析、研究这门学问。故而墨子

---

① 《淮南子·氾论训》。
② 《墨子·耕柱》。

认为"谈辩"是从事"义事"的最要紧的社会工作。墨子论辩的主要内容是他的尚贤、尚同、兼爱、非攻、节用、节葬、天志、明鬼、非乐、非命等十个政治伦理主张。在论证他的这十个政治伦理主张的过程中,墨子探讨了最具中国古代名辩特色并行之有效的类推论辩方法,同时还提出了在运用类推论辩方法时应该注意的一些原则。这些都推动着先秦逻辑思想的发展。

及至后期墨家,注重认识论、名辩意义下的逻辑思想、几何学、光学、力学等领域的研究,其中对"故""理""类"等先秦逻辑思想中的基本范畴下了明确的定义,对判断、推理的形式也进行了较为详细的研究,在中国古代逻辑史上占有非常重要的地位。而墨家的传统辩证思维方式,也体现在他们的名辩思想中。

## 第一节 择务从事——墨子的辩证思维方式

墨子(约公元前480—前420年)名翟,春秋战国之际的鲁国人,墨家学派的创始人。按《淮南子·要略》载:"墨子学儒者之业,受孔子之术。"后来墨子不满儒家学说,在对儒家学说进行批判和改造的基础上自立旗帜,即《韩非子·显学》所说的,"世之显学,儒、墨也。儒之所至,孔丘也,墨之所至,墨翟也"。墨子的言论主要集中在由墨徒记述和整理的《墨子》一书中,据《汉书·艺文志》记载,《墨子》共有71篇,现存仅53篇,其中除《经上》《经下》《经说上》《经说下》《大取》《小取》六篇为后期墨家所作外,其余各篇是我们研究墨子名辩思想以及传统辩证思维方式的主要依据。

墨子对于名实关系的认识不同于孔子,他认为"实"变了"名"也应该随着变,应该创造新的"名"以适应新的"实"。在论辩方面,墨子不仅要宣传自己的主张,而且要反驳其他学派的主张。因此,为了破敌立己,他必须考虑哪些因素会影响到谈辩结果,例如,谈辩对象的具体情况以及谈辩场合、地点、氛围等。墨子在论述这些名辩问题的过程中,熔铸了一定的具体问题具体分析、针对不同场合采用不同的言谈方式等传统辩证思维精神。

## 一、"取实予名"的名实观

墨子出身于小手工业者,是一位技术精湛的工匠。作为社会下层手工业阶层劳动者的思想代表,他对奴隶主宗法制度和竞相争霸的诸侯连年争战进行了深刻批判。他提出了与以恢复周礼为目的的孔子正名论完全不同的名实观——"取实予名",并首次在先秦逻辑思想史上明确地将名与实对举,推动了先秦逻辑思想向一般理论化方向的发展。

今瞽曰:"钜者白也;黔者黑也。"虽明目无以易之。兼白黑,使瞽者取焉,不能知也。故我曰瞽不知白黑者,非以其名也,以其取也。今天下之君子之名仁也,虽禹、汤无以易之,兼仁与不仁,而使天下之君子取焉,不能知也。故我曰天下之君子不知仁者,非以其名也,亦以其取也。[①]

在墨子看来,盲人也可以说出白、黑的名称,但当你把白黑两种东西混在一起让他区分哪个是白,哪个是黑时,他就无从区分了。所以说

---

① 《墨子·贵义》。

盲人不知白黑并不是说他们不懂白黑之名,而是因为他们不能实际区分白黑之实。按此引征之同理,当今儒者虽然口头上也会讲仁义,但他们并不知道如何区分具体事情中的仁与不仁。这里,墨子对名实关系朴素地表达了一个很重要的思想:概念应该受实践经验的检验。如果只知道从名称、概念上去分辨,而不知道在实际中对事物进行选择分别,那就不能叫作真正的知识。不能"以其名",而应"以其取",表现在名实观上就是先取其实,而后定其名,这就是"取实予名"。按此,在实践理性的意义上,墨子肯定了客观实在是第一性的,名是第二性的。正确的认识不在于知道"名",而在于知道"名"是否真实地反映了客观的"实"。

墨子是一个经验论者,他将"实"理解为经验所能感觉到的现存事物。"取实予名"就是取现存的事物和行为的所以然之理,而予之以"名"。因此,他的名实观不同于孔子。孔子认为如果已往的名的内容不能适应当今的情况,那么就必须匡正现在的实以符合已往的名。而墨子则认为,既然已往的内容已经不能适应当今的情况了,那么就必须根据现在的"实"创造新的"名"。这突出地体现了他的名实观中名随实变的一面。

或如,关于"仁":

> 公孟子曰:"君子必古言服,然后仁。"子墨子曰:"昔者商王纣、卿士费仲为天下之暴人,箕子、微子为天下之圣人,此同言而或仁不仁也。周公旦为天下之圣人,关叔为天下之暴人,此同服或仁或不仁,然则不在古服与古言矣。"[1]

---

[1] 《墨子·公孟》。

亦即,当今不能以古言古服来解释"仁"的概念。那么"仁"之名应该由什么来"予"(判断)呢? 墨子认为,只有做到了兴天下之利,除天下之害,才能称得上是"仁"。

> 仁人之事者,必务求兴天下之利,除天下之害。①

或如,关于"义":

> 吴虑谓子墨子曰:"义耳义耳,焉用言之哉?"子墨子曰:"子之所谓义者,亦有力以劳人,有财以分人乎?"吴虑:"有"。子墨子曰:"翟尝计之矣。翟虑耕而食天下之人矣。盛,然后当一农之耕,分诸天下,不能人得一升粟。籍而以为得一升粟,其不能饱天下之饥者,既可睹矣。……翟以为不若诵先王之道,而求其说,通圣人之言,而察其辞,上说王公大人,次匹夫徒步之士。王公大人用吾言,国必治;匹夫徒步之士用吾言,行必修。故翟以为虽不耕而食饥,不织而衣寒,功贤于耕而食之、织而衣之者也。故翟以为虽不耕织乎,而功贤于耕织也。"②

作为手工业团体的领袖,墨子从"百工为方以矩,为圆以规,直以绳,正以县,[平以水,]无巧工,不巧工,皆以此五者为法""天下从事者,

---

① 《墨子·兼爱下》。
② 《墨子·鲁问》。

不可以无法仪,无法仪而其事能成者,无有也"①出发,一向反对抽象地议论是非善恶,他认为一种好的思想或主张,必须应用于社会,使广大民众得到实惠。与此相适应,他主张言行一致,"言足以履行者常之"②。因此,他认为即使不亲自去耕种给饥者饭吃,不亲自去纺布给寒者衣穿,但只要行为效果比耕种让人吃饭、织布让人穿衣好得多都可以称为"义"。

或如,关于"忠":

> 鲁阳文君谓子墨子曰:"有语我以忠臣者,令之俯则俯,令之仰则仰,处则静,呼则应,可谓忠臣乎?"子墨子曰:"令之俯则俯,令之仰则仰,是似景也;处则静,呼则应,是似响也。君将何得于景与响哉?若以翟之所谓忠臣者,上有过,则微之以谏;己有善,则访之上,而无敢以告。外匡其邪而入其善,尚同而无下比,是以美善在上,而怨仇在下;安乐在上,而忧戚在臣。此翟之所谓忠臣者也。"③

意谓,忠臣并非是对君主的无条件服从,而是应该在君主有过错时,寻找机会加以劝谏;有好计谋时,与君主商议;不与下边的人结党营私。故而对"忠"的理解不能只是服从,更须能辅佐君王。而这显然是在政治伦理社会的发展中,不断薪火传承着的晏婴、史伯的和同观。

由上,墨子从其代表的小生产者阶级利益出发,注重思想和行为的

---

① 《墨子·法仪》。
② 《墨子·耕柱》。
③ 《墨子·鲁问》。

实用性。他不是空洞地解释"仁""义""忠"等传统道德概念,而是结合新的时代条件,结合具体的情况变通性地给予新的阐发。这种不拘泥于远古而随现实情况不断更新思想的精神,使得先秦辩证思维方式绵延不断、源远流长。

## 二、对同实异名和同名异实现象的区分

由于在"取实予名"中,实是第一性的,起主导作用。因此,对实的分析至关重要。墨子在考察实的过程中,注意到了同实异名和同名异实的现象。

关于同实异名,或如:

兼、美之名,同指"处大国不攻小国,处大家不乱小家;强不劫弱,众不暴寡,诈不谋愚,贵不傲贱。观其事,上利乎天,中利乎鬼,下利乎人"①之实。

别、恶之名,同指"处大国则攻小国,处大家则乱小家;强劫弱,众暴寡,诈谋愚,贵傲贱。观其事,上不利乎天,中不利乎鬼,下不利乎人"②之实。

关于同名异实,或如:

子墨子曰:"方今之时以正长,则本与古者异矣。譬之若有苗之以五刑然。昔者圣王制为五刑以治天下,逮至有苗之

---

① 《墨子·天志中》。
② 《墨子·天志中》。

制五刑以乱天下。"①

昔者圣王制"五刑",至有苗时亦制"五刑",虽为同名,却异实。古代圣王的"五刑"所指称的实是"墨、劓、剕、宫、大辟",不是"五杀之刑"②,其作用是"治其民"③与"治天下";而有苗的"五刑"所指称的实是"刖、劓、刵、椓、黥"④,是"五杀之刑",其作用是"乱天下"。这是墨子从"方今之时"与"古者"的时间差别上对异实之实所做的区别。

另外,墨子还注意到了同一时间范围内,在不同地域、不同族群之间存在着同名而异实的现象。《墨子·节葬下》记载:

> 楚之南有炎人国者,其亲戚死,朽其肉而弃之,然后埋其骨,乃成为孝子。秦之西有仪渠之国者,其亲戚死,聚柴薪而焚之,熏上,谓之"登遐",然后成为孝子。

楚南地区的葬礼是抛肉埋骨,这样做才是孝子;而在秦西地区则是只有焚尸才能成为孝子。墨子认为,这些不同的葬礼只不过是"便其习而义其俗"⑤罢了,并不存在什么仁义是非的问题。如果毫不变通地由此观彼或由彼观此,就会出现"如彼则大厚,如此则大薄"⑥的不必要的是非之争。因此,要对彼此之实的存在条件做出具体的分析,从而对彼

---

① 《墨子·尚同中》。
② 《墨子·尚同中》。
③ 《墨子·尚同上》。
④ 《尚书·吕刑》。
⑤ 《墨子·节葬下》。
⑥ 《墨子·节葬下》。

此之实给予恰当适宜的评价,不可轻易厚此薄彼。从而引出了自己的"节葬"主张,"然则葬埋之有节矣"。

概之,墨子的名辩思想主张是针对孔子以名定实的"正名"论进行批判而铺陈的,但是其影响和意义已经远远超出了批判本身,开创了先秦逻辑思想中名实对举的先河,推动了先秦逻辑思想向一般理论化方向的发展。在传统辩证思维方式方面,墨子一改孔子实变名不变的思想,通过对"仁""义""忠"等概念的变通性再分析,以及对实的同样分析,展现了其名随实变、具体情况具体分析的朴素辩证思维。这在其名辩思想中是不能忽视的一面。

## 三、对谈辩时机、地点及不同地区风俗习惯的关注

"谈辩"是论说双方共同作用、共同展开话题的过程。这一过程的顺利进行受到诸如谈辩时机、地点、对象等诸多因素的影响,这些因素甚至直接影响谈辩的成败。因此,为了达到有效交流或克敌制胜的目的,就必须格外重视影响谈辩进程的这些因素。基于此,墨子对影响谈辩效果的各种因素均有所论述。

1. 对谈辩时机的关注

宋代类书《太平御览》曾引《墨子》佚文说:

> 子禽问曰:"多言有益乎?"墨子曰:"虾蟆蛙蝇日夜而鸣,舌干擗然而人不听之。今鹤鸡时夜而鸣,天下振动。多言何益?唯其言之时也。

判断"多言"有无益处,要根据具体环境来决定。如果像"虾蟆蛙

蝇"一样,不分时机,日夜鼓噪,即使说得口干舌燥,别人也不会听,自然不会有什么效果。但如果像鹤鸡那样"时夜而鸣",则会产生"天下振动"的效果。因此,言语谈说要注意把握好时机,适机而动,这样才能收到显著的效果。

类似的认识在《墨子·公孟》中还有一处。

> 公孟子谓子墨子曰:"君子共己以待,问焉则言,不问焉则止。譬若钟然,扣则鸣,不扣则不鸣。"子墨子曰:"是言有三物焉,子乃今知其一身也,又未知其所谓也。若大人行淫暴于国家,进而谏,则谓之不逊;因左右而献谏,则谓之言议。此君子之所疑惑也。若大人为政,将因于国家之难,譬若机之将发也然,君子之必以谏,然而大人之利。若此者,虽不扣必鸣者也。若大人举不义之异行,虽得大巧之经,可行于军旅之事,欲攻伐无罪之国,有之也,君得之,则必用之矣。以广辟土地,著税伪材,出必见辱,所攻者不利,而攻者亦不利,是两不利也。若此者,虽不扣,必鸣者也。且子曰:'君子共己待,问焉则言,不问焉则止,譬若钟然,扣则鸣,不扣则不鸣。'今未有扣,子而言,是子之谓不扣而鸣邪?是子之所谓非君子邪?"

墨子认为,君子不应该别人问他就说,不问就不说,像钟一样,敲就响,不敲则不响。而是应该根据具体时机决定说或不说。例如,如果王公大人在国内做淫暴的事,若去进谏,就会说你不恭顺;通过左右的人去进谏,就会说你私下议论,这时君子就不敢说话。如果王公大人在施政,使得国家将有大难发生,这时君子必须进谏。如果王公大人要去攻打无罪的国家,用来扩张领土,聚敛钱财,这样出战一定受到屈辱。这种情况下,大钟虽然不敲,也一定要发出声来,即君子必须要进谏。

按上,在墨子看来,在适宜的时机进行论说会达到事半功倍的效果,而在不合适的时机,即使论说得再多也无济于事。

2. 对谈辩地点(场所)的关注

对于谈辩的语境要素之一"场所",墨子也是关注的。

> 子墨子游。魏越曰:"既得见四方之君,子则将先语?"子墨子曰:"凡入国,必择务而从事焉:国家昏乱,则语之尚贤尚同;国家贫,则语之节用节葬;国家憙音湛湎,则语之非乐非命;国家淫僻无礼,则语之尊天事鬼;国家务夺侵凌,则语之兼爱非攻。故曰,择务而从事焉。"①

处在不同国家的人们有着不同的需要。所谓"择务"是指要抓住每一个国家当前迫切的需要,"从事"指谈说论辩。亦即,和不同国家的人们交谈,要针对当地人们的具体需求选择恰当的交谈内容。如果国家混乱,就告诉他们尚贤、尚同的道理;如果国家贫穷,就告诉他们节用、节葬的道理;如果国君淫乱怪癖而无礼,就告诉他们尊天、事鬼的道理;如果国家专门掠夺侵略,就告诉他们兼爱、非攻的道理。交谈的内容随场合的变化而变化。墨子的十个治国理念或主张,就是这样按不同国家的具体社会场景而生发的。

> 厚攻则厚吾,薄攻则薄吾。应孰辞而称议,是犹荷辕而击

---

① 《墨子·鲁问》。

蛾也。①

在墨子那里,如果论辩的场合不同,具体的应辩也有所不同。如对方严词相辩,他也一定严词应敌;对方缓言相让,他也一定缓言以对。如果是平时应酬的言词,却要求切合事理,那就像举着车辕去敲击蛾子一样了。亦即,在平时应酬的场合,言辞不必要求句句切合事理,应付的言辞也是可以的。

墨子关注谈辩的场合,其实就是关注所处不同地区谈辩对象的内在需求,针对对方亟待解决的问题提出相应的变通处理方法。如是,自会取得明显的谈辩效果。

3. 对各地风俗习惯的关注

按前所述的《墨子·节葬下》记载:

> 楚之南有炎人国者,其亲戚死,朽其肉而弃之,然后埋其骨,乃成为孝子。秦之西有仪渠之国者,其亲戚死,聚柴薪而焚之,熏上,谓之"登遐",然后成为孝子。

在楚国地区,父母死了,就把肉剔下来丢掉,然后埋葬死者的骨头,这样才能称为孝子。而在秦西地区的仪渠国,父母死了就烧掉,这样做才是孝子。正是因为不同地区对"孝子"的理解不同,因此,在与不同地区的人们谈论"孝子"话题时,要入乡随俗,切不可执着于先在的主观认识。由是,对各地风俗习惯的关注就成为对谈辩地点(场所)关注的进一步深入,只有明确谈辩地区的风俗习惯,继而"便其习而义其俗",才

---

① 《墨子·公孟》。

能在谈辩过程中准确地用词遣句,才不会产生歧义。

墨子对谈辩时机、谈辩地点(场所)以及谈辩地区风俗习惯等因素的关注,应是对进行"谈辩"这一活动的具体环境以及谈辩对象所处条件的关注。关注的目的就在于根据谈辩环境及谈辩对象所处的具体情况而采用相应变通的谈辩策略和方法,以期达到言谈的效果或辩说的胜利。正是在初步具备了这种传统辩证思维方式的基础之上,墨子才可以采用这种灵活变通的谈辩方法(策略)去宣扬主张或立己破敌。应该说,这种做法不仅为后期墨家所继承并发展,而且也对先秦逻辑思想的良性发展产生了重要作用。

## 四、辩证选择"他物"的比喻式推类论辩方法

比喻式推类论辩是通过两类事物的相似点来引征谕证或反驳一种思想的是非曲直的方法。这是墨子在论辩中最为熟稔且经常使用的一种方法。在表达方式上,大多采用"若""是犹""是譬犹""此譬犹"等推类连接词。这种方法被司马迁称为"其称文小而其指极大,举类迩而见义远。……推此志也"[1]。推类的过程实际上是一个由"言事"而"论道"的思维过程,"其结构通常由言事与言道两个部分组成。言事与言道的关系是言事为言道服务,推类的最终目的是言道:证明或反驳他人"[2]。比喻式推类方法又可分为比喻式的推类谕证方法和比喻式的推类归谬方法。前者用于证明,后者用于反驳。

---

[1] 《史记·屈原贾生列传》。
[2] 董志铁:《言道、言事与援类、引譬》,《信阳师范学院学报》(哲学社会科学版),2003年第2期。

比喻式推类谕证方法是：为了证明自己的观点，就先引征与自己的观点在某一性质或因果关系上类似的事物道理作比喻，而这个事物道理的内容浅显，其正确性是对方容易认可的。只要对方承认了所喻事物道理的正确性，就应该明白自己的观点的正确性了。其依据为，用来引征作比的事物道理(B)是人们普遍承认、接受的；自己的观点(A)与用来引征作比的事物道理(B)在某一性质或因果关系上具有相同点。或如：

子墨子言，见染丝者而叹曰：染于苍则苍，染于黄则黄。所入者变，其色亦变；五入必而已则为五色矣。故染不可不慎也。

非独染丝然也，国亦有染。舜染于许由、伯阳，禹染于皋陶、伯益，汤染于伊尹、仲虺，武王染于太公、周公。此四王者，所染当，故王天下，立为天子，功名蔽天地。举天下之仁义显人，必称此四王者。夏桀染于干辛、推哆，殷纣染于崇侯、恶来，厉王染于厉公长父、荣夷终，幽王染于傅公夷、蔡公谷。此四王者所染不当，故国残身死，为天下僇。举天下不义辱人，必称此四王者。……凡君之所以安者何也？以其行理也。行理性于染当。……

非独国有染也，士亦有染。……①

墨子引征染料不同、所染之丝的颜色也不同进行推类，谕证了环境也可以习染人。国家、社会、家庭、朋友、他人所形成的不同环境，对于

---

① 《墨子·所染》。

陶冶和教育人性以及对人的素质的影响与作用不可小觑,因此君王、诸侯、士人等都应该选择好自己的朋友,营造良好的环境。由染丝至交友的推类,使得对方懂得谨慎交友的道理。并在最后再引征《诗经》佚诗"'必择所堪①,必谨所堪'者,此之谓也",为这篇引征谕证做了"一定要谨慎选择"的片言居要的总结。

比喻式推类归谬方法是:为了反驳对方的观点,先以与对方的观点在某一性质或因果关系上类似的事物道理作比喻,而这个事物道理的内容浅显,其错误性是对方容易认可的。只要对方承认了所喻事物道理的错误性,就应该明白自己的观点的错误性了。其依据为,用来作比的事物道理(B)是人们普遍否认、不接受的;反驳的观点(A)与用来作比的事物道理(B)在某一性质或因果关系上具有相同点。或如:

> 子墨子曰:"世俗之君子,贫而谓之富则怒,无义而谓之有义则喜,岂不悖哉?"②

"贫而谓之富"与"无义而谓之有义"都是奉承的话,都属于"过誉"的行为。听到"贫而谓之富"就怒,那么听到"无义而谓之有义"也应该怒,而非喜。一个"悖"字道出了这种自相矛盾的本质。

或如:

> 今有一人,入人园圃,窃其桃李,众闻则非之,上为政者得则罚之。此何也?以亏人自利也。至攘人犬豕鸡豚者,其不

---

① "堪"通"湛",浸染之意。
② 《墨子·耕柱》。

义,又甚入人园圃窃桃李。是何故也?以亏人愈多,其不仁兹甚,罪益厚。至入人栏厩、取人马牛者,其不仁义,又甚攘人犬豕鸡豚。此何故也?以其亏人愈多。苟亏人愈多,其不仁兹甚,罪益厚。至杀不辜人也,扡其衣裘、取戈剑者,其不义,又甚入人栏厩,取人马牛。此何故也?以其亏人愈多。苟亏人愈多,其不仁兹甚矣,罪益厚。当此,天下之君子皆知而非之,谓之不义。今至大为攻国,则弗知非,从而誉之,谓之义。此可谓知义与不义之别乎?[1]

墨子在这里引征了一个又一个的"他物",其是非人人皆知,并以此来谕证"攻国"的不义。既然说话者和听话者都承认这些引征事例属于"不义",那么,他们就得承认所谕证的"类事理"相同的"攻国"行为更加"不义"了。

应该说,每一种论辩方法都是一种推理的实际运用,比喻式推类论辩方法,套用后期墨家的说辞,就是一种譬式推理。这种推理一定具有一个说话者与听话者共同接受的前提,然后由这个共同的前提推出一个可接受的结论。亚里士多德曾就推理的类型进行过论述。他将推理分为两类,一类是证明的推理,一类是论辩的推理。两种推理的区别主要在于前提性质的不同。前者要求前提一定是真的,后者要求前提一定为一般人特别是辩论的双方所接受。比喻式推类论辩方法(推理)就是后者。这种方法(推理)不论是用来证明还是用来反驳,都必然涉及一个个用来作比的"他物"。由于这些"他物"都是论说的前提或依据,因此对"他物"的选择至关重要。墨子对这些"他物"的选择并不是随机

---

[1] 《墨子·非攻上》。

的、毫无根据的,而是结合谈辩对象的具体情况做出的可以被对方所理解、接受的选择。因此,我们能够说,比喻式推类方法是一种有针对性的谈辩方法,更是一种体现着谈辩者引征"他物"时如何随机选择的辩证思考的谈辩方法。

综上,墨子在谈辩过程中能够意识到谈辩对象、时机、地点、风俗习惯等因素的影响,也能够利用这些因素达到自己的谈辩目的。比喻式推类论辩方法的运用更是将上述影响谈辩成败的因素发挥到了一定高度。这些符合辩证精神的谈辩技巧和方法被后期墨家继承,他们在《墨经》中将其总结为各种论辩方法,并运用这些方法在《墨经》中与其他各家观点展开论争,从而也大大丰富了先秦逻辑思想的内容。

## 第二节　权,正也——《墨经》的辩证思维方式

墨子去世以后,墨家发生了很大变化。据《韩非子·显学》记载:"自墨子之死也,有相里氏之墨,有相夫氏之墨,有邓陵氏之墨。"《庄子·天下》也记载:"相里勤之弟子,五侯之徒。南方之墨者,苦获、已齿、邓陵子之属,俱诵《墨经》。而倍谲不同,相谓别墨。"人们把这一时期的墨者统称为后期墨家。而《墨经》(或称《墨辩》)是后期墨家继承前期墨家的政治理论观点,总结当时自然科学知识和建立中国古代逻辑传统思想的理论与体系的重要著作,是我们研究后期墨家逻辑思想的主要根据。

"墨辩"之名始自西晋时鲁胜。《晋书·隐逸传》载鲁胜《墨辩注序》言:"墨辩有上下经,经各有说,凡四篇。与其书众篇连第,故独存。"即把《墨子》书中的《经上》《经下》《经说上》《经说下》四篇统称为"墨辩"。

但《墨子》书中的《大取》《小取》二篇性质和《经》上下、《经说》上下四篇同，所以清代汪中《述学·墨子序》就把鲁胜的"墨辩"从四篇扩充到六篇："《经上》至《小取》六篇，当时谓之《墨经》。""经""辩"用词虽不同，其义实一也。孙诒让著《墨子间诂》中《墨学传授考·相里氏》条说："案《墨经》即《墨辩》，今书《经说》四篇，及《大取》《小取》二篇，盖即相里子、邓陵子之伦所传诵而论说者也。"按此，汪、孙二人都把"辩"和"经"等同看待，同时把鲁胜的《墨辩》四篇扩充为六篇。因此，我们现在所提的《墨经》，即指《墨子》书中的《经》上下、《经说》上下、《大取》、《小取》六篇。

　　后期墨家注重名随实变的情况，认识到了概念的个别、特殊和一般的辩证关系以及同一性和差异性的辩证关系。这些都是其朴素传统辩证思维方式在名实关系问题上的具体体现。后期墨家在继承墨子谈辩思想的基础上，提出了诸多论辩的方法，这些论辩方法和技巧都考虑到了对方的实际情况，从听说双方都认可的前提出发论证自己的观点。这种对语境因素的考虑使得双方谈辩更为顺畅流利。《大取》《小取》更是就语词在不同语境中的含义做了较为细致的说明，旨在告诫人们在谈说论辩时要注意事物和语言的复杂性、多样性，要准确地遣词造句，不能简单、随意地进行推理，要做到具体问题（语境）具体分析。

## 一、对"名"的变化性的关注

　　《墨经》对名实关系的基本认识为：

所以谓,名也;所谓,实也。①

以名举实。②

举:拟实也。③

举:告以之名,举彼实也。④

在《墨经》那里,"实"指具体事物,"名"是用来指称"实"的。名实关系中"实"位于第一位,"名"位居第二位。

其一,客观事物本身是不断变动的,作为反映变动之物的"名",也应该随着事物的改变而改变。作为时移世易的认识结果,概念应该是确定性和灵活性的辩证统一。

按此,后期墨家对名的"今""昔"之别也给予了重视,认为过去的名常常只能反映过去之实,只有用今日之名,才能反映今日之实。名只有随实而变,才能真正使"名"符合实,才能谓之名正。《墨经》中多次举例指明这一点:

或如,对"爱人"的不同理解。

战国初期墨子提倡兼爱之说,用以抨击古代的等级差别。他说:"若使天下兼相爱,国与国不相攻,家与家不相乱,盗贼无有,君臣父子皆能孝慈,若此,则天下治。"⑤墨子的"兼爱",是没有差别的普遍之爱。这种爱是"视人之国,若视其国。视人之家,若视其家。视人之身,若视其身"。故而墨子认为一个社会,一旦人人相亲相爱,诸侯不相战,即可

---

① 《墨经·经说上》。
② 《墨经·小取》。
③ 《墨经·经上》。
④ 《墨经·经说上》。
⑤ 《墨子·兼爱上》。

以兴利除害,消除各种社会矛盾。因此,他把"兼相爱"与"交相利"并提。

发展到后期墨家这里,"爱人"的内涵则随战国后期的社会发展和各派思想斗争的情况而有了某些改变,由"兼爱"发展到"尽爱":

> 无穷不害兼,说在盈否。①
>
> 无:"南者有穷则可尽,无穷则不可尽。有穷无穷未可智,则可尽不可尽未可智。人之盈之否未可智,而人之可尽不可尽亦未可智。而必人之可尽爱也,悖。"人若不盈先穷,则人有穷也,尽有穷无难;盈无穷,则无穷尽也,尽有穷无难。②
>
> 不知其数而知其尽也,说在问者。③
>
> 不:不二其数,恶智爱民之尽之也?或者遗乎其问也,尽问人,则尽爱其所问。若不知其数而知爱之尽之也,无难。④
>
> 不知其所处,不害爱之,说在丧子者。⑤

以上《墨经·经下》各条所列出的"尽爱"之说,谓人可尽爱,不问地域之广狭、人数之多少、人们所在之处所。"尽爱"的涵义较"兼爱"规定更宽。而进到《墨经·小取》时期,"爱人"的内涵又由"尽爱"发展为"周爱"。

---

① 《墨经·经下》。
② 《墨经·经说下》。
③ 《墨经·经下》。
④ 《墨经·经说下》。
⑤ 《墨经·经下》。

爱人,待周爱人,而后为爱人。①

必须爱所有的人才是爱人。"周爱"的涵义比泛指"尽爱"又更概括了一些。

再从爱的内容上来说,墨子"兼相爱"是和"交相利"紧密联系在一起的,但到后期墨家,则把爱、利分开,泛言爱而不及利。这或由于《墨经》反映了战国末期新兴地主阶级的利益,对劳动大众利益的关注已趋单薄,不若战国初年的墨子,反映小生产者劳动阶层的利益。概念的变化发展性,由此可见一斑。

或如,关于思虑等:

> 昔者之虑也,非今日之虑也。昔者之爱人,非今日之爱人也。②
> 昔之知啬,非今日之知啬也。③

从前的思虑,不是现在的思虑;从前的爱人也不是现在的爱人;从前知道的节俭,也不是现在知道的节俭。同一个"名",必须依据实的变化,而确定各自的涵义。

或如,关于"善治""义"的概念:

> 在诸其所然未然者,说在于是推之。④

---

① 《墨经·小取》。
② 《墨经·大取》。
③ 《墨经·大取》。
④ 《墨经·经下》。

尧善治,自今在诸古也。自古在之今,则尧不能治也。①

儒家以尧为至治之极,推崇备至。但《墨经》认为"推"即从已知得未知。说尧善治,是从当今去考察古代的结论,这符合"推"的定义。如果从古代考察当今,不符合"推"的要求,尧并不一定善治。所以不能根据古之如何而必今之同样如何,以尧之治施之于今而未必得善治之果。所以对"善治"的理解要随时代的改变而适时改变,不可盲目崇古。

尧之义也,生于今而处于古,而异时,说在所义二。②
尧、霍:或以名视人,或以实视人。举友富商也,是以名视人也。指是霍也,是以实视人也。尧之义也,是声也于今,所义之实处于古。③

说尧是仁义的。这个"义"的名是今天人们所给的,但"义"这个名所指的实是处于古代。古时称为"义",今天不一定是"义","义"的内涵有古今的不同,不能将古"义"与今"义"混同。这就再次告诫人们不能崇古不化,用不变的、绝对的眼光看待某一"名"。

《墨经》还认为,以居住的地域而命之名,也必须随地域的改变而改变。

诸以居运命者,苟入于其中者,皆是也,去之因非也。诸

---

① 《墨经·经说下》。
② 《墨经·经下》。
③ 《墨经·经说下》。

以居运命者,若乡里齐荆者,皆是。①

有人过去居住在赵国,则应称"赵国人",后来搬居到楚国,就应该改称为"楚国人"。又如,某乡原属鲁国,则乡里人应称为"鲁国人",后来该乡改属宋国,则乡里人就应称为"宋国人"了。这种认识过程的变通性与认识结果的变化性,和荀子所论说的"居楚而楚,居越而越,居夏而夏"②、"越人安越,楚人安楚"③的旨趣相同,都旨在强调"名"的变化性。

按此,名随实变是正确理解名实关系、寻求名实相符的关键。如果没有认识到这一点,就会产生"过名"的错误。

或:过名也,说在实。④
知是之非此也,有知是之不在此也,然而谓此南北,过而以已为然。始也谓此南方,故今也谓此南方。⑤

所谓"或"即迷惑。所谓"过名"即错误的名称。人们迷惑的原因在于错误的名称,而名称出现错误的原因就在于名没有随着实的变化而变化,从而造成旧名与新实不符。所谓"过而以已为然"意为时过境迁,但仍然按照"过去已经如此,所以现在还是如此"的公式推论,必然会产生错误。

---

① 《墨经·大取》。
② 《荀子·儒效》。
③ 《荀子·荣辱》。
④ 《墨经·经下》。
⑤ 《墨经·经说下》。

其二,同一"名"在不同的语境条件下表达的意思也可能不同。或如,"一"的概念:

一少于二而多于五,说在建位。[1]
一:五有一焉,一有五焉,十,二焉。[2]

对该条的理解可参照:

区物一体也,说在俱一、惟是。[3]
俱:俱一,若牛马四足;惟是,当牛马。数牛数马则牛马二,数牛马则牛马一。若数指,指五而五一。[4]

"俱一"是共相或一般,以共相说,牛与马都是四足,可合为四足兽一类,属一体。"惟是"是自相或特殊,以自相说,牛有角,马无角,牛归牛类,马归马类,属区物。这就像数手指一样,指头有五,合五指为一手,一手可以为一物。按现代眼光,这是从集合和元素的角度而说的,它们之间的关系可以为我们提供理解上述关于"一"的思路。从元素的角度来说,一少于二;从集合的角度来说,"一"的分子数量却多于"五"的集合数量,这是因为"五"的集合有一个,一个"五"的集合中,"一"的分子有五个。按此,在《墨经》那里,"一"这一概念的涵义是可变的,不同的情境下同一个概念可以有不同的理解。

---

[1] 《墨经·经下》。
[2] 《墨经·经说下》。
[3] 《墨经·经下》。
[4] 《墨经·经说下》。

在《墨经》那里,名变的原因除了其指称之实变化以外,还由于人们对事物(实)本质认识的不断深入。因为,对于事物属性而言,人们有已知的,有未知的。既然有已知的"所谓初级的本质"以及尚未知道的"所谓 n 级的本质",人们的认知就应该不断探索物之所以然,找出事物比较深层的本质。《墨经》即如是。

或如,对"力"的认识:

力:刑(形)之所以奋也。①
力:重之谓,下与(举)重,奋也。②

力是物体运动状态发生变化的原因,这是对力的本质的一种初步的理解。

《墨经·经下》进一步把力分为"悬挈"与"收引",二力作用相反。

挈与收反,说在薄。③
挈,有力也;引,无力也。不正所挈之止于施也,绳制挈之也,若以锥刺之。挈,长重者下,短轻者上,上者愈得,下下者愈亡,绳直权重相若,则正矣。收,上者愈丧,下者愈得,上者权重尽则遂挈。④

"挈"是提之上升,"引"是引下之坠。提之上升,显有力形;引下之

---

① 《墨经·经上》。
② 《墨经·经说上》。
③ 《墨经·经下》。
④ 《墨经·经说下》。

坠,仿若无力。实则同是力的两种不同表现。按此,后期墨家对力的本质理解是不断深入的,从此也可以看出,随着人们的认识对事物本质的深入挖掘,作为指称事物的名也相应地深化其涵义,呈现出一定的变化性。

## 二、对"名""谓"的分类

《墨经》按类属关系将"名"分为三种:

> 名:达、类、私。①
> 名:"物",达也,有实必待文多也。命之"马",类也,若实也者,必以是名也。命之"臧",私也,是名也止于是实也。②

"达名",是指最一般的类概念,如任何事物都可以称为"物",相当于荀子《正名》篇中所谓的"大共名"[3];"类名",是指按事物的类别命名,相当于荀子《正名》篇中所谓的"大别名"[4];"私名",是指个别事物的名称。这三种名,按外延大小划分,体现了事物间的种属包含关系。

其一,个别和一般的关系,是先秦思想家讨论名实关系时都会涉及的一个话题。而《墨经》所划分的"达、类、私"三种概念,正好相当于一

---

① 《墨经·经上》。
② 《墨经·经说上》。
③ 《荀子·正名》:"物也者,大共名也。推而共之,共则有共,至于无共然后止。"按现今流传《荀子》最早注本的唐代杨倞的《荀子注》,"起于总谓之物,散为万名。是异名者本生于别同名者也"。
④ 《荀子·正名》:"有时而欲偏举之,故谓之鸟兽。鸟兽也者,大别名也。"

般、特殊、个别三个范畴。后期墨家对三者间的辩证关系也有进一步论述：他们认为个别属于一般，个别不同于一般，一般存在于个别之中。

或如，白马与马的关系：

> 白马，马也。乘白马，乘马也。骊马，马也。乘骊马，乘马也。①
> 有有于秦马，有有于马也，智来者，之马也。②

白马、骊马、秦马等都是马，"马"这个一般就体现在各个特殊的"白马""骊马""秦马"之中。

或如，方物与方木、方石的关系：

> 一法者之相与也，尽类。若方之相合也，说在方。③
> 一，方尽类，俱有法而异，或木或石，不害其方之相合也。尽貌犹方也。物俱然。④

把合乎一个法则的事物都归为一类。如所有方物都与圆相对⑤，这是一般。这个一般是从"方木""方石"等个别事物中抽取出的共同点，并不包括个别事物的枝节方面（或木或石）。

---

① 《墨经·小取》。
② 《墨经·大取》。
③ 《墨经·经下》。
④ 《墨经·经说下》。
⑤ 《公羊传·昭公二十五年》："国子执壶浆。"汉代何休注："壶，礼器。腹方口圆曰壶。"

或如,《墨经》对时间和空间概念的界定:

久:弥异时也。①
久:古、今、旦、暮。②
宇:弥异所也。③
宇:东、西、南、北。④

所谓"弥"即概括。时间(久)的概念是对不同的具体时间形式(如古、今、旦、暮)的概括。这种知识不是直接通过五种感官能得到的,"知而不以五路,说在'久'"⑤,而是通过抽象概括得到的。同样,空间的概念(宇)也是对不同的具体空间形式概括所得。

其二,由上,后期墨家对个别和一般的关系问题已经有了比较清晰、自觉的认识。在此基础上,后期墨家反对"惟谓"说。

"惟谓"论,是一部分辩者(如公孙龙)的观点。这种观点认为任何名称都专谓一件事物,如马名只谓马,不能谓白马。白马名谓白马,不能谓马,由此得出"白马非马"的结论。后期墨家认为这一结论的得出是"彼彼当乎彼,则唯乎彼,其谓行彼。此此当乎此,则唯乎此,其谓行此"⑥这一观点的绝对化,这种名与实绝对一一对应的思想,从概念内涵上割裂了个别与一般的内在联系,否认了个别中有一般。《墨经》认为,

---

① 《墨经·经上》。
② 《墨经·经说上》。
③ 《墨经·经说上》。
④ 《墨经·经下》。
⑤ 《墨经·经下》。
⑥ 《公孙龙子·名实论》。

除"私名"以外,一般的概念并不是专谓某一个个体的。如"类名",凡是具有如此这般性质的实,一定都可以用这个名来称谓。也就是承认了"白马是马"。

《墨经》除了将"名"进行分类外,还对"谓"做了区分。

谓:移、举、加。①
谓:狗、犬,命也。狗、犬,举也。叱狗,加也。②

"移"有命名之意,将"狗"命名为"犬"为"移";"举"就是用"狗、犬"这种"名"来指称狗、犬这种动物的特征;"加"就是向狗叱一声:"狗!"也就是将名加于一个个体以表示某种感情。可见,"谓"的三种意义,都离不开一定的情境,即使是"狗、犬"这种命名行为,也是发生在命名主体对狗的不同情态的理解基础之上的。

"名"指的是形式的名称、概念,而"谓"则是主体在一定条件下赋予"名"的意义。二者是语言运用中形式层面的一般之名与具体情境中意义生成的关系。近人对名、谓的区别曾做过如此解释:"名与谓之分,一为言之所陈,一为意之所指。言陈,人人所同。意指,随时随地而异。又如'南'之名,指我所谓北之对方也,此名也。假如有人在中州,以燕为北,越为南。异时再过越之南,则以越南为南,越为北。"③"南"作为一般常识之名,表示与北相对的方向。但当人处于特定的地理环境中再使用这个"名"时,其具体涵义就可发生变化。所以不可拘泥于一般固

---

① 《墨经·经上》。
② 《墨经·经说上》。
③ 伍非百:《中国古名家言》,中国社会科学出版社1983年版,第511页。

有之名,需要灵活变通地把握名的具体意义。从这一点来说,或可疏解惠施的"天与地卑,山与泽平"等命题的真正含义。

## 三、对"名"的矛盾定义法

《墨经》的《经上》《经下》约计一百八十余条,再加上《大取》《小取》各条,其中关于"名"(概念)的语义说明与定义约有一百条左右。这些定义涉及哲学、逻辑学以及当时认识的自然科学、社会科学各部类,是墨家对当时各部类知识和实践经验的总结。在这些语义说明与定义中,有些不但揭示了概念的本质属性,而且揭示了概念本质中矛盾的对立统一。

或如,对"勇"的定义:

> 勇:志之所以敢也。[1]
> 勇:以其敢于是也,命之;不以其不敢于彼也,害之。[2]

勇,是思想意志敢于做某事(一般指正当的事)。"勇"的概念中,既包含着"敢为"的一面,同时也包含着"不敢为"的对立一面。真正的勇士对其所当为之事,义无反顾;但对于所不当为之事,决不鲁莽而为。只有这样,才称得上大勇。由是,"勇"的概念中就包含着敢与不敢的对立统一。《墨经》对"勇"这一概念辩证本性的全面揭示,是《墨经》所谓"尽见"(全面之见)的一例。

---

[1] 《墨经·经上》。
[2] 《墨经·经说上》。

或如,对"利""害"的定义:

> 利:所得而喜也。①
> 利:得是而喜,则是利也;其害也,非是也。②
> 害:所得而恶也。③
> 害:得是而恶,则是害也。其利也,非是也。④

利的概念固然包含可喜的一面,然同时也包含有害的一面。世间的利决不是单纯的利,而是杂有害于其间,不过主导为利而已。世间的害也不是纯粹的,而杂有利于其间,不过在害的情况下,利只占从属的地位。故有:

> 断指以存腕,利之中取大,害之中取小也。害之中取小也,非取害也,取利也。其所取者,人之所执也。遇盗人而断指以免身,利也;其遇盗人,害也。……
> 利之中取大,非不得已也;害之中取小,不得已也。所未有而取焉,是利之中取大也;于所既有而弃焉,是害之中取小也。⑤

如遇盗人而断指以免身是利的事,但断指则属害。只是在整体掂

---

① 《墨经·经上》。
② 《墨经·经说上》。
③ 《墨经·经上》。
④ 《墨经·经说上》。
⑤ 《墨经·大取》。

量权衡的过程中,相对于免身的大利,断指之害就不是有害之事了。"利""害"概念都包含着有利和有害的对立统一。

## 四、"同异交得"之"权,正也"的辩证思想

黑格尔曾在评价莱布尼茨的相异律时指出:"就莱布尼茨的相异律本身而论,须知,他所谓异或差别并非单纯指外在的不相干的差异,而是指本身的差别,这就是说,事物的本身即包含有差别。"[①]亦即,事物的同和异是相互依存、相互联系、相互渗透的,没有所谓的"同",也就无所谓"异"。无论"同"和"异",都只有在它与另一方的联系中才能获得它自己确定的规定性。这种同中有异、异中有同的辩证关系,反映在概念中就是确定性和灵活性的关系,因此也是概念研究中的一个重要内容。可贵的是,《墨经》中对"同异交得放有无"的论述,就表现了墨家注重考察事物之间的同一性和差别性关系的理论原则和思维方式,在两千多年前就以直观经验的事实归纳,朴素地阐述了类似于上述黑格尔的思想。

1. 对"同""异"的朴素辩证理解

《墨经》在具体论释事物的同异时,曾区分了多种"同"和多种"异"。

> 同:重、体、合、类。[②]
> 同:二名一实,重同也。不外于兼,体同也。俱处于室,合

---

① 黑格尔:《小逻辑》,贺麟译,商务印书馆1981年版,第253页。
② 《墨经·经上》。

同也。有以同,类同也。①

　　异:二、不体、不合、不类。②

　　异:二必异,二也。不连属,不体也。不同所,不合也。不有同,不类也。③

《墨经·经上》关于"同"和"异"的分类恰恰是对应的。一个事物有两个名称,叫"重同";同一个整体的两个部分,叫"体同";二物同处一个空间,叫"合同";二物有相同性质,叫"类同"。"二"是说任何事物间都存在差异;"不体"即不属于同一个整体的两个组成部分;"不合"即二物不同处一所;二物没有共同性质,叫"不类"。对事物同、异的这种认识,使后期墨家进一步列举了更多种类的同、异。

关于"同"有:

　　重同,具同,连同,同类之同,同名之同,丘同,鲋同,是之同,然之同,同根之同。④

关于"异"有:

　　有非之异,有不然之异。⑤

---

① 《墨经·经说上》。
② 《墨经·经上》。
③ 《墨经·经说上》。
④ 《墨经·大取》。
⑤ 《墨经·大取》。

同与异虽然有多层面的差别,但二者是相互联系的。

> 同:异而俱于之一也。①
> 二必异。②

同是相异的事物具有一致的一面,即两个相异的东西具有共同的方面。异是必然存在于任意两个事物之间的,当然也包含两个相似或相同的事物。把这两点合在一起,正好说明"同中有异""异中有同"。《墨经·大取》进一步明确指出:

> 有其异也,为其同也;为其同也,异。

这种用"同"语义说明"异",再用"异"语义说明"同"的论述方式,正是指明了"同""异"这两个概念是相互渗透、相互依存、对立统一的关系。后期墨家把这种同和异对立统一的辩证思想,概括为"同异交得"的经典辩证命题。他们列举了大量事例来解释这个命题:

> 同异交得放有无。③
> 同异交得:于福家良恕,有无也;比度,多少也;蛇蚓旋圆,去就也;鸟折用桐,坚柔也。剑尤甲,死生也。处室子、子母,长少也。两绝胜,白黑也。中央,旁也。论行、行行、学实,是

---

① 《墨经·经上》。
② 《墨经·经说上》。
③ 《墨经·经上》。

非也。难、宿,成未也。兄、弟,俱适也。身处,志往,存亡也。霍、为,姓故也。贾、宜,贵贱也。①

"同"是同一性,"异"是差别性。"仿"原作"放",借为"仿",即模仿。"放有无"即"有无"是"同异交得"的典型实例。"同异交得"就是"同一性和差别性互相渗透和同时把握,是相异、对立的性质共处于同一事物之身,是任一事物分裂为两种相异对立的性质"②。或如:

富家子弟未必就有良好的知识,有良好知识的人可能出身于贫家;

一个数量与其他数量相比较,可以既"多"又"少";

蛇与蚯蚓的运动状态,可以既"去"又"来";

鸟儿用以筑窝的树枝,可以既"坚"又"柔";

剑的作用在杀敌致死,但杀敌在于保存自己,所以剑既"致死"又"求生";

在家里,一个人既可以做母亲,又可以做女儿,可以既"长"又"少";

一物之颜色同别物进行比较,可以既"白"(淡)又"黑"(浓);

一个空间的点,可以既"中央"又"旁边";

一个人有时其论为是,其行是非,或者其学为是,其实为非,或者其操行合理,另方面则非,一个人可以既"是"又"非";

一个事物在生长过程中,可以既"成"又"未成";

一个人可以既为"兄"又为"弟";

一个人可以身在此而志在彼,从这个意义上说这个人是既"存"又"亡";

---

① 《墨经·经说上》。
② 孙中原:《逻辑哲学讲演录》,广西师范大学出版社 2009 年版,第 127 页。

"霍"既可表示姓氏,又可表示一种水鸟;

保证交换正常进行的适宜物价,一定对于卖家"贱",对于买家"贵"。

如是,有无、多少、去就、坚柔、死生、长少、白黑、中央和旁边、是非、成未、存亡、贵贱等对立的性质,就辩证地具备于同一对象上了。

黑格尔曾指出,无论什么可以说得上存在的具体的东西,必定"包含有差异和对立于自己本身内",为此他举了两个例子证明此观点,一是,"一条往东的路同时即是同一条往西的路";二是,在同一块磁石里,包含着北和南这对立的两极,如果我们把一块磁石从中间斩断,不会出现一块里只有北极,另一块里只有南极的现象。而是每一块磁石重新出现南北极。①

如果按此仿照《墨经》的语言改写上面两个黑格尔的范例,就是:"同异交得:于路,东西也。磁,南北也。"基于此,这个揭示概念本质中矛盾的对立统一的定义方法也属于"同异交得"的典型例子。

由上,《墨经》中还举出了另外两条典型例证。

其一是:

不能而不害,说在容。②

举重不举针,非力之任也。为握者之奇偶,非智之任也。若耳目。③

---

① 黑格尔:《小逻辑》,贺麟译,商务印书馆1981年版,第257、258页。
② 《墨经·经上》。
③ 《墨经·经说上》。

意谓,人有所不能,但不是害处。这就像面部器官一样,各有职责,各有能与不能。又如举重的人一样,只善于举重,不善于举针绣花,因为后者不是他的专长。再如,握筹善算的人,只善于计算数学,不善于演讲辩论,因为后者不是他的专长。该条重在强调任何一人的才能,都是"能"与"不能"的"同异交得"。

其二是:

> 是是之是与是不是之是同,说在不殊。[1]
> 是不是,则是且是焉。今是久于是,而不于是,故是不久。是不久,则是而亦久焉。今是不久于是,而久于是,故是久与是不久同说也。[2]

意谓,任何一事物的存在都是"久"与"不久"的"同异交得"。因为"久"是一个相对概念。一棵树长了50年,相对于长了60年的树是"不久",相对于长了10年的树是"久"。

应该说,《墨经》中对于"同异交得"的辩证思考,是在分别考察了"同"和"异"的范畴之后提出的。翻开《墨经·经上》,可以看到紧接着相互联系的三条:

> 同:重、体、合、类。[3]
> 异:二、不体、不合、不类。[4]

---

[1] 《墨经·经下》。
[2] 《墨经·经说下》。
[3] 《墨经·经上》。
[4] 《墨经·经上》。

同异交得放有无。①

如此显然出于有意安排的三个条目,清楚表明了《墨经》作者对这个问题的自觉。而这三条的顺序,也恰好反映了人们由简单到复杂、由片面到全面、由浅入深的认识过程。故而有学者评价:"墨家对'同异交得'辩证规律的总结和阐发,标志着墨家已登上当时世界辩证哲学的高峰。《经上》'同异交得'辩证规律的论证,是以同和异两个概念对立统一的辩证本性为核心的理论思维,是墨家科学思维的灵魂。"②高峰之说似不为过。

按上,作为"墨辩"总纲的《墨经·小取》开篇第一段,即提出"谈辩"的六大目的之一,是"明同异之处"③。但对同、异的理解,应是在"察名实之理"的过程中展开的,故而有两种同一性。一种是抽象的同一性,一种是具体的同一性。抽象的同一性表现为事物质的稳定性和思维认识的确定性,而具体的同一性则于自身包含了变化和差异性。显然《墨经》也认识到了这一点,因此它在"以名举实"④,"举:告以之名,举彼实也"⑤的基础上,要求在对同、异的理解、认识、论辩中,不但要辩明同、异在确定的条件下的稳定性,从而达到认识中的确定性,而且要认识、论辩清楚同、异之间的相互渗透、相互转化,亦即认识、论辩清楚事物的同中有异,异中有同。因此《墨经》才辩证地引征说:"同异交得放有无。"

---

① 《墨经·经上》。
② 孙中原:《甘瓜苦蒂,天下物无全美——墨家的辩证理论思维》,《武汉大学学报》(人文科学版),2013年第5期。
③ 《墨经·小取》:"夫辩者,将以明是非之分,审治乱之纪,明同异之处,察名实之理,处利害,决嫌疑。"
④ 《墨经·小取》。
⑤ 《墨经·经说上》。

2."同异交得放有无"何以可能的"权正"

《墨经》的"同异交得"思想,注意到了推类谕证中对立事物或对立判断在一定的条件下有相互转化的可能。这种条件性就是以一定的标准来作为对立双方转化的中介,以变易后新的确定性标准来衡量同异、是非。《墨经》将此称为:

> 于所体之中而权轻重之谓权。权非为是也,亦非为非也。权,正也。①

所谓"权,正也",就是最恰当、最适宜的:

> 权者两而勿偏。②

"权"是权衡是非得失的思维活动,"两"可以认作是思维认识的全面性,"勿偏"则以这种全面性否定了思维认识的片面性。在这种"权"的思维活动中,事物的两极只是由于它们的相互作用,由于差异性包含在同一性中,才具有真理性。因为,在确定的历史场景中,真理应该总是具体的。

或如,在通过论辩以"处利害"的过程中,对于利害的取舍,不但要认识清楚它们之间具有矛盾的一面,即"利,所得而喜也"③与"害,所得

---

① 《墨经·大取》。
② 《墨经·经说上》。
③ 《墨经·经上》。

而恶也"①的对立,故有"义,利;不义,害"之区别,而且还要认识到它们之间具有一致的一面:

> 断指以存腕,利之中取大,害之中取小也。害之中取小也,非取害也,取利也……遇盗人而断指以免身,利也。其遇盗人,害也。②

因此,《墨经》在对于利害的取舍选择时,还要求有一种权衡利害的辩证态度。在惯于引征历史经验"譬"式推类谕证的先秦时代,对于历史事实如何判定,《墨经》的这种"同异交得"式的全面审视是非的传统辩证思维方式同样起作用。这也反映在《墨经》与诸子各家所"辩"的一些辩题上。

(1)与儒家观点的论辩。

或如,驳"尧善治"论。

儒家以古代的尧帝为至治之极,推崇备至。孔子即说:"大哉尧之为君也,巍巍乎!唯天为大,唯尧则之。"③而《墨经》则是全面审视是非的传统辩证思维方式:

> 在:尧善治,自今在诸古也。自古在之今,则尧不能治也。④

---

① 《墨经·经上》。
② 《墨经·大取》。
③ 《论语·泰伯》。
④ 《墨经·经说下》。

对于古代的"尧善治",《墨经》明确肯定为"是",但《墨经》肯定的这种"是",是有条件的,其条件性就是把"尧善治"这一历史事实放在特定的古代,而且评价的前提是由今看古。如果改变这种条件性,即改变历史坐标,改变审视方向,站在古代角度来看今天,"尧善治"就不是一个绝对不变的"是",而可能就变成它的否定命题"非"了。从思维原则上讲,《墨经》在这里将"权"之"正"放在了"历史坐标"这一条件性上,从而以朴素辩证的思维方式批驳了儒家的厚古薄今。

或如,驳"无不让"论。

孔子主张"以礼让为国"[①],"温良恭俭让"[②]。于是有儒家弟子把这种认识推至极致,提出了"无不让也"的观点。《墨经》则反对这种观点,认为:

"无不让也",不可。说在酤。[③]
让者酒,未让酤也,不可让也。若酤于城门与于臧也。[④]

在这个论辩中,针对"无不让"的论点,《墨经》则举出了一个相反的事实,认为邀请客人喝酒可以礼让,但一旦酒喝完了,则不能让客人去城门处买酒,只能让家中的仆人臧去买酒。这种反驳是举出反例来驳倒一个一般论点。[⑤] 即《墨经》的"彼举然者,以为此其然也。则举不然

---

① 《论语·里仁》。
② 《论语·学而》。
③ 《墨经·经下》。
④ 《墨经·经说下》。
⑤ 在逻辑学性质判断直接推理中,指用一个特称否定判断"有 S 不是 P"(SOP),来否定一个全称肯定判断"所有的 S 都是 P"(SAP)。

者而问之"①的"止"式反驳方法。从方法上说,这实际上同于普通逻辑中对简单枚举法得出的一般性结论提出反例以证伪的反驳方法。从思维原则上讲,《墨经》在这里将"权"之"正"放在了"具体生活反例"的"生活经验"这一条件性上。

(2) 与道家观点的论辩。

或如,驳"学之无益"。

老子主张"绝圣弃智"②"绝学无忧"③;庄子也称,"吾生也有涯,而知也无涯,以有涯随无涯,殆已"④。《墨经》与这些"安之若命"的观点论辩道:

> 学之无益也,说在诽者。⑤
> 以为不知学之无益也,故告之也,是使智学之无益也,是教也。以学为无益也教,悖。⑥

这个推论展示了一个逻辑矛盾,即:主张"学之无益"的人为了推行自己的主张,便去告诉别人"学之无益"的道理,这种"教"的行为,恰好是让别人学习。于是,主张"学之无益"的人就陷入了自己所设定的矛盾中了。从思维原则上讲,《墨经》在这里将"权"之"正"放在了"教"之"主体"这一条件性上。

---

① 《墨经·经说上》。
② 《老子·十九章》。
③ 《老子·十九章》。
④ 《庄子·养生主》。
⑤ 《墨经·经下》。
⑥ 《墨经·经说下》。

或如,驳"非诽"论与"少诽"论。

庄子主张"不谴是非,以与世俗处"①,"与其誉尧而非桀也,不如两忘而化其道"②。他采取了一种"非诽"的态度,希望以此来泯灭是非、真假的界限。对此,《墨经》批判道:

> 非诽者悖,说在弗非。③
> 非诽,非己之诽也。不非诽,非可诽也。非不可非也,是不非诽也。④

所谓"诽",就是"明恶也"⑤。即指出别人的错误,并对此进行批评。"非诽者"反对一切批评,但这又导致他们也要反对自己的这种批评。如果"非诽者"不反对一切批评,那么他们就应当肯定批评(诽)的合理性。

"非诽"论者不甘心,又提出了一种"少诽"论。对此,《墨经》又运用"权正"的传统辩证思维方式进行反驳。

> 诽之可否,不以众寡,说在可非。⑥
> 论诽,诽之可不可,以理之可诽,虽多诽,其诽是也;其理不可非,虽少诽,非也。今也谓多诽者不可,是犹以长论短。⑦

---

① 《庄子·天下》。
② 《庄子·大宗师》。
③ 《墨经·经下》。
④ 《墨经·经说下》。
⑤ 《墨经·经上》。
⑥ 《墨经·经下》。
⑦ 《墨经·经说下》。

《墨经》认为,什么可以"诽",什么不可以"诽",这是由"诽,明恶也"的实际情况所决定的,而不是由批评的多少所决定的。如果对方的道理可以批评,虽然批评得多,但这种批评必须应该得到肯定(其诽是也)。如果对方的道理不可以批评,虽然批评得少,但这种批评也是不对的,应该否定(虽少诽,非也)。因此,批评得少,未必正确;批评得多,也未必不正确。以批评的多少来评价批评的是非对错,就好像"以长论短"一样荒谬,都违反了"诽"的客观标准。《墨经》在这里将"权"之"正"放在了"诽"的具体含义上了。

在这则反驳中:其一,《墨经》明确地指出了"批评"的是非对错的条件性在于对方的道理是否应该批评,而不在于批评的多少。这种对于"批评"的是非对错的评价,体现了"权正"传统辩证思维方式的精神。其二,《墨经》明确地指出了在"非诽"(A)与"不非诽"(非 A)之间,并不存在"少诽"的第三种可能。这是"非诽"(A)与"不非诽"(非 A)这一矛盾判断的排中性所决定的,也是"诽"的语义说明与定义"明恶也"的性质所规定的。因此,从排中律思想的角度讲,"非诽"与"不非诽"之间,泾渭分明,判然两别,不能将二者都否定,另觅他途,去寻找什么"少诽"的第三种可能。《墨经》在这里将"权"之"正",放在了"是非"矛盾对立的"排中性"这一"彼,不可两不可也"①的思维规则上。

或如,驳"辩无胜"。

庄子在《齐物论》中曾提出过著名的"辩无胜"论。《墨经》对此批驳道:

---

① 《墨经·经上》。

谓辩无胜,必不当,说在辩。①

非谓非同也,则异也。同则或谓之狗,其或谓之犬也。异则或谓之牛,牛或谓之马也。俱无胜。是不辩也。辩也者,或谓之是,或谓之非,当也者胜也。②

庄子在"辩无胜"的论述中,采用的是完全归纳推理的方法。③ 他从"用你的标准""用我的标准""用第三者的标准""用你我共同的标准"来分析评价,并认为这四个标准都不能评判"你我之间的是非"。而这四个不同的标准在庄子看来是评价"你我之间是非"的所有标准,所以可以得出一个一般性的结论:没有任何一个标准可以评价你我之间的是非。所以,"辩无胜"。

但是,评价一个事实判断,显然有更为根本的标准,即是否符合客观实际。《墨经》之"当",就是以是否符合客观实际,以矛盾思想的理论分析和实例分析,剖析了"辩无胜"的是非标准全在于"主观认知"之错误所在。虽然庄子的"辩无胜"旨在"指事类情,用剽剥儒墨"④,但《墨经》仍然在这里从全面性的视野,将"权"之"正"放在了"当"这一主客体统一的规定性上。

或如,驳"言尽悖"。

老子曾说过,"言者不知"⑤,"辩者不善"⑥,因而主张"不言之教"⑦;

---

① 《墨经·经下》。
② 《墨经·经说下》。
③ 见本书第四章第二节。
④ 《史记·老子韩非列传》。
⑤ 《老子·五十六章》。
⑥ 《老子·八十一章》。
⑦ 《老子·二章》。

庄子也认为"辩也者,有不辩也……大辩不言……言辩而不及"①。《墨经》将这些观点归纳为"言尽悖"论,意即:一切言论都是片面的、错误的。并对此进行了批驳:

> 以言为尽悖,悖,说在其言。②
> 之人之言可,是不悖,则是有可也;之人之言不可,以当,必不审。③

《墨经》意告诉我们"言尽悖",这句话本身就自相矛盾,原因即在于这句话本身。《墨经·经说》对此证明:如果"言尽悖"这句话是正确的,那么因为它本身就是一个判断、一个语句,则意味着至少有一句话不是虚假、荒谬的,亦即并非"言尽悖";如果"言尽悖"这句话是错误的,那么你把这句话当作是真的,也就一定不是真的了。

"言尽悖"论之所以是荒谬的,即在于这个论断本身就包含着印度因明中所说的"自语相违"④的矛盾。于是就出现了自己提出的论题本身反对自己。《墨经》反驳的奥妙就在于揭示了"言尽悖"论本身所存在

---

① 《庄子·齐物论》。
② 《墨经·经下》。
③ 《墨经·经说下》。
④ "自语相违"是因明的三十三过中的"宗过"之一。立宗时作为能别(谓词)的概念未得到立、敌共同认可的过失。参见彭漪涟、马钦荣主编:《逻辑学大辞典》,上海辞书出版社 2004 年版,第 252 页。

的悖论①性质。在这里,《墨经》将"权"之"正"放在了"说在其言"的语义悖论性质上。

印度因明中也曾反驳过"一切言皆是妄"的命题②,按语义悖论的一些基本逻辑性质,可以推测,在不同的民族思维中,会出现相同的语义悖论。③

《墨经》对这些语义悖论的批驳,着重于语义学的证明。"说在其言""说在不非"则是对悖论的特征做了理论的概括。即悖论存在的问题在于自身。尽管《墨经》所分析的悖论还不是完全意义上的悖论,还只是半截子悖论。即从其真可推出假,但从其假却不能推出真。但《墨经》对"悖"的分析、批驳,却是对以往对"悖"辞、"惑"辞分析、批驳的继承和发展。

(3) 与名家、辩者观点的论辩。

---

① 所谓"悖论"是指这样一种语言表达句:肯定一个命题,就得出了它的矛盾命题;如果肯定这个命题的否定命题,同样又得出了它的矛盾命题。亦即,如果肯定命题 A,就会推出它的矛盾命题¬A;如果肯定¬A,又会推出 A。简明来说就是:肯定一句话的真,就会推出它的假;肯定这句话的假,又会推出它的真。悖论有三种形式:逻辑悖论、集合悖论、语义悖论。我们在这里分析的悖论属于语义悖论。

② 陈那:《因明正理门论》,载沈剑英注释:《〈因明正理门论〉今注今译》,上海教育学院 1990 年打印稿,第 5 页。

③ 如"说谎者悖论",是最古老的语义悖论,由公元前 4 世纪古希腊麦加拉学派大欧布里德提出。见彭漪涟、马钦荣主编:《逻辑学大辞典》,上海辞书出版社 2004 年版,第 611 页。又如"鳄鱼悖论",也是古希腊悖论之一。见《逻辑学辞典》编辑委员会编:《逻辑学辞典》,吉林人民出版社 1983 年版,第 891 页。又如"理发师悖论",由英国逻辑学家罗素于 1918 年在《数学原理》再版前言中提出。见彭漪涟、马钦荣主编:《逻辑学大辞典》,上海辞书出版社 2004 年版,第 610 页。

或如,驳"火不热"①。

火热,说在视。②
谓火热也,非以火之热我有,若视日。③

火热是客观之火所具有的属性,不是主观的感觉,如果没有火热的客观属性,我们也就不会有热的感觉。在这里,《墨经》将"权"之"正"放在了事物固有的客观属性上。

或如,驳"狗非犬"④。

知狗而自谓不知犬,过也,说在重。⑤

狗与犬是二名一实的重同,从"名"上讲,狗名与犬名有所不同;从"实"上讲,二者具有同一性。这是从"名"与"实"的同一性反映在思维中的确定性来论辩的。在这里,《墨经》将"权"之"正"放在了"名"所反映事物的本质属性的确定规定性上。

或如,驳"孤驹未尝有母"⑥。

可无也,有之而不可去,说在尝然。⑦

---

① 《庄子·天下》载"辩者二十一事"。
② 《墨经·经下》。
③ 《墨经·经说下》。
④ 《庄子·天下》载"辩者二十一事"。
⑤ 《墨经·经下》。
⑥ 《庄子·天下》载"辩者二十一事"。
⑦ 《墨经·经下》。

可无也,已然则尝然,不可无也。①

《墨经》认为,曾经有过的东西,不能说从来不曾有过。根据《墨经》"取实予名"的原则,马驹所以是马驹,就是因为它曾经有过母亲。马驹因母亲死亡而成为孤驹,但它毕竟还是曾经有过母亲。因此,说"孤驹无母"是对的,说"孤驹未尝有母"就变成了诡辩。在这里,《墨经》将"权"之"正"放在了对"时态"理解的条件关系上。

或如,驳"郢有天下"②。

荆之大,其沈浅也,说在具。③
沈,荆之具也。则沈浅非荆浅也。若易五之一。④

"郢"是楚国的都城,"荆"是楚国的别称,"沈"是楚国的一个县名。在部分与整体的关系上,辩者认为部分拥有整体,"郢有天下"表达了这样的认识。而《墨经》却认为相反,整体可以拥有部分,部分只是整体的一部分。如果因"沈"小而推出"荆"也小,就如同用小的"一"来交换大的"五"了。由于《墨经》反驳了"沈有楚",依此推类,自然也就反驳了"郢有天下"。因为它们在颠倒部分与整体的关系上如出一辙。在这里,《墨经》将"权"之"正"放在了部分与整体的相互关系上。

或如,驳"白马非马"⑤。

---

① 《墨经·经说下》。
② 《庄子·天下》载"辩者二十一事"。
③ 《墨经·经下》。
④ 《墨经·经说下》。
⑤ 《公孙龙子·白马论》。

求白马焉,执驹焉,说求之舞,说非也……有有于秦马,有有于马也。智来者,之马也。①

马驹是小白马,求白马,可以牵一匹白马驹来应之。白马驹与白马虽然有所不同,但作为马的本质规定性是一样的。如果此时说求白马不得,其说法就是错误的。另外,朋友有一匹秦马,那么他就可以说是有一匹马了。因为他所求的就是马。"白马是马"与"秦马是马"道理一样,所以说"白马非马"的论点是错误的。在这里,《墨经》将"权"之"正"放在了"名"所指称(反映)的"实"的确定性上。

(4)其他的一些论辩。

或如,驳"无说而惧"。

无说而惧,说在弗必。②
子在军,不必其死生。闻战,亦不必其死生。前也不惧,今也惧。③

自己的孩子从军,家中不能必然断定他的生死情况,但此时无战事,因此家中并不担忧自己孩子的生死。当传来战争的消息后,虽然此时家中仍然不能必然断定自己孩子的生死情况,但此时却对他的生死情况恐惧得不得了。《墨经》认为这种恐惧、担忧缺乏充足理由。因为,

---

① 《墨经·大取》。
② 《墨经·经下》。
③ 《墨经·经说下》。

"战"只是某个人"战死"的部分条件,而不是全部条件。亦即,"战"只具有某个人"战死"的可能性,并非是必然性。将某个人"战死"的可能性断定为必然性,就将一件事物成立的"小故"等同于"大故"了。而这恰好违反了"以说出故"的墨家逻辑思想的要求。因此,"无说而惧"的论断缺乏充足的理由支持。在这里,《墨经》将"权"之"正"放在了模态词(可能、必然)如何转换的条件关系中。

对此,我们还可以与亚里士多德有关模态判断的描述相比较:"存在的东西当其存在时,必然存在,不存在的东西当其不存在时,必然不存在。但是并非所有发生的事情或不发生的事情都是必然的。存在的东西当其存在时就必然存在,并不等于说,所有发生的事情都是必然的。关于不存在的东西也是如此。……所有的事物在现在或将来的时间里都或者必然存在,或者不存在;或者必然地产生,或者不产生。……一场海战在明天或者发生,或者不发生,这是必然的;但这场海战将发生或将不发生并不是必然的。只是在或者明天发生或者明天不发生这一点上是必然的。"①

或如,驳"五行相胜"论。

五行毋常胜,说在多。②
火烁金,火多也;金靡炭,金多也。③

邹衍学派提出了五行说,认为五行相生相克:金克木,木克土,土克

---

① 亚里士多德:《解释篇》,19a20—30,载亚里士多德:《工具论》(上),余纪元译,中国人民大学出版社 2003 版,第 60—61 页。
② 《墨经·经下》。
③ 《墨经·经说下》。

水,水克火,火克金。但《墨经》提出反命题,指出五行之间究竟谁胜过谁,要以谁的力量占优势而定。在这里,《墨经》将"权"之"正"放在了"优势"这一条件性上。

要之,《墨经》在与诸子各家一些辩题的"明是非之分,审治乱之纪,明同异之处,察名实之理,处利害,决嫌疑"之"辩"上,总是将"权"之"正"放在具体的、恰当合宜的不同条件性上。

## 五、论辩的具体方法

关于论辩的具体方法,《墨经》中主要提出了六种。

其一,止。

  止:因以别道。①
  止:彼举然者,以为此其然也,则举不然者而问之。②
  止:类以行之,说在同。③
  止:彼以此然也,说是其然也;我以此其不然也,疑是其然也。④

"止"字本义就有禁止的意思,先秦逻辑思想中引申为否定、纠正。"因",据高亨《墨经校诠》校改为"同"。"同"是对事物类的普遍属性的认识。因此,"止"就是针对对方"某类事物都具有某种性质"的论点,提

---

① 《墨经·经上》。
② 《墨经·经说上》。
③ 《墨经·经下》。
④ 《墨经·经说下》。

出相反的例证"该类中有的事物不具有这种性质"予以诘问,从而驳倒对方的言辞。如:

> 谓四足兽,牛与,马与,物不尽与,大小也。此然是必然则误。①

有人说"凡四足者皆为兽"。我们就可以指出,牛四足,马四足,皆为兽。但有的四足者,如龟、蛙等并不是兽。

其二,效。

> 效者,为之法也。所效者,所以为之法也。故中效则是也,不中效则非也。此效也。②

周文英指出:"'效'就是用已知为真的规律性的知识来证明论题,中效则是,不中效则非。"③故而"效"式推论的一大特点就是提供一个判定法则或检验标准。

> 子墨子曰:"和氏之璧、隋侯之珠、三棘六异,此诸侯之所谓良宝也。可以富国家,众人民,治刑政,安社稷乎?曰:不可。所谓贵良宝者,为其可以利也。而和氏之璧、隋侯之珠、三棘六异不可以利人,是非天下之良宝也。今用义为政于国

---

① 《墨经·经说下》。
② 《墨经·小取》。
③ 周文英:《中国逻辑思想史稿》,人民出版社 1979 年版,第 38 页。

家,人民必众,刑政必治,社稷必安。所为贵良宝者,可以利民也,而义可以利人,故曰:义,天下之良宝也。"①

在此,墨子运用"效"式推论,他所提供的评价标准就是"富国家,众人民,治刑政,安社稷"。符合这个标准就是"中效",否则就是"不中效"。《墨子·非命上》中所提出的"三表法","何谓三表? 子墨子言曰:有本之者,有原之者,有用之者。于何本之? 上本之古者圣王之事。于何原之? 下原察百姓耳目之实。于何用之? 废(发)以为刑政,观其中国家百姓人民之利。此所谓言有三表也",就是通过知觉、效用、经验三种方式为"效式"论证他的兼爱、非攻等命题,树立一种评判是非正误的"法则"式标准。

其三,辟。

辟也者,举也物而以明之也。②

"辟"通"譬",就是举出(引征)另外一个已经知道的事物之理,以说明(谕证)这个还不明确的事物之理。我们上面在论述墨子时所提到的比喻式推类论辩方法,就是"譬"式方法的实际运用。它是先秦诸子们娴熟惯用的方法,在经年累月中形成中国传统的主导推理类型——推类。

子墨子谓鲁阳文君曰:"大国之攻小国,譬犹童子之为马

---

① 《墨子·耕柱》。
② 《墨经·小取》。

也。童子之为马,足用而劳。今大国之攻小国也,攻者,农夫不得耕,妇人不得织,以守为事。攻人者,亦农夫不得耕,妇人不得织,以攻为事。故大国之攻小国也,譬犹童子之为马也。"①

这里所引征的"童子之为马"是一种儿童奔跑追逐的游戏,游戏中消耗自身腿足之力。由引征而谕证的大国对小国的攻伐并兼,实则也是双方实力的自我损耗,与童子之为马无异。引征"童子之为马"谕证"大国攻小国",意在阻止大国攻小国这种不义行为。②

其四,侔。

> 侔也者,比辞而俱行也。③

侔,相等,齐等。比,比照。清末孙诒让注:"谓辞义齐等,比而同之。"④"辞义齐等"就是指前提与结论中主、谓词之间的类属关系相等。

> 白马,马也;乘白马,乘马也。骊马,马也;乘骊马,乘马

---

① 《墨子·耕柱》。
② 需要指出的是,在先秦逻辑思想史上,先秦诸子在如何"讲逻辑"的"名辩思潮"中,大多人人谈"类"用"譬";在"用逻辑"的政治传播活动中,他们也差不多都是推类论辩的行家里手。在先秦诸子文献中,他们得心应手地应用着"譬"式推类之例比比皆是。参见张晓芒:《先秦诸子的论辩思想与方法》,人民出版社2011年版。
③ 《墨经·小取》。
④ 孙诒让:《墨子间诂》,中华书局1986年版,第380页。

也。获,人也;爱获,爱人也。臧,人也;爱臧,爱人也。①

这也就是说依据对方所使用的或所承认的命题相应地进行推理。如对方承认白马是马,就应该承认乘白马就是乘马。后面例子亦然。

其五,援。

> 援也者,曰:"子然,我奚独不可以然也?"②

援引对方肯定或承认的观点或做法,来说明双方的观点或做法属于同类。借此证明己方的观点或做法也应当被对方肯定或承认。按现代逻辑学的观点看,"援"式方法是通过揭露对方违反同一律或犯了自相矛盾的逻辑错误来驳斥对方的一种方法。

> 且以尚贤之为政之本者,亦岂独子墨子之言哉。此圣王之道,先王之书,距年之言也。③
> 非独子墨子以天之志为法也,于先王之书,大夏之道之然……文王之以天志为法也。④

墨子强调,提倡"尚贤"并不是他自己一人之主张。此前圣王、先王都提到过这一主张。亦即,如果认可先王提过的这一主张,那么也得认同墨子提出的主张。有关"天志"的主张亦是如此。墨子就是采用了此

---

① 《墨经·小取》。
② 《墨经·小取》。
③ 《墨子·尚贤中》。
④ 《墨子·天志下》。

种推论方法批评"此与彼同类,世有彼而不自非也,墨者有此而非之"①的荒谬。

其六,推。

> 推也者,以其所不取之同于其所取者予之也。"是犹谓也者,同也,吾岂谓也者,异也。"②

"推"是以对方所不赞成的观点或做法与对方所赞成的同类观点或做法为依据,以揭露对方的自相矛盾。此可称为归谬式推论,这也是先秦诸子所惯用的一种以谬制谬的反驳方法。

> 子墨子曰:"北方有侮臣者,愿藉子杀之。"
> 公输盘不说。
> 子墨子曰:"请献十金。"
> 公输盘曰:"吾义固不杀人。"
> 子墨子起,再拜,曰:"请说之。吾从北方闻子为梯,将以攻宋。宋何罪之有?荆国有余于地,而不足于民,杀所不足而争所有余,不可谓智。宋无罪而攻之,不可谓仁。知而不争,不可谓忠。争而不得,不可谓强。义不杀少而杀众,不可谓知类。"
> 公输盘服。③

---

① 《墨经·小取》。
② 《墨经·小取》。
③ 《墨子·公输》。

杀掉侮辱墨子的人是不义；公输盘造云梯帮助楚国攻宋,要杀很多无辜的宋国人民,这也是不义。二者属于同一类。因此,公输盘的行为是"义不杀少而杀众",犯了"不知类"的错误。此处运用的就是"推"的方法。

后期墨家在充分继承并发展墨子比喻式推类论辩方法的基础上,提出了上述六种论辩方法。这六种论辩方法或是给出一个双方都认可的标准,或是引征对方同意抑或反对的事例为同类事例进行证明或反驳。这一标准或事例的选择与墨子的比喻式推类论辩方法中用于作比的"他物"的选择方法是一致的,都是一种易于对方认可或接受的有针对性的选择。

但是,《墨经·小取》篇在列举了各种论辩方法后,又接着指出,由于客观事物和语言的多样性、复杂性,"辟""侔""援""推"四种论式经常会在实际运用中发生变异。如词义稍有转换就有可能成为诡辩,而且推之越远,就越失原意,如果任其自流,必然会背离所推论的本题。所以,对这几种论式是不能不审察的,也是不可随意使用的。这是因为言(词)常常有多义,类则有同异和大小的区别,"故"(论据、原因、条件)也有大小(充分、不充分)的差异,所以不可片面来看待。

> 夫物有以同而不率遂同。辞之侔也,有所止而正。其然也,有所以然也。其然也同,其所以然不必同。其取之也,有所以取之。其取之也同,其所以取之不必同。是故辟、侔、援、推之辞,行而异,转而危,远而失,流而离本,则不可不审也,不可常用也。故言多方、殊类、异故,则不可偏观也。[①]

---

① 《墨经·小取》。

亦即,"辟"式推论要求事物有所同而不必全部相同,即可举他物以明此物;"援"推论要求分清事物是这样(之然)与事物所以是这样(之所以然),事物存在之然是必须相同的,但事物存在的所以然不一定相同,否则会产生谬误;"推"式推论要求区别赞同与为什么赞同,但只要求其赞同的论点性质相同就可以相推,而不必追问为什么赞同,即为什么赞同的原因不必相同,否则会产生谬误;"侔"式推论则要求在推论中对事物的判断要有所限定(止)才为有效,否则会产生谬误。实际上就是指附性后的事物性质必须还是同一的,否则就会犯"小智(小聪明),大智(大智慧)之类也"的思维认知错误。

这实际上就是正确认识到了推类方法的有效推导原则之度,因其语义解释的内涵性差异,或谕证预设的价值分立并不是一成不变而好把握的,所以《墨经·小取》篇就为这种推类方法之工作机制的有效运作,提出了建立在具体条件性基础上、朴素辩证思考下的谨慎原则。故而可以说,这些不同种类的论辩方法的提出表明,后期墨家名辩思想已经初步在理论上形成了一套比较完整并且行之有效的论说方法,为先秦诸子均"思以其道易天下"[①]的政治传播活动中所运用的论辩方法做了初步的总结。但《墨经》又指出运用这些论式时的谨慎原则与根据,也以其所蕴含的具体性、条件性、变化性的传统辩证思维精神,极大地丰富了先秦名辩思潮的内容体系,对其后中国古代逻辑思想的发展产生了积极影响。此后《吕氏春秋·别类》的"类固不必可推知",《论衡·物势》的"比不应事,不可谓谕;文不称实,未可谓是",《淮南子·说山

---

① 章学诚:《文史通义·原道》。原话为:"皆自以为至极,而思以其道易天下者也。"

训》的"类可推而不可必推",以及《黄帝内经》虽也认为"不引比类,是知不明也"①,但又同时认为"别异比类,犹未能十全"②等,实在是《墨经》所提醒的这种辩证思维方式引导下的谨慎原则的继续强调。否则,自邓析就已经提出的"谈者,别殊类使不相害,序异端使不相乱,谕意通志,非务相乖也。若饰词以相乱,匿词以相移,非古之辩也"③"进退无类,智不能察是非,明不能审去就,斯谓虚妄"④,希冀通过"别殊类""序异端"达到"察是非,审去就",继而在诸子均"思以其道易天下"的政治传播活动中,达到公孙龙所谓的"正名实而化天下"⑤的目的就很难实现。

## 六、《大取》《小取》中的语境意识

在先秦名辩思潮中,"辩"是先秦诸子政治传播活动中的一种交际行为。这种交际行为不仅涉及谈辩的主题内容,而且涉及谈辩双方的具体情况,包括双方的知识背景、信息储备、理解程度等方面。这些都可以看成现代语境学说的基本构成要素。墨家虽然没有形成关于语境的理论,但他们在某种程度上已经意识到了"名"(概念)、"辞"(语句)等在不同的语言环境下会生成不同的含义,从而对概念、句义的理解以及论辩结果产生一定的影响。通过本节前文对墨子及后期墨家的论述可以了解到,在他们那里,语言环境既包括谈说双方的知识背景、理解程度等因素,也包括了谈辩地点、风俗等环境因素,这些都可与现代语境

---

① 《素问·示从容论》。
② 《素问·疏五过》。
③ 《邓析子·无厚》。
④ 《邓析子·转辞》。
⑤ 《公孙龙子·迹府》。

的思想相互映射。

《墨经》一书中,除了前述所说的谈辩方法中涉及了语言环境外,《大取》《小取》两篇更是大篇幅地论述了这一问题,强调对话语要做具体的分析。对《大取》《小取》两篇中有关语言环境的分析,也可清晰地展现出后期墨家的传统辩证思维方式。

1.《大取》篇

《大取》篇专门就一些语词在特定语境中的含义进行了讨论。

> 人之鬼,非人也。兄之鬼,兄也。

墨家是相信人死以后会变为鬼的,鬼当然不再是人,但兄变的鬼还是兄。

> 是璜也,是玉也。意楹,非意木也,意是楹之木也。意指之人也,非意人也。意获也,乃意禽也。

说这是璜,也就是说这是玉,因为璜是玉的一种形态,其质料仍是玉;心里想着堂前的柱子,并非在想一切木料,而只是在想做这根柱子的木料;想到所指的某人,并非想一切人,但当想到猎获物的时候,心里就是想到了一切飞禽。

> 长人之异,短人之同,其貌同者也,故同。指之人也与首之人也异,人之体非一貌者也,故异。将剑与挺剑异。剑以形貌命者也,其形不一,故异。杨木之木与桃木之木也同。诸非以举量数命者,取之尽是也。

相貌相同的人，不管其个子高矮，都说其相貌相同。但人的手指与人的头虽然处于一体，其形状却并非相同；"将剑"与"挺剑"是以形貌命名的，它们的形状不一，所以，它们是不同的；但杨木与桃木作为木来说，却是相同的。凡是不以数量命名的，任取一个来都属于同类。

> 故一人指，非一人也；是一人之指，乃是一人也。方之一面，非方也；方木之面，方木也。

一个人的手指，只是人的一部分，不能算是一个人，但是，这一人的手指，却可以代表一个人；方形物体的一面，不能说是方形，但我们看见方木的一面时，就可以说是方木。

《大取》篇从这些具体的"工匠式"的经验性论述中概括出了"同"与"异"的各种形态，强调了"有其异也，为其同也。为其同也，异"，即同中有异、异中有同。这说明一个词或词组处于不同语境中会产生意义上同与异的变化，因此，后期墨家要求辩说者注意语词在不同的语境中含义会存在不同之处，应借此选择恰当的应辩策略。

按我们前面"'同异交得放有无'何以可能的'权正'"部分已述，《墨经》的"同异交得"思想，注意到了事物或判断的确定对立，在一定的条件下有相互转化的可能。这种条件性就是以一定的标准作为对立双方转化的中介，从而以此来衡量同异、是非。《墨经》将此称为"权"。若我们再从论辩的语境思考，这个变化了的"条件性"就是随语境变化而变化的衡量"标准"。这种衡量"标准"的变化一定是在具体的语境中产生的。我们在这里将《大取》篇的有关论述完全展开。

于所体之中而权轻重之谓权。权,非为是也,亦非为非也。权,正也。断指以存腕,利之中取大,害之中取小也。害之中取小也,非取害也,取利也。其所取者,人之所执也。遇盗人而断指以免身,利也;其遇盗人,害也。断指与断腕,利于天下相若,无择也。死生利若,一无择也。杀一人以存天下,非杀一人以利天下也;杀己以存天下,是杀己以利天下。于事为之中而权轻重之谓求。求为之,非也。害之中取小,求为义,非为义也。①

利之中取大,非不得已也;害之中取小,不得已也。所未有而取焉,是利之中取大也;于所既有而弃焉,是害之中取小也。②

亦即,在变化了的语境中,"权"既非正确的,也非错误的,而是最"恰当适宜"的"正"。这个思维原则重在强调选择的标准随事物内容的改变而变化,没有一成不变的标准。继而,《墨经》以"断指是利还是害"为例进行解释,对此问题不能简单地回答是利还是害,而是要具体问题具体分析。这主要体现为以下两个简单的三段论推理:

第一,一般情况下("经"之"常"):

凡是伤害身体的行为都是害;

断指是伤害身体的行为;

因此,断指是害。

第二,特殊情况下("权"之"宜"):

---

① 《墨经·大取》。
② 《墨经·大取》。

伤害身体但是保命的行为是利；

断指是伤害身体但保命的行为；

因此，断指是利。

同样是三段论推理，根据不同的推理前提会得出截然相反的结论。因此，任何结论的得出都要认真考察推理前提的具体内容，要在分清具体情况之后，再选择适当的推理前提。虽然在平常情况下断指和丢掉性命都是"取害"，但在特殊情况下，如遇上盗贼时，以断指而免丢掉性命则是可取的，是"利"。这就是"两害相权取其轻"的灵活策略，也是清醒、理智、富有辩证意义的变通谋略。这就是所谓的"反经行权""反经合义"。按"孟子"一节前述，这里的"经"即指常道、经验，原则性、确定性；"权"即指变通，灵活性、条件性。二者的交互，即为"经者道之常也，权者道之变也""经是万世常行之道，权是不得已而用之""权者，反于经然后有善者也""权，变也。反常合道，又宜也"。这种"适宜"，就是在确定性与灵活性的统一中，排斥了无条件的"非此即彼"，在研究推理的过程中，是以联系推理形式的正确性和推理前提的具体真实性为统一的。它不满足于纯粹外在形式的逻辑推演，也不局限在既有的知识中，而是把推理的各种知识看作是发展变化的，是随历史条件的变化而转移的。这样，推理得出的必然是符合当时、当地具体条件的"恰当适宜"的结论。亦即，"权正"而后"中"的原则。

有鉴于此，墨家弟子对自己观点的辩护也是针对论敌的具体情况来进行的。或如，墨子主张"兼爱"，但孟子认为"兼爱"就是"无父"[1]。

---

[1] 《孟子·滕文公下》："圣王不作，诸侯放恣，处士横议，杨朱墨翟之言盈天下，天下之言，不归杨则归墨。杨氏为我，是无君也；墨氏兼爱，是无父也。无父无君，是禽兽也。"

孟子的推论过程如此：他从"兼爱"推出"爱人"，又将"爱人"解释为"只爱他人"，从"只爱他人"推出"不爱自己"，从"不爱自己"推出"不爱自己的父亲"，从"不爱自己的父亲"推出"无父"。

后期墨家就反驳说："爱人不外己，己在所爱之中。己在所爱，爱加于己。伦列之爱己，爱人也。"①这里所说"爱人"这句话的涵义中包含了"爱己"的意涵，"爱人"与"爱己"在语义上并不互相排斥。即"兼爱"并不排斥"爱己"，自然也不存在"无父"的问题。或如：

爱众世与爱寡世相若。兼爱之，有相若。爱尚世与爱后世，一若今之世人也。②

这是说，既然讲兼爱，就不管是人口众多国家还是人口稀少国家的人，都应该同样地去爱；不管是过去还是今后的人，都应该像爱今世的人那样去爱。亦即，在"兼爱"的涵义中包括了对古今中外一切人的爱。既然"兼爱"是对古今中外一切人的爱，自然不存在不爱其父的道理。后期墨家的这种反驳表明他们是从论辩的语境出发的，因而在论辩中就必须考虑到特定的对象、特定的论点和特定的解释方式等语境因素。用现代批判性思维的语言说就是，"还有其他因素影响推理"。

2.《小取》篇

我们在前面讲到，《小取》篇提出了运用"辟""侔""援""推"论式时要辩证思考必要的谨慎原则。其中所蕴含的传统辩证思维精神，同样适用于对概念、语句在不同语境中词义、语义上变化的具体性、条件性

---

① 《墨经·大取》。
② 《墨经·大取》。

的朴素辩证思考。

> 夫物有以同而不率遂同。辞之侔也,有所止而正。其然也,有所以然也;其然也同,其所以然不必同。其取之也,有所以取之;其取之也同,其所以取之不必同。是故辟、侔、援、推之辞,行而异,转而危,远而失,流而离本,则不可不审也,不可常用也。故言多方,殊类,异故,则不可偏观也。

亦即,某些事物之间,有其相同的一面,但又不尽相同。因此,要对表述这些相同面的侔辞有所限制方能达到正确;有些事物表面上现象相同,但促使其相同的原因、条件却不尽相同;其指称相同,其指称的原因、条件也不尽相同。这样,在表述各种论辩方法时,如果对此不予注意,就很容易离开本义,流为妄语。所以,语言表达的形式多种多样,类型不同,理由、条件各异,语言的表述者不能有片面性。正是由于语言表达的形式各异,所属类型不同,产生的缘由也不相同,因此,语言的理解者不能轻易下结论,而是要结合着语言出现的特定情境给出合理的解释。具体而言,针对这种朴素辩证的思考,《小取》篇分析了四种情况以说明之。

(1)第一种情况是"乃是而然"。

> 白马,马也;乘白马,乘马也。骊马,马也;乘骊马,乘马也。获,人也;爱获,爱人也。臧,人也;爱臧,爱人也。此乃是而然者也。

既然"白马"属于"马",所以"乘白马"也就是"乘马"。这是话语最正常的意义。其他例子亦然。所以,说它们是"是而然者也"。这里,"是"指前提,"然"是指由前提推出结论,"是而然"是说由这样的前提就能正常地推出这样的结论。

(2)第二种情况是"是而不然"。

> 获之亲,人也;获事其亲,非事人也。其弟,美人也;爱弟,非爱美人也。车,木也;乘车,非乘木也。船,木也;入船,非入木也。盗人,人也;多盗,非多人也;无盗,非无人也。奚以明之?恶多盗,非恶多人也;欲无盗,非欲无人也。世相与共是之。若若是,则虽盗人人也;爱盗非爱人也;不爱盗,非不爱人也;杀盗人非杀人也,无难矣。此与彼同类,世有彼而不自非也,墨者有此而非之,无他故焉,所谓内胶外闭与心毋空乎?内胶而不解也。此乃是而不然者也。

> 夫且读书,非好书也;好读书,好书也。且斗鸡,非鸡也;好斗鸡,好鸡也。且入井,非入井也;止且入井,止入井也。且出门,非出门也;止且出门,止出门也。若若是,且夭,非夭也;寿且夭,寿夭也。有命,非命也;非执有命,非命也,无难矣。此与彼同类。世有彼而不自非也,墨者有此而罪非之,无他故焉,所谓内胶外闭与心毋空乎?内胶而不解也。此乃是而不然者也。

"是而不然"是指有如"是而然"一般的前提,但是推不出"是而然"那样的结论。它有两种表现形式:

其一,"车,木也;乘车,非乘木也。船,木也;入船,非入木也"。车子属于木类,因为它是用木头做的,但说"乘车"不能说是"乘木"。相比较于"白马,马也;乘白马,乘马也","木车"与"白马"两个词组的结构性质是不同的。"马"是"白马""黄马""黑马"等各色马的一般抽象,各色马均属于"马"类,各种颜色只是对中心词"马"的特殊限定,因此说"乘白马"就是"乘马"。而"车"是"木车"及其他质料的车的一般抽象,"木"是对"车"的特殊限定,因此,只能说"乘木车"是"乘车",而不能说"乘木车"是"乘木"。同理,也不能说"入船"是"入木"。

其二,"夫且读书,非好书也;好读书,好书也"。这是指语句中包含时态词与意愿词所产生的语义变化。"且"表示将要进行而尚未进行的事情,属于将来时态,所以说,"且读书"是"尚未读书",也就是"非读书也"。但"好读书"说明他已经读了书而且对读书很有兴趣,属于已然时态。"爱读书"与"好读书"同义,两个语句可以互换。其他例子亦然。

(3)第三种情况是"一周一不周"。

> 爱人,待周爱人而后为爱人。不爱人,不待周不爱人;不周爱,因为不爱人矣。乘马,不待周乘马然后为乘马也;有乘于马,因为乘马矣。逮至不乘马,待周不乘马而后为不乘马。此一周而一不周者也。

对于"爱人"而言,墨家主张"兼爱",因此只有爱所有的人才算得上是"爱人",只爱一两个人,不算"爱人"。但是,如果说"不爱人",并不需要不爱所有人,只需要不爱一两人即可。对于"乘马"而言,只要你乘了一匹马,就算"乘马",但是,说"不乘马",要不乘所有的马才算。

(4)第四种情况是"一是而一非"。

> 居于国,则为居国;有一宅于国,而不为有国。桃之实,桃

也;棘之实,非棘也。问人之病,问人也;恶人之病,非恶人也。人之鬼,非人也;兄之鬼,兄也。祭人之鬼,非祭人也;祭兄之鬼,乃祭兄也。之马之目眇,则为之马眇;之马之目大,而不谓之马大。之牛之毛黄,则谓之牛黄;之牛之毛众,而不谓之牛众。一马,马也;二马,马也。马四足者,一马而四足也,非两马而四足也。马或白者,二马而或白也,非一马而或白。此乃一是而一非者也。

"一是而一非"是指由前一肯定命题不能必然推出后一肯定命题。如:居住在某个国家也就是"居于国",但有一所房子在某国不能说"有某国";人们将桃树的果实称为"桃",但不将棘树的果子称为"棘";问候一个病人,可以说是问候人,但是厌恶一个人的疾病,并不是厌恶这个人;人的鬼魂不是人,但兄的鬼魂仍是兄;这匹马的眼睛是瞎的,可以说这是匹瞎马,这匹马的眼睛大,却不可以说这是匹大马;这头牛的毛是黄的,可以说这头牛是黄的,这头牛的毛多,却不能说是牛多;一匹马是马,两匹马也是马,说马有四足是说一匹马有四足,不是说两匹马有四足;说马不尽是白色的,是说至少有两匹马才可说马中不尽是白色的,不能说一匹马不尽是白色的。这就是"一是而一非"的情况。

统观《小取》中论述的四种情况:

第二种情况"是而不然"并非是对第一种情况"是而然"的有效性的否定,也并不是说由肯定命题可以必然地推出否定的关系命题,而是强调由肯定命题不能必然地推出肯定的关系命题。它所揭示的是,对原命题附加关系词后,必须要保持原概念的同一词义,不能随意附加具有情感或伦理意义的关系词,如爱、恨等;不能随意附加量词或否定词等。换句话说,对于某些语句,如果对其中的概念附加了带有情感或伦理意义的名词、动词、量词或否定词,那么原概念的含义就可能会发生改变,从而使得整个句子的含义也发生改变,因此,虽然有相似的推导前提,但是所得结论是不同的。

对第三种情况"一周一不周"的理解则是在充分理解墨家"爱人"思想的基础上进行的,即只有理解了墨家有关"爱人"思想的深刻内涵,才能理解"一周一不周"所表达的意思。

第四种情况"一是而一非"更为明确地揭示了不同的语词(特别是动词、关系词)在相似的语句判断中,它们的语义是很不相同的。

概言之,这四种情况强调了由于某一概念、语句的意思可能会由于附加词的增加而改变,因此要对该概念、语句所处的具体语言环境做具体的分析,然后据此做出不同的处理,以避免由简单的机械类推而导致的荒谬结论。由是,这也提示我们,在谈说论辩过程中,不能盲目地对某一学派观点进行否定,而是要在明确该学派整体思想的基础上对观点进行评判分析。后期墨家对语言环境的重视,与具体情况具体分析的传统辩证思维方式的要求是一致的。虽然《墨经》只是通过列举和分类对语境问题做了简单说明,还没有做出理论的概括。但跟先秦其他各家相比,已经是相当难能可贵的了。

## 七、"通意后对"的论辩要求

"通意后对"是谈说论辩中的逻辑要求,它要求在谈说论辩中必须首先弄清楚对方言辞的含义,然后再回答。而想要弄清楚对方言辞的含义,就要置身于对方谈话的语境之中,决不能脱离语境独断地给出解释。只有如此,才能够避免许多由于语言的歧义性而造成的理解错误,从而保证在谈说论辩双方思想确定、思维通畅的前提下,进行沟通或论辩,并以此达到明是非、别同异、察名实、决嫌疑的论辩目的。

> 通意后对,说在不知其谁谓也。①
> 通:问者曰:"子知羁乎?"应之曰:"羁何谓也?"彼曰:"羁旅。"则知之。若不问羁何谓,径应以弗知,则过。且应必应问之时而应焉,应有深浅、大小,当在其人焉。②

"羁"在不同的语境中,或者是指马笼头,或者是指旅客。这时便需要先问清楚对方所说的"羁"在此时究竟表达的是哪一种意思,然后再做回答。如果没有理解对方所说的"羁"在此时表达的具体意思,便径直回答,则或者出现错误,或者干脆以"不知道"拒绝沟通。这也是一种错误的回答,也会影响沟通交际的语用效率。

亦即,"通意后对"是要确定词语在具体语境中的含义,所援举"羁"的例子与墨子对论辩地区风俗习惯的重视,有异曲同工之妙,都是旨在保证谈说或论辩在参与双方言意相通的前提下有效地进行,这些认知观点也都是后期墨家传统辩证思维方式的具体体现。

如果将《墨经》的这一思想观点进行映射,18世纪英国经验哲学家贝克莱在他的名著《人类知识原理》首章即说,"我只希望人们在说话和厘定语辞的意义之前,好好思考一番""我的重要工作就是除去语词上的云雾或面纱"③;20世纪影响罗素的英国哲学家摩尔也有类似的看法,他认为哲学不可脱离语言的日常意义,并且主张对哲学的语词及语

---

① 《墨经·经下》。
② 《墨经·经说下》。
③ 乔治·贝克莱:《人类知识原理》,关文运译,商务印书馆2010年版,第15页。

句要做详细的分析,切不可在意义未厘清之前就贸然思考。贝克莱和摩尔强调说话或思考之前要把意义先弄清楚的说法,简直就是墨家所说"通意后对"镜像的现代诠释。

总之,"通意后对"思想把根据语境确定词义的论辩要求以一种更为简洁、明确的形式表达了出来。这对于先秦逻辑思想的发展起到了一定的规范作用。同时,由于传统辩证思维方式注重事物存在的条件性,强调随着事物具体情况的改变而不断调整主观认识,因此,"通意后对"思想与传统辩证思维方式的具体要求是相符合的。或者也可以说,"通意后对"是后期墨家的传统辩证思维方式在名辩思想中的又一具体体现。

# 第四章 传统辩证思维方式的形成（三）
## ——先秦道家的辩证思维方式

先秦道家主要人物是老子和庄子，主要思想是以"道"来探究自然、社会、人生之间的关系，提倡道法自然，无为而治，与自然和谐相处。他们的思想及思维方法，充溢着浓厚的传统辩证思维方式的因素。

## 第一节 玄同——老子的辩证思维方式

老子（约公元前580—前500年），春秋时期思想家，道家学派创始人。据《史记·老子韩非列传》记载，老子即老聃，姓李，名耳，字伯阳，楚国苦县（今河南鹿邑东）厉乡曲仁里人，年龄比孔子大一些。老聃曾当过周王朝的"守藏室之史"（管理图书馆的史官），据说孔子在34岁时曾向他请教过有关古礼的问题。《史记》中还说老聃是个"隐君子"，大概他晚年过隐居生活。

在名实关系问题上，《老子》既看到了"名"的有限性和确定性一面，又认识到了"名"的灵活性和变动性的一面；同时，他对"名"自身包含着的对立统一的正反方面（概念辩证本性的分析）也进行了独到分析。在论辩问题上，老子一方面主张不辩、不争；另一方面又以"正言若反"的形式提出了"大辩若讷"的思想。老子还以"正言若反"的形式提出了

"玄同":"知者不言,言者不知。塞其兑,闭其门,挫其锐,解其纷,和其光,同其尘,是谓玄同。"①所谓"玄同",就是指认识要与玄妙大道同步合一,亦即要使认识无所纷争,和于自然之道。虽然老子"大辩若讷"的思想有些否定论辩的含义,但是它也从反方面刺激了先秦逻辑思想的发展。

## 一、"道"与名(言)的关系

"道"是老子哲学的核心概念,他的全部思想都是由"道"而展开的。《老子》如此描述"道"的物理特性:

> 有物混成,先天地生。寂兮寥兮,独立而不改,周行而不殆,可以为天下母。②
>
> 视之不见,名曰"夷";听之不闻,名曰"希";搏之不得,名曰"微"。此三者,不可致诘,故混而为一。其上不皦,其下不昧,绳绳不可名,复归于无物。是谓无状之状,无物之象,是谓惚恍。迎之不见其首,随之不见其后。③
>
> "道"之为物,惟恍惟惚。惚兮恍兮,其中有象;恍兮惚兮,其中有物。窈兮冥兮,其中有精;其精甚真,其中有信。④

"道"是一个浑然一体的东西,早在天地形成之前就已经存在了。

---

① 《老子·五十六章》。
② 《老子·二十五章》。
③ 《老子·十四章》。
④ 《老子·二十一章》。

人们既听不到它的声音,又看不到它的形象,也触摸不到它的形体。

"道"又是一个变体、动体,它本身是不断运动着的,所以说它"周行而不殆"。整个宇宙万物都随着它的运动而在"变"、在"动",具体事物在变动中都会消失熄灭,但"道"永远不会消失、停止运动,不会随着外物的变化而消失,也不会由于外在的力量而改变,故而它"独立而不改"。

正是由于"道"独具的形而上的特性,《老子》开篇明确指出:

> 道可道,非常道;名可名,非常名。①

真正的"道"是不可言说的,无法用名来表达。

> 吾不知其名,字之曰道,强为之名曰大。②

只是为了方便起见,为了论述、描述的需要,才不得已勉强称之为"道"。可见,"道常无名"③,"道"是不可名的。

由是,"道"是不受限制、永恒运动的。而一般的"名"只是对"道"的一定时期、一定阶段状态的反映,因此作为"历史的暂时的产物"的"名"就很难全面、完整反映无限运动的"道"。这是因为,概念("名")作为一种反映对象本质、全体和内部联系的思维形式,它本身必然反映着一切对象本身所固有的各种内在矛盾。因此,概念按其本性来说是对立统一、充满矛盾的。概念的矛盾本性表现之一就是概念是确定性和灵活

---

① 《老子·一章》。
② 《老子·二十五章》。
③ 《老子·三十二章》。

性的对立统一。在一定的阶段内,概念总是具有相对的不变性和稳定性。亦即,不管对象如何发展,在一定的具体条件下,它总会具有一定的质的稳定性,从而反映它的概念总有着自己确定的、相对不变的内容,这是概念的确定性。但是,随着事物本身的发展和人对事物认识的发展,人们的认识中反映事物的概念又总是在发展着,在日益深入地揭示着对象的本质和规律。因此,在不同的历史条件下,概念的内容又总是有所不同的、变化的,这是概念的灵活性。

"道可道,非常道"中"常"字的基本意义就是"永恒",在马王堆帛书本《老子》中,这个"常"字正作"恒"字,可证"常"字乃是"永恒""恒常"之义。[1] 所谓"可道""可名"就是要承认人的认识和观念的可知性、可靠性;而"非常道""非常名"则是要承认认识和观念的局限性、相对性。"无永远不变之道""无永远不变之名",从而不断更新对事物、对"道"的认识。

虽然《老子》夸大了概念对具体事物和宇宙法则表达不足这一面,从而否定了概念在一定条件下对事物必定有所反映的现实性,但无可否认的是,老子应该初步看到了语言在表达事物方面的局限性,素朴认识到了概念应有的灵活性和变化性,这些理应是其朴素辩证思维的具体体现。在这个意义框架下,老子关于"道"的基本主张,大体可以理解为语言能力有限,不足以表达无限的道。他以"幽冥恍惚"之类的"模糊词"描述道体,实际上也是"道不可言"的一种婉转表达。可是,"道"既然不可以用语言表达,那么是不是应该绝对沉默?有没有一种能够表达"道"的语言,也即类似"真知"那样的"真言"?《老子》八十一章说:"信言不美,美言不信,善者不辩,辩者不善。"然而这种不美不辩的"言"为何能表达"道"?老子没有明说。

---

[1] 参见陈鼓应、白奚:《老子评传》,南京大学出版社2001年版,第127页。

## 二、有形事物与名(言)的关系

无形的"道"是不能通过"名"来述说的,而有形可感的万物则是"始制有名"①的。《老子》并没有讲明给万物命名的过程,但他承认名是对实的称谓,名是依附于实的。他对于表征事物性质的概念(名)特别关注,要求同时把握此种概念的正反两个方面。这种致思趋向取决于"道生万物"的逻辑理路,也是其朴素辩证思维的具体体现。

《老子》认为"道"创生天地万物,它是万物产生的根源、始基。

> 无,名天地之始;有,名万物之母。②
> 天下万物生于有,有生于无。③
> 道生一,一生二,二生三,三生万物。④
> 道生之,德畜之,物形之,势成之。是以万物莫不尊道而贵德。⑤
> 天下有始,以为天下母。⑥

"道"创生的万物都有一种特性即"万物负阴而抱阳,冲气以为和"⑦。即万物都包含阴阳两种相反相成的属性或性质。这两种对立相

---

① 《老子·三十二章》。
② 《老子·一章》。
③ 《老子·四十章》。
④ 《老子·四十二章》。
⑤ 《老子·五十一章》。
⑥ 《老子·五十二章》。
⑦ 《老子·四十二章》。

反的性质普遍地存在于一切事物之中,正是这内在的相反双方互相排斥、互相吸引的相互作用,推动着事物不断运动变化。《老子》以人们最为熟悉的"美"与"恶"、"善"与"不善"为例,对事物中存在着的矛盾对立双方间的关系进行了精辟的解答:

> 天下皆知美之为美,斯恶已;皆知善之为善,斯不善已。[1]

常有人把这两句话解释为:天下都知道美之为美,就变成丑了;都知道善之为善,就变成不善了。这种理解是值得商榷的。古人对这两句话的解释有:

北宋王安石注曰:"夫美者,恶之对;善者,不善之反,此物理之常。"[2]

南宋范应元注曰:"侻矜之以为美,伐之以为善,使天下皆知者,则必有恶与不善继之也。"[3]

元代吴澄注曰:"美恶之名,相因而有。"[4]

明代陈懿典解曰:"但知美之为美,便有不美者在。"[5]

明末清初王夫之注曰:"天下之万变,而要归于两端生于一致,故方有美而方有恶。"[6]

以上各说都在说明,《老子》的原意其实不在于说明美的东西"变

---

[1] 《老子·二章》。
[2] 《老子注》。
[3] 《老子道德经古本集注》。
[4] 《道德真经注》。
[5] 《老子道德经精解》。
[6] 《老子衍》。

成"了丑的,而是在于说明"美""恶"的概念都是相对而生的。知道了什么是美,也就知道了什么是丑;或者说知道了什么是美,正是由于知道了什么是丑,离开了丑,就无所谓美,也就不知道什么是美了。此即,在对一事物的积极的肯定性理解及评价中,包含了对这一事物的积极的否定性理解及评价。从而使人对某一事物的正面规定性与反面规定性做更为深刻的通盘辨析,由此有助于我们在对某一事物批判性的思辨中,加强对这一事物的认知及理解。因为,有时一个"积极的否定"也许比"消极的肯定"更接近于真实,其重要性就在于它可能成为我们开辟新思路的契机或出发点,体现了我们在认知理路上所必须具备的"还有其他因素影响推理"的批判精神。

接着,《老子》又指出:

> 有无相生,难易相成,长短相形,高下相倾,音声相和,前后相随。①

没有了长,也就无所谓短;离开了高,也就不知什么是低;反之亦然。《老子》认为,这种相反相成的依存关系在自然界和社会现象中是普遍存在的。马王堆帛书本《老子》在这一句后以"恒也"表明了这一点。在短短的《老子》"五千言"中,他举出了八十余对相反相成的对反概念。除了上述的美恶、有无、长短之外,还有巧拙、动静、盈冲、曲全、枉直、洼盈、少多、敝新、雌雄、白辱、轻重、静噪、歙张、弱强、废兴、取与、贵贱、明昧、进退、成缺、辩讷、寒热、祸福、损益、正奇、柔刚、虚实、开阖、清浊、存亡、亲疏、主客、终始、成败、有为无为等等。这些对立双方都是

---

① 《老子·二章》。

相比较而存在的,失去了一方就等于失去了双方。

由于事物运动变化的原因在于其内部蕴涵着的矛盾对立双方的相互作用,因此,《老子》提出"反者道之动"的命题以统括之,这理应成为老子朴素辩证思维的核心。这个辩证命题力在说明,虽然世界万物都是不断运动变化的,但是这种运动变化并不是杂乱无章的,而是有确定的规律性的。这种规律性就在于一个字——"反"①:事物向相反的方向(它的对立面)发展(转化)。

因此,在把握有形事物的"名"时,既要正确地从事物的正面规定性中,分析出与之相反的反面规定性,又要认识这一反面规定性。由此,便形成了《老子》中认识的法式——"稽式"。

> 故以智治国,国之贼;不以智治国,国之福。知此两者,亦稽式。常知稽式,是谓玄德。玄德深矣,远矣,与物反矣,然后乃至大顺。②

所谓"稽式",就是思维认识的法式、样式。具体而言,"稽式"是一种"知此两者"的思维样式,即考察事物时从事物内部存在的矛盾对立的双方入手,既看到事物的正面规定性,又能从中分析出与之对立的反面规定性,从而将二者结合起来进行比较衡量,最终达到全面认识事物的目的。这再次表明《老子》对有形事物"名"的辩证认识主要是通过"正言若反"③的方式表现出来的。

---

① 同"返",见郭店楚墓《老子》竹简。
② 《老子·六十五章》。
③ 《老子·七十八章》。

## 三、"正言若反"的表达方式

所谓"正言若反"就是在正面的、肯定性的言辞中包含着反面的、否定的因素。在《老子》一书中,这种对相反相成的言辞的概括命题有七十多条。按其命题形式中所包含的不同的连接词可以大致分为四类[①]:

第一,当命题的主词和谓词为矛盾或反对关系时,用类似于等值连接词的"若"表示主词与谓词的对立、同一、转化,显示了 A 至非 A 的流动性,在肯定性的言辞中包含了否定性的因素。或如:

　　明道若昧(光明的道路好像很暗昧)
　　进道若退(前进的道路好像是后退)
　　夷道若纇(平坦的道理好像很崎岖)
　　上德若谷(崇高的道德好像低下的山谷一样)
　　广德若不足(宽广的道德好像不足的样子)
　　建德若偷(刚健的道德好像懈怠的样子)
　　质真若渝(质朴纯真好像很浑浊)
　　大白若辱(最洁白的好像有黑垢)(以上四十一章)
　　大成若缺(最完满的东西好像有欠缺一样)
　　大盈若冲(最充实的东西好像是空虚一样)
　　大直若屈(最正直的东西好像是有弯曲一样)
　　大巧若拙(最灵巧的东西好像是很笨拙一样)

---

[①] 此处分类及译文参考了孙中原先生的《中国逻辑史》(先秦),中国人民大学出版社 1987 年版,第 7—9 页。

大辩若讷(最好的辩者好像是笨嘴拙舌一样)(以上四十五章)

第二,当命题的主词与谓词为同一关系时,用否定的连接词,表明主词与其自身否定之间的对立、同一、转化,表达了 A 与自身否定的流动性,是概念自身包含着对自己的否定。或如:

企者不立(踮起脚跟站不稳)

跨者不行(跨步前进是走不远的)

自见者不明(自逞己见的反而不能自明)

自是者不彰(自以为是的反而不能彰显)

自伐者无功(自我夸耀的反而不见其功)

自矜者不长(一味矜持反而不能长久)(以上二十四章)

大方无隅(最方正的反倒没有棱角)

大器晚成①(贵重的器物总是最后制成)

大音希声(最大的声音听起来反倒稀薄)

大象无形(最大的形象看起来反而无形)(以上四十一章)

---

① 根据新的考古发现:马王堆甲本,作大器"免成"。与"希声""无形"为并列,名词之前都是否定词。"大器免成",是说大器不需要加工。于义为顺。楚简乙本作"曼成","曼"于音,通"免",韵通"晚",可并存。《老子》原本疑为"免成"。参见任继愈:《老子绎读》,北京图书馆出版社 2006 年版,第 93 页。按此说法,"大器免成"即最大的器物反而是不需要加工,不需要完成的。因为加工完成后,该器物就被限制了,也就可能会被别的器物所超过。"大器免成"与"大音希声""大象无形"一样蕴含着辩证思维的精神。需要说明的是,即使确定了"大器晚成"可能原为"大器免成",任继愈先生还是尊重"大器晚成"为"千百年来已被作为成语"的事实的。

知者不言,言者不知(知道的人不说话,说话的人不知道)(五十六章)

善为士者不武(善于做将帅的人并不逞勇武)

善战者不怒(善于作战的不轻易被激怒)

善胜敌者不与(善于战胜敌人的不用对斗)

善用人者为之下(善于使用人的人对人谦下)(以上六十八章)

信言不美,美言不信(真实的言辞不华美,华美的言辞不真实)

善者不辩,辩者不善(行为良善的人不巧辩,巧辩的人不良善)

知者不博,博者不知(真正了解的人不广博,广博的人不能深入了解)(以上八十一章)

第三,用"必""而"等连接词表示相互矛盾或对立概念之间的对立、同一、转化。对立的双方表现为直接的同一。或如:

甚爱必大费(过分地看重名利就必定要付出重大的耗费)

多藏必厚亡(丰厚的藏货必定会招致惨重的损失)(以上四十四章)

轻诺必寡信(轻易许诺,信誉往往不足)

多易必多难(把事情看得过于容易时所遇到的困难必定会更多)(以上六十三章)

物或损之而益,或益之而损(万物,减少它有时反倒得到增加;增加它有时反倒会使之减少)(四十二章)

无为而无不为(不妄为就没有什么事情做不成)(四十八章)

第四,用"则""复""相……""不……故"等类似蕴涵词的连接词表示主词、谓词之间的对立、同一、转化。表明矛盾的一方对矛盾的另一方的因果条件,或者是蕴涵关系。或如:

曲则全(委屈反而能够得到保全)
枉则直(屈枉反而能够得到伸展)
洼则盈(低洼反而能够充盈)
敝则新(敝旧反而能够新奇)
少则得(少取反而能够多得)
多则惑(贪多反而产生迷惑)(以上二十二章)
兵强则灭(用兵逞强反而会遭到灭亡)
木强则折(树木长得粗壮反而要遭到砍伐)(以上七十六章)
正复为奇(正直忽而转为邪恶)
善复为妖(善良忽而转为邪恶)(以上五十八章)
合抱之木,生于毫末(合抱的粗木,是从细小的萌芽开始生长起来的)
九层之台,起于累土(九层的高台,是从一点一点的泥土累积建筑起来的)
千里之行,始于足下(千里之远行,是一步一步走出来的)(以上六十四章)
图难于其易,为大于其细(处理困难的问题要从容易处着

手,实现远大理想要从细微的小处入手)(六十三章)

不自见故明(不自我表现所以能够得到显明)

不自是故彰(不自以为是所以能够得到彰显)

不自伐故有功(不自我夸耀所以才有功劳)

不自矜故长(不自我矜持所以能够长久)(以上二十二章)

黑格尔曾说过:"如果事物或行动到了极端总要转化到它的反面。这种辩证法在流行的谚语里,也得到多方面的承认……抽象的公正如果坚持到它的极端,就会转化为不公正……极端的痛苦与极端的快乐,可以互相过渡。"①黑格尔这番话所体现的思想与《老子》的"正言若反"命题亦可相互映射,都具有极强的辩证思维的意味。

"正言若反"思维方法的根据在于:

第一,同一性。矛盾对立的现象并非是绝对的,它们之间还具有同一性,矛盾双方是相反相成的,其每一方的存在都以矛盾的另一方的存在为条件。"有无相生,难易相成,长短相形,高下相盈,音声相和,前后相随,恒也"②,一个"恒"字,表明了老子对矛盾既对立又统一的肯定;"祸兮福之所倚,福兮祸之所伏"③,表明了福祸相即、相互包含的同一性;"重为轻根,静为躁君"④,表明了矛盾的一方为另一方的存在条件。

第二,相互转化。老子认识、描述矛盾的目的,在于通过认识矛盾的对立统一,进而认识到矛盾的相互转化,以达到自己"贵柔用弱"与"无为而治"的治世主张,体现了他的治理国家思想的政治伦理性。在

---

① 黑格尔:《小逻辑》,贺麟译,商务印书馆1981年版,第180页。
② 《老子·二章》。
③ 《老子·五十八章》。
④ 《老子·二十六章》。

这种认识矛盾的对立转化的思维过程中,老子以"反者道之动"表明了这种矛盾转化的必然性,展现出这种转化是在事物的自我运动中完成的。因为,如果没有事物的自我运动,尽管"唯(恭敬的答应)之与阿(怠慢的答应),相去若何？美之与恶,相去若何？"①事物两极的各自规定性即使相差无几,也永远各归其位,不能转化为否定自身的他物。因此,自身存在的规定性中包含着否定自身的因素,以及它们共同存在于同一事物中,这只是矛盾对立转化的前提,其转化过程还必须凭借事物的自我运动来完成。即老子所说的"合抱之木,生于毫末；九层之台,起于累土；千里之行,始于足下"②"图难于其易,为大于其细；天下难事必作于易,天下大事必作于细"③。此亦可作为镜像,映射着黑格尔所说的:"事物在同一种情况下,既是它自身,又是它自己的空无,或说是它自己的否定物。……因为肯定物本身就有否定性。所以它可以超出自身,并引起自身的变化。"④

第三,转化的中介点或度,老子认为是矛盾一方运动的极限。"大白若辱""至柔至刚"⑤"远曰反"中的"大""至""远"等表明这种运动的极限。在此极点之后,物极必反,循环往复,周行不殆,这也成为老子朴素的矛盾运动观的一大特色。

老子的这种矛盾运动观,在认识自然、社会普遍存在的矛盾对立、同一、转化的过程中,以直接抓住问题本质的敏锐力,初步抽象出了这

---

① 《老子·二十章》。
② 《老子·六十四章》。
③ 《老子·六十三章》。
④ 中国科学院哲学研究所西方哲学史组编:《黑格尔论矛盾》,商务印书馆1963年版,第116页。
⑤ 概括《老子·四十三章》"天下之至柔,驰骋天下之至坚"之意。

种充溢着理性光辉的朴素辩证法则思想,并以此规范了思维过程中对于事物矛盾对立、同一、发展、转化的认识。表现在思维判断中,老子就是用"正言若反"的语言表达形式描述了这种矛盾双方的对立、统一、转化。

不过,虽然《老子》的"正言若反"的思维方法与语言表达技巧,在规范人们对于矛盾对立、同一、转化的认识途径时,可以启发人们做整体性的思考,有它的积极意义。现代学者张东荪就将《老子》的这种"正言若反"的思维方法总结为"相关律名学"或"二元相关律名学"①。认为这种"相关律名学"所注重的是那些有无、高下、前后、刚柔、进退、阴阳等对立概念的相反相成,是一种有别于古希腊亚里士多德的形式逻辑的另一种逻辑系统,是带有道统思想的"辩证法的名学"。

但是,这种思维方法和语言表达技巧还是带有很大的朴素性,因为,在从肯定到否定的过程中,虽然老子在两千多年前正确地指出了简单的、肯定的论断(正题)中包含着差别、联系和转化,故而有见于思维"从肯定到否定"的辩证推移,但是老子没有再往前进。他没有说明并评价"第二个"否定的论断(反题)与肯定的东西之间存在着"什么样"的联系,"为什么"会造成从否定到肯定的统一。这也就为以后庄子的绝对相对主义思想打开了方便之门。

在《老子》那里,虽然有形事物是有名的,并且可以以"正言若反"的方式表达出来。但是总体来说,《老子》还是认为,名的产生使人开始有了等级分化,名的出现是对自然秩序和"无为"之道的破坏,应当取消之。故而他又说:

---

① 张东荪:《思想言语与文化》,载张汝伦编选:《理性与良知——张东荪文选》,上海远东出版社1995年版,第365页。

始制有名,名亦既有,夫亦将知止,知止可以不殆。①

《老子》希望逐渐消除已经存在着的"名",恢复到"无名"的状态中去。如此这样,社会中就不会有矛盾,自然界中就不会有对立出现,即以"无名"纳"有名",回归到"人法地,地法天,天法道,道法自然"②的清静无为的原初状态。

## 四、"不辩"的论辩思想

按上所述,老子认为人们不可能认识"道"和言说"道",只能通过静观来体悟"道"。由此,他提出"不辩""不争"的要求。

信言不美,美言不信。善者不辩,辩者不善。知者不博,博者不知……天之道,利而不害;人之道,为而不争。③

天之道,不争而善胜,不言而善应,不召而自来,坦然而善谋。④

意谓,自然的规律是不相争而善于取胜,不说话而善于筹谋回应。所以用不着人们在"大道"之外去争辩什么是非和真假。

虽然老子主张"不辩",但另一方面他又承认有"大辩",他对"大辩"

---

① 《老子·三十二章》。
② 《老子·二十五章》。
③ 《老子·八十一章》。
④ 《老子·七十三章》。

的界定为：

> 大辩若讷。①

他认为最优秀的辩者，恰恰是迟钝的、口才不好的人。这种"不辩"和"不辩"意义上的"大辩"，是以一种"正言若反"的形式表现出来的。正如前述，"正言若反"的形式大致可以分为四类，"大辩若讷"属于第一类，即，当命题的主词和谓词为矛盾或反对关系时，用类似于等值连接词的"若"表示主词与谓词的对立、同一、转化，显示了 A 至非 A 的流动性，在肯定性的言辞中包含了否定性的因素。应该看到，"正言若反"的语言表达形式不是悖论，而是一种充满传统辩证思维方式的语言表达技巧，它看到了事物中存在的矛盾双方，并且注意到矛盾双方可以相互转化。在老子心目中，"大辩若讷"之最高层次的"辩"的情形是说话迟钝、不善讲话的"讷"，实则仍是主张"无辩"。所以，"大辩"是"无辩"意义上的"辩"，是内心深刻领悟了"道"的"辩"。

"正言若反"这种思维形式和表达方法在规范人们对于矛盾对立、同一、转化的认识途径时，可以启发人们做整体性的思考，为中国人的整体思维方式奠定了认识论的基础，有其积极意义。但其本身仍带有一定的朴素性，即在承认矛盾的对立转化中，老子夸大了矛盾对立同一的彼此相即，因而具有把矛盾对立说成是绝对同一的倾向。老子在其朴素辩证思维的指导下对"辩"的看法，也因为其过于夸大矛盾双方转化的条件性，将"辩"作讷言用，忽视了"辩"真正的作用。

尽管如此，从先秦名辩思潮的意义框架下看，老子的"不辩"思想在

---

① 《老子·四十五章》。

先秦逻辑思想产生的早期阶段占有重要地位,主要表现在两个方面。

其一,老子的"不辩"思想是道家代表人物庄子的"无辩"和"辩无胜"的辩学理论的依据和来源。庄子接受了老子"善者不辩,辩者不善""大辩若讷"的两个论断,从"道"的绝对观念出发,加以发挥和论证。庄子说:"夫道,有情有信,无为无行,可传而不可受,可得而不可见。"[①]对于这样的"道"无须认识,更无须辩;倘若你强辩也"言辩而不及","辩也者,有不见也,夫大道不称,大辩不言"[②]。庄子的这些论断,显然是继承并发展了《老子》的上述论断。只不过,庄子对"无辩"的论证更为精密、充分。他对"无辩"的论证涉及先秦逻辑思想的对象与客观基础、辩的结果与胜负标准等基本问题[③],这些问题的解决必将推动先秦逻辑思想体系的确立与完善。当然,庄子不仅继承了老子关于"辩"的观点,也继承了其朴素辩证思维,并更为绝对地否定事物本身所具有的质的规定性,从而陷入绝对相对主义的认识论。而这也从反面促进了先秦逻辑思想的发展。

其二,老子的"不辩"思想刺激了墨家对名辩思潮的探索。老子宣扬的"绝圣弃智"[④]"绝学无忧"[⑤]"学无益""知者不言,言者不知"和"善者不辩,辩者不善"等思想观念,以及后继庄子的"无辩""辩无胜"之说,均受到墨家的批判。老子讲"不辩",墨子则视谈辩为成就义事之大务,后期墨家的《墨经》更专门讨论谈辩问题;老子讲"知者不言",墨子则提出了义事君子应"强说人""不扣而鸣";老子讲"绝圣弃智""学无益",

---

① 《庄子·大宗师》。
② 《庄子·齐物论》。
③ 参见本章下一小节的相关内容。
④ 《老子·十九章》。
⑤ 《老子·二十章》。

《墨经》则提出"智：明也"，批评"以学为无益也，教，悖"。所有这些都对墨家建立自家名辩体系有着重要的推动意义。

还需要注意的是，老庄"不辩""无辩"思想的提出，主要是由于他们否定了事物在特定条件下的确定性及可认识性。墨家在批判老庄有关"辩"的思想时，必然会对事物存在的条件性进行重新厘定，这不仅有助于先秦逻辑思想的进一步发展，而且也推动着先秦辩证思维方式的进一步发展。

## 第二节 以和为量——庄子的辩证思维方式

庄子（约公元前 369—前 286 年）名周，宋国蒙（今河南商丘）人。曾在家乡做过管理漆园的小吏，可是没干多久，就归隐了。庄子在思想上推崇并全面继承和发展了老子的学说，对儒、墨两家及其他诸子给予了深刻的分析和尖锐的批判，成为道家思想发展过程中重要代表人物之一。

庄子的思想言论主要集中在《庄子》一书中。据《汉书·艺文志》载，《庄子》一书共有五十二篇，现存由西晋"好《老》《庄》，能清言"的玄学家郭象辑注的共三十三篇。今本《庄子》一书并非由庄子一人一时亲撰而成，而是战国以至汉初的道家，尤其是庄子一派著作的总汇，反映了庄子及其一派的基本思想，是我们研究庄子名辩思想的的依据。

在名实关系问题上，庄子指出了人的概念、语言能否把握宇宙整体及其发展规律的问题，揭示了事物中存在的种种矛盾，如运动和静止的矛盾，有限和无限的矛盾等，但由于他过分执着于事物运动的一面，忽视静止的一面，导致传统辩证思维方式并没有贯彻到底，进而导致庄子在论辩方面坚持"辩无胜"的思想。

# 一、道与名(言)的关系

相比较于老子而言,庄子对"道与言"的关系说得比较多。庄子追问了寻常语言为何不能表达自然本真世界;是否存在一种能够表达自然本真世界的语言,亦即相应于真知的那种真言;如果有,这种语言是什么? 这些问题在庄子思想中有较多的讨论。从总体上讲,庄子所谓"道不可言"的基本意思与老子的思路差不多。但在这个共同的思路下,庄子的认识又有深入的发展,提出了新的见解。

庄子如此描述"道":

> 夫道,有情有信,无为无形,可传而不可受,可得而不可见。自本自根,未有天地,自古以固存;神鬼神帝,生天生地。[①]

"夫大道不称……道昭而不道",道生天地万物,是宇宙万物的主宰、根本;道是永恒存在的,弥漫在宇宙之间,包裹六极;道无形而不可见。

> 道未始有封,言未始有常,为是而有畛也。[②]

正是由于道是不能被分割的,而人的概念、语言总是要把具体事物进行抽象、分割开来加以把握,所以抽象的概念无法把握具体的道。

---

[①] 《庄子·大宗师》。
[②] 《庄子·齐物论》。

由此,庄子认为有限的概念不能表达无限的"道"。《庄子·秋水》篇河伯与海神连篇累牍的问道解惑中就涉及这一问题:

> 河伯曰:"世之议者皆曰:'至精无形,至大不可围。'是信情乎?"
> 北海若曰:"夫自细视大者不尽,自大视细者不明。夫精,小之微也;垺,大之殷也;故异便。此势之有也。……可以言论者,物之粗也;可以意致者,物之精也;言之所不能论,意之所不能察致者,不期精粗焉。"[1]

意谓,言论、思想可以表达、把握有形事物的具体情况,但是道是无形的,是不可以被分解的,此外,道是"不可围"的即无限的。因此,有限的语言、概念都不能表达道。企图用有限的概念去把握无限的道,只会造成"迷乱而不能自得"[2]的状况。

在表达了"道不可言"的缘由除了有语言表达能力有限外,庄子还特别指出,言说中普遍存在着的自负心理也加剧了"言"对"道"表达不足的缺陷。这种自负心理就是使用语言的根本态度。为此,庄子在《庄子·知北游》中描述了这样一个寓言说理故事:

> 知谓无为谓曰:"予欲有问乎若:何思何虑则知道?何处何服则安道?何从何道则得道?"三问而无为谓不答也。非不答,不知答也。

---

[1] 《庄子·秋水》。
[2] 《庄子·秋水》。

然后，知向狂屈（虚拟人物）询问了同样的问题。

狂屈曰："唉！予知之，将语若。"中欲言而忘其所欲言。

最后，知问于黄帝。

黄帝曰："无思无虑始知道，无处无服始安道，无从无道始得道。"
知问黄帝曰："我与若知之，彼与彼不知也，其孰是邪？"
黄帝曰："彼无为谓真是也，狂屈似也，我与汝终不近也。夫知者不言，言者不知，故圣人行不言之教。"

意谓，说无为谓是真正知道大道，就是因为他不知道什么是大道；说狂屈好像明白大道，就是因为他忘记了什么是大道；说我和你始终没有接近大道，就是因为我们知道了什么是大道。这也就是说，一言不发才是正确的，或者说即使知"道"，但用语言说出来就不知"道"了。

《庄子·知北游》篇中的这个寓言说理故事，触及了庄子所持"道不可言"观点的深层意思。"道不可言"主要不是因为语言表述力量有限，而是因为言说这件事本身就与"道"矛盾。黄帝回答"知"的问道时，用六个"无"来描述"道"，应该说相当准确，与《庄子》各篇对"道"的解释基本一致。黄帝说出了"道"的正确解释，为什么他还不算是知"道"，不如无为谓那样一言不发？同篇中无始在回答泰清的问题时也谈到"大道不可称述"。如果把这个逻辑贯彻到底，那么《庄子》文中多次谈"道"，《知北游》篇也有若干章对"道"的精彩解说，这些对"道"的解释岂不是通通落了下风?

实则,庄子并不是真的认为"道"绝对不可言说。实际上,他认为语言表述中通常会有确定与自负的态度,这才是要害。具体而言,庄子认为,现实世界的语言都体现了说话者的主观立场、情感、态度,其特点就是表达一种确定性的意见。而表达确定意见所产生的结果就是在"成心"即偏好之心的作用下以己为是,以他为非。受此影响,人们对"道"的认知就会偏于一曲,难以形成全面准确的认识。

或如,《庄子·则阳》篇记载:

> 少知曰:"季真之莫为。接子之或使,二家之议,孰正于其情,孰偏于其理?"
> 
> 大公调曰:"……或使则实,莫为则虚。有名有实,是物之居;无名无实,在物之虚。可言可意,言而愈疏。未生不可忌,已死不可徂。死生非远也,理不可睹。或之使,莫之为,疑之所假。吾观之本,其往无穷;吾求之末,其来无止。无穷无止,言之无也,与物同理;或使莫为,言之本也,与物终始。道不可有,有不可无。道之为名,所假而行。或使莫为,在物一曲,夫胡为于大方?"

少知所问的"莫为""或使"两家理论,是当时两种相互对立的自然知识理论。季真之"莫为"论主张万物自生自长没有支配者,接子之"或使"论主张万物有某个支配者(没能确定这个支配者是什么,以"或"相代)。大公调认为"或使""莫为"两说一落于实、一落于虚,各有各的道理,但都偏于一曲。"或使"落于实处,因为万物的根本理由不能就其现象规则来解释;"莫为"落在虚处,因为有形事物是实际存在的,不能无视它的存在而直接面对虚无。由此"实"与"虚"的关系也可以看出言语中普遍存在的问题。

虽然我们有理由认为庄子对于语言的看法存在某些极端之处,如语言实际运作的情形当然比庄子所说的要复杂,语言并不总是表达不相容意见相互纷争的工具,语言还有交流的功能,在交流中传递消息、整合人群的功能等。但是,用这种持平的态度来指出庄子的极端并不是读庄的好办法。因为,庄子在此强调言语中存在自负态度,是在告诫人们要从整体上把握事物,全面地看待事物,不可过分执着于事物的某一方面的确定性,以"时不可止"的理念看待事物的变易和转化。这理应是其朴素辩证思维方式的具体体现。

或可说,庄子的传统辩证思维方式并没有贯彻到底。他无限制地蒸发抽掉了"条件性"这一辩证思维过程中的决定性因素,把只存在于主观世界的矛盾等同于客观世界的矛盾,使是非对立同稳定的事物联系失去沟通,只承认同一性的规定,不承认另一种差异性的规定,从而使他的是非观不但不受矛盾律的规范,同时也不受传统辩证思维要素的规范,成为一种绝对的相对主义。

## 二、具体事物与名(言)的关系

庄子认为任何事物都是在一刻不停地变化发展着的。这种运动变化是绝对的、无条件的,事物无时无刻不在变移,瞬息即逝,一盈一虚,"方生方死,方死方生"[1],绝不会停留于某一形态。

---

[1] 《庄子·齐物论》。

## 第四章　传统辩证思维方式的形成(三)——先秦道家的辩证思维方式

> 道无终始,物有死生,不恃其成。一虚一满,不位乎其形。年不可举,时不可止。消息盈虚、终则有始,是所以语大义之方,论万物之理也。物之生也,若骤若驰,无动而不变,无时而不移。①
>
> 人生天地之间,若白驹过郤,忽然而已。②
>
> 吾观之本,其往无穷。吾求之末,其来无止。③
>
> 夫物,量无穷,时无止,分无常,终始无故。④

而作为反映事物的言语(概念)总要求与事物有一一对应的相对静止关系。庄子将"言"与"吹风"相比较以说明"言"的这一特征。

> 夫言非吹也,言者有言;其所言者,特未定也。⑤
>
> 夫知有所待而后当,其所待者,特未定也。⑥

意谓,言与吹风的区别就在于,言必有对象,有"所待"。人的认识只有与对象符合才是正确的,但对象是不确定的、瞬息万变的。所以在庄子看来,事物的变化是绝对的,要用概念来表达事物是不可能的。当你刚指称"什么"(言)时,这个所指"什么"(所言)就已经变了。

由之,庄子认为事物的存在都是相对的。你说这个东西是重要的,

---

① 《庄子·秋水》。
② 《庄子·知北游》。
③ 《庄子·则阳》。
④ 《庄子·秋水》。
⑤ 《庄子·齐物论》。
⑥ 《庄子·大宗师》。

但我可以指出,你说的那个东西只是从某个特定的角度看是重要的,如若换一个角度看就未必重要了,而没有哪一个特定的角度具有高于一切的优势,因此一切存在物都只有相对的意义。

> 物无非彼,物无非是。自彼则不见,自知则知之。故曰:彼出于是,是亦因彼。彼是方生之说也。虽然,方生方死,方死方生;方可方不可,方不可方可。因是因非,因非因是。是以圣人不由而照之于天,亦因是也。是亦彼也,彼亦是也。彼亦一是非,此亦一是非。果且有彼是乎哉?果且无彼是乎哉?彼是莫得其偶,谓之道枢。枢始得其环中,以应无穷。是亦一无穷,非亦一无穷也。故曰:莫若以明。[1]

这段绕人的话可大致理解为:任何事物都可以从不同的角度去理解。一个事物从某个角度看是"彼",从另一个角度看却可以是"是"。"彼"与"是"是相互联系、相互转化的,切不可将二者绝对地固定起来。由之,反映它们的"是非"问题亦然。由之,采用这种"彼是方生"的认知方法,就可以用来观察一切问题了。

或如,庄子有段情趣盎然的文字:

> 民湿寝则腰疾偏死,鳅然乎哉?木处则惴慄恂惧,猨猴然乎哉?三者孰知正处?民食刍豢,麋鹿食荐,蝍蛆甘带,鸱鸦耆鼠。四者孰知正味?猨,猵狙以为雌,麋与鹿交,鳅与鱼游,毛嫱、丽姬,人之所美也,鱼见之深入,鸟见之高飞,麋鹿见之

---

[1] 《庄子·齐物论》。

决骤。四者孰知天下正色哉?[1]

意谓:人睡在潮湿的地方就会腰痛或偏瘫,而泥鳅也会这样吗?人住在树上就会惊恐得发抖,而猿猴也会这样吗?人、泥鳅、猿猴三者的居住习惯不同,究竟谁真正了解舒适的处所呢?人吃牛羊猪狗,麋鹿吃蒿草,蜈蚣喜欢吃蛇,猫头鹰和乌鸦爱吃老鼠,这四者究竟谁才算懂得真正可口的美味呢?猵狙与猿猴相配为雌雄,麋和鹿交配,泥鳅和鱼相追尾。毛嫱、丽姬是世人公认的美人,然而鱼见到她们就潜入水底,鸟儿见到她们就飞向天空,麋鹿见到她们就赶快跑走,这四者究竟谁懂得天下真正的美色呢?

庄子这里无非想说明一点,万物各有其生存的具体条件和习俗,人们对它们的是非判断也各按自己的标准,故而体现在论辩中,每一方都是对己"是其所是,非其所非",对敌则为"以是其所非而非其所是"。庄子对此深恶痛绝:"仁义之端,是非之涂,樊然殽乱,吾恶能知其辩。"[2]正是由于痛感当时社会之仁义的头绪、是非的途径都是杂乱无章,根本无法加以区别,故而"辩无胜"。

正是由于在庄子的眼中,认知视角决定了认知的结论。为此,庄子详细列举了六种从不同角度看问题的认知方法:

> 以道观之,物无贵贱;以物观之,自贵而相贱;以俗观之,贵贱不在己。以差观之,因其所大而大之,则万物莫不大;因其所小而小之,则万物莫不小。知天地之为稊米也,知毫末之

---

[1] 《庄子·齐物论》。
[2] 《庄子·齐物论》。

为丘山也,则差数睹矣。以功观之,因其所有而有之,则万物莫不有;因其所无而无之,则万物莫不无。知东西之相反,而不可以相无,则功分定矣。以趣观之,因其所然而然之,则万物莫不然;因其所非而非之,则万物莫不非。①

如对这六个从不同角度看问题的认知方法继续思考分析,则可以有以下的进一步诠释。

其一,从道的角度看,事物没有高低贵贱之分:

故为是举莛与楹,厉与西施,恢恑憰怪,道通为一。其分也,成也;其成也,毁也。凡物无成与毁,复通为一。②
天地与我并生,而万物与我为一。③

其二,以物的视角看,抬高自己贬低别人。

其三,以习俗的眼光看,一个人地位的贵贱,决定于命,非自己所能左右;一个人道德品质的贵贱,也由别人来评判。

其四,以事物间存在差异的视角看,事物间的大与小是一个相对而言的概念,就其大的方面而言,则任何事物都可以说是大的;就其小的方面而言,则万物都可以说是小的。可以说天地只有小米粒那样小,也可以说毫末如泰山那样大。

---

① 《庄子·秋水》。
② 《庄子·齐物论》。
③ 《庄子·齐物论》。

## 第四章 传统辩证思维方式的形成(三)——先秦道家的辩证思维方式

天下莫大于秋毫之末,而太山为小;莫寿于殇子,而彭祖为夭。①

其五,以功用的视角看,就其有用方面而言,则任何事物都可以说是有用的;就其无用方面而言,则任何事物都可以说是无用的。然而,如果懂得东与西两个方面"相反而不可以相无"的道理,那么有用和无用之间的区别和相与为用的道理也就清楚了。

其六,以价值取向的视角看,就其对的一面而认为它是对的,则任何事物都可以是对的;就其错的一面而言认为它是错的,则任何事物都可以是错的。

在这六种认知方法中,庄子最推崇的是"以道观之"。"以道观之"不仅仅是一种看待事物的角度和认知方法,更是一种得道者的境界。从道的观点来看,事物的贵贱、大小、功用之有无的区别是不存在的。因而所谓从道的观点看或"以明"来观察和认识事物,乃是无分别的"全"的观察和认识。

这实在是因为,事物的彼与是之分是相对的,而且是相互转化的;人的认识也是如此。人的认知的确定性,只是从某一角度出发的确定性,而事实上又是不确定的。

恶乎然?然于然。恶乎不然?不然于不然。物固有所然,物固有所可。无物不然,无物不可。②

---

① 《庄子·齐物论》。
② 《庄子·齐物论》。

于是，人对物的认识从确定的角度来说就是确定的，而从不确定的角度来说就是不确定的。因此，人的认识的相对性和对立面的相互依存性和可转换性，就表明人的认识的所谓确定性，不过是一种偏见。

> 自其异者视之，肝胆楚越也；自其同者视之，万物皆一也。①

正是由于人对事物的认识，谓某物是某物或不是某物，不过是认识的角度和观察的立场不同罢了。因此，在庄子看来，人的认识和由此而来的知识不仅有限，而且还不可靠。能否"说得清"就是一个现实的问题了。

## 三、"言不尽意"

庄子"言不尽意"的命题谈及"言"与"道"、"言"与具体事物的关系。"言不尽意"的命题后来对中国古代哲学与文学艺术的发展产生深远影响，一向为人重视。"言不尽意"侧重语言在技术上的无能，后人谈论言不尽意，也是讲哲学领悟的少，讲技术性苦恼的多，大体是觉得语言在表达灵动复杂的思想时笨拙无力，不能曲尽其意。

庄子是从嘲笑人迷信古代典籍说起"言不尽意"的，《天道》篇有一段著名的寓言说理故事：

---

① 《庄子·德充符》。

桓公读书于堂上，轮扁斫轮于堂下，释椎凿而上，问桓公曰："敢问，公之所读者何言邪？"

公曰："圣人之言也。"

曰："圣人在乎？"

公曰："已死矣。"

曰："然则君之所读者，古人之糟魄已夫！"

桓公曰："寡人读书，轮人安得议乎？有说则可，无说则死。"

轮扁曰："臣也以臣之事观之。斫轮，徐则甘而不固，疾则苦而不入，不徐不疾，得之于手而应于心，口不能言，有数存焉于其间。臣不能以喻臣之子，臣之子亦不能受之于臣，是以行年七十而老斫轮。古之人与其不可传也死矣，然则君之所读者，古人之糟魄已夫！"[1]

为什么古人之书是糟粕？古人可能真有精彩的想法，但这种精彩想法如果达到洞烛幽微的地步，那就不能用语言文字述说了。能用语言文字表达的东西，都是"物之粗"。轮匠的比喻生动地说明了这个道理，斫轮之功，最后得力于长期实践积累的一种熟练的、无法用语言表达的斫轮技巧。

同篇中另一章有一段话更加明确地概括了轮匠的意思：

> 世之所贵道者书也，书不过语，语有贵也。语之所贵者意也，意有所随。意之所随者，不可言传也，而世因贵言传书。

---

[1] 《庄子·天道》。

世虽贵之,我犹不足贵也,为其贵非其贵也。故视而可见者,形与色也;听而可闻者,名与声也。悲夫,世人以形色名声为足以得彼之情!夫形色名声果不足以得彼之情,则知者不言,言者不知,而世岂识之哉![1]

从这里可以看出,"意有所随,不可以言传",以及上文"得之于手而应于心,口不能言,有数存焉于其间",都旨在表明"言"对于"意"的完全表现具有一定的难度,语言存在技术上的限制与困难。因此,在"言"与"意"的表达与被表达的技术层面,仍然有着辩证思考的问题。

## 四、泯灭一切事物对立的"齐物"思想

庄子相对主义思想的核心就是"万物一齐"[2],他认为世上一切事物都没有质的稳定性和差别性,它们之间是没有什么区别的。

物固有所然,物固有不可。无物不然,无物不可。故为是举莛与楹,厉与西施,恢诡谲怪,道通为一。其分也,成也;其成也,毁也。凡物无成与毁,复通为一。[3]

意谓,万物就其属性而言,都有然与不然,可与不可;就其发展而言,都有成与毁。然而以"道"来衡量,所有这些均通为一体,没有区别

---

[1] 《庄子·天道》。
[2] 《庄子·秋水》。
[3] 《庄子·齐物论》。

> 以差观之,因其所大而大之,则万物莫不大;因其所小而小之,则万物莫不小。知天地之为稊米也,知毫末之为丘山也,则差数睹矣。①

意谓,万物本没有什么大与小的区分,只是因为从差别上看,任何事物都比一些事物小,也都比另一些事物大,所以一切事物都是大的,也都是小的。这正像天地如同一粒稊米,毫末如同一座山丘,万物并没有什么区别或差异。

由此出发,庄子泯灭了彼与此、生与死、成与毁、开始与未开始、有与无、大与小等事物间的区别或差异。

其一,泯灭"彼"与"此"的区别或差异。

庄子认为,事物的"彼"与"此"是相互依赖、相互转化的。但他又绝对化了这种"彼""此"之间的相互依赖和相互转化:

> 物无非彼,物无非是。自彼则不见,自知则知之。故曰:彼出于是,是亦因彼。彼是方生之说也。……是亦彼也,彼亦是也。彼亦一是非,此亦一是非。果且有彼是乎哉?果且无彼是乎哉?彼是莫得其偶,谓之道枢。枢始得环中,以应无穷。②

---

① 《庄子·秋水》。
② 《庄子·齐物论》。

由于彼此之间的对立都是相对的,推而广之,现实世界的一切事物,也都是相对的。这就是"彼是方生之说",从而也就弱化或抹杀了人们认识事物的可能性。

其二,泯灭"生"与"死"的区别或差异。

庄子认为,"生"和"死"也是相互依赖、相互转化的。

> 方生方死,方死方生。①
> 孰知死生存亡之一体者,吾与之友矣。②

这是庄子崇尚"古之真人,不知悦生,不知恶死"境界的真实写照。为此,他还在《庄子·大宗师》中讲了几个"临尸而歌"的寓言说理故事。

> 子桑户、孟子反、子琴张三人相与友,曰:"孰能相与于无相与,相为于无相为? 孰能登天游雾,挠挑无极,相忘以生,无所终穷?"三人相视而笑,莫逆于心,遂相与为友,莫然。
> 
> 有间,而子桑户死。未葬。孔子闻之,使子贡往侍事焉。或编曲,或鼓琴,相和而歌曰:"嗟来桑户乎! 嗟来桑户乎! 而已反其真,而我犹为人猗!"子贡趋而进曰:"敢问临尸而歌,礼乎?"二人相视而笑曰:"是恶知礼意!"
> 
> 子贡反,以告孔子,曰:"彼何人者邪? 修行无有,而外其形骸,临尸而歌,颜色不变,无以命之,彼何人者邪?"
> 
> 孔子曰:"彼,游方之外者也;而丘,游方之内者也。外内

---

① 《庄子·齐物论》。
② 《庄子·大宗师》。

不相及,而丘使女往吊之,丘则陋矣。彼方且与造物者为人,而游乎天地之一气。彼以生为附赘县疣,以死为决疣溃痈。夫若然者,又恶知死生先后之所在!假于异物,托于同体;忘其肝胆,遗其耳目;反覆终始,不知端倪;芒然彷徨乎尘垢之外,逍遥乎无为之业。彼又恶能愦愦然为世俗之礼,以观众人之耳目哉!"①

子桑户死后,还没有下葬。作为好朋友的孟子反和子琴张不但没有哭泣、悲伤,反而一个在编曲,一个在弹琴,相互应和着唱歌。子贡不理解这种行为,孔子认为,他们都是些摆脱礼仪约束而逍遥于人世之外,跟造物者结为伴侣之人,将生死等同,因此无须为朋友的死而悲伤。

无独有偶:

庄子妻死,惠子吊之,庄子则方箕踞鼓盆而歌。惠子曰:"与人居,长子、老、身死,不哭,亦足矣,又鼓盆而歌,不亦甚乎!"

庄子曰:"不然。是其始死也,我独何能无概然!察其始而本无生,非徒无生也而本无形,非徒无形也而本无气。杂乎芒芴之间,变而有气,气变而有形,形变而有生,今又变而之死,是相与为春秋冬夏四时行也。人且偃然寝于巨室,而我噭噭然随而哭之,自以为不通乎命,故止也。"②

---

① 《庄子·大宗师》。
② 《庄子·至乐》。

及至临及自身,庄子精神快乐主义的意境或境界似更进了一步。

其三,泯灭"成"与"毁"的区别或差异。

庄子认为,万物的分离,就意味着生成;万物的生成,就意味着毁灭。其实本来无所谓生成与毁灭,一切事物都要复归于一个整体,"凡物无成与毁,复通为一"。为此,庄子也列举了几个寓言说理故事说明之。

> 子舆有病,子祀往问之。曰:"伟哉! 夫造物者,将以予为此拘拘也!"曲偻发背,上有五管,颐隐于齐,肩高于顶,句赘指天。阴阳之气有沴,其心闲而无事,跰𨇤而鉴于井,曰:"嗟乎! 夫造物者,又将以予为此拘拘也。"
>
> 子祀曰:"汝恶之乎?"曰:"亡,予何恶! 浸假而化予之左臂以为鸡,予因以求时夜;浸假而化予之右臂以为弹,予因以求鸮炙;浸假而化予之尻以为轮,以神为马,予因以乘之,岂更驾哉! 且夫得者,时也;失者,顺也。安时而处顺,哀乐不能入也。此古之所谓县解也。而不能自解者,物有结之。且夫物不胜天久矣,吾又何恶焉!"[①]

更有甚者:

> 支离疏者,颐隐于齐,肩高于顶,会撮指天,五管在上,两髀为胁。挫针治繲,足以糊口;鼓䇲播精,足以食十人。上征武士,则支离攘臂而游于其间;上有大役,则支离以有常疾不

---

① 《庄子·大宗师》。

受功;上与病者粟,则受三钟与十束薪。夫支离其形者,犹足以养其身,终其天年,又况支离其德者乎!①

可见,生活得十分惬意。

其四,泯灭"开始"和"未开始"、"有"和"无"的区别或差异。

庄子认为:

> 有始也者,有未始有始也者,有未始有夫未始有始也者。有有也者,有无也者,有未始有无也者,有未始有夫未始有无也者。俄而有无矣,而未知有无之果孰有孰无也。②

亦即,宇宙有一个开始,有一个未曾开始的"开始",有未曾开始那"未曾开始"的开始;宇宙之初有它的"有",有它的"无",还有未曾有无的"有无",更有未曾有那"未曾有无"的有无。忽然间产生了"有"和"无"的区别,但不知道这"有"和"无"中究竟谁是真正的"有",谁是真正的"无"。"有"和"无"的确定性由此也混沌一片了。

其五,泯灭大和小、长寿与短命的区别或差异。

庄子认为:

> 天下莫大于秋毫之末,而太山为小,莫寿于殇子,而彭祖为夭。③

---

① 《庄子·人间世》。
② 《庄子·齐物论》。
③ 《庄子·齐物论》。

用不同的尺度衡量，大小、寿夭都是相对的。庄子这一观点使得大小、寿夭相对的辩证思考走向了极端，泯灭了客观存在的衡量尺度，使得正确的认识也变得模糊不清了。因为，大小、寿夭的相对性，并不代表它们各自没有特定条件下的确定性。

这是因为，客观事物是相对静止与绝对运动的辩证统一。运动作为事物所固有的存在方式和属性，是永恒的、无条件的，因而是绝对的；静止（平衡、稳定）则是暂时的、有条件的，因而是相对的。正所谓"动中有静，静中有动"。因此，从相对静止的角度来说，事物在一定条件下有其确定性，可以被衡量、被认识，不同事物间可以相互比较。从绝对运动的角度来说，事物又是处于不断的运动、变化、发展过程之中，事物的质的规定性是可以改变的。因此，人们对事物的认识要随着事物存在条件的变化而适时改变，如此才能够得出"相宜""恰当"的认识结论。

庄子只承认事物的绝对运动性，无视了事物的相对静止性，从而彻底泯灭了事物质的规定性。他认为事物是虚无缥缈的，不可被捉摸、被认识的。虽然这有嫌于一种极端化、片面化的认识，但庄子的"齐物"思想仍然可以启发人们在认识事物时，不以绝对的眼光看待事物，以免使认识绝对化。只是，这种看法一旦走向极端，客观存在的衡量尺度也就不复存在了，正确的认识就会变为混沌一片。这需要我们在正确理解传统辩证思维方式时进行修正。亦即，认识的可修正性即表明，面对发展变化的事物，随着认识的不断深化，如何"相宜""恰当"的"中"的传统辩证思维原则总是适用的。

## 五、泯灭是非对立的"齐论"思想

庄子由"齐物"发展到"齐论",认为一切言论都是一样的,没有是非之分,执着孰是孰非是没有实际意义的行为。具体而言:

其一,泯灭了类和不类的区别或差异。

庄子认为,类同与类异,没有什么区别,相互都是一类。

> 今且有言于此,不知其与是类乎?其与是不类乎?类与不类,相与为类,则与彼无以异矣。①

庄子认为,现在所说的话和其他论者所说的话都是话,因此二者就是一样的,没有什么区别或差异。

其二,泯灭了可与不可、是与非。

既然人们不可能认识事物,所以,也就不存在什么"可以不可以"。

> 方可方不可,方不可方可,……可乎可,不可乎不可。道行之而成,物谓之而然。恶乎然?然于然。恶乎不然?不然于不然。物固有所然,物固有所可。无物不然,无物不可。②

按此,也就不存在什么"是"与"非":

---

① 《庄子·齐物论》。
② 《庄子·齐物论》。

> 是亦彼也,彼亦是也。彼亦一是非,此亦一是非。果且有彼是乎哉?果且无彼是乎哉?彼是莫得其偶,谓之道枢。枢始得其环中,以应无穷。是亦一无穷,非亦一无穷。故曰莫若以明。以指喻指之非指,不若以非指喻指之非指也,以马喻马之非马,不若以非马喻马之非马也。①

庄子这种对是非存在的怀疑及"彼是莫得其偶"的主张,把消除是非之间的对立当作人生认识的最高任务。亦即,消除"辩也者,有不见也"的论辩者主体认识的主观片面性,消除由"未成乎心而有是非"的认识虚幻。庄子希望人们应该由此忘记是非、超越是非,通过"忘年忘义,振于无竟,故寓诸无竟"的根本途径,畅游于无穷的境域。于是确定性的认识也就成了一种虚幻的东西。

其三,泯灭了认识的可能。

由于庄子在"齐物"中把客观事物存在的差别一一消弭,所以在庄子眼里,客观事物的现实存在,只是像形影一样幻灭、暂存,因此,人的认识不可能把握客观事物。如,"罔两问景"的寓言说理故事:

> 罔两问景,曩子行,今子止;曩子坐,今子起;何其无特操与?
> 景曰:"吾有待而然者邪?吾所待又有待而然者邪?吾待蛇蚹蜩翼邪?恶识所以然,恶识所以不然。"②

---

① 《庄子·齐物论》。
② 《庄子·齐物论》。

在庄子眼里,客观事物的现实存在,只是像形影一样幻灭,因此人的认识不可能确定地把握客观事物,人们最好把自己的认识"寓诸无境",亦即寄寓于不存在,从而达到"庸也者,用也;用也者,通也;通也者,得也;适得而几矣,因是己,已而不知其然,谓之道"①的境界。于是有关事物是非认识的"辩"与"言"也就没有什么意义了。

其三,泯灭了辩与不辩、言与不言的区别或差异。

由于庄子绝对化了由事物存在的相对性所产生的认识的相对性,是非就成为具有非常不确定的东西了。

> 因是因非,因非因是。②
> 天下非有公是也,而各是其所是。③
> 天下是非果未可定也。④

既然世界上本来就没有什么"是非",那么人们也就用不着论辩了。

由上,庄子"齐论"思想是在"齐物"思想基础上进一步将一切言论等同化,最终消弭论辩。他认为既然事物是处于永恒运动过程中的,无确定性可言,那么人们就不可能对事物情况形成确定性条件下的是非判断。因此,是与非、可与不可的区分都是无意义的,人们之间的论辩也是毫无结果的,是应当消弭的。这种消弭认识的可能之看法最终导致了消弭是非、消弭论辩,其传统辩证思维方式多走了一步,走向了绝对的相对主义。这仍然是只注重事物的运动性、否定静止性而导致的

---

① 《庄子·齐物论》。
② 《庄子·齐物论》。
③ 《庄子·徐无鬼》。
④ 《庄子·至乐》。

后果。据此,有了"齐物"和"齐论"思想的铺垫,庄子水到渠成地提出了"辩无胜"的结论,将其消弭是非、消弭论辩的论证理路,一以贯之地清晰地表现了出来。

## 六、"辩无胜"思想

庄子认为诸子"自贵而相贱"的论辩完全是先以自己的观点为"公理",然后在此预设下,师心自是地各是其是,各非其非,是其所是,非其所非。因此,才造成了"是非樊然淆乱"[1]。故而,他在剽剥儒墨"是非樊然淆乱"的过程中,从评价是非的不同角度,以完全归纳法提出了他的著名的"辩无胜"之说。

> 既使我与若辩矣,若胜我,我不若胜,若果是也,我果非也邪?我胜若,若不吾胜,我果是也,而果非也邪?其或是也,其或非也邪?其俱是也,其俱非也邪?我与若不能相知也,则人固受其黮暗,吾谁使正之?使同乎若者正也?既与若同矣,恶能正之!使同乎我者正之?既同乎我矣,恶能正之!使异乎我与若者正之?既异乎我与若矣,恶能正之!使同乎我与若者正之?既同乎我与若矣,恶能正之!然则我与若与人,俱不能相知也,而待彼也邪?……是若果是也,则是之异乎不是也,亦无辩;然若果然也,则然之异乎不然也,亦无辩。[2]

---

[1] 《庄子·齐物论》。
[2] 《庄子·齐物论》。

意谓,两人辩论,或胜方对;或双方都有可能对,也都有可能错;或双方都对、都错。没有人可以裁决,无论是让与一方意见相同或双方意见都同,还是与双方意见相异的人来裁决,结果都不足以说明孰是孰非。在这里,庄子从评价是非标准的不同角度,运用完全归纳法列举了两人辩论时可能出现的四种评价情况,认为不管由己方、对方、双方还是第三方都没有办法判明谁胜谁负,从而得出了"辩无胜"的结论。既然胜负无法判定,那么论辩也就不需要了,为此他提出了消弭"辩"的要求。

如前文所述,客观事物的存在是相对静止和绝对运动的辩证统一,也可以表述为确定性和变化性的辩证统一。虽然运动是事物的本质属性,事物无时无刻不在运动中,但在相对静止的条件下,事物仍表现出一定质的规定性,这一规定性是此事物区别于他事物的本质属性所在,也是我们认识事物的依据。因此,在确定的时空条件下,人们是可以认识具有确定性的事物的,并依此而判定它的"是非"。思维判断中的是非对立,始于认识对象属性的同异比较。思维根据认识对象的相同属性进行归纳,根据认识对象的相异属性进行划分,进而形成思维认识中的同异判断。将这种判断与客观事物的实际情况相比较,符合客观事物实际情况的为真,即"是";否则便为"假",即"非"。由是,客观事物的同异矛盾决定思维的是非矛盾。论辩结果的是非对错亦可依此进行判定。

但在庄子对"辩无胜"所做的分析中,他过度强调了评价标准的相对性,没有将论辩结果的是非对错与一定条件下确定的客观事物相比较,因此,"剽剥儒墨"的他认为是非标准纯粹是主观性的价值标准,否定了客观性的事实标准,人们可以根据自己的喜好、习惯、利益等因素判定该言论的是非对错。应该说,庄子得出"无辩"主张的这一思维进程中蕴涵着朴素辩证思维,只不过由于他夸大了评价标准的相对性,因此,这一主张也走向了一种绝对的相对主义。它既不受矛盾律的制约,也不受传统辩证思维法则的规范。殊不知,"辩无胜"与"辩有胜"是两个互为矛盾的命题,亦可以充当一对辩题。当庄子认可"辩无胜",否认"辩有胜"时,就是在对立双方中肯定了一方。也就是说,在论辩这一场景中,庄子承认"辩无胜"一方获胜。既然辩论中有一方获胜,那么"辩无胜"这一命题也就不能成立了。所以,"辩无胜"的悖论式结论是经不起逻辑基本规律的推敲的。

尽管如此,"辩无胜"仍然有其意义。它的意义就在于提示人们只有从事物的两方面入手分析,才能认识到事物矛盾的相对性;从反面告诫人们,正确运用辩证思维方式思考问题时,必须注意事物存在的条件性和确定性,以及在谈说论辩中,必须要确定一个统一的判定是非的标准,否则就会走向谬误。

## 七、以和为量——"辩无胜"问题的启示

提出问题是为了解决问题,庄子提出了是非虚幻及无检验是非的确定性标准,是为了达到超越是非的"莫若以明"的境界。他将此任务交与圣人,"圣人和之以是非而休乎天钧",通过"何谓和之以天倪?曰:是不是,然不然,是若果是也,则是之异乎不是也,亦无辩;然若果然也,则然之异乎不然也,亦无辩。化声相待,若其不相待。和之以天倪,因之以曼衍,所以穷年也。忘年忘义,振于无竟,故寓诸无竟"的根本途径,使是非均衡、齐一,忘掉生死,忘掉是非仁义,畅游于无穷的境域,神骛八极,心游万仞,终身作逍遥游了。

庄子就是这样,通过"天倪"终于解决了是非"樊然淆乱"的情况。

并提出了"以和为量",亦即要以"和顺自然"为最高"原则"。

这种"以和为量"的准则,是在庄子以引征树来谕证自己相对主义的论证中被提出来的。

> 庄子行于山中,见大木,枝叶盛茂,伐木者止其旁而不取也。问其故,曰:"无所可用。"庄子曰:"此木以不材得终其天年。"
>
> 夫子出于山,舍于故人之家。故人喜,命竖子杀雁而烹之。竖子请曰:"其一能鸣,其一不能鸣,请奚杀?"主人曰:"杀不能鸣者。"
>
> 明日,弟子问于庄子曰:"昨日山中之木,以不材得终其天年;今主人之雁,以不材死。先生将何处?"
>
> 庄子笑曰:"周将处乎材与不材之间。材与不材之间,似之而非也,故未免乎累。若夫乘道德而浮游则不然。无誉无訾,一龙一蛇,与时俱化,而无肯专为;一上一下,以和为量,浮游乎万物之祖;物物而不物于物,则胡可得而累邪?此神农、黄帝之法则也。若夫万物之情,人伦之传,则不然。合则离,成则毁,廉则挫,尊则议,有为则亏,贤则谋,不肖则欺,胡可得而必乎哉?悲夫!弟子志之,其唯道德之乡乎!"[①]

庄子在这里提出的"以和为量",就是要求避开矛盾,不为物所累,要以"和顺自然"为最高"原则"。以其所引征的为例,就是要说明在认识事物时,要有全面的、整体的观念,形成整体论的思考方式,要把对象

---

[①] 《庄子·山木》。

看成一个具体的有机整体,从整体出发,从具体分析其内部各组成部分之间以及整体与外部环境之间的相互关系入手,去揭示它的整体性质中的"具体"。这种准则也表现在庄子的人生态度中,或如,《庄子·养生主》中"庖丁解牛"的"缘督以为经"之"顺应自然中道,以为常法"。

吾生也有涯,而知也无涯,以有涯随无涯,殆已!已而为知者,殆而已矣!为善无近名,为恶无近刑,缘督以为经,可以保身,可从全生,可以养亲,可以尽年。

庖丁为文惠君解牛,手之所触,肩之所倚,足之所履,膝之所踦,砉然响然,奏刀騞然,莫不中音,合于《桑林》之舞,乃中《经首》之会。

文惠君曰:"嘻,善哉! 技盖至此乎?"

庖丁释刀对曰:"臣之所好者道也,进乎技矣。始臣之解牛之时,所见无非牛者,三年之后未尝见全牛也。方今之时,臣以神遇而不以目视,官知止而神欲行。依乎天理,批大郤,导大窾,因其固然。技经肯綮之未尝,而况大軱乎! 良庖岁更刀,割也;族庖月更刀,折也。今臣之刀十九年矣,所解数千牛矣,而刀刃若新发于硎。彼节者有间,而刀刃者无厚,以无厚入有间,恢恢乎其于游刃必有余地矣。是以十九年而刀刃者新发于硎。虽然,每至于族,吾见其难为,怵然为戒,视为止,行为迟动刀甚微,謋然为解,如土委地。提刀而立,为之四顾,为之踌躇满志,善刀而藏之。"

文惠君曰:"善哉! 吾闻庖丁之言,得养生焉。"

"缘督以为经"之"顺应自然中道,以为常法",就是庄子引征庖丁解牛之后的谕证。其意喻在于,首先是其解牛中整体目标的结构选择问题,即骨节间的间隙是下刀时所应选择的具体目标,庖丁为此练了三年时间。其次是处在复杂的社会里,要保全自己,就得像庖丁解牛一样,找空隙下刀,避开一切矛盾,"以无厚入有间",不去接触实际。这样就能像保护刀刃一样,不至于使自己受到损害,才可以"保身""全生"。

从寓言说理的角度讲,"庖丁解牛"的意喻能够成立,在于从"手之所触,肩之所倚,足之所履,膝之所踦,砉然响然,奏刀騞然,莫不中音,合于《桑林》之舞,乃中《经首》之会"的乐音流泻中,我们可以品味出"缘督以为经,可以保身,可从全生,可以养亲,可以尽年",即品咂出如此才能保全身躯、保全天性、养护身体、颐养天年的顺从自然之中道的道理。庄子的这种意喻应是"以和为量"准则的体现。

这种"以和为量"的准则,还表现在庄子所引征的其他有关树的谕证中。

齐国有一棵栎社树,舒展的枝叶可以遮蔽几千头牛,用绳子量有百尺来粗;树干高出山头几十尺,枝叶就在山巅上空摇曳。粗大的旁枝可以用来造船。因此,"观者如市",都感叹"如其美也"。但这样的大树,"运斤成风"的匠石却看也不看,认为那是一棵毫无用处的树。用它造船会沉没,用它做棺材会很快腐烂,用它打器具会很快损毁,用它做门会流出污浆,用它做柱子会遭虫蛀。这棵大树,正因为它没有什么用处,所以才有这么长的寿命。匠石的一番话,触动了土神栎社的心,到夜里,给匠石托了一个梦,说:"你要用什么和我相比呢?拿我跟有用的树比吗?比如山楂树、梨树、橘子树、柚子树及瓜果之类,果实熟了就被剥落,剥落便遭到扭折,大枝打断了,小枝也被拖了下来。这些都是因为它们有用而痛苦一生啊,所以不能享受寿命而中道夭折,这都是自己招来世俗打击的结果。世界上的事物没有不是这样的,何况我寻求无用的境地很久了,曾经几乎被砍伐,直到现在才得到无所不用,以无用为我的大用。"正是因为这是"不材之木",因而能"以无用为大用"[1]。

商丘也长有一棵奇特的大树,可容一千辆马车齐集树下,共享荫凉。人见了,都惊异不已,以为这树有特殊的材质。但它的细枝弯弯曲曲,不可做栋梁之材。那树干,轴心疏散,连做棺材也不行。那叶子,就更怪了,叶脉里像似含蓄了大量酒精,只需用舌头舔一下,嘴和舌头都要烧烂,若闻一闻,酒气直透心肺,马上大醉如狂,且一醉就三天醒不来。这树如不是"不材之木",能长成这么大吗?这棵奇树因其"不材"而免斧斤之患,故能"终其天年",这正是拜赐于"无用之用"啊!"不材之木"倒成了一大奇观,而那些有用之木,自己招来斧斤的祸患,因而不能穷尽天年,中途便夭折了。[2]

在"以和为量"、全面认识的具体性问题上,我们还可以再举出庄子与名家惠施的两个关于"有用"和"无用"的论辩:

惠子谓庄子曰:"魏王贻我大瓠之种,我树之,成,而实五石。以盛水浆,其坚不能自举也;剖之以为瓢,则瓠落无所容。非不呺然大也,吾为其无用而掊之。"

庄子曰:"夫子固拙于用大矣。宋人有善为不龟手之药者,世世以洴澼絖为事。客闻之,请买其方百金。聚族而谋曰:'我世世为洴澼絖,不过数金。今一朝而鬻技百金,请与之。'客得之,以说吴王。越有难,吴王使之将。冬,与越人水战,大败越人,裂地而封之。能不龟手,一也,或以封,或不免

---

[1] 见《庄子·人间世》。
[2] 见《庄子·人间世》。

于洴澼絖,则所用之异也。今子有五石之瓠,何不虑以为大樽而浮乎江湖,而忧其瓠落无所容?则夫子犹有蓬之心也夫!"①

在这个场景中,惠施认为,魏王赠送给他的大葫芦种子,如种植它可得到能装进五石粮食的大果实。但用来装水,坚硬程度不够;剖开做水瓢,却又因底大平浅,装不了多少水。不是因为它不空虚巨大呀,实在是因为它没有什么用处,于是他便把这个大果实砸碎了。但庄子不这么认为,诘难惠施不善于用"大",并引征宋国人的例证说明。宋国人世世代代以漂洗丝絮为职业,为了防治手被冻裂,他们善于制作一种防治手皮冻裂的药。有个人听说了,于是以百金购买药方。宋国人召集家族成员商议说:"我们世世代代漂洗丝絮,所得也不过数金。现在卖掉药方就能得到百金,就把它卖了吧。"这个人买到药方后,就去游说吴王。这时越国来犯,吴王就派献药方的人率兵迎击。这时是冬天,吴国军队与越国军队打水战,由于有了防治手冻裂的药,大败了越国军队。于是吴王划出一块土地封赐给了献药方的人。这种药在能防治手冻裂上是一样的,但有的人得到封地赏赐,有的人却只能世世代代漂洗丝絮。这是因为所用的地方不一样啊。通过这个引征,庄子告诫惠施,你现在有能装五石粮食的大果实,何不考虑把它做成一个葫芦腰舟,漂游在江湖水波上,还担心它装不下什么吗?这实在是因为你心如蓬草塞蔽,不开窍啊!

在这个论辩中,惠施认为"无用"的大葫芦,到了庄子"无用之用"的思维时空里,便可以化作一只腰舟,载着自己漂流在江湖的水波之上,自由自在!"有用""无用",就看具体是怎么用它了。同样是防手冻裂

---

① 《庄子·逍遥游》。

的药,在不同的人那里,其"有用""无用"大相径庭。此即思维眼界变通使然。

"大瓠"如此,"大树"亦如此:

> 惠子谓庄子曰:"吾有大树,人之谓樗,其大本臃肿,而不中绳墨,其小枝卷曲,而不中规矩。立之涂,匠者不顾。今子之言,大而无用,众所同去也。"
>
> 庄子曰:"子独不见狸狌乎?卑身而伏,以候敖者。东西跳梁,不避高下,中于机辟,死于罔罟。今夫斄牛,其大若垂天之云,此能为大矣,而不能执鼠。今子有大树,患其无用,何不树之于无何有之乡,广莫之野,彷徨乎无为其侧,逍遥乎寝卧其下。不夭斤斧,物无害者。无所可用,安所困苦哉!"①

在这个论辩场景中,惠施引征大臭椿树,主干臃肿,不中绳墨,小枝卷曲,也不中规矩,立在路旁,连匠人都不看,以此谕证庄子的言语,也是大而无用,是要被众人抛弃的。

庄子同样引征,野猫低下身体,等候捕捉出游的小动物,然后东跳西跳,踩上了捕捉禽兽的工具,死了;现在又有一头牦牛,虽高大像垂天的云彩,却逮不着一只老鼠。借此谕证惠施,你现在有这棵大树,担忧它没有什么用处,为何不把它树在空旷广漠的郊野,徘徊在树旁,躺卧在树下,不担心被砍伐,也没有其他东西能伤害它。就因为它无其所用,哪能有什么困苦呢!

引征谕证的"譬"式方法一样,惠施的本意是在抨击庄子之言的"大

---

① 《庄子·逍遥游》。

而无用",但庄子认为大的东西丧失了某一种用处,却产生了另一种用处。"无用"本身即是大用。树无砍伐之灾,精神思想无世俗的加害,不也是一种"大用"?

这种"有用""无用"标准的相对性,体现了全面、整体认识事物的合理性,涉及了一种思想或学说的意义及价值的争论。惠施认为庄子的言论空玄高远,于现实无补,而庄子表述的则是一种超离现实、"独与天地精神往来"的"逍遥"境界。庄子通过几则饶有兴味的寓言说理故事,具体、形象地谕证了自己看似高深莫测的观点,让人从寓言说理故事中明白了"无用之用"的道理,理解了这种迥然有别的人生追求。从庄子与惠施这两则"有用"与"无用"的论辩中,我们可以体会到衡量事物的尺度并非是一成不变的,如果换一个思维角度,也许新的眼界下能得出与原来完全不同的"以和为量"的"恰当""适宜"的新的思维认识。

庄子把对人生的思索也凝聚于一棵棵大树上,用对比加以说明,看似在说树,其实是在说人、说世。因此,西晋"好《老》《庄》"的玄学家郭象在注《庄子》时,深得庄子曲旨:"无用乃济生之大用";唐代成玄英的注疏也很精当:"欲明处涉人间,必须以无用为用也。"

综上,庄子通过"齐物"到"齐论"再到"辩无胜"的思想进程,展现了其主张消弭"辩"的态度。同时,这一态度也可能是其传统辩证思维朴素性——过度关注事物的运动变化性,忽视事物的确定性的具体体现。这也使得,庄子的"无辩"思想从反面刺激了先秦逻辑思想的发展,使得后代思想家对思维认知、名实论辩的基础与标准以及论辩结果的胜负问题等,进行了更为深入的思考。在处理这些问题的同时势必也会对传统辩证思维方式有持续的更为深入的理解,或可说,也是从反面对传统辩证思维方式的进一步完善起到了重要的推动作用。

# 第五章　传统辩证思维方式的形成（四）
## ——先秦名家的辩证思维方式

按《汉书·艺文志》，先秦诸子百家实为"九流"，即：儒家、道家、阴阳家、法家、名家、墨家、纵横家、杂家、农家。其中以辩论名实问题为重要特色，并且以善辩成名的一个学派，就是我们所说的名家，又称"辩者""刑（形）名家"。其中的主要代表人物是活跃在三晋大地的邓析、惠施、公孙龙等。我们将其称为三晋名家。

"名家"这个名称，翻译成英文时，有时翻译为"sophists"（诡辩家），有时翻译成"logicians"（逻辑家）或"dialecticians"（辩证家）。从名家的论辩来看，名家的确与诡辩家、逻辑家、辩证家有相同之处，但在睿智与诡辩之间，名家之所以成为"名家"，是有他们的独特之处的。名家之所以被称作"名家"，就是因为他们同样是在先秦诸子"思以其道易天下"的政治传播活动中，为了播其声、扬其道、释其理，最初围绕"刑名"问题，以研究刑法概念著称，以后逐渐从"刑名"研究，扩大为"形名"研究、"名实"研究，围绕着"名"和"实"的关系问题，展开论辩并提出自己的见解。但由于他们的研究方法奇特，按西汉司马谈在《论六家之要旨》中所说是"控名指实，参伍不失"，因此，虽然名家擅长论辩，但其论辩又流于"苛察缴绕"，疙疙瘩瘩，所以历史上一直名声不好。但这些并不影响我们借助于名家认识事物的思维方法，看一看名家是如何谈论名实问题以及体现于其中的传统辩证思维方式的。

# 第一节　时措其宜——邓析的辩证思维方式

关于邓析的史料,疑惑之处甚多。《汉书·艺文志》记载有《邓析》两篇。西晋鲁胜在其《墨辩注序》中说:"自邓析至秦时,名家者世有篇籍……遂亡绝。"今本《邓析子》包括《无厚》《转辞》两篇,有学者认为是后人抄缀的伪书,"邓析书乃战国晚世桓团辨者之徒所伪托。邓析实仅有《竹刑》,未尝别自著书"①;但也有学者认为此两篇确是邓析思想的中心,非全属伪造,可以作为研究邓析思想的参考,"邓析生于春秋末期和老聃、孔丘的年代相近,说《邓析子》完全是邓析自著,恐难置信。但今本《邓析子》二篇中的基本主张出于邓析,是有旁证的。先秦诸子中如《荀子》和《吕氏春秋》都对他有所评论。'两然'、'两可'说是他的重要内容,这在《邓析子》的《转辞》里,是可以窥见的。唐人李善《文选注》多次引用《邓析子》,可见唐人也不认为《邓析子》一书全是伪造"②。

综上,我们认为《无厚》《转辞》以及从《吕氏春秋》《荀子》《韩非子》等书中找到的有关邓析的思想及其评论,都可以作为今天研究邓析名辩思想的重要史料。

## 一、"循名责实""按实定名"的名实观

在名实关系问题上,邓析主张"循名责实""按实定名",对"名"做了

---

① 钱穆:《先秦诸子系年考辨》,上海书店出版社 1992 年版,第 18 页。
② 温公颐:《先秦逻辑史》,上海人民出版社 1983 年版,第 8 页。

初步探索。

> 循名责实,实之极也;按实定名,名之极也。参以相平,转而相成,故得之形名。①

意谓,如果按照"名"去寻找相应的"实",就可以认识这类"实"的全貌;如果按照"实"去确定相应的"名",这个"名"也能够完全地概括这一类"实"。名、实之间相互参验考证,就能形成一个与实相符的名。"循名责实""按实定名"的思想中已经包含了用"名"正确指称"实"的因素,这是把"名"作为名称加以考察分析的最初探索。

在"循名责实"的使用上,邓析还提出了"名不可以外务"②的要求,强调"名"指称(能指)与其相应的实(所指)必须保持确定性,不可以任意超越。

当然,邓析不同于孔子维护周礼,用旧名定新实,他从新时代的具体要求出发,重新厘定名实的关系。

> 循名责实,君之事也;奉法宣令,臣之职也。③
> 循名责实,察法立威,是明王也。④

按此,邓析注重君主权威的确立,排斥贵族的擅权,认为只有这样才能使法令通行全国,巩固君主的政治经济利益。

---

① 《邓析子·转辞》。
② 《邓析子·无厚》。
③ 《邓析子·无厚》。
④ 《邓析子·无厚》。

有鉴于此,后世荀子对邓析的评价为,"不法先王,不是礼义"①。这说明邓析不以古圣先王作为衡量是非的标准,而是按社会的发展变化,要求在名实关系上有所发展与创新。

综上两点,可以推出邓析所循的"名",不是孔子所说的旧名,而是根据新出现的"实"重新厘定的"名"。邓析强调了要依据"实"的变化而适时制定与之相应、相宜的新名。

在此基础上,邓析还对"实"做了较为精微的区分:

> 世间悲、哀、喜、乐、嗔、怒、忧、愁,久惑于此,今转之:在己为哀,在他为悲;在己为乐,在他为喜;在己为嗔,在他为怒;在己为愁,在他为忧;在己若扶之与携,谢之与让,故之与先,诺之与己,相去千里也。②

这些名有各自的所指,由于主、客、己、他的差异,即使相类似的情绪反应,如悲哀、喜乐、嗔怒、忧愁,在使用上也应该有严格的界定。即使是同一主体,不同的情态、语气也都有差别,如扶、携、谢、让、故、先、诺、己等。邓析子对"名"所指称的"实"所做的精微分析,表明只有名随实变,才能真正做到名实相符、相宜。

## 二、"两可"之说

邓析的著称于世,大概要源于西汉刘向《校上邓析子叙》和《列子·

---

① 《荀子·非十二子》。
② 《邓析子·转辞》。

力命》所说的邓析子"操两可之说,设无穷之辞"了。何谓"两可"之说?西晋鲁胜《墨辩注序》解释为:"是有(又)不是,可有(又)不可,是名两可。"按史料分析,所谓"两可"之说,从邓析的某些轶闻旧事来看,大约是指同时断定事物正反两方面的性质,或对反映事物正反两方面性质的矛盾判断同时予以肯定。"两可"之说,也就是"同名异谓"的现象。

> 洧水甚大,郑之富人有溺者。人得其死者。富人请赎之。其人求金甚多,以告邓析。邓析曰:"安之。人必莫之卖矣。"得死者患之,以告邓析。邓析又答之曰:"安之。此必无所更买矣。"①

这是邓析运用"两可"之说的一个典型范例。他从同一事物的不同性质出发,针对不同对象的不同需要,分别强调了问题的不同方面。他对死者家属说"安之",是利用死者家属的优势(只有死者家属才有可能赎买尸体)去攻得死者的劣势(如果死者家属不着急赎买尸体,得死者就无处获得赎金);他对得死者说"安之",是利用得死者的优势(只有他这里有富人尸体)去攻死者家属的劣势(除了这里无处可买)。这样就使两个截然不同的结论均得以成立了。

应该说,邓析这两段话语是从不同的时间、对不同的对象、就不同的方面给出的回答,应该说两个回答分别都是恰当的。因为,从语境考虑,同一个人在不同的语境中说出不同的话语是完全可以的。所以,同一个表达"安之"就可以回答两个截然不同的问题。在"两可"中,此"可"和彼"可"的"安之"虽同名,但具体使用者的解释(含义)可以是不

---

① 《吕氏春秋·离谓》。

同的,这也能够深化对名的变化性的变通认识。这和孔子的"叩其两端"、老子的"正言若反"、后期墨家的"同异交得"等是一脉相通的传统辩证思维方法。

但也应该看到,"两可"故事并没有给出事情的结局。这是因为,"两可"只存在于邓析一人身上,而对立的双方在"安之"的提示下,都把对方的着急转化为自己的不着急。这样,最终的结果不是谁的"可"更现实地符合客观情况,而是谁的忍耐心更大罢了。这就暴露出"两可"之说的一个致命缺陷,即无视了一定条件下的质的规定性,缺乏一种确定性的标准。"两可"之说历来被说成诡辩也不无道理。

邓析的"两可"之说,被战国时期的公孙龙所援用,他教赵国平原君反驳秦王之约就是此法。在这个故事中,邓析"两可"之说的缺陷表现得更为明显。

> 秦赵相与约。约曰:"自今以来,秦之所欲为,赵助之,赵之所欲为,秦助之。"居无几何,秦兴兵攻魏,赵欲救之,秦王不悦,使人让赵王曰:"约曰:'秦王所欲为,赵助之;赵之所欲为,秦助之。'今秦欲攻魏,而赵因欲救之,此非约也。"赵王以告平原君,平原君以告公孙龙。公孙龙曰:"亦可以发使而让秦王曰:'赵欲救之,今秦王独不助赵,此非约也。'"①

按理,秦之"所欲"在前,赵之"所欲"在后,所以当两者的"所欲"发生冲突时,在"助之"的问题上,抛开伦理是非,理应以"规定"的"所欲"在前者为准。只是因为"时间"这一约定的条件在条约中没有写明,所

---

① 《吕氏春秋·淫辞》。

以让公孙龙钻了空子。由是,当缺乏一种确定的条件性的规定时,"两可"之说就可能流于诡辩。

按上,邓析提出了"循名责实"的名实观,并对"名"的变化性进行了一定的思考,这理应是传统辩证思维方式的延续。他的"两可"之说,对传统辩证思维方式的发展起了刺激和促进作用,也给以后的名家带来深远影响。如惠施的"历物之意"和"辩者二十一事"的命题,明显带有"两可"的色彩。所有这些,对于先秦逻辑思想的丰富和发展,都起到了历史的推动作用,哪怕这种推动作用是反向刺激使然。

## 三、"时措其宜"的论辩原则

在有关"辩"的问题上,邓析认为论辩目的是促进沟通交际的有序性和有效性,其最终目的仍然是先秦时代政治传播活动中一以贯之的"正名实而化天下"[1]。

> 辩者,别殊类使不相害,序异端使不相乱,谕志通意,非务相乖也。若饰词以相乱,匿词以相移,非古之辩也。[2]

意谓,在与别人沟通论辩思想观点时,必须保持思维的清晰,对不同类的事物名称加以明确的区别,不相互侵渗、纠缠不清;对同一类事物的两个不同的方面进行分析时,应该将两方面的对立情况依次说清楚,不可混为一谈。这种认识从求真的角度讲,要求正确的思维论辩必

---

[1] 《公孙龙子·迹府》。
[2] 《邓析子·无厚》。

须保持沟通交际的有序性和有效性；从求治的角度讲，则是要求通过正确的思维论辩来"正名实而化天下"。如此，先秦逻辑思想中的求真精神和求治精神就鲜明地熔铸在一起了。

为达到这样的目的，邓析提出了"辩"所应遵循的"时措其宜"原则。这一原则首先是通过"辩"的分类体现出来的。

邓析将"辩"分为"大辩"和"小辩"两类。

> 所谓大辩者，别天地之行，具天下之物，选善退恶，时措其宜，而功立德至矣。小辩则不然。别言异道，以言相射，以行相伐，使民不知其要。无他故焉，故浅知也。[①]

所谓"时措其宜"，按《中庸》二十五章，"性之德也，合外内之道也，故时措之宜也"。强调适时施行才是合宜的。在邓析这里，他认为"大辩"者能够做到"时措其宜"，即真正的辩者在论辩过程中能够针对具体情况，进行恰如其分的论辩，达到明同异、定是非、别善恶、分清浊的目的。而"小辩"者只是没有任何原则地玩弄言辞，互相攻击，故意标新立异。据此，邓析主张"大辩"，反对"小辩"，强调"时措其宜"以及在论辩过程中"原则与目的"相统一的重要性。

至于如何做到"时措其宜"，邓析认为应该按照论辩对象的不同而采用不同的论辩策略，亦即论辩的对策要灵活多样。

> 夫言之术，与知者言依于博，与博者言依于辩，与辩者言依于安，与贵者言依于势，与富者言依于豪，与贫者言依于利，

---

[①] 《邓析子·无厚》。

与勇者言依于敢,与愚者言依于说,此言之术也。①

他把谈辩对象分为八种类型,并根据不同的对象,相应地提出了八种论辩方式,这叫作"因人施教""依类辩故",也可以说是"别殊类使不相害"这一思想的具体的灵活运用。亦即:

与智者谈辩,要注重于广博;

与广博的人谈辩,要注重于思辨;

与名辩之士谈辩,应注重于围绕论题、要言不繁;

与有地位的人谈辩时,应该注重于气势问题;

与富人谈辩时,应该注重于阔绰豪放一类的问题;

与穷人谈辩时,应该注重于如何获利生财、解除贫困等问题;

与勇武的人谈辩时,应该注意孔武敢当的问题;

与知识浅薄的人谈辩时,应该注重于一般性的说理。

这八种因人制宜的论辩,不仅涉及论辩的内容,而且涉及论辩的方式,体现了灵活变通的论辩技巧,当是"时措其宜"论辩原则的突出体现。

按此,邓析作为春秋末期的一位杰出辩者,能够明确提出"时措其宜"的主张,说明其"时""宜"的朴素辩证观念已经初步"知性"地形成。在这种观念的指导下,邓析认为只有根据论辩对象的身份、地位的差异而运用不同的论辩方法、选择不同的论辩内容与之謦应对诤,才可以取得良好的论辩效果。这种针对性极强的论辩策略,视每一次论辩为一个有别于他者的个例,进而采用相应的论辩路径。这与辩证思维所及的具体情况具体分析的要求是一致的,故而"时措其宜"的论辩原则是

---

① 《邓析子·转辞》。

邓析朴素辩证思维的现实体现。在邓析看来,只有坚持"时措其宜"的"大辩",放弃"使民不知其要"的"小辩",才能够"察是非""审去就"①,最终达到先秦名辩思潮一以贯之的"正名实而化天下"的目的。

## 四、"时措其宜"的全面性要求

在邓析看来,论辩是一个"依类辩故"的过程。这是因为,人们需要在言语交际的活动中明确所用词语的正确含义。人们在言语交际活动中所用词语的客观基础是客观事物。由于客观事物本身是矛盾的统一体,因此在论辩过程中必须注意把握事物中存在着的对立统一的两方面。

> 夫言荣不若辱,非诚辞也;得不若失,非实谈也。不进则退,不喜则忧,不得则亡。此世人之常,真人危斯十者而为一矣。②

邓析所列举的"十者",即十个例证(荣辱、得失、进退、喜忧、得亡),经验性地说明事物内部所包含的各种对立统一关系。紧接着在他所区分的"大辩""小辩"中,邓析希冀人们在谈说论辩过程中重视这种关系。这是因为,任何事物都具有两面性,如果只认识一面,抓住一面而辩,忽视另一面,就会陷入片面,产生如荀子所说的"弊端"。为此,邓析强调了"合","合"即意味着全面性的把握,如是才能正确认识事物。

---

① 《邓析子·转辞》。
② 《邓析子·无厚》。

> 夫事有合不合者，知与未知也。合而不结者，阳亲而阴疏。故远而亲者，志相应也。近而疏者，志不合也。就而不用者，策不得也。去而反求者，无违行也。近而不御者，心相乖也。远而相思者，合其谋也。故明君择人，不可不审；士之进趣，亦不可不详。①

意谓，任何事情都有"合与不合""知与未知"两方面，人们认识事物也要注意到这两方面的关系，做到合而结、合而谋，不能只持一端。邓析的正反对举、并重的"合"的思想，在他所处的那个时代，虽朴素辩证却又是深刻的。

邓析基于对客观事物矛盾本性的认识，对谈说论辩行为提出的全面性和对立统一性的要求及策略，与荀子提出的"解蔽"的论辩原则极为类似，都是旨在强调首先要认识到事物都是包含矛盾双方的统一体，矛盾双方是相反相成、密不可分的辩证关系；其次，在谈论事物时要全面把握矛盾对立双方，不能偏执于一方，否则就会得出片面性的结论。二者都是保证论辩结论更为充分、详实，更具有说服力的有力思想，都是各自朴素辩证思维的真实体现。

## 五、双重论证

所谓双重论证(Double Arguments)，也叫相反论证、两面论证或两可论证。它是从古希腊时期第一个自称智者的普罗泰格拉的著作"论相反论证——学费问题的辩论"中流传下来的。其基本思想是：可以从

---

① 《邓析子·无厚》。

两个相反的方面对任一命题做出论证,在任何情况下,一个人只要头脑灵活,说话机灵,他就能做出一个相反的论证。如某件事情是非正义的,只要举出一件更不正义的事情,原来那件事情,就显得并不那么非正义了。如死亡、疾病、翻船,对遭难者是坏事,对殡葬业者、医生和造船者是好事。对一个人,可以称赞他,同时又可以指责他,因为这是同一个人的不同方面。① 其例证为著名的"半费之讼"②。

普罗泰格拉招收欧亚塞卢学做律师,事先讲定的条件是:欧亚塞卢先交一半学费,剩下的一半在欧亚塞卢首次为人办诉讼取胜时交清。但欧亚塞卢学成后很长时间内不给人办诉讼,因此剩下的一半学费也不打算交清。普罗泰格拉急了,便将欧亚塞卢告上法庭。他的如意算盘是:

如果我打赢了官司,那么按照法庭的判决,你必须付给我另一半学费;如果我打输了官司,那么按照原来的契约,你也必须付给我另一半学费。总之,不管这场官司打赢还是打输,欧亚塞卢都得给钱。

由于普罗泰格拉不是根据同一个标准去评判被告之是非,因此欧亚塞卢也以不同的标准来应诉。他的如意算盘是:

如果我打输了官司,那么按照原来的契约,我不必付给你另一半学费;如果我打赢了官司,那么按照法庭的判决,我也不必付给你另一半学费。总之,不管这场官司打赢还是打输,我就是不给钱。

由于二人在判断是非上,各自都没有同一的标准,更谈不上相互之间保持同一的标准,结果只能使"半费之讼"同类似于双重论证的"两可

---

① 参见孙中原:《逻辑哲学讲演录》,广西师范大学出版社2009年版,第253页。
② 第欧根尼·拉尔修:《名哲言行录》(下),马永翔等译,吉林人民出版社2003年版,第592页。

之论"一样,流于诡辩。

中国先秦时代的名家和古希腊智者一样,为达其目的也善于运用双重论证的思维方法和论辩技巧。从众多历史故事和评论家的评论中,能够看出邓析是中国最先运用双重论证的辩者。

《列子·力命》和西汉刘向的《校上邓析子叙》说,邓析"操两可之说,设无穷之辞"。《吕氏春秋·离谓》篇中还列举了邓析双重论证的三个典型事例,除前述的"两可"之说的"安之"外,还有两个:

> 郑国多相县以书者。子产令:"无县书。"邓析致之。子产令:"无致书。"邓析倚之。令无穷,则邓析应之亦无穷矣,是可不可无辨也。
>
> 子产治郑,邓析务难之,与民之有狱者约,大狱一衣,小狱襦裤,民之献衣襦裤而学讼者不可胜数,以非为是,以是为非,是非无度,而可与不可日变,所欲胜因胜,所欲罪因罪,郑国大乱,民口喧哗。

第一个案例,郑国有很多人把自己关于"国事"的意见写出来,悬挂在公共场所,让大家观看。郑国的执政者子产下令:"不许悬挂。"邓析就让大家把意见书交互送给别人。子产又下命令说:"不许把意见书送给别人。"邓析再次变化手法,让把意见书夹带在别的书中送给别人。子产有无数的命令,邓析就有无数的应对手法。

第二个案例,主要是说作为中国古代"民间律师第一人"的邓析教人学诉讼,把非说成是,把是说成非,是非没有标准,成立和不成立每天都在变化,官司的胜负总是由他说了算。

结合前面邓析对"辩"的全面性的要求来看,"两可之论"本身着实存在着一些合理的因素:事物自身存在着对立的两方面,这两方面在一定条件下可以相互转化。因此,在论辩过程中应当全面把握事物,不可顾此失彼。然而,如果有意夸大或无视转化的条件性,漠视一定条件下事物的确定性,那就必然会流于诡辩。邓析"两可之论"式的"双重论证"即是如此。这种论证历来被斥为"怪说琦辞",原因也在于此。但从积极的意义上看,邓析的双重论证也从反面提示我们,在运用辩证思维分析问题、处理事情时,一定要谨慎关注事物存在的条件性,不能随心所欲、毫无顾忌地将事物随意转化,否则会陷入诡辩和相对主义的泥淖。

综上,在谈辩问题上,邓析提出了"时措其宜"以及"非所宜言勿言""非所宜争勿争"[①]的谈辩原则,坚持"大辩"、反对"小辩"。同时也认识到了对待不同的论辩对象应该灵活采用不同的应辩举措。此外,他还强调在论辩过程中,必须进行全面的论证,如只抓住一面,就会陷入片面。这些都显现了传统辩证思维方式的见解。当然,邓析的辩证思维还是朴素的,他所持的"两可论证"有意忽视转化的条件性,从而随意变化说辞,被后人诟病。这也从反面警示我们,如果忽视了事物转化的条件性,就会多走一步而走向诡辩的桥梁。尽管如此,邓析的"两可之论"还是从反面刺激、推动了先秦传统辩证思维方式的发展。

## 第二节 天地一体——惠施的辩证思维方式

惠施(约公元前370—前310年),宋国人。惠施的事迹散见于先秦

---

① 《邓析子·转辞》。

时期的典籍中。从这些记载中我们可以看到他曾在魏国为相,与庄子交往颇多。关于惠施的学说以《庄子·天下》记述最详:"惠施多方,其书五车。其道舛驳,其言也不中。"从这种评价来看,惠施不仅十分博学,而且著述繁富。可惜他的著作大多都佚失了。现在所考察的惠施名辩思想中的传统辩证思维方式,主要根据《庄子·天下》篇所记载的惠施"历物之意"等命题。

## 一、"历物之意"的十个命题

这十个命题是:

至大无外,谓之大一;至小无内,谓之小一。无厚,不可积也,其大千里。天与地卑,山与泽平。日方中方睨,物方生方死。大同而与小同异,此之谓小同异;万物毕同毕异,此之谓大同异。南方无穷而有穷。今日适越而昔来。连环可解也。我知天下之中央,燕之北、越之南是也。泛爱万物,天地一体也。[1]

从先秦名辩思潮的角度来看,惠施"历物之意"中无一言提及"名""实"问题。然而细品这十个命题,终不过示人如何用"名"反映"实"最为得当。惠施在名实关系问题上的思想,或可从庄子对惠施的评价中看出:"遍为万物说,说而不休,多而无已""弱于德,强于物""骀荡而不

---

[1] 《庄子·天下》。

得,逐万物而不反"①。这些评价从侧面反映出惠施将世界万物作为理论探讨的对象。他从客观事物的情况出发,而不是从主观的思想意识出发,认为实是第一性的,名是第二性的。而他所谓的"实"就是"各个实在的事物的实际情形",只不过,他选择了与常识相异的论述角度,从事物绝对运动的观点出发,提示人们事物的含义呈开放增长的状态,"其'实'并不重在对某个确定的标准或尺度的凭靠或依赖"②。因此称呼事物之"名"是相对的,在一定条件下,事物之名是可以相互转换、不断改变的,不可无条件地拘泥于原有之名。

"历物之意"十个命题涉及时间、空间和事物间关系等三个方向,集中表现了惠施的宇宙观和辩证思维方式。但由于惠施的相关论证已经佚失,我们只能根据后来文献的各种分析,分类如下:

1. 关于时间问题的命题

第四条命题:"日方中方睨,物方生方死。"

按"运动本身就是矛盾"的观点来理解"日方中方睨",则"日方中方睨"即太阳刚到正中就开始向西倾斜了,于是这个命题就表达了时间的相对性和运动的矛盾本性:机械运动是间断性(点截性)和不间断性(连续性)矛盾双方的对立统一,含有物体运动既在这一点又不在这一点的思想;同样,"物方生方死"即事物刚出生就开始走向死亡,表达了生命的总和,意味着辩证的生命观也总是生与死的统一。故而这条命题在启发人们思索运动的稳定性之外,又注意稳定的相对性;在思索概念的确定性之外,又注意概念的灵活性。这个命题虽然诡巧,却可以引发人在宽广的眼界内做更深层的思索。

---

① 《庄子·天下》。
② 黄克剑:《"名"的自觉与名家》,《哲学研究》,2010年第7期。

对于这条命题,庄子也曾有过一个类似的论述:"物无非彼,物无非是。自彼则不见,自知则知之。故曰:彼出于是,是亦因彼。彼是方生之说也。虽然,方生方死,方死方生;方可方不可,方不可方可;因是因非,因非因是。是以圣人不由,而照之于天,亦因是也。是亦彼也,彼亦是也。彼亦一是非,此亦一是非。果且有彼是乎哉?果且无彼是乎哉?彼是莫得其偶,谓之道枢。枢始得其环中,以应无穷。是亦一无穷,非亦一无穷也。故曰:莫若以明。"①

关于运动的命题,《庄子·天下》所载同时期的"辩者二十一事"中也有"轮不蹍地""飞鸟之影未尝动也""镞矢之疾而有不行不止之时"等辩题,表达了对运动或一味强调连续性、或一味强调间断性、或二者矛盾二重性的统一的认识。以奇谈怪论的形式曲折地表达了对运动的朴素辩证认识。

古希腊爱利亚学派的芝诺也有一个著名命题"飞矢不动",认为飞箭在每一刹那都占据一个与自身相等的空间,这一刹那在这里,那一刹那在那里。飞箭所经过的是无数静止点的总和,而无数静止点的总和应该只能形成静止,不能形成运动。所以飞箭实际上是不动的。芝诺同样以奇谈怪论的形式曲折地表达了对运动的辩证认识。

恩格斯也曾对生命与死亡有过论述,"生命,蛋白体的存在方式,首先是在于:蛋白体在每一瞬间既是它自身,同时又是别的东西"②"今天,不把死亡看作生命的重要因素、不了解生命的否定实质上包含在生命自身之中的生理学,已经不被认为是科学的了,因此,生命总是和它的

---

① 《庄子·齐物论》。
② 中共中央马克思恩格斯列宁斯大林著作编译局编译:《马克思恩格斯全集》(第20卷),人民出版社1971年版,第89页。

第五章　传统辩证思维方式的形成(四)——先秦名家的辩证思维方式　319

必然结果,即始终作为种子存在于生命中的死亡联系起来考虑。辩证的生命观无非就是这样……生就意味着死"①。

在这些论述中,论证的主体、时代不同,论证的目的、主张不同,但这并不妨碍我们在 A 思想与 B 思想、A 文化与 B 文化的比较中,无论"求同存异"也好,"察同辨异"也好,总可以在各自所处的历史文化背景下,经过不断的争论、反思,探索作为"平等的他者"的各自合理性与合法性。至少从论证过程的思维方式上讲,它们各自作为镜像是可以相互映射的。

第七条命题:"今日适越而昔来。"

"今"与"昔"是相对的、互相转化的,今天所谓"昔",正是昨天所谓"今";今天所谓"今",明天就成为"昔"。对同一件事情,既可说是"今日适越",也可以说是"昔来"。或如,说者倘在早晨抵越,而在中午与人说话,既可作"过去式"的表述"我早晨(昔)就已经到达越地了;也可作"现在式"的表述:我今天(今)刚到越地。这说明"今"和"昔"是相对,可变的。

2. 关于空间问题的命题

第一条命题:"至大无外,谓之大一;至小无内,谓之小一。"

意谓,"一"这个概念包含两个极端:一是"至大无外",无所不包的"大一";一是"至小无内",不再包含有任何东西的"小一"。

第六条命题:"南方无穷而有穷。"

这是"大一"与"小一"命题的具体发挥。相对于没有方向性的"大一""小一","南方"总算有一个具体的方向,这是"有穷";若从"大一"的

---

① 中共中央马克思恩格斯列宁斯大林著作编译局编译:《马克思恩格斯全集》(第20卷),人民出版社1971年版,第639页。

角度看,则南方之南还有南方,一直往南,无可穷尽,又是"无穷";而无穷的南方是由具体的有限的区域组成,无穷之中又包含着有穷,故曰"无穷而有穷"。

同惠施的"南方无穷而有穷"的"无穷中包含着有穷的因素"相反,"辩者二十一事"中也有一个命题,"一尺之棰,日取其半,万世不竭",认为在"有穷中包含着无穷的因素"。这在当时也的确是一个违反常识的诡辩,但由于其中可以引申出数学上的极限思想,并暗喻了有穷中包含无穷的深邃思想,所以常为今天的人所称道。这两个命题同样闪耀着惠施等名家人物辩证性思辨的光芒,与古希腊芝诺的"阿基里斯追不上乌龟"的命题一样,从论证过程的思维方式上讲,同样可以各自作为镜像相互映射。

第九条命题:"我知天下之中央,燕之北,越之南是也。"

这是"无穷而有穷"命题推而广之于东、西、南、北四方。"燕之北"即地处北方的燕国之北;"越之南"即地处南方的越国之南;位于燕之南,越之北的中原地带当时被称作"天下之中央"。但惠施认为"天下之中央"这个有穷的区域设在任何地方都是可以的。因为在南北方向都可以无限延伸(东西方向亦可以)的一条线上,取任何一点都是可以的。

第二条命题:"无厚,不可积也,其大千里。"

无厚问题是先秦诸子争论的一大问题,但诸子并没有给出一个明确的理论上的解释。鲁胜《墨辩注序》对这一问题的分析值得参考。他说:"名必有分明,分莫如有无,故有无序(无厚)之辩。"因此,"所谓'无厚不可积也,其大千里'就是说'无厚'之物在体积上表现为无(不可积),但在面积上可以表现为有(其大千里)"[1]。亦即,"无厚"之物由于

---

[1] 任继愈主编:《中国哲学发展史》(先秦),人民出版社1998年版,第484页。

不能构成高度,因此没有体积,就其无体积而言为"无"。但"无厚"之物可以有面,面可广延千里,就其面而言为"有"。这说明"面"这个概念所反映的对象包含着"无厚不可积"而又"其大千里"的对立统一。

第三条命题:"天与地卑,山与泽平。"

"天高地低""山高泽低"是常识之见。但如果从更广大的宇宙的高度来看天地山泽,其高度差可以忽略不计。高中有低、低中有高是该命题所要揭示的道理,旨在说明反映事物空间的"高""低"概念是相对的、互相转化的。

3.关于事物之间联系的命题

第八条命题:"连环可解也。"

连环本是由两个或两个以上完全封闭的圆环组成的一个整体,每个圆环都自成一体,各自转动,但又都是整个连环的一部分,圆环之间互相连结,不可分离。但在惠施眼里,连环是可解的。

关于连环是否可解的问题,《吕氏春秋·君守》记载了这样一个故事:

> 鲁鄙人遗宋元王闭。元王号令于国:有巧者皆来解闭。人莫之能解。兒说之弟子请往解之。乃能解其一,不能解其一,且曰:"非可解而我不能解也,固不可解也。"问之鲁鄙人。鄙人曰:"然,固不可解也。我为之而知其不可解也。今不为而知其不可解也,是巧于我。"故如兒说之弟子者,以不解解之也。

此即,并不是说把连环完全分离才叫"解","不解"也是解的一种方法。所谓"不解",是指在保持各个圆环完好的条件下的不可拆分性,这是"连环"的基本特性。在一定的理解或感悟下,人一旦认识了这个特性,也算对连环的一种"解"。惠施说的"连环可解",大概就是兒说弟子以"不解"而解的意思。又如唐代成玄英在注疏《庄子·天下》时说,"夫环之相贯,贯于空处,不贯于环也,是以两环贯空,不相涉入,各自通转,故可解者也";胡适则以"可计算"为"解","对于计算这连环的圆周和半径的数学家来说,每一环都可看作是与它环分离的。它们之间彼此扣接,完全没有给他(的计算)带来任何困难"。不管这些解法是否符合惠施的原意,单从突破常识的创造性这一点来说,也各有意义。因此,这一命题的意义在于"说明不可解与可解是相对的,不可解在一定的条件下会变成可解的"[①]。

第十条命题:"泛爱万物,天地一体也。"

世界万物,如同连环中的各个圆环,各自有着独立性,但相互之间又不可分割地联系在一起,形成一个"至大无外"的统一体,故曰"天地一体"。所谓"泛爱万物",就是要广泛地认识"天地一体"中的各种事物,以维护万物之间既各自独立又相互联系的自然特性,这样方能获得对天地万物的真正了解。

第五条命题:"大同而与小同异,此之谓小同异;万物毕同毕异,此之谓大同异。"

这是与"泛爱万物,天地一体也"相关的命题,是对事物间的同一性和差异性的抽象概括。惠施将事物的"同"分为小同、大同和毕同,将事物的"异"分为小异、大异和毕异。从具体事物的族类关系来说,族类相近的事物同一性较多,是大同,其差异性相对较少,是小异;族类相远的事物同一性较少,是小同,其差异性相对较多,是大异。这种意义上的同与异,谓之"小同异"。若从"天地一体"的统一性和多样性的角度看,

---

① 孙中原:《中国逻辑史》(先秦),中国人民大学出版社1987年版,第90页。

万物皆为"物",皆有共性,是毕同;万物又各自独立为"物",皆有个性,是毕异。这种意义上的同和异,谓之"大同异"。

要言之,"历物之意"的十个命题,比较突出地表现了惠施对于邓析"两可"方法的继承发展和娴熟运用。按一般常识,命题中所谓"今日"与"昔日"、"日中"与"日睨"、"物生"与"物死"、"有穷"与"无穷"、"天高"与"地卑"等一系列对偶性的概念和范畴,是互相区别、互相对立的。按逻辑学有关概念,无论它们的内涵还是外延都有着彼此分明的确定界限。在这一方面上,"历物之意"的十个命题本身并不否认也没有违反关于事物的常识,而是旨在说明,事物还有另一面或者反面。

因此,上述一系列概念和范畴间的区别和对立又是相对的、可变的,是互相联系、互相转化的。亦即,这些命题的内容实质在于看到了同一事物的正反两面,从两面做分析、下论断,尤其重在揭示一般常识所忽视的另一面,并标明这一面立论的合理性。从惠施的这些命题所涉及的知识领域的深度与广度看,可以说较邓析的"两可"之说又进入了一个新的层次。他在"遍为万物说"的过程中,指出对事物的认识是灵活变通的。通过对"历物"相对性的分析,他以"天地一体"的眼界,不仅认识到了客观事物的变化性,而且认识到了同一事物由于命名主体"历"的观点变化或对象环境的变化,会产生不同的命名结果。故而这是他"运用辩证思维来解说自然万物的根本道理"[①]的体现。事实上,常识中总是将"中"和"睨"、"生"和"死"、"南"和"北"等"名"置于静态的没有转换的境地,用既有的"名"严格规定事物确定性的状态。如果习惯甚至依赖于常识,那么必然会认为惠施的这些思想异乎寻常、不可理喻,从而断定其"不法先王,不是礼仪,而好治怪说,玩琦辞,甚察而不

---

[①] 孙中原:《中国逻辑史》(先秦),中国人民大学出版社1987年版,第93页。

惠,辩而无用,多事而寡功,不可以为治纲纪"①"惠施为诡辩主义的有力开创者"②等等。这似乎有些湮没了惠施思考事物时灵动的传统辩证思维方式下的智慧。直至两千多年后,基于这些对自然现象的"与众不适"的朴素辩证认识,惠施被尊称为"先秦诸子中的一位巨匠","在先秦诸子中最有科学素质的人恐怕就要数他"③,胡适也在其《中国哲学史大纲》中盛赞惠施是"一个科学的哲学家"④。

## 二、惠施"譬"式推论的"中"理

如前所述,"譬"式推论也称比喻式推类。这种极具先秦特色的推论形式,早在西周时代就开始运用。而名家创始人邓析最早意识到"类"概念在思维以及论辩过程中的重要作用,并将依类相推作为论辩活动的重要思维方法;孔子则最先从方法论角度提出了"能近取譬"的思维方法;墨子、孟子、庄子等更在实际的论辩中广泛地运用着"譬"的推类方法。但最先从一定的理论高度对这种推论方法进行初步总结和概括的是惠施。西汉刘向的《说苑·善说》中记载有:

客谓梁王曰:"惠子之言事也,善譬。王使无譬,则不能言矣。"王曰:"诺。"明日见,谓惠子曰:"愿先生言事,则直言耳,无譬也。"惠子曰:"今有人于此而不知弹者,曰:'弹之状何若?'应曰:'弹之状如弹。'则谕乎?"王曰:"未谕也。"于是更应

---

① 《荀子·非十二子》。
② 侯外庐主编:《中国思想史》(上册),中国青年出版社1980年版,第424页。
③ 郭沫若:《十批判书》,人民出版社1954年版,第267页。
④ 胡适:《胡适文集》(第3册),北京燕山出版社2019年版,第888页。

曰:'弹之状如弓,而以竹为弦。'则知乎?王曰:"可知矣。"惠子曰:"夫说者,固以其所知谕其所不知,而使人知之。今王曰:'无譬。'则不可矣。"王曰:"善。"

按《说文解字》,"直言曰言"[1],即五代宋初徐锴《说文解字系传》的"凡言者谓直言,无所指引借譬也"[2]。《诗经》的"赋"就是这种笔法,"直书其事,寓言其务,赋也"[3]。由此,"直言"即直截了当的陈述以评判是非,"是谓是,非谓非,曰直"[4]。"譬"与"直言"相对。又按"导论"第二节注释所述,"譬,谕也""谕,告也""晓之曰谕,其人因言而晓亦曰谕","譬"一定是要借助于引征其他事物来说明谕证某一事理。

按此,惠施对"譬"的初步界定,"以其所知谕其所不知,而使人知之",就是先秦逻辑思想史上第一次给"譬"做出的语义说明定义。相比较于后期墨家对"譬"所做的"辟也者,举他物而以明之也"[5]的语义说明定义,惠施所下的定义将所要引征的"他物"明确表述为"其所知",即辩说一方以对方所熟悉的事物(一般是生活经验或历史经验的归纳)为譬,进而使对方明白其原先所不知道的事物。这种对辩说语境的关注充分体现了"譬"式推论的语用性特征。惠施能够根据辩说对象实际情况的不同,选择对方熟知的、可以接受的引征案例作譬,谕证其所要说明的道理,这本身就是其条件性审视下的传统辩证思维的现实体现。

又因,"譬"式推论成立的根据,是在引征之"譬"与谕证之"被譬"的

---

[1] 《说文解字·言部》。
[2] 参见汤可敬:《说文解字今释》,岳麓书社2001年版,第316页。
[3] 钟嵘:《诗品·总论》。
[4] 《荀子·修身》。
[5] 《墨经·小取》。

两种事物之间,一定要有一个共同的工作机理的基础,即要在"类事理"上一致,从而构成《左传》以来的"此之谓也"、《墨子》的"此譬犹"等"类事理连接词"所必需的由已知到未知的桥梁。因此,有时只需要寻求"已知"与"未知"之间的共同的"理",并不需要顾忌"譬"与"被譬"的两者之间是否为同一事物。或如第四章第二节所引:

> 吾有大树,人之谓樗,其大本臃肿,而不中绳墨,其小枝卷曲,而不中规矩。立之涂,匠者不顾。今子之言,大而无用。众所同去也。①

这里惠施以无用之大树,比喻庄子的无用之言。"无用"的同一性,将不必然联系的事物联系了起来。

又如:

> 田需贵于魏王。惠施曰:"子必善左右。今夫杨,横树之则生,倒树之则生,折而树之又生。然使十人树杨,一人拔之,则无生杨矣。故以十人之众,树易生之物,然而不胜一人者,何也?树之难而去之易也。今子虽自树于王,而欲去子者众,则子必危矣。"②

栽树拔杨与为人处世分别属于自然现象和社会现象,但在"树之难而去之易"这一点上却有着共同的适用性。以这种对社会中人物臧否、

---

① 《庄子·逍遥游》。
② 《战国策·魏策二》。

毁誉的同一性,告诫深受魏王器重的田需应该有居安思危的警觉,显示了"譬"由"言事"而"论理"的引征谕证效用。

按此分析,正确运用"譬"式推论需要遵循两点:其一,考虑对方的实际情况而选择其熟知的事物;其二,所选择的事物与待说明事物之间要有共同的"类事理"。

如若对"譬"与"被譬"两种事物间共同的"类事理"的选择不具有同性、同情、同理的合理性,那么"譬"将不能成立,也无以明真。

> 匡章谓惠子于魏(惠)王之前曰:"螳螂,农夫得而杀之。奚故?为其害稼也。今公行,多者数百乘,步者数百人;少者数十乘,步者数十人。此无耕而食者,其害稼亦甚矣。"惠王曰:"惠子施也难以辞与公相应。虽然,请言其志。"惠子曰:"今之城者,或者操大筑乎城上,或负畚而赴乎城下,或操表掇以善睎望。若施者,其操表掇者也。使工女化而为丝,不能治丝;使大匠化而为木,不能治木;使圣人化而为农夫,不能治农夫。施而治农夫者也,公何事比施于螳螂乎?"①

在这则故事中,匡章引征谕证的"譬"建立在"无耕而食"的"类事理"同一性上。而惠施认为这个"譬"中的同一性不具备同情、同理的合理性,但惠施并没有直接反驳,而是以"社会分工不同"的同一性,连用几个"譬",迂回地说明了社会分工的必要性,从更深层次的合理同一性间接批驳了匡章似是而非的"同一性"。

而在惠施同样的引征谕证的"譬"式反驳中,他认为匡章以害虫比

———————
① 《吕氏春秋·不屈》。

喻魏惠王失当,不但涉及"类事理"合理同一性的思维方法论问题,还涉及运用"譬"进行论辩时的伦理合理性问题。这也是从历史文化的条件性出发,思考了"譬"的恰当性、适宜性问题。亦即,由于"譬"的逻辑特征只是"相似",这种"相似"的同一性有时可能非常勉强,甚至是情绪化的"强譬"。这样的"譬",显然并不符合说理论辩的真实性、恰当性、合理性和可接受性。因此,在运用"譬"进行论辩时应该有个伦理底线。或如:

> 白圭新与惠子相见也,惠子说之以强,白圭无以应。惠子出,白圭告人曰:"人有新取妇者,妇至,宜安矜烟视媚行。竖子操蕉火而钜,新妇曰:'蕉火大钜。'入于门,门中有敛陷,新妇曰:'塞之,将伤人之足。'此非不便之家氏也,然而有大甚者。今惠子之遇我尚新,其说我有大甚者。"惠子闻之,曰:"不然。《诗》曰:'恺悌君子,民之父母。'恺者大也,悌者长也。君子之德,长且大者,则为民父母。父母之教子也,岂待久哉?何事比我于新妇乎?《诗》岂曰'恺悌新妇'哉?"①

在这则相互用"譬"的引征谕证故事中,白圭的"新媳妇"之"譬"似乎有些过分,但惠施的自比老子之"譬",在极其讲究人伦秩序的历史文化氛围下,恐怕就更为过分了。因此,评者认为用污秽责难污秽,用邪僻责难邪僻,就使责难的人与被责难的人相同了,"诽污因污,诽僻因僻,是诽者与所非同也。白圭曰:惠子之遇我尚新,其说我有大甚者。

---

① 《吕氏春秋·不屈》。

惠子闻而诽之,因自以为为之父母,其非有甚于白圭亦有大甚者"①。

这说明在运用"譬"进行论辩时,要时刻注意"譬"的逻辑特征只是"相似",这种"相似"的同一性有时可能非常勉强,甚至是情绪化的"强譬"。这样的"譬"应是力求避免的。

要之,惠施在论辩过程中能够选择与论辩对象的具体情况相适宜的事物作譬,这种具体情况具体分析的论辩方法与传统辩证思维方式的要求是一致的。但是他的辩证思维方式仍然还是朴素的,这也使得他在论辩中会给出一些基于情绪化的"强譬",对事物类间的同异关系分析不明,出现了异类相比的情况。

## 第三节 物实位正——公孙龙的辩证思维方式

公孙龙(公元前320—前250年),赵国人,为平原君赵胜赏识,同赵胜讨论过"偃兵"。《汉书·艺文志》中记载有《公孙龙子》十四篇,今存六篇。其中《迹府》一篇,记述公孙龙的言行事迹,当是后人辑录的。其余《白马论》《指物论》《通变论》《坚白论》《名实论》等五篇皆为公孙龙的著作。这些文章的内容符合先秦典籍中对公孙龙思想的评述,基本反映了公孙龙的名辩思想,是我们今天研究公孙龙名辩思想的可靠材料。

---

① 《吕氏春秋·不屈》。

## 一、名实概念的界定及其相互关系

在名实关系问题上,公孙龙首先界定了"实"。他主要是结合"物""位""正"这几个概念来定义"实"的。

> 天地与其所产焉,物也。物以物其所物而不过焉,实也。实以实其所实而不旷焉,位也。出其所位非位,位其所位焉,正也。①

公孙龙把"天地"及其"所产"称作"物",即把时空中存在的一切称作"物"。但既有的形形色色的物并不都是"实",称得上"实"的物,须满足一个条件,即"物其所物而不过"。现代学者对公孙龙的定义的解释有:"夫天地之为物,以其形也;则凡天地之所生者,亦皆以其形为物"②,"所物"就是指物体以它的物理形态为标志,不同的物其物理性状是有差别的;"实必有其界限标准,谓具有某种格程,方为其物"③。按此,所谓的"实",就是那些占据一定时间和空间的客观存在,符合客观事物本性的那种"物";那些不完全符合或背离客观存在本性的"物"都不能称为"实"。此即,"实"就是对于某类事物的实质或共相的体现。当"实"完满到它应有的程度而没有欠缺时,称其为"位"。即公孙龙所谓的"实以实其所实而不旷焉,位也"。"位"意味着一种分际,它标示着在以某

---

① 《公孙龙子·名实论》。
② 谭戒甫:《公孙龙子形名发微》,中华书局1963年版,第57页。
③ 王琯:《公孙龙子悬解》,中华书局1928年版,第88页。

名称谓个体事物时与同一名所指称的此类事物共相契合无间而至为完满的那种情形。所谓的"正",即是"物"之"实"当其"位",亦即当以某"名"称谓的某物体现了由此"名"指称的这一类物的共相或实质,并且被这"名"指称的共相或实质尽其完满而达到极致状态时,方可谓之"正"。按此,公孙龙理解的"实"是一类事物的共相。

公孙龙对"名"的定义为:"夫名,实谓也。"[①]即名是对实的称谓。这与《墨经》中所说的"所以谓,名也;所谓,实也"[②]是一样的。

"实"(共相)总是由某一"名"称呼的。特殊的是,称呼某一个别事物所用的"名"往往与表述它所属种类之事物的共相所用的"名"是同一个。如果某事物体现了某一类事物的共相或实质,用指称其共相或实质的"名"称呼此事物可谓"名""实"相符。

然而物是不断变化的。作为物的派生物"实"与"名",按照"实随物变""名随实转"的原则,也必然发生变化。如果某事物不能或不再能体现某一类事物的共相或实质,即"实"发生了变化,再用指称该共相或实质的"名"称呼此物便是"名""实"不相符。这时,"名"的意谓在对个体事物的称呼和对一类事物的共相或实质的指称上就大相径庭了。或如,一块岩石因风化或其他缘故虽然保持了岩石的外观,但已不再有坚硬可言,"石"所指称的那类存在物所具有的"坚"的共相或实质已不为它所有了,虽然仍称为"石",但已名不符实了。因此,当事物的属性或空间位置发生改变的时候,指称事物的名一定要随之改变。

知此之非此也,知此之不在此也,则不谓也;知彼之非彼

---

[①] 《公孙龙子·名实论》。
[②] 《墨经·经说上》。

也,知彼之不在彼也,则不谓也。"①

此即,知道"此"这个对象已经不是"此"这个对象了,或者知道"此"这个对象已经不在原来的位置了,那么就不应称此为"此",对彼也一样。如果"名"没有随着"实"而改变,就是"不当而当,乱也"②。这和《墨经》中"知是之非此也,又知是之不在此也"③一样,都看到了名应该随着实的变化而变化,而这一切,归根结底还是《名实论》最后的"至矣哉,古之明王,审其名实,慎其所谓。至矣哉,古之明王",以及《迹府》篇"以正名实,而化天下焉"的最终旨趣所在。而这些均在思维认知方面反映了在当时的历史语境下,先秦诸子在政治传播活动中共同的传统辩证思维水平和致思趋向。

## 二、对词性的区分

为了解决词性混用的问题,作为先秦诸子中第一位区分词性的学者,公孙龙在不同的篇章中对此做了较为详细的分析。

公孙龙首先区分了"不定所白"和"定所白":

白马者,言白定所白也,定所白者,非白也。④
物白焉,不定其所白。⑤

---

① 《公孙龙子·名实论》。
② 《公孙龙子·名实论》。
③ 《墨经·经说下》。
④ 《公孙龙子·白马论》。
⑤ 《公孙龙子·坚白论》。

## 第五章　传统辩证思维方式的形成(四)——先秦名家的辩证思维方式

亦即,当说"白马"的时候,这个"白"是"定所白"的"白",而这个"定所白"的"白"与那个"不定所白"的"白"是有区别的。所谓"不定所白"就是作为抽象名词的"白",相当于英文的"whiteness";而"定所白"是指作为附在了名词之前的形容词的"白",相当于英文的"white",如"白马""白石"等。"定所白"和"不定所白"也就是处在一定语境中的"白"与抽离一定语境的"白"。

在上述基础上,公孙龙区分了"定所坚"和"不定所坚"("兼")以及"指"和"物指":

> 物坚焉,不定其所坚。不定者兼,恶乎其石也?①

说某物是坚硬的,坚硬性却并不限定在这一物上,即它可以为其他物所兼有。"坚"和"坚石"中的"坚"是不同的。

> 物莫非指,而指非指。②

物没有不是被名指认的,用以指认物的名一旦出现在对物的具体指认中而成为"与物"之指,就不再是原来的那种指了。亦即,作为不定所指的"指"与作为指认事物时定其所指的"指",虽同名但不同义。

关于词性的问题,长期为古人所忽视。一直到两千年后的清朝末年,严复在翻译穆勒的《逻辑学体系——归纳和演绎》一书时,才再次提

---
① 《公孙龙子·坚白论》。
② 《公孙龙子·指物论》。

出这类问题。严复在翻译该书的"论名"一章的第四节"言名有玄、察之别"时说:"名之分殊莫要于玄、察。察名何?所以名物也。玄名何?所以名物之德也……名可玄可察,视其用之如何。若'白'。前云'雪白',其'白'为察名,此尤言'雪为白物',凡白物之名也。今设言'白马之白';前'白'为区别字,合'马'而为察名;后'白'言色,谓物之德,则为玄名,不可混也。"严复于此专门加了一个注,说:"案玄、察之名,于中文最难辩,而在西方固无难,其形音皆变故也。故察名之'白',英语'淮脱'也;玄名之为'白',英文'淮脱业斯'也。独中文玄、察用虽不同,而字则无异,读者必合其位与义而审之,而后可得。"①

可以说,严复直接继承了公孙龙的理论,而公孙龙在两千年前就已经注意到玄名(抽象名称)与察名(具体名称)的区别。进一步言之,"白马"之"白"不同于"白石"之"白",也不同于"白羽"之"白","白"字在"白马""白石""白羽"中并无不同,但其"白"的意谓已经有了微妙的差异。公孙龙对同一名因为"相与"(与其他语词相搭配)情境不同而引致所指内涵、外延变化的发现,纯然是中国古代式的。这也就说明了自然语言中的"名"并非完全不能做到单义和确定,只要它与一定的语境相结合,就有可能实现"彼彼止于彼,此此止于此"②,即在一定的语境中,一个符号只与一个特定的对象相联系。这时人们使用和理解就不会产生歧义。

---

① 穆勒:《穆勒名学》,严复译,生活·读书·新知三联书店1959年版,第26—27页。
② 《公孙龙子·名实论》。

## 三、对兼名和单名的分析

兼名即两个不同的单名结合后形成的新名称。当两个不同的单名组合成兼名之后,兼名中的单名就只是作为构成兼名的两个有机部分,而不再作为有确定指称对象的独立的名称符号存在。亦即,单名的意义在组合成兼名后会发生改变。关于这个问题,公孙龙在论及"白马非马"时说道:

> 马未与白为马,白未与马为白。合马与白,复名白马。①

"马"与"白"这两个名称在未组合之前,"马"名就是"马"名,"白"名就是"白"名;"马"名和"白"名相与、结合,就组成了一个新的名称符号,即兼名"白马"。

公孙龙在《通变论》中更为详细地讨论了这一问题。所谓"通变",变化之通例之谓。《通变论》论述了两个名相与(相结合)成一复合名称后其内涵变化的某种规则。

> 曰:"二有一乎?"曰:"二无一。"曰:"二有右乎?"曰:"二无右。"曰:"二有左乎?"曰:"二无左。"曰:"右可谓二乎?"曰:"不可。"曰:"左可谓二乎?"曰:"不可。"曰:"左与右可谓二乎?"曰:"可。"②

---

① 《公孙龙子·白马论》。
② 《公孙龙子·通变论》。

在这里,此"一"与彼"一"、"左"与"右"分别喻指不同的单名,此"一"与彼"一"(或"左"与"右")相与就生成一个新的名称即兼名。生成后的兼名"二"既不可以用此"一"称谓,也不可以用彼"一"称谓("左"与"右"同理),只能以此"一"与彼"一"的结合去称谓。在如此"有一"与"无一"、"有右"与"无右"、"有左"与"无左"、"不可"与"可"一类直言判别的回答中,我们似可看出,所谓"二无一"("二无右""二无左")用现代符号学来解释,就是兼名中的单名由结合之前的具有确定指称对象的独立的名称符号,变成了失去自己特定指称对象的不具有独立名称符号性质的东西,即变成了兼名在能指上的组成部分。虽然,从表面上看,兼名"白马"中的"马"("左""右")在能指上仍保持原有的笔画形状,但相对于作为单名的"马"("左""右"),却发生了根本性的变化。

此外,为了使"二无一"思想更明确、深入,公孙龙在《通变论》中又提出了两个辅助命题加以验证:

羊合牛非马,牛合羊非鸡。
青以白非黄,白以青非碧。

"羊"和"牛"的概念相合为"二"可得到"有角牲畜"的概念,而"有角牲畜"的概念不同于"马"的概念;"牛"和"羊"的概念相合为"二"同样可得到"有角牲畜"的概念,而"有角牲畜"的概念不同于"鸡"的概念。"青色"的概念和"白色"的概念相结合为"二"可得到"正色"的概念,而"正色"的概念不同于"黄色"的概念;"白色"的概念与"青色"的概念相结合为"二"可得到"正色"的概念,而"正色"的概念不同于"碧色"的概念。

从内容实质上看,这两个命题与"二无一""二无左""二无右"等命题表达的思想无本质上的区别,都是强调原本具有特定意义的单名相与构成兼名后在性质、功能和地位上都发生了根本性的变化,但这一变化并不影响原来作为独立名称符号而存在的单名的地位和性质。但从形式上看,这两个命题无疑就使得"二无一"的适用范围明显扩大了。

要之,在名实关系问题上,公孙龙与惠施一样,都表达了名随实变的思想。但两者不同的是,公孙龙认为名的变化在于人的认识能力不断趋近事物的本质,而惠施认为"名"变化的原因在于"实"本身位置的改变以及人的观察角度的不同。除此,公孙龙更深入到"名"的内部中去,认识到在不同的语境下同一个"名"的词性会发生变化,以及某一个单名组合成新的兼名后,其本身的性质也会发生变化。这些都是在其朴素辩证思维的指导下对名实关系的认识,在先秦逻辑思想史上具有独特的意义。

但需要注意的是,公孙龙对"名"的认识过于绝对化了。

> 其名正,则唯乎其彼此焉。谓彼而彼不唯乎彼,则彼谓不行;谓此而此不唯乎此,则此谓不行。①
>
> 彼彼止于彼,此此止于此。②

公孙龙认为正名的具体要求就是用"彼"来称呼"彼"那个东西,只能限定在"彼"那个东西上;用"此"来称呼"此"这个东西,也只能限定在"此"这个东西上。如果"彼"不仅仅指称"彼"还指称其他事物,"此"不仅仅指称"此"还指称其他事物,那么"彼"名、"此"名就是不可用的。故而在公孙龙看来,名必须具有单义性和确定性,强调名与实的绝对严格

---

① 《公孙龙子·名实论》。
② 《公孙龙子·名实论》。

对应。这是关于理想语言的设想。而中国古代汉语中没有注意区别词性,即名词、动词、形容词等,经常会出现一词多义、一词混用的现象。所以,这种理想语言只有在数学和逻辑学中能够得到实现,在自然语言中尤其是汉语中是难以实现的。

# 第六章　传统辩证思维方式的继承
## ——两汉时期

两汉时期传统名辩思想的发展,是中国古代逻辑思想发展史上的重要一环。其对于名实问题的继续探讨,对于推类思想及其规则的深化,对于论证逻辑理论的实践运用等,都具有承前启后的重要意义。而体现在"名辩""名理"讨论中的传统辩证思维方式,则是对先秦以来传统辩证思维方式的继承。

## 第一节　多类不然——《吕氏春秋》的辩证思维方式

《吕氏春秋》是战国末年杂家代表吕不韦(约公元前 300—前 235 年)组织他的门客编写的,分八览、六论、十二纪,共一百六十篇,结构整齐有条理。《吕氏春秋》以君道无为、臣道有为的黄老之学糅合各家,以整体思维方法对先秦主要思想流派做了比较系统的批判总结,也对先秦逻辑思想进行了整理与推进。它论证了言、意、行、实的统一性,发展了关于"类"和推类的理论,起到了上承先秦、下启两汉的作用。《吕氏春秋》在论述语言和思维的关系以及推理问题上都显示出一定的传统辩证思维精神。

# 一、关于语言和思维关系的论述

《吕氏春秋》在墨家名辩思想基础上,进一步探索了语言与思维的关系问题。

> 言者以谕意也。言意相离,凶也。乱国之俗,甚多流言,而不顾其实。……夫辞者,意之表也。鉴其表而弃其意,悖。故古之人得其意则舍其言矣。听言者,以言观意也,听言而意不可知,其与桥言无择。①
> 
> 非辞无以相期,从辞则乱。乱辞之中又有辞焉。心之谓也。言不欺心,则近之矣。凡言者以谕心也。言心相离,而上无以参之,则下多所言非所行也,所行非所言也。言行相诡,不祥莫大焉。②

《吕氏春秋》正确地指出了语言的交际作用,论述了语言和思维的关系。吕氏认为,没有语言,人们就不能进行交流。语言和思维的关系就是形式与内容的关系,因此,语言要尽可能与思维保持一致。如果做到这一点,语言就能起到谕意的作用,人们就能正常进行思想交流。按东汉高诱之意,为了保证人们能进行正常的交流,必须破除"桥言"③即诡辩。

---

① 《吕氏春秋·离谓》。
② 《吕氏春秋·淫辞》。
③ 高诱:《吕氏春秋注》。"桥,戾也。择犹异。"戾即违反,扭转。

《吕氏春秋》中有《离谓》一篇。其"离谓"二字何解？《精谕》篇说："唯知言之谓者为可耳。"清末陶鸿庆注说："谓犹意也。知言之谓者，听言而知其意也。《列子·说符》篇载此文，张（湛）注云：'谓者所以发言之旨趣'，斯为得之。"又说："下文云，'言者谓之属也'，与《离谓》篇'辞者意之表也'义同。"孙锵明《离谓》篇注说："意者即上篇（按即《精谕》篇）所云'言之谓也'，言意相离，是不知言之谓者也，故以'离谓'名篇。"

据此可知，"离谓"就是"言意相离"的意思。所谓"离谓""言意相离"，即语句的言辞符号和命题判断的意义脱离，是一种使语言和思维脱节的诡辩手法，即只抓住言辞的字面意思、表面意思，而"离"开其在一定语境下所"谓"的真正本意。人的言辞离开其所表达、称谓的思想与事物，必然产生谬误。

《离谓》和《淫辞》中有很多例子说明这个问题。如《淫辞》记载：

> 荆柱国庄伯令其父视日。曰："在天。""视其奚如。"曰："正圆。""视其时。"曰："当今。"
> 令谒者驾。曰："无马。"
> 令涓人取冠。曰："进上。"
> 问马齿。圉人曰："齿十二与牙三十。"

意谓，楚人的柱国（官名，楚最高武官，或相当于秦的相国或以官为氏）庄伯叫他父亲看看太阳是早是晚，父亲却答非所问，"在天上"。庄伯要求明确说"是看看太阳怎么样了"，父亲却答"正圆着呢"。庄伯再次要求明确说"看看什么时辰"，父亲又答"就是现在这个时候"。庄伯叫谒者（掌管传达通报的人）去通知车夫准备马车，这个人却说自己没有马。让涓人去拿帽子，回答说"呈上去了"。庄伯问这匹马的年龄，管马的人却告诉他这匹马有多少颗牙齿。

《吕氏春秋》所描绘的这些人都在玩弄词藻,并将之视为妙趣横生的娱乐和游戏。这种玩弄词藻的实质就是只看语言的外表形式而忽视了其所蕴含的真实思想内容,属于"言意相离"、言实相悖的混乱现象。《吕氏春秋》认为没有比这更不吉祥的了。

> 言意相离,凶也。乱国之俗,甚多流言,而不顾其实。[①]
> [言者]心之谓也。言不欺心,则近之矣。凡言者以谕心也。言心相离,而上无以参之,则下多所言非所行也,所行非所言也。言行相诡,不祥莫大焉。[②]

意谓,意是反映实的,言意相离(或言心相离)会导致言实相离。而意还是指导行的,行是意指挥的,言意相离,也会导致言行相离、相悖、相反。这样语言就不能作为人的思想和行动的忠实代表和传导媒介,就会给社会交际和思想交流带来困难和障碍。因此,如果任由上述诡辩现象泛滥,不仅会给人们的思想、言论、行动带来诸多困难和不便,而且会妨害国家的治理,以至于亡国。

为了解决这种"言意相离"的现象,《吕氏春秋》认为需要从两个方面着手:其一,说者要尽可能把意思说清楚,让他人明白其所要表达的意思;其二是听者应尽可能从说者的语境出发,理解其本意,切忌"望文生义""断章取义"。应该说,《吕氏春秋》中对"言意相离"现象的讨论,按现代的观点看,涉及现代语用学里所说的语境、语义问题。

---

① 《吕氏春秋·离谓》。
② 《吕氏春秋·淫辞》。

> 辞多类非而是,多类是而非。是非之经,不可不分。此圣人之所慎也。然则何以慎?缘物之情及人之情,以为所闻,则得之矣。①

《吕氏春秋》认为理想中的"圣人",一定要谨慎地区分言辞判断中的是非真假。在很多情况下,随着语境的不同,同一语句结构可以包含不同的语义。这就出现言辞语句表面为非而实际为是,或表面为是而实际为非的情况。

故而《吕氏春秋》主张根据物情、人情和事理,即结合广义的语境,从一定的语言构造中,了解其真实的语义。或如:

> 鲁哀公问于孔子曰:"乐正夔一足,信乎?"孔子曰:"昔者舜欲以乐传教于天下,乃令重黎举夔于草莽之中而进之,舜以为乐正。夔于是正六律,和五声,以通八风,而天下大服。重黎又欲益求人,舜曰:'夫乐,天地之精也,得失之节也。故唯圣人为能和,乐之本也。夔能和之,以平天下,若夔者一而足矣。'故曰'夔一足',非'一足'也。"②

当鲁哀公听到"夔一足"时,以为夔只有一只脚,感到迷惑,于是问孔子。孔子告诉他夔是由重黎从民间推举出来做舜的乐官的。夔为舜整理音乐,成绩显著,舜很满意,于是重黎想多找些像夔这样有能力的人。舜说,像夔这样的人,有一个就足够了。这就是"夔一足"的本意。

---

① 《吕氏春秋·察传》。
② 《吕氏春秋·察传》。

如离开了特定语境,很可能会对"夔一足"产生误解。或如:

> 齐有事人者,所事有难,而弗死也。遇故人于涂。
> 故人曰:"固不死乎?"
> 对曰:"然。凡事人,以为利也。死不利,故不死。"
> 故人曰:"子尚可以见人乎?"
> 对曰:"子以死为顾可以见人乎?"①

这里,"故人"对没有恪尽职守的人说:"你还有脸见人吗?""事人者"说:"你以为人死了反而可以看见人吗?"这里两个"见人"的意思显然是不同的。"事人者"显然是利用言辞的多义性,偷换概念,使言论离开了对方的本意,由"言意相离"而造成了诡辩。

《吕氏春秋》列举的这些例子对于我们今天正常有效的人际沟通,也具有一定的启发意义。如果不考虑言辞在一定情况下的具体含义,而抽象地利用言辞的多义性来加以主观任意的解释,就会破坏具体语境下语义的确定性,从而给社会交际和思想交流带来混乱和困难。

## 二、关于推类的论述

按第三章第二节所述,《墨经·小取》曾指出,由于事物同异情况的多样性,会发生推类错误。因此,对推类方法的运用要谨慎,不可拿所谓现成的"样式"随意套用,要分析言辞的多种道理、特殊类别、不同原因,不能失当、失宜。《吕氏春秋》进一步讨论了推类方法产生错误的原

---

① 《吕氏春秋·离谓》。

因,从而对《小取》的相关思想有所发展。

在《吕氏春秋》看来,发生推类错误的原因主要有以下两个方面:

第一,事物的性质具有多样性和复杂性。

> 物多类然而不然,故亡国僇民无已。夫草有莘有藟,独食之则杀人,合而食之则益寿。万堇不杀。漆淖水淖,合两淖则为蹇,湿之则为干。金柔锡柔,合两柔则为刚,燔之则为淖。或湿而干,或燔而淖,类固不必,可推知也?小方,大方之类也;小马,大马之类也;小智,非大智之类也。①

"物多类然而不然",说的是事物常常类似那样而实际上是这样。或如,有一种多年生草本植物"莘"和一种藤类植物"藟",单独食之会中毒死人,但根据一定比例"合而食之"则会延年益寿。蝎子和紫堇都是毒药,配在一起反倒毒不死人。漆和水都是液体,但根据一定比例混合使用,因漆与水相遇会凝固,越是潮湿就干得越快。铜很柔软,锡也很柔软,二者熔合起来却会变硬,而用火焚烧又会变成流体。有的东西弄湿反倒变得干燥,有的东西焚烧反倒变成流体。因此,物类本来就不是固定不变的,所以不能以固化思维用同一个语言模式来推类。或如:"小方,大方之类也;小马,大马之类也;小智,非大智之类也。"在日常语言中,"小智"是要小聪明,"大智"是大智慧,二者并非一类,自然不可推出。

第二,人的认识具有相对性和局限性。

《吕氏春秋·别类》指出:"目固有不见也,智固有不知也,数固有不

---

① 《吕氏春秋·别类》。

及也。"眼睛本来就有看不到的东西,智慧本来就有弄不明白的道理,道术本来就有解释不了的地方。这说明了人的感觉、智慧和能力不可能是绝对完善、十全十美的。

> 相剑者曰:"白所以为坚也,黄所以为牣也,黄白杂则坚且牣,良剑也。"难者曰:"白所以为不牣也,黄所以为不坚也,黄白杂。则不坚且不牣也。又柔则锩,坚则折。剑折且锩,焉得为利剑?"剑之情未革,而或以为良,或以为恶,说使之也。故有以聪明听说,则妄说者止;无以聪明听说,则尧、桀无别矣。①

意谓,相剑的人说:"白色是表示剑坚硬的,黄色是表示剑柔韧的,黄白相杂,就表示既坚硬又柔韧,就是好剑。"诘难的人却说:"白色是表示剑不柔韧的,黄色是表示剑不坚硬的,黄白相杂,就表示既不坚硬又不柔韧。而且柔韧就会卷刃,坚硬就会折断,剑既然易折又卷刃,怎么能算利剑呢?"

在这里,剑的具体情况没有发生变化,但是对诤双方都只是抓住问题的一个方面进行纯"模式化"的推导。实际上,以锡、铜组成的合金青铜,是一种复杂的物质,它已经不是原来的纯锡和纯铜,它的性质已经不是纯锡和纯铜性质的简单相加。所以仅仅以"模式化"进行推导,并不必然得出有效且有说服力的推导结果。故而有前辈学者认为,《吕氏春秋》对推类中谬误的分析,"主要不是关于形式方面的,而是关于内容方面的,即关于推理前提的真实性,以及前提和结论之间是否具有内容上的本质联系的问题。《吕氏春秋》的逻辑是非形式的逻辑,是与思维

---

① 《吕氏春秋·别类》。

内容密切联系的,与认识论、方法论紧密结合的认识论的逻辑,方法论的逻辑,或者说是关于辩证思维的逻辑"①。言之肯綮。

## 第二节 与化转移——《淮南子》的辩证思维方式

刘安(约公元前179—前122年)组织门客编写了《淮南子》一书,分《淮南外》三十三篇,《淮南中》八篇,已佚;《淮南内》二十一篇,即今本《淮南子》,又称《淮南鸿烈》。刘安组织撰写此书,是想打着黄老道家的"通学"旗帜,批判儒家"俗学",与汉武帝的统一"法度"、独尊儒术相对立,以达到其政争的目的。《淮南子》吸收了先秦逻辑思想和《吕氏春秋》的成果,对名实关系和推类问题做了更为深入的理论探讨,推动了我国古代对归纳逻辑思想的研究。

### 一、对名实关系的探讨

《淮南子》提出了"名实同居"②"言不得过其实"③的名实统一观,提出了"循名责实"④的要求。但这里所谓的名实,不仅指名辩角度下的概念之名与其所反映的事物之实,更多的是从政治伦理角度的"名法"而言。

---

① 孙中原:《中国逻辑史》(先秦),中国人民大学出版社1987年版,第383页。
② 《淮南子·原通训》。
③ 《淮南子·主术训》。
④ 《淮南子·主术训》。

> 上操其名以责其实,臣守其业以效其功。言不得过其实,行不得逾其法。①
>
> 提名责实……各务其业,人致其功。②
>
> 名过其实者蔽,情行合而名副之。③

上述"名"主要指的是官职之名,"实"指依其官职所行之"业"(事),因而《淮南子》主要是从法术的角度来论述名实统一的。

《淮南子》认为说出一个事物的名称容易,但是要弄清楚名所指称的实比较困难。如果不能知道名所指称的实,就是没有做到名实相符,也就不是真的知道事物的名。

> 瞽师有以言白黑,无以知白黑,故言白黑与人同,其别白黑与人异。④

意谓,瞽师能言白、黑,却只能说白、黑之名,不能真实地分别白、黑之实,是只知道名而不知道实。这个例子明显出自《墨子·贵义》篇:"兼白黑使瞽取焉,不能知也。故我曰瞽不能知白黑者,非以其名也,以其取也。"《贵义》篇用此例说明正名的"取名予实"原则;《淮南子》引用此例说明言易而知难,同样说明了上述原则。正因为如此,它反对"眩于名声而寡察其实"⑤的谬误。

---

① 《淮南子·主术训》。
② 《淮南子·要略》。
③ 《淮南子·谬称训》。
④ 《淮南子·主术训》。
⑤ 《淮南子·主术训》。

此外,《淮南子》认识到了事物是发展变化的,人的主观认识也要"与化推移"①而"不必循旧"②。如果循旧"名"去责已经变化了的"实",就是"拂道理之数,诡自然之性"③。

一个名,只有能反映出已经变化了的事物当时情况之实,才是正确的,所以《淮南子》强调,"务合于时,则名立"④。

由是,《淮南子》的名实观,既与孔子的"以名正实"不同,也区别于墨子的"以名举实",而与韩非子的"名正物定,名倚物徙"⑤观点相近。这说明《淮南子》已经注意到了只有随着事物的发展变化,不断调整自己的思维认知,才能真正做到名实相符,这是其朴素辩证思维精神在历史发展过程中的现实体现。

## 二、对推理的论述

《淮南子》强调"推理而行"⑥"以推明事"⑦,说明它在政治传播活动中同样重视推理。"以推本朴,而光见得失之变。"⑧关于推理,《淮南子》在先秦特别是《吕氏春秋》有关推类思想的基础上,进一步发展了推类理论。它继承了先秦时期的逻辑思想,把建立在推类基础上的推理称为"类取"("以类取之")、"举类"("举类以实之")或类推"以类之推也"。

---

① 《淮南子·齐俗训》。
② 《淮南子·氾论训》。
③ 《淮南子·主术训》。
④ 《淮南子·齐俗训》。
⑤ 《韩非子·扬权》。
⑥ 《淮南子·兵略训》。
⑦ 《淮南子·要略》。
⑧ 《淮南子·氾论训》。

其所提出的推理形式,主要有以下几种:

1."譬喻"

《淮南子·要略》篇非常注重譬喻的重要性,认为"不引譬援类,则不知精微""知大略而不知譬喻,则无以推明事"。并指出譬喻的特点是"假象取耦,以相譬喻"。这和惠施关于"譬"、《墨经》关于"辟"的说法一致,说明譬喻是以两物的特征或属性相同、相似关系为"类事理"的依据做出的推论、推理。

2."以类取之"

按《淮南子》所说:

> 视书,上有酒者,下必有肉;上有年者,下必有月。以类而取之。①

> 见窾木浮而知为舟,见飞蓬转而知为车,见鸟迹而知著书,以类取之。②

酒和肉有着饮食上的联系,年和月有着时间上的联系,窾木和舟、飞蓬和车、鸟迹和书有着功能上的联系。因为事物间都有着一定的内在联系,主要是因果关系,因而可以做类推,由前者的存在推出后者的存在。这种推理相当于现代普通逻辑中的探求因果联系的归纳法。

3."以小明大""以近论远""见微知明"

这些都是指从个别、特殊的或者关于事物的部分前提,推出一般

---

① 《淮南子·说林训》。
② 《淮南子·说山训》。

的、抽象的或者关于事物整体的结论。这种推理方法相当于现代普通逻辑的简单枚举法。

4."执一而应万"

与上述方法相反,《淮南子》还提出了"见本而知末,观指而睹归,执一而应万,握要而治详"①"一节见而百节知"②等等。这种推理方法相当于现代普通逻辑的演绎法。

要之,对"类事理"的理解存在差异,则如何"推理而行""以推明事"的方法也就有了差异。

## 三、对推理原则的论述

为了保证"推"的有效性或可接受性问题,《淮南子》还明确了推类的原则,即类可推而又不可必推。这一原则可以从以下几个方面来理解。

1. 类可推

《淮南子》吸收了古代关于物类的思想,认为"万物固以自然"③"各以其类生"④,因而"名各自名,类各自类,事由自然,莫处于己"⑤。即万物客观地存在着自然之类,并非出于人的主观臆想,人们只能"察物色,

---

① 《淮南子·人间训》。
② 《淮南子·说林训》。
③ 《淮南子·原道训》。
④ 《淮南子·地形训》。
⑤ 《淮南子·主术训》。

课比类"①,做到明类、知类;根据"物类相动,本标相应"②的道理,具有类同关系的事物就可以推类。因此,人们要想顺利进行推类,首先要在具体事物之"理"上明类、察类。如果不知类,而强类以推,就会发生"异形殊类,易事而悖"③的错误。

这是因为,类之间的关系不是固定不变的,而是依客观环境、条件的变化而变化,改变其类属关系。因此,"以一世之度制治天下,譬犹客之乘舟,中流遗其剑,遽契其舟楫,暮薄而求之,其不知物类亦甚矣"④。在辨类的具体事物之"理"时,不仅要注意在形量上的"异形殊类",更要注意到类的实质。这是提醒人们不仅要注意到类在外延上发生的变化,更要注意到类在内涵上发生的变化,这可谓《淮南子》的创见。

2. 类不可必推

《淮南子》与《吕氏春秋》一样,也认为"类不可必推"。

> 小马大目,不可谓大马;大马之目眇,可谓之眇马。物固有似然而似不然者。故决指而身死,或断臂而顾活,类不可必推。⑤
>
> 人食礜石而死,蚕食之而不饥;鱼食巴菽而死,鼠食之而肥;类不可必推。⑥

---

① 《淮南子·时则训》。
② 《淮南子·天文训》。
③ 《淮南子·齐俗训》。
④ 《淮南子·说林训》。
⑤ 《淮南子·说山训》。
⑥ 《淮南子·说林训》。

类为什么不可必推？《墨经·小取》认为是"言多方，殊类，异故"，《吕氏春秋》认为类本身具有复杂性和人的认识具有局限性导致了类不可必推，《淮南子》则认为类不可必推主要有两个原因：

其一，"物类之相摩，近而异门户者，众而难识也"①。即谓事物的性质和事物之间的关系是多方面的，有些事物看起来相类似，但实际上不一样，不可将它们归为同类。或如，"或类之而非，或不类之而是，或若然而不然者，或不若然而然者"②。意谓有些事物的现象看起来相似，但又不一样；有时有些事物的现象看似不一样，但又是一样。有时候好像是这回事却又不是这回事；有时候好像不是这回事却实际上正是这回事。因此，事物的同异分类不是绝对的，而是同中有异、异中有同，需要全面具体地认真分析对待。

其二，"物类相似若然，而不可以从外论者，众而难识也"③。这点就是上述谈到的，《淮南子》注重从事物的内涵、本质上着手进行区别。这种情况是比较多的且难识别，不可强推。

> 膏之杀鳖，鹊矢中猬，烂灰生蝇，漆见蟹而不干，此类之不推者也。④

油膏能杀死鳖，喜鹊屎可以杀死刺猬，腐烂的垃圾堆能生出苍蝇来，油漆碰到螃蟹便不会干燥，这是不能按照种类来推知的。

---

① 《淮南子·人间训》。
② 《淮南子·人间训》。
③ 《淮南子·人间训》。
④ 《淮南子·说山训》。

> 视方寸于牛,不知其大于羊;总视其体,乃知其大相去之远。①

如果从一寸见方的洞眼里看牛,就不知道它比羊大;总地观察牛的全体,才知道牛的大小和羊相差甚远。因此,人们根据部分推出全体的推理是行不通的。

既然类存在不可必推的情况,那么如何提高推类之"举相似"②的可靠性,从而真正做到"以其所知谕其所不知而使人知之"?③《墨经》提出"不可偏观"④,即在推类时不要有片面性;《吕氏春秋》则提出"缘物之情及人之情"⑤,强调要"察",察传言,察疑似,察微始,察不疑。亦即,要在推类模式"有效性"的基础上"具体"地"真实性"地察微知著。《淮南子》接受了《吕氏春秋》关于察类的思想,也十分强调要辩似、察微。

> 夫乱人者,芎䓖之与藁本也,蛇床之与麋芜也,此皆相似者。故剑工惑剑之似莫邪者,唯欧冶能名其种;玉工眩玉之似碧卢者,唯猗顿不失其情;暗主乱于奸臣、小人之疑君子者,唯圣人能见微以知明。⑥

"见微以知明"只是察类的具体方法,《淮南子》进一步指出察类要

---

① 《淮南子・说山训》。
② 《孟子・告子上》。
③ 《说苑・善说》。
④ 《墨经・小取》。
⑤ 《吕氏春秋・察传》。
⑥ 《淮南子・氾论训》。

根据"得事之所由"的原则进行。

> 得隋侯之珠,不若得事之所由;得卨氏之璧,不若得事之所适。①

得到隋侯之珠,不如懂得隋侯之珠得来的缘由;得到和氏之璧,不如明白处事适宜的方法。"得事之所由""事之所适"就是要分析事物之间具体的条件关系、因果关系,找出事物形成的原因,才能据此分析事物所属的类,得出是否可推的结论。

要具体分析事物间的条件关系、因果关系以及事物的发展规律,必然要根据时间、地点、条件的不同,找出"各用之于其所适,施之于其所宜"②的规律,才能确定其类别及其"为什么"可推或不可推。

总体来说,"得事之所由""得事之所适",就是要掌握事物的因果关系和发展规律,作为察辨的依据,以确定类的同异及其是否可推,其中蕴含的朴素辩证思维的精神,为解决类之能否可推指明了需要遵循的原则与方向,此为《淮南子》对先秦以来的推类理论做出的又一重大贡献。

## 第三节 中和——董仲舒的辩证思维方式

董仲舒(公元前 179—前 104 年),西汉广川人。董仲舒专门研究

---

① 《淮南子·说山训》。
② 《淮南子·齐俗训》。

《春秋》,深究其"微言大义",是当时著名的公羊学大师,在汉景帝时便已被任为《春秋》公羊学博士。董仲舒是我国汉代新儒学的创立者、最著名的今文经学大师,是中国思想史和儒学发展史上继孔子之后的又一位具有里程碑意义的人物。《春秋繁露》是董仲舒的主要代表作品,董仲舒的主要思想基本包含其中。

# 一、常变经权论

常、变、经、权是中国传统辩证思维方式中的重要范畴。一般而言,常与经同义,变与权同义。在汉代,人们更加认可了经权与常变具有相互对应、动(变通性)静(确定性)结合的传统认识。西汉韩婴《韩诗外传》载,孟子曾说过"夫道二,常之谓经,变之谓权",可知董仲舒与孟子的常变思想和经权思想也是相通的,可以相互印证。

董仲舒的常变思想是根据历史事实和公羊学家的理论而言的。或如,按《公羊传·宣公十五年》记载,楚庄王带兵包围宋国,久攻不下,于是楚庄王派大夫司马子反去探听宋城情况。得知宋城中已经断粮,人们易子而食后,司马子反未经楚王同意就把楚军只有七天粮食的情况告诉了对方,并同意撤兵。楚庄王知道后大怒,但经过司马子反的劝说,楚庄王决定撤兵回楚国去。对于这件事,董仲舒设问:司马子反奉君命去探听敌情,却将本国情况告诉对方,并答应敌方的要求,同意停战撤军,这是"内专政而外擅名"。按照《春秋》的原则"专政则轻君,擅名则不臣"[1],应该受到讥贬。但是,《春秋》对这件事不但没有讥贬反而大加赞扬,此为何故?董仲舒从两个方面分析了这个问题。

---

[1] 《春秋繁露·竹林》。

其一,专政轻君的问题。按"《春秋》辨物之理,以正其名。名物如其真,不失秋毫之末……圣人之谨于正名如此"①之"名分大义"的核心主旨,作为臣子,不向国君请示擅自处理国家重要政事,这就是专政;臣子专政,就是对国君轻慢无礼,这就是轻君。一般情况下,臣子专政轻君,应该受到惩罚。但董仲舒认为,司马子反是由于对他国人民怀有深厚的感情才擅自将本国情况告诉对方,这虽然是专政,但是他的做法符合仁爱原则,难能可贵。在掂量权衡之下,董仲舒将仁爱原则看的比臣子专政更重要,只要臣子的做法符合仁爱原则,那么专政轻君都是可以的。

其二,君臣之礼的问题。按"《春秋》之义,臣有恶,擅名美"②,臣子要承担一切过错,使国君有好名声,这是一项必须遵守的原则、常道。臣子把功德归为国君符合义的要求。司马子反见宋国人民已经弹尽粮绝到要吃孩子的地步,于是在仁爱原则指导下处理这件事,让国君退兵,这就是把仁爱的名声给了国君,是对国君的义。这也是《春秋》之所以要赞扬司马子反的原因所在。

董仲舒在做了上述分析之后说道:"《春秋》之道,固有常有变。变用于变,常用于常,各止其科,非相妨也。"③所谓"常",就是不变的的意思;所谓"变",就是变通的意思。在一般情况下要按"常"即一般原则来处事,在特殊情况下就要灵活变通。原则性和灵活性都有各自适用的范围,不可混淆,不可乱用。董仲舒关于常变关系的论述是其传统辩证思想方式的现实体现。

---

① 《春秋繁露·深察名号》。
② 《春秋繁露·竹林》。
③ 《春秋繁露·竹林》。

与常变相对应的是经权关系。所谓"经",指的就是常道、常规、一般原则。《孟子·尽心下》曰:"经正则庶民兴。"东汉赵岐注:"经,常也。"孟子说:"夫道二,常之谓经,变之谓权。怀其常道而挟其变权,乃得为贤。"[1]赵岐以"常"注"经",并把"常"和"经"并称为"常经"。这种以"常"训"经","经""常"互用的语言习惯一直为人们所遵守,迄今为止,从未发生过重大改变。

按"导论"所述,所谓"权",是由秤锤在秤杆上不断移动,使之与所称之物处于平衡状态为止,继而从移动引申为变化。《公羊传·桓公十一年》有,"权者何?权者反于经,然后有善者也";《后汉书·周章传》有,"权也者,反常者也"。权反经,权反常,常与经相同,因此,权就可以理解为变,"权变"就合成为一个汉语词汇,并一直使用至今。

至汉代,人们对经权关系已经有了比较一致且明确的理解,即经是指一般性,权是指灵活变通性。迄今为止,对于"事缓从恒,事急从权"的传统经权关系的辩证认知,也从未发生过重大改变。

基于此传统的观念基础及意义框架,董仲舒反对固守经学教条,主张可以适时行权。董仲舒在《春秋繁露》中借《春秋公羊传》中的事例来阐述他的经权思想。

按《公羊传·成公二年》记载,由于齐顷公对晋、鲁两国的使臣态度傲慢,于是晋、鲁两国就联合曹、卫两国在鞍地对齐国发动了一场战争,最后齐国被打败了。当时逢丑父是齐顷公的车右,相貌和服装都与齐顷公非常相似,因此代替齐顷公站在车的左边。当齐顷公的战车被四国军队重重围住的危急时刻,逢丑父坐上齐顷公的位子假冒齐顷公,让齐顷公去给他取水。当齐顷公端水回来时,逢丑父又说:"不行!去取

---

[1] 韩婴撰,徐维遹校释:《韩诗外传集释·卷二》,中华书局1980年版,第34页。

清洁的水来!"齐顷公假装到远处去找清水,逃出重围回国去了。逢丑父等齐顷公逃走后,对四国联军统帅郤克说:"在神灵的护佑之下,我们的国君已经免除了灾难!"郤克发现上当之后非常生气,回头问军中执法官:"欺骗三军的人,按照军法应该怎样处置?"执法官回答:"应当斩首。"于是郤克下令杀了逢丑父。

又按《公羊传·桓公十一年》记载,郑国的庄公葬礼结束,王位的继承人还未确定。丞相祭仲倾向让庄公的长子公子忽继位,但与郑国毗邻的宋国因为与庄公的次子公子突有亲戚关系,所以想让他继位。于是宋国人就在祭仲途经宋国时把他劫持了。在这种情况下,如果祭仲不听从宋国的命令,那么郑国国君必定要死,郑国一定会亡;而如果答应了宋国的要求,情况就会完全改变。不但公子忽可以免于一死,而且郑国也可以保存下来。等事情结束后,还可以想办法把公子突赶下台,再请公子忽回来继位。如果这件事情办不成,以后没能把公子突赶下台,把公子忽请回来当国君,承担逐君之罪名的也只是他祭仲一人。即使他个人蒙受了巨大损失,却保存了郑国。

针对上述两件事情,董仲舒认为祭仲是行权的典范,逢丑父则没有很好地行权。原因在于祭仲既能保存国家也能保全自己,而逢丑父虽然保住了国君却没有保全自己。董仲舒借这两个事例的比较,否定了"行权必死"和"死难即为行权"的错误认识,澄清了牺牲与行权的正确关系。

在此基础上,董仲舒还认为,在特殊情况下行权也要符合儒家提倡的价值观,如"荣""义""正"等。按《公羊传·桓公十一年》认为,讲权要达到善,"权者何?权者反于经,然后有善者也",而善又主要指"以生易死"和"以存易亡"。而董仲舒认为"辱生"不如"荣死",不以苟且偷生为善,引征并极度赞赏了《大戴礼记·曾子制言上》中曾子之言,"辱若可避,避之而已,及其不可避,君子视死若归",以"故君子生以辱,不如死以荣"①,发展了《公羊传》的相关思想,把"权"和荣辱、义不义的关系联系起来,使经权不仅关系到生死存亡的问题,而且和孔子的"杀身成仁"②、孟子的"舍生取义"③薪火相传,不以生存为最高原则,而以仁义为更高的标准。在这一意义上,董仲舒对经权的辩证阐述也是对儒学发展的一种贡献。可以说,在传统辩证思维方式的悠长流变中,董仲舒关于常变经权的思想是传统辩证思维方式瓜瓞绵绵的具体体现,有着深刻的理论推进和时代意义。

## 二、中和论

中和是中国思想史上的重要范畴,以"中"为原则,以"和"为目标、效果,也是儒家重要的思维和行为的准则。

我们在"导论"第三节中说,《说文解字》对"中"的定义是,"中,内也",以及"中,正也"。《中庸》:"喜怒哀乐之未发,谓之中",这个中就是内在的,感情在内心中尚未萌发出来。《中庸》也谈到"中也者,天下之大本也",这里的"中"就是正的意思。因此,中还可理解为"内在""中正"之意。

《说文解字》对"和"的定义是:"和,相应也。"又,"应,以言对也"。亦即,和就是应对。既然有应对,就不是一种声音,多种声音相互配合才是和。按此,把各种不同的东西融合成一个体系,就是"和"。"和"有

---

① 《春秋繁露·竹林》。
② 《论语·卫灵公》:"志士仁人,无求生以害仁,有杀身以成仁。"
③ 《孟子·告子上》:"生,亦我所欲也,义,亦我所欲也。二者不可得兼,舍生而取义者也。"

两个对立面,儒家强调"君子和而不同""小人同而不和"[①]。所谓"和"就是既不盲从也不附和,而是在坚持原则的基础上,将自己的意见和他人的意见相融合,最终得出一个大家都认可的结论,这是君子的所为。而"同"就是不坚持原则,随大流,表面和谐而实际不和谐,这是小人的所为。从这个意义上讲,以"中"为原则,以"和"为目标、效果,应是动机和效果的辩证统一。借用墨家的话说,"合其志功而观焉"[②],要"志功为辩"[③]"志功合一"。

在以往中和思想的基础上,董仲舒吸收了当时天文学的成果来论述"中和"。

> 天有两和,以成二中,岁立其中,用之无穷,是北方之中用合阴,而物始动于下,南方之中用合阳,而养始美于上。其动于下者,不得东方之和,不能生,中春是也;其养于上者,不得西方之和,不能成,中秋是也。然则天地之美恶在?两和之处,二中之所来归,而遂其为也。是故东方生而西方成,东方和生,北方之所起;西方和成,南方之所养长;起之,不至于和之所不能生;养长之,不至于和之所不能成;成于和,生必和也;始于中,止必中也;中者,天地之所终始也,而和者,天地之所生成也。夫德莫大于和,而道莫正于中,中者,天地之美达理也,圣人之所保守也。《诗》云:"不刚不柔,布政优优。"此非中和之谓与!是故能以中和理天下者,其德大盛,能以中和养

---

① 《论语·子路》。
② 《墨子·鲁问》。
③ 《墨经·大取》。

其身者,其寿极命。男女之法,法阴与阳,阳气起于北方,至南方而盛,盛极而合乎阴;阴气起乎中夏,至中冬而盛,盛极而合乎阳;不盛不合。①

"天有两和,以成二中",何谓"两和""二中"?"中者,天地之所终始也,而和者,天地之所生成也。夫德莫大于和。"董仲舒认为,从气候上来说,中就是一年中的终与始。"北方之中用合阴,而物始动于下,南方之中用合阳,而养始美于上。""二中"指的是"北方之中"和"南方之中",即冬至和夏至。因此,"中"就包含"极"的含义,有物极必反的意味。

而"和者,天之正也,阴阳之平也,其气最良,物之所生也"②。"二和"指的是"东方之和"和"西方之和",即春分和秋分。和气,就是春分和秋分时节的温暖气候,阴阳相互协调,这时的气候最适宜万物生长,"德莫大于和"。"阳气起于北方,至南方而盛,盛极而合乎阴;阴气起乎中夏,至中冬而盛,盛极而合乎阳;不盛不合。"盛极以后才能"合"。

总体而言,以往儒家都是用不偏不倚来解释"中",董仲舒却认为"中"是盛极的状态,这是其不同之处。对于"和",董仲舒的解释与他人并无太大差别,认为"和"就是阴阳协调万物生。

董仲舒论述完"中"与"和"之后,才谈及"中和"。在政治伦理的社会文化中,他也是从治理天下和修身养性两个方面来解释"中和"思想的。"是故能以中和理天下者,其德大盛,能以中和养其身者,其寿极命。"

第一,运用"中和"思想治理天下。董仲舒认识到社会中贫富两极

---

① 《春秋繁露·循天之道》。
② 《春秋繁露·循天之道》。

分化是社会动乱的主要根源。"富者田连阡陌,贫者无立锥之地……民愁无聊,亡逃山林,转为盗贼。"①为官者"因乘富贵之资力,以与民争利于下……富者奢侈羡溢,贫者穷急愁苦……民不乐生,尚不避死,安能避罪!"②在贫富差距悬殊的社会,贫苦老百姓没有办法活下去只能起来造反,社会很难安定。

按照"中和"理论,董仲舒提出统治者要通过均贫富的方法缩小贫富差距以使社会保持稳定。即"使富者足以示贵而不至于骄,贫者足以养生而不至于忧,以此为度而调均之。是以财不匮而上下相安,故易治也"③"受禄之家,食禄而已,不与民争业,然后利可均布而民可家足"④。食禄之家指的是官僚家庭,既然他们按期拿着国家俸禄,就不应该再去从事别的行业,如商业、酒业、制造业等,要避免与民争利。如此,普通百姓和官僚家庭间的利益分配就比较公平,人民家家富足,社会秩序稳定。董仲舒将这称为"上天之理""太古之道",统治者应该对社会的财富进行调配,以缓解统治者与人民间的矛盾,达到和谐局面。

董仲舒并没有否定差别,所谓"上下相安",就是肯定了上下的存在,肯定了等级的存在。他主张的均贫富政策主要是为了防止贫富两极分化,及民众发起暴动,最终是为了维持统治阶级的统治。

第二,利用"中和"思想修身养性。董仲舒在以中和养身方面提出了一系列的思想,形成了完整的中和养身之道。此又可分为两点。

其一,董仲舒认为,节制性欲是非常重要的。

---

① 《汉书·食货志上》
② 《汉书·董仲舒传》
③ 《春秋繁露·度制》。
④ 《汉书·董仲舒传》。

男女之法，法阴与阳，阳气起于北方，至南方而盛，盛极而合乎阴；阴气起乎中夏，至中冬而盛，盛极而合乎阳；不盛不合。是故十月而壹俱盛，终岁而乃再合，天地久节，以此为常，是故先法之内矣，养身以全，使男子不坚牡，不家室，阴不极盛，不相接，是故身精明难衰而坚固，寿考无忒，此天地之道也。天气先盛牡而后施精，故其精固，地气盛牝而后化，故其化良……君子法乎其所贵，天地之阴阳当男女，人之男女当阴阳，阴阳亦可以谓男女，男女亦可以谓阴阳。天地之经，至东方之中，而所生大养，至西方之中，而所养大成，一岁四起，业而必于中，中之所为，而必就于和，故曰和其要也。和者，天之正也，阴阳之平也，其气最良，物之所生也，诚择其和者，以为大得天地之奉也。①

"男女之法，法阴与阳""天地之阴阳当男女，人之男女当阴阳，阴阳亦可以谓男女，男女亦可以谓阴阳"，男女的关系就像阴阳的关系。阴阳"盛极而合，不盛不合"，人如果想达到"养身以全"，就必须"使男子不坚牡，不家室""天气先盛牡而后施精，故其精固，地气盛牝而后化，故其化良"。亦即，男女只有发育成熟才能够结婚，这是男女健康长寿的重要条件。

其二，董仲舒认为人的食物也要符合"和"的要求。

凡天地之物，乘于其泰而生，厌于其胜而死，四时之变是也。故冬之水气，东加于春而木生，乘其泰也；春之生，西至金

---

① 《春秋繁露·循天之道》。

而死,厌于胜也;生于木者,至金而死,生于金者,至火而死;春之所生,而不得过秋,秋之所生,不得过夏,天之数也。饮食臭味,每至一时,亦有所胜,有所不胜,之理不可不察。四时不同气,气各有所宜,宜之所在,其物代美,视代美而代养之,同时美者杂食之,是皆其所宜也。故荠以冬美,而茶以夏成,此可以见冬夏之所宜服矣。冬,水气也。荠,甘味也。乘于水气而美者,甘胜寒也。荠之为言济与,济,大水也;夏,火气也,茶,苦味也,乘于火气而成者,苦胜暑也。①

按"凡天地之万物,乘于其泰而生,厌于其盛而死,四时之变是也","盛"可理解为"胜",也称"克"。不同的季节有不同的生物。生物和季节、气候对应的关系是有规律的。如"春之所生,而不得过秋,秋之所生,不得过夏,天之数也"。春天草木萌生,这就是"乘于其泰而生",草木到秋天开始凋零,到冬天衰败,这就是"厌于其盛而死"。人和生物一样,也应该对应天气。人在不同的季节应该吃不同的食物,如"冬,水气也。荠,甘味也。乘于水气而美者,甘胜寒也"。冬天天气寒冷,属水,甘味属土,土胜水,所以甘胜寒。荠属甘,因此荠是冬天里适宜吃的食物。

当董仲舒依据阴阳协调的"中和"理论来选择食物时,他所强调的是与季节的一致性,这种理念顺应了事物发展的规律,辩证地强调了身体与季节的平衡与协调。

要之,董仲舒的"中和"理论注重事物发展过程的平衡与适宜,体现并发展了传统辩证法思想,也具有一定的特殊性和独创性。

---

① 《春秋繁露·循天之道》。

## 三、辞指论

董仲舒在《春秋繁露》中多处讲到"辞"和"指"的关系。所谓"辞",即词,指语言文字、定义命题,也可引申为"观点""论点"等。所谓"指",即主旨,指思想内容、精神实质。辞指问题就是词和义、语言和内容、语言表述和主旨大意间的关系问题,亦如庄子曾讨论过的言意问题。

> 《春秋》之常辞也,不予夷狄而予中国为礼。至邲之战,偏然反之,何也?曰:《春秋》无通辞,从变而移,今晋变而为夷狄,楚变而为君子,故移其辞,以从其事。①

"礼"指儒家的礼节。董仲舒认为,讲礼节的是君子,不讲礼节的是夷狄。中原地区文化发达,各诸侯国都讲礼义,边远地区的夷狄文化落后,不讲礼义。所以《春秋》只与中原国家为礼,不与夷狄为礼。但现在楚国讲礼义,升为君子,晋国不讲礼义,降为夷狄。因此,《春秋》只与楚国讲礼义,不与晋国讲礼义。按董仲舒的这种解释,君子和夷狄的区别不在于地理位置远近的条件性,而在于是否讲礼义,在于其文明程度的条件性。

所谓"通辞",即固定不变的辞。"无通辞",就是说没有固定不变的言辞。"《春秋》无通辞"是说《春秋》中的"常辞"说法、结论等都不能直接套用,而是应该"从变而移",即随着事物情况的条件性变化,根据具体的实际场景做出符合《春秋》精神实质的具体分析。董仲舒的这一辩

---

① 《春秋繁露·竹林》。

证思想,对于反对经学教条主义有着一定的意义。

此外,董仲舒认为《春秋》中还有"正辞"和"诡辞"。所谓"正辞"是实事求是的言辞,所谓"诡辞"是混淆事实的说法。"诡辞"的存在正是《春秋》难以被人理解的原因之一。"《春秋》之书事,时诡其实,以有避也;其书人,时易其名,以有讳也。"①意即,有的时候《春秋》记事不符合实际,这是因为要有所避;有的时候写人改变了名字,这是因为有所讳。既然《春秋》中有"正辞",也有"诡辞",对于《春秋》的理解就不能仅仅根据字词的表面意思,而是要深究其内在的含义,否则就会产生错误。这里也涉及"辞"与"指"的关系问题。董仲舒在分析战争时具体谈及了这一问题。

> 夫德不足以亲近,而文不足以来远,而断断以战伐为之者,此固《春秋》之所甚疾已,皆非义也。难者曰:"《春秋》之书战伐也,有恶有善也,恶诈击而善偏战,耻伐丧而荣复仇,奈何以《春秋》为无义战而尽恶之也?"曰:"凡春秋之记灾异也,虽亩有数茎,犹谓之无麦苗也;今天下之大,三百年之久,战攻侵伐,不可胜数,而复仇者有二焉,是何以异于无麦苗之有数茎哉! 不足以难之,故谓之无义战也。以无义战为不可,则无麦苗亦不可也;以无麦苗为可,则无义战亦可矣。若《春秋》之于偏战也,善其偏,不善其战,有以效其然也。《春秋》爱人,而战者杀人,君子奚说善杀其所爱哉! 故《春秋》之于偏战也,犹其于诸夏也,引之鲁,则谓之外,引之夷狄,则谓之内;比之诈战,则谓之义,比之不战,则谓之不义;故盟不如不盟,然而有所谓

---

① 《春秋繁露·玉英》。

善盟;战不如不战,然而有所谓善战;不义之中有义,义之中有不义;辞不能及,皆在于指,非精心达思者,其庸能知之!《诗》云:'棠棣之华,偏其反而;岂不尔思,室是远而。'孔子曰:'未之思也!夫何远之有?'由是观之,见其指者,不任其辞,不任其辞,然后可与适道矣。"①

按《春秋》中记录了上百场战争,孟子评价"春秋无义战"②。但也有人设难,认为《春秋》并不是完全反对战争,其中也有赞成的,比如认可"偏战"③和"复仇"。并为此诘难道:"《春秋》之书战伐也,有恶有善也。恶诈击而善偏战,耻伐丧而荣复仇;奈何以《春秋》为无义战而尽恶之也!"④按上所引,董仲舒从以下两个方面进行了解释。

第一,从灾异的角度。一场灾异过后,一亩地虽然还剩几颗麦苗,《春秋》中还是记载没有麦苗。相同的道理,在三百年的时间里,发生过无数战争,但是复仇的战争只有两次,一次是鲁庄公,一次是齐襄公。这和一亩地只有几根麦苗没有什么不同。如果说《春秋》反对所有的战争是不对的,就必须说没有麦苗也是不对的;反之,如果说《春秋》反对所有的战争是对的,就必须说没有麦苗也是对的。由是观之,《春秋》是从整体上着眼,认为一切战争都是"非义"的。不能将这句话理解为春秋时一次义战也没有。基于此,对"辞"的理解不能表面化、片面化、凝

---

① 《春秋繁露·竹林》。
② 《孟子·尽心下》。
③ 指各据一面堂堂正正的战争。《公羊传·桓公十年》:"此偏战也,何以不言师败绩?"东汉何休《春秋公羊传解诂》注:"偏,一面也。结日定地,各居一面,鸣鼓而战,不相诈。"
④ 《春秋繁露·竹林》。

固化，而是要深入内部，把握其本质精髓。

第二，关于偏战问题。儒家一贯提倡"爱人"，但战争是杀人的，《春秋》如何会赞成杀人的行为？如何会赞成"偏战"？董仲舒认为"偏战"具有相对性。如果拿"偏战"与"诈战"比较，"偏战"就是义的；如果拿"偏战"与"不战"比较，"偏战"就是不义的。为了说明这种相对性的问题，董仲舒举例继续说明，诸夏对于鲁国来说是外，对于夷狄来说是内。因此，"战不如不战，然而有所谓善战"。不发动战争是最好的，但如果必须要发动战争，"偏战"就是善的。因此董仲舒总结道："不义之中有义，义之中有不义"，表明了义和不义是互相包含的，义具有一定意义诠释下的相对性。

这种从比较中谈义，能看到事物存在的相对性，是薪火相传的传统辩证思维方式使然。"辞不能及，皆在于指"，这种复杂的理论问题，语言不能完全表达，要去领会其中的深意。只要下功夫思考，还是能够把握事物的精神实质的。在此，董仲舒引用了孔子的话："未之思也，夫何远之有？"即人不能够理解事物只是没有深入思考，并不是事物遥远而不能达到。因此，如果领会了事物的"指"，就不需要拘泥于"辞"，不需要墨守成规了。

在经学时代，很多儒者都埋头故纸堆研究经典中的词句，董仲舒的辞指论开了今文经学的新风气。他主张要真实具体地掌握经典的实质，并将其灵活地运用于实际思维认知或论证之中，以此反对生搬硬套，这是他对传统辩证思维方式功用的继续发挥。

## 四、五行论

学界一般认为，五行说的源头是《尚书·洪范》篇。《洪范》开篇讲周武王打败商纣王,俘虏了箕子。周武王向箕子征求治国的意见,箕子提出了治国的九大法则,即"洪范九畴"。其中的第一法则就是五行:"初一曰五行……五行:一曰水,二曰火,三曰木,四曰金,五曰土。水曰润下,火曰炎上,木曰曲直,金曰从革,土爰稼穑。润下作咸,炎上作苦,曲直作酸,从革作辛,稼穑作甘。"这里提到了五行及各自的基本属性。

董仲舒在多篇文章中讨论过五行。能够体现董仲舒朴素辩证思想的主要是他对五行生克的论述以及其在政治方面的运用。

第一,董仲舒对五行进行重新排序,并提出了"比相生而间相胜"的思想。

> 天有五行:一曰木,二曰火,三曰土,四曰金,五曰水。木,五行之始也,水,五行之终也,土,五行之中也,此其天次之序也。①

> 天地之气,合而为一,分为阴阳,判为四时,列为五行。行者,行也,其行不同,故谓之五行。五行者,五官也,比相生而间相胜也,故为治,逆之则乱,顺之则治。②

他认为,五行的顺序应该是木、火、土、金、水。五行之间的关系是"比相生而间相胜"。所谓"比相生"指相邻的两者是相生关系,如木生火、火生土、土生金、金生水;所谓"间相胜"指相间的两者是相胜关系,如木胜土、土胜水、水胜火、火胜金。万事万物就在这相生相克的作用中不断运动发展。

---

① 《春秋繁露·五行之义》。
② 《春秋繁露·五行相生》。

第二,董仲舒继承了以往的五行相生、五行配四时的思想。

> 天有五行:木、火、土、金、水是也。木生火,火生土,土生金、金生水。水为冬,金为秋,土为季夏,火为夏,木为春。春主生,夏主长,季夏主养,秋主收,冬主藏,藏,冬之所成也。①

第三,董仲舒运用五行相生相胜的思想为社会伦理、政治服务。

在社会伦理方面,董仲舒认为木、火、土、金、水这五行是符合自然发展规律的排序,人就应该效仿五行的排序。这个排序就是父子相承。

> 是故父之所生,其子长之;父之所长,其子养之;父之所养,其子成之。诸父所为,其子皆奉承而续行之,不敢不致如父之意,尽为人之道也。故五行者,五行也。由此观之,父授之,子受之,乃天之道也。故曰:夫孝者,天之经也。此之谓也。②

"诸父所为,其子皆奉承而续行之,不敢不致如父之意,尽为人之道也。"这是指作为儿子应该继承其父的事业,如果不接续其父所做的工作,就是不孝。父子相承是天经地义的事情。

在社会政治方面,是要用五行相胜说明汉代政府内部权力互相制约的规章制度。"五行者,五官也,比相生而间相胜也,故谓治,逆之则

---

① 《春秋繁露·五行对》。
② 《春秋繁露·五行对》。

乱，顺之则治。"①因为五行分别代表着五官，如果五官的关系处理好就会天下治，否则就天下乱。"木者，司农也""火者，司马也""土者，君之官也，其相司营""金者，司徒也""水者，司寇也"。由是，董仲舒在《五行相生》和《五行相胜》两篇里详细论述了这五官之间相互配合、相互制约的关系。五官之间只有相互配合、通力合作，才能使国家发展进入正轨，整个社会才能有序稳定。董仲舒的这一思想对于汉代政治秩序的良性发展起了一定的积极作用。

概之，董仲舒的常变经权论、中和论、辞指论、五行论都对事物间的联系和发展做了一定程度的辩证思考，他的朴素辩证思想在反对拘泥经书章句的儒学教条主义和离经叛道的儒学修正主义中都是有意义的，对于汉代甚至是中国古代社会都产生了重大影响。

## 第四节 引物事验言行——王充的辩证思维方式

王充（公元27—97年）是东汉时期的哲学家，无神论者。他在哲学上主张元气自然论。王充所处的时代，是封建统治阶级的一统思想日益巩固的时代，西汉武帝的罢黜百家、独尊儒术，已演变成为东汉光武帝的宣布图谶于天下；西汉董仲舒推演灾异的神学体系，在此时也以谶纬之术，日益显露出毫无遮掩的神权思想。在此形势下，王充以"毫无疑问地是中世纪思想史上第一个伟大的'异端'体系"②，决意要冲破以谶纬化的儒学为正宗的神学桎梏。在批判当时盛行的"灾异谴告""天

---

① 《春秋繁露·五行相生》。
② 侯外庐：《中国思想通史》（第2卷），人民出版社1980年版，第248页。

降瑞祥"等天人感应说和谶纬神学中,他极其重视对论证、反驳的研究,前后历时三十余年,"闭门潜思",著成《论衡》一书,八十余篇。其写作原因,"虚妄显于真,实诚乱于伪,世人不悟,是非不定,紫朱杂厕,瓦玉集糅,以情言之,岂吾心所能忍哉"①。其写作就是为了"铨轻重之言,立真伪之平。非苟调文饰辞,为奇伟之观也。其本皆起人间有非,故尽思极心,以讥世俗"②。故而《论衡》一书,说理透彻,针砭深刻,充满了批判精神。在"正真是"③和"疾虚妄"④的过程中,王充虽然没有对传统辩证思维方式有什么理论上的谈论,但在他的一些论证实践中,却也显现了一定的经验性的传统辩证思维方式。

## 一、对论证方法综合性、系统性的辩证运用

王充继承了先秦以来对"类"的认识,认为凡是事物之间具有某种联系者,皆可谓之"类"。

> 云龙相应,龙乘云雨而行。物类相致,非有为也。⑤
> 鱼与鸟同类,故鸟蜉鱼亦蜉,鸟卵鱼亦卵,螟蛇蜂虿皆卵。同性类也。⑥
> 天地之性人为贵,岂天祸为贵者作,不为贱者设哉,何其

---

① 《论衡·对作》。
② 《论衡·对作》。
③ 《论衡·定贤》。
④ 《论衡·佚文》。
⑤ 《论衡·感虚》。
⑥ 《论衡·言毒》。

性类同而祸患别也?①

龙与凤凰为比类。②

而在以"类"相推的过程中,为了提高论证的可信度,王充认为,"订其真伪,辨其虚实"的过程,就是一个"引物事,以验其言行"③的过程。为此他在论证一个事物事理时,往往要提问"何以效之""何以验之",然后用同类事实作为论据,"验之以物"。而在"验之以物"的过程中,他往往灵活、适宜、辩证地综合着不同的论证方法。

或如,当时图谶流行,"人死为鬼,有知,能害人"的谬说难以遏止。针对这一谬说,王充展开了自己的论证:

世谓:"人死为鬼,有知,能害人。"(论敌命题)

试以物类验之,人死不为鬼,无知,不能害人。(自己的反命题)

何以验之?验之以物。(第一层"人死不为鬼"的论证)

人,物也;物,亦物也。物死不为鬼,人死何故独能为鬼?……("人死不为鬼"论据一)

人之所以生者,精气也。死而精气灭。能为精气者,血脉也。人死血脉竭,竭而精气灭,灭而形体朽,朽而成灰土。何用为鬼?……("人死不为鬼"论据二)

人见鬼若生人之形。……人之精神,藏于形体之内,……

---

① 《论衡·辨祟》。
② 《论衡·讲瑞》。
③ 《论衡·自然》。

死而形体朽,……精气散亡,何能复有体,而人得见之乎?……世有以生形转为生类者矣,未有以死身化为生象者也。("人死不为鬼"论据三)

天地开辟,人皇以来,随寿而死,若中年夭亡,以亿万数计。今人之数,不若死者多。如人死辄为鬼,则道路之上,一步一鬼也。人且死见鬼,宜见数百千万,满堂盈庭,填塞巷路,不宜徒见一两人也。……("人死不为鬼"论据四)

天地之性,能更生火,不能使灭火复燃;能更生人,不能令死人复见。能使灭灰更为燃火,吾乃颇疑死人能复为形。案火灭不能复燃以况之,死人不复为鬼,明矣。("人死不为鬼"论据五)

夫为鬼者,人谓死人之精神。……则人见之,宜徒见裸袒之形,无为见衣带被服也。何则?衣服无精神,人死,与形体俱朽,何以得贯穿之乎?精神本以血气为主,血气常附形体,形体虽朽精神尚在,能为鬼,可也。今衣服,丝絮布帛也,生时血气不附着,而亦自无血气,败朽遂已与形体等,安能自若为衣服之形?……("人死不为鬼"论据六)

夫人死不能为鬼,则亦无所知矣。何以验之?(第二层"人死无知"的论证)

以未生之时无所知也。……其死归无知之本,何能有知乎?("人死无知"论据一)

人之所以聪明智惠者,以含五常之气也;五常之气所以在人者,以五藏在形中也。五藏不伤,则人智惠;五藏有病,则人荒忽;荒忽则愚痴矣。人死,五藏腐朽;腐朽,则五常无所托矣;所用藏智者已败矣,所用为智者已去矣。形须气而成,气

须形而知。天下无独燃之火,世间安得有无体独知之精?("人死无知"论据二)

人之死也,其犹梦也。……人梦不能知觉时所作,犹死不能识生时所为矣。人言谈有所作于卧人之旁,卧人不能知,犹对死人之棺为善恶之事,死人不能复知也。夫卧,精气尚在,形体尚全,犹无所知;况死人精神消亡,形体朽败乎?("人死无知"论据三)

人为人所殴伤,诣吏告苦以语人,有知之故也。或为人所杀,则不知何人杀也;或家不知其尸所在。使死人有知,必恚人之杀己也,当能言于吏旁,告以贼主名;若能归语其家,告以尸之所在。今则不能,无知之效也。……("人死无知"论据四)

人之死,犹火之灭也。火灭而耀(光)不照,人死而知不惠,二者宜同一实。……人病且死,与火之且灭何以异?火灭光消而烛在,人死精亡而形存,谓人死有知,是谓火灭复有光也。……("人死无知"论据五)

妒夫媢妻,同室而处,……夫死妻更嫁,妻死夫更娶。以有知验之,宜大忿怒。今夫妻死者,寂寞无声;更嫁娶者,平忽无祸。无知之验也。……("人死无知"论据六)

人死不为鬼,无知不能语言,则不能害人矣。何以验之?(第三层"人死不能害人"的论证)

夫人之……害人用力,用力须筋骨而强,强则能害人。……夫死,骨朽,筋力绝,手足不举,……何以能害人也?凡人与物所以能害人者,手臂把刃,爪牙坚利之故也。今人死手臂朽败,不能复执刃。爪牙隳落,不能复啮噬,安能害人?("人

死不能害人"论据一)

儿之始生也,手足俱成,手不能搏,足不能蹶者,气适凝成,未能坚强也。……气为形体,形体微弱犹未能害人,况死气去,精神绝,安能害人?寒骨谓能害人者邪?……("人死不能害人"论据二)

人之所以勇猛能害人者,以饮食也。饮食饱足,则强壮勇猛;强壮勇猛,则能害人矣。人病不能饮食,则身羸弱;羸弱困甚,故至于死。病困之时,仇在其旁,不能咄叱;人盗其物,不能禁夺;羸弱困劣之故也。夫死,羸弱困劣之甚者也,何能害人?……死人精神去形体……何能害生人之身?……("人死不能害人"论据三)

人……梦杀伤人,若为人所复杀。明日视彼之身,察己之体,无兵刃创伤之验。夫梦,用精神;……梦之精神不能害人,死之精神安能为害?……("人死不能害人"论据四)

夫物未死,精神依倚形体,故能变化与人交通。已死,形体坏烂,精神散亡,无所复依,不能变化。夫人之精神,犹物之精神也。物生,精神为病,其死,精神消亡。人与物同,死而精神亦灭,安能为害祸?……("人死不能害人"论据五)

夫论死不为鬼,无知,不能害人,……明矣。(总括结论)[①]

按理,论证方法是一个系统,如何在论证实践中根据需要灵活采用适宜的论证方法,也显现着论证者的辩证思考能力。纵观王充的这组论证,既包括了证明与反驳的两个方面,也综合地包括了各种具体的证

---

[①] 《论衡·论死》。

明、反驳方法。可以说是不同论证方法有机的辩证统一。

首先,整个论证是间接反驳的独立论证。针对"人死为鬼,有知,能害人"的命题,提出了自己的反命题"人死不为鬼,无知,不能害人",并对这个反命题进行独立论证,有针对性地从三个层面确定了"人死不为鬼,无知,不能害人"分命题的真实性,然后根据矛盾律的思维规范,两个对立的判断,只能有一正确,有一不正确,从而确定"人死为鬼,有知,能害人"命题的虚妄性。整个论证有如王充所说:"讼必有曲直,论必有是非。非而曲者为负,是而直者为胜。"[①]

其次,在这整个独立论证的每一层论证中,王充采取的是"验之""效之"的归纳论证方法,但其每一个论据的使用,也可视为一个恰当的小论证或小反驳。

如"人死不为鬼"的论据五,以天地"不能使灭灰复燃"类推天地"不能令死人复见"。这是一个自先秦诸子以来就盛行的推类论证。

如"人死无知"论据二,以火烛比喻形神,以蜡烛点完了火光即刻消失,类推血脉枯竭了精神即刻消失。并以"天下无独燃之火,世间安得有无体独知之精"的反问句,结束了这个小的推类论证。

如"人死无知"论据五,以烛与光的关系,说明"火灭而耀不照"与"人死而知不惠"属于同一类现象,相互可以引征谕证。这也是一个推类论证。而"谓人死有知,是谓火灭复有光也"则是一个归谬式推类。

如"人死不为鬼"论据四,"如人死辄为鬼,则道路之上,一步一鬼也",王充所采取的方法则是归谬式推类。

如"人死无知"论据四,"人之杀己也,当能言于吏旁,告以贼主名;若能归语其家,告以尸之所在";"人死无知"论据六,"夫死妻更嫁,妻死

---

① 《论衡·物势》。

夫更娶。以有知验之,宜大忿怒",王充采用的是间接论证的反证法和归谬推类法的结合。他通过称量权衡确定与自己的论题"人死无知"相矛盾的反论题"人死有知"的荒谬性,来确定这一个小论证中自己所确立论题的真实性。其思维过程是:

论题:P（人死无知）

设立反论题:非P（人死有知）

确定反论题非P假(归谬)

根据排中律,非P假,所以,P真。

总之,在这则间接反驳"人死不为鬼,无知,不能害人"的独立论证中,恰当适宜地杂糅着各种证明、反驳的具体方法。因此,在王充"引事物以验其言行"的论证中,他不但重视经验,重视事实,重视证据。同时,他对于论证的各种方法要辩证地综合统一,认识也是清晰的,运用也是娴熟的。

## 二、对条件性的辩证思考

王充在提出"引物事以验其言行"的同时,还提出了"以物类验之"[1],认为"方比物类,为能实之"[2],使"事效"与"比类"也经验、事理地辩证结合在一起。

所谓"比类",是指在论辩中,由于一些事物的"事效"有时不能用感官直接去把握,于是便以这些事物都有其共同性,为同属之类,可以"推

---

[1] 《论衡·论死》。
[2] 《论衡·薄葬》。

类以况之"①而采用一种比较、对照的论证方法。这种方法实际上仍然是引征谕证的推类。我们这里再就王充的论辩做一些分析。

其一,当时传言"天雨谷",被认为是不祥之兆。② 但王充认为这只是一种自然现象。为此,他论证道:

> 何以验之?夫云气出于丘山,降散则为雨矣;人见其从上而坠,则谓之天雨水也。夏日则雨水,冬日天寒则雨凝而为雪,皆由云气发于丘山,不从天上降集于地,明矣。夫谷之雨,犹复云雨之亦从地起,因与疾风俱飘,参于天,集于地。人见其从天落地,则谓之天雨谷。建武三十一年中,陈留雨谷……此谷生于草野之中,成熟垂委于地,遭疾风暴起,吹扬与之俱飞,风衰谷集,坠于中国,中国见之,谓之雨谷。
>
> 何以效之?野火燔山泽,山泽之中,草木皆烧,其叶为灰,疾风暴起,吹扬之,参天而飞,风衰叶下,集于道路。夫天雨谷者,草木叶烧飞而集之类也。而世以为雨谷,作传书者以为变怪。天主施气,地主产物;有叶实可啄食者,皆地所生,非天所为也。今谷非气所生,须土以成……生地之物,更从天集;生天之物,可从地出乎?地之有万物,犹天之有列星也;星不更生于地,谷何独生于天乎?③

---

① 《论衡·别通》。
② 《淮南子·本经训》记载有:"昔者,仓颉作书,而天雨粟,鬼夜哭。"高诱注:"仓颉始视鸟迹之文造书契,则诈伪萌生。诈伪萌生,则去本趋末,弃耕作之业而务锥刀之利。天知其将饿,故为雨粟;鬼恐为书文所劾,故夜哭也。"
③ 《论衡·感虚》。

在这则论证中,王充以"犹复云雨之亦从地起"的过程,推类"天雨谷"的过程;而按"类事理"分析的同一,"陈留雨谷"的"天雨谷"现象,同"草木叶烧飞而集"的现象一样,属于一类。这种"以物类验之"的"方比物类",显然是"同类相比见其同"的思维进程,其认识的结果是同类事理具有同一性。最后,王充又引证"生地之物,更从天集;生天之物,可从地出乎"作比,认为"地之有万物,犹天之有列星也;星不更生于地,谷何独生于天乎?"天生之物与地生之物是两类截然不同的事物,通过"以物类验之"的"方比物类",可知既然"生地之物,不从天集",所以"谷不能独生于天"。这显然又是"异类相比见其异"的思维进程,其认识的结果是异类事理不具有同一性。按此,王充的这则论证,从正反两方面辩证统一地进行着"方比物类",既有事实例证,又有理性分析,从而使人们对"天雨谷"与"天不能雨谷"的两个判断孰是孰非,有了从感性到知性的理解过程。

其二,中国古代的"五行"思想产生于西周武王时代,即《尚书·洪范》所述"一曰水,二曰火,三曰木,四曰金,五曰土"。之后,古代思想家把这五种物质作为构成万物的元素,用以说明世界万物的起源和多样性的统一。至战国时期,"五行"思想演变为"五行相生相克"的理论。"相生"意味着相互促进,如木生火,火生土,土生金,金生水,水生木等;"相胜"即"相克",意味着相互排斥,如水胜火,火胜金,金胜木,木胜土,土胜水等。这些认识在早期虽富有朴素的唯物论和自发的朴素辩证法因素,以其思想中包含的合理因素,对中国古代的天文历法、中医药学的发展,起了一定的促进作用,但由于它们后来被神秘化,具有了神秘主义目的论的意味。尤其汉儒们将其推至极端,使这种神秘主义目的论的意味更加浓厚。如当时的汉儒编撰的谶纬化的经学书《白虎通义》说:"五行之所以相害者,天地之性。众胜寡,故水胜火也;精胜坚,故火胜金;刚胜柔,故金胜木;专胜散,故木胜土;实胜虚,故土胜水也。"不仅如此,汉儒们还以"十二支"与"五行"相配合,炮制出了一种"十二生肖相胜"的理论:

> 寅,木也;其禽,虎也。戌,土也;其禽,犬也。丑,未,亦土也,丑禽,牛;未禽,羊也。木胜土,故犬与牛羊为虎所服也。亥,水也;其禽,豕也。巳,火也;其禽,蛇也。子,亦水也;其禽,鼠也。午,亦火也,其禽,马也。水胜火,故豕食蛇;火为水所害,故马食鼠屎而腹胀。①

汉儒们希冀从这种"十二生肖相胜"的理论出发,得出万物结构由天来安排的结论。对于这种先验目的论,王充批判说:

> 审如论者之言,含血之虫,亦有不相胜之效。午,马也;子,鼠也;酉,鸡也;卯,兔也。水胜火,鼠何不逐马?金胜木,鸡何不啄兔?亥,豕也;未,羊也;丑,牛也。土胜水,牛羊何不杀豕?巳,蛇也;申,猴也。火胜金,蛇何不食猕猴?猕猴者,畏鼠也;啮猕猴者,犬也。鼠,水;猕猴,金也。水不胜金,猕猴何故畏鼠也。戌,土也;申,猴也。土不胜金,猴何故畏犬?(按十二生肖,缺龙)
>
> 东方,木也;其星,仓(苍)龙也。西方,金也;其星,白虎也。南方,火也;其星,硃(朱)鸟也。北方,水也;其星,玄武也。天有四星之精,降生四兽之体;含血之虫,以四兽为长。

---

① 《论衡·物势》。

> 四兽含五行之气最较著;案龙虎交不相贼,鸟龟会不相害。以四兽验之,以十二辰之禽效之,五行之虫以气性相克,则尤不相应。……夫物之相胜,或以筋力,或以气势,或以巧便。小有气势,口足有便,则能以小而制大;大无筋力,角翼不劲,则以大而服小。①

在这则论证中,针对汉儒之论,王充以常识上的效验,掂量权衡与称量权衡交互使用,通过"亦有不相胜之效"的证伪,直接反驳了"十二生肖相胜"简单枚举的不可靠和其所依论据的荒谬。我们根据王充与汉儒的这则论辩整理如下:

(1)水胜火:

亥猪(水)食巳蛇(火)。(汉儒"水胜火"论点的论据)

午马(火)食子鼠(水)屎而腹胀。(汉儒"火为水所害"论点的论据)

子鼠(水)应逐午马(火)。(王充根据汉儒"水胜火"论点同类相推)

申猴(金)无须畏惧子鼠(水)。(根据汉儒"水不胜金"论点同类相推)

(2)火胜金:

巳蛇(火)吃申猴(金)。(王充根据汉儒"火胜金"论点同类相推)

(3)金胜木:

酉鸡(金)啄卯兔(木)。(王充根据汉儒"金胜木"论点同类相推)

(4)木胜土:

寅虎(木)慑服戌狗(土)、丑牛(土)、未羊(土)。(汉儒"木胜土"论点的论据)

---

① 《论衡·物势》。

(5)土胜水：

丑牛(土)、未羊(土)杀亥猪(水)。(王充根据汉儒"土胜水"论点而同类相推)

申猴(金)无须畏惧戌狗(土)，因为戌狗(土)不吃申猴(金)。(王充根据汉儒"土不胜金"论点同类相推)

但是：

子鼠(水)并未逐午马(火)。(王充对汉儒"水胜火"论点的证伪)

申猴(金)畏惧子鼠(水)。(王充对汉儒"水不胜金"论点的证伪)

巳蛇(火)并未吃申猴(金)。(王充对汉儒"火胜金"论点的证伪)

酉鸡(金)并未啄卯兔(木)。(王充对汉儒"金胜木"论点的证伪)

丑牛(土)、未羊(土)并未杀亥猪(水)。(王充对汉儒"土胜水"论点的证伪)

申猴(金)畏惧戌狗(土)，因为戌狗(土)吃申猴(金)。(王充对汉儒"土不胜金"论点的证伪)

在这组论辩中，汉儒在论证"十二生肖相胜"的过程中，犯了两个论证错误。一是汉儒所采用的方法是简单枚举归纳法。他们是由一类对象中部分对象具有某种属性的认识，推出这一类对象的全部都具有某种属性。但简单枚举归纳的结论根据仅仅是在考察对象的过程中没有发现反例，因此它的结论与根据之间并不具有必然联系，其结论的性质只具有或然性。汉儒在这里显然是将"十二生肖相胜"的结论性质当成必然的了。二是汉儒在论证中将论点与论据的关系颠倒了。在论点与论据的因果关系中，论据是原因，论点是结果。但汉儒的"……故……"句式表明的是论点是原因，论据是结果。这种倒因为果的论证只能将"十二生肖相胜"变成先验的目的论。

王充在论辩中，正是抓住了汉儒的这两个错误，以同类比较见其异的方法,归纳对比。他先按照汉儒的思路同类相推得出荒谬的结论,并以客观事实的"效验"证明这是不存在的。以证伪的方式使汉儒"十二生肖相胜"陷于荒谬,从而推翻了汉儒的结论。继而,王充又从同类事物其事理也相同的视角,知性地论证了事物物种的相胜取决于生理器官的长短利钝,万物的生存斗争取决于"气势"。只要生理器官有利于发展,只要"气势"有利于发展,物虽小,照样可以制胜"大";而生理器官以及"气势"不利于优胜劣汰的发展规律,物虽"大",却不能不"服小"。从而以客观世界所存在的真正因果关系论证了"十二生肖不相胜"的正确性,并以此反证了"十二生肖相胜"的不合理性。

显然,王充的这种证伪与证实的统一,在论证的过程中突出了"条件性"这一传统辩证思维方式的因素。这就使得王充所论证的"十二生肖不相胜"的结论,其有效性与说服力,既是唯物的,又是辩证的了。与汉儒"十二生肖相胜"固化思维相比,王充在"两刃相割,利钝乃知;二论相订,是非乃见"[①]的过程中,其条件性、全面性的辩证思考,自然使他"讼必有曲直,论必有是非。非而曲者为负,是而直者为胜"[②]的认识,有了整体性思维的观念与方法论的基础。而观念与方法的统一才是现实的。

其三,当时的世俗认为,"鬼神有知,能享用祭品"。对此神鬼之谈,王充在《论衡·祀义》篇中,以求同求异并用的对比论证,反证了"死人无知,不能享用祭品"。在这种综合、灵活运用不同论证方法的过程中,王充连用四组相类似的事情对比:一是以能言与不能言对比,能言则能享用祭品,不能言则不能享用祭品;二是以口鼻是否健全对比,口鼻健

---

① 《论衡·案书》。
② 《论衡·物势》。

全则能享用祭品,口鼻不健全则不能享用祭品;三是以能否饮食对比,能饮食者则能享用祭品,不能饮食者则不能享用祭品;四是以有无知觉对比,有知觉者则能享用祭品,没有知觉者则不能享用祭品。有此四组同异对比,王充就既有了正面求同的步骤:在被考察现象出现的若干场合中,只有一种情况是共同的,即活人有知,可以享用祭品;又有了反面求同的步骤:在被考察现象出现的若干场合中,只有一种情况是共同的,即死人无知,不可以享用祭品;还有了正反求异的步骤:即把正面求同的结果与反面求同的结果进行对比,进一步确认了能否享用祭品与是否有知之间的因果关系。有此三个步骤的求同求异并用的对比论证,"活人有知,可以享用祭品"的正确性昭然若揭,而世俗所谓"鬼神有知,能够享用祭品"之说的荒谬性即不攻自破了。

不过,王充也认识到了在对两件事物进行类比、类推时,要以它们是否具有同一事理的同一性为根据,不能随便比附,否则也会落入无类逻辑的陷阱中。因此,他也辩证地指出,"比不应事,未可谓喻"[①]。所谓"应事",就是指作比、推类的两类事物要有真正的、符合实际的同一事理的同一性。王充的这种对推类如何可行的条件性认识,应是先秦以来对于推类过程如何有效的传统辩证思维方式的认知延续与推进。

## 三、对于语义、语用、语境的辩证思考

所谓"疾虚妄"就是祛除、反驳谬误。而所谓"谬误",从逻辑学的角度解释:人们在思维活动中,自觉或不自觉地违反思维规律或思维规则而产生的各种逻辑错误。但这种解释并不能包括言谈论辩中所可能出

---

① 《论衡·物势》。

现的由语义、语用等其他非逻辑因素造成的谬误。因此,有学者将谬误重新定义为:"谬误是如此一种状态:主观置信度与论证中前提对结论的支持度的背离。"①这种解释就有可能将产生谬误的各种逻辑因素和非逻辑因素包括在内了。

"谬误"一词就出自王充之手:"聪明有闭塞,推行有谬误。"②在王充那里,谬误就是指与客观事实不相一致的"虚妄",按王充的自我认识,"《诗》三百,一言以蔽之,曰:'思无邪。'《论衡》篇以十数,亦一言也,曰:'疾虚妄'"③。而在他几十年如一日的"疾虚妄"过程中,对于论证中所可能出现的语义、语用、语境等其他非逻辑因素的注意,也显现出他比先秦以来的诸思想家更灵活全面地辩证思考着谈说论辩中出现的各种问题。观诸《论衡》,这些辩证思考反映在"九虚"④"三增"⑤,以及《论死》《订鬼》《问孔》《薄葬》《刺孟》《非韩》等篇的"疾虚妄"中,涉及谈说论辩中的概念、判断、推理或论证以及思维规律等语义、语用、语境的各个方面,现择例分析如下。

1. 对于语义的辩证思考

或如,孔子曾说过:"富与贵,是人之所欲也,不以其道得之,不居

---

① 武宏志、马永侠:《谬误研究》,陕西人民出版社1996年版,第65页。
② 《论衡·答佞》。
③ 《论衡·佚文》。
④ 指主张不可相信虚妄之书的《书虚》;论证不能按照星辰位序的变动判定祸福的《变虚》;论证不能根据事象占卜吉凶的《异虚》;论证不可能"诚能感天"的《感虚》;论证人们行善与天降瑞祥并不一致的《福虚》;论证人们行恶与天降惩罚并不一致的《祸虚》;论证龙不可能为神的《龙虚》;论证雷是自然现象之一种,并非是天怒杀人的《雷虚》;论证不可能得道升天的《道虚》。
⑤ 指揭露传语中有很多荒诞无稽之谈的《语增》;揭露儒书中多有夸张失实之处的《儒增》;指出经艺中有许多不可置信之事的《艺增》。

也;贫与贱,是人之所恶也,不以其道得之,不去也。"对此,王充则认为,孔子在后一句中误用了"得之"概念的条件性。因为,"得者,施与得之也""贫贱何故当言得之? 顾当言贫与贱,是人之所恶也,不以其道去之,则不去也。当言去,不当言得"①。"得之"与"去之"显然是两个含义完全不同条件下的词语,其所表达的意思也完全不同。但王充认为孔子误用了它们,从而"使此言意不解而文不分"②。

或如,在《非韩》篇中,王充认为韩非把"不孝"说成是"奸",是"失奸之实"。因为,在王充看来,所谓"不孝"是指"下愚无礼,顺情从欲,与鸟兽同",而所谓"奸"则是指"外善内恶,色厉内荏"。两个词语所表达的语义解释也具有各自成立的条件性,因此,对于"不孝","谓之恶,可也;谓奸,非也"。如果一味将两个条件不同、含义不同的词语混同,就会赏罚失当。

或如,孟子曾说过:"五百年必有王者兴……由周以来,七百有余岁矣。以其数则过矣,以其时考之则可矣。"但王充对此反诘道:"何谓数过? 何谓时可乎? 数则时,时则数矣。数过,过五百年也。从周到今七百余岁,逾二百岁矣。设或王者生,失时矣。又言时可,何谓也?"③"时"的条件重要性在此可见一斑。

2. 对于语用的辩证思考

判断是对思维对象有所肯定或否定的思维形式。从逻辑学角度看,有所断定是它的第一个基本特征,有真有假则是它的第二个基本特征。凡是符合思维对象的实际情况并肯定为"是"的就是真判断,凡是

---

① 《论衡·问孔》。
② 《论衡·问孔》。
③ 《论衡·刺孟》。

不符合思维对象的实际情况并否定为"非"的也是真判断;凡是符合思维对象的实际情况却否定为"非"的就是假判断,凡是不符合思维对象的实际情况却肯定为"是"的也是假判断。因此,凡是含糊其辞、模棱两可、反是为非、反非为是、自相矛盾的判断,都是有关判断的谬误。

王充也充分认识到了这一点,他强调在谈说论辩的过程中,必须要"口则务在明言,笔则务在露文……言无不可晓,指无不可睹"①。因此,为了反对虚妄的空话,反对失实的巧辩,他针对各种有关判断方面的谬误,展开了"或调辞以巧文,或辩伪以实事"②的反驳。或如:

> 儒者传书言:"尧之时,十日并出,万物焦枯。尧上射十日,九日去,一日常出。"此言虚也。……何则?日,火也。使在地之火,附一把炬,人从旁射之,虽中安能灭之?地火不为见射而灭,天火何为见射而去?……夫水与火,各一性也。能射火而灭之,则当射水而除之。洪水之时,流滥中国,为民大害,尧何不推精诚,射而除之?尧能射日,使火不为害,不能射河,使水不为害。夫射水不能却水,则知射日之语,虚非实也。③

> 传书言:"杞梁氏之妻向城而哭,城为之崩。"此言杞梁从军不还,其妻痛之,向城而哭,至诚悲痛,精气动城,故城为之崩也。夫言向城而哭者,实也;城为之崩者,虚也。……今城,土也;土犹衣也。无心腹之藏,安能为悲哭感恸而崩?使至诚

---

① 《论衡·自纪》。
② 《论衡·自纪》。
③ 《论衡·感虚》。

之声能动城土,则其对林木哭,能折草破木乎?向水火而泣,能涌水灭火乎?夫草木水火,与土无异。然杞梁之妻不能崩城明矣。或时城适自崩,杞梁之妻适哭。下世好虚,不原其实,故崩城之名,至今不灭。①

传书言:"邹衍无罪,见拘于燕。当夏五月,仰天而叹,天为陨霜。"此与杞梁之妻哭而崩城,无以异也。言其无罪而拘,当夏仰天而叹,实也;言天为之雨霜,虚也。夫万人举口,并解吁嗟,犹未能感天。邹衍一人,冤而壹叹,安能下霜?……衍兴怨痛,使天下霜,使衍蒙非望之赏,仰天而笑,能以冬时使天热乎?②

应该说,"尧上射十日"是上古时期英雄神话中的一个救民于水火的动人传说,寄托着初民对承载"灾难—救灾—再生"的神话英雄的崇拜。但王充不为所动,引征事实效验与洪水神话归谬谕证,认为一切传言均应以事实效验为据,从而断定了"射日之语,虚非实也"。对于"孟姜女哭倒长城"这样一个"凄婉"的传说,王充同样不为所动,仍然一如既往地以事实效验为依据,并慨叹"下世好虚,不原其实,故崩城之名,至今不灭"。至于"邹衍叹天而雨霜",则与以后的元杂剧《窦娥冤》中的"六月雪飞白"的悲怨如出一个思维模子,都是古代蒙受冤屈的人对不公现象的一种"非理性"的诅咒,但"非常理性"的王充虽然以"实""虚"对比理解并肯定了这种"吁嗟"与"怨痛",但他仍然坚持以效验为根据的初衷、始终不变。之所以如此,是因为王充在批驳"感虚"的过程中,

---

① 《论衡·感虚》。
② 《论衡·感虚》。

重点并不在于"传言"所传递的伦理精神和对于人文关怀的渴望,而是强调通过正名辩谬,要求正确区分语言判断中的真实与谬误。其对于思维正确认识事物和表达思想的普遍要求和方法,体现的是思维工具的普遍适用性。因此,在这几则论证中,王充所注重的是"逻辑的真",而非"伦理的真"。因为,在王充"正真是""疾虚妄"的思维世界里,"真"指符合客观实际的"真",与违背客观实际的"虚"相对。《论衡》的"实事疾虚"说明了这一点。"论衡者,所以铨轻重之言,立真伪之平。"① 真伪同于真假,"真"显然指事实的真,不是伦理的真。这也反映了王充在清算各种谬误时的批判意识和辩证思考。

或如,我们在第二章第二节分析了孟子对"燕可伐与"的两次回答,认为孟子前后两次的回答都"真",并不存在思维矛盾。而对方的责问则是对"伐"的理解失当的"淫辞"了。但由于孟子对于"施加对象"的回答也的确有些模糊,王充就在《刺孟》篇中认为孟子是应对不省,是"不知言"的表现。因为,按孟子自称"诐辞知其所蔽,淫辞知其所陷,邪辞知其所离,遁辞知其所穷"②,孟子可谓"知言者也,又知言之所起之祸,其极所致之福。见彼之问,则知其措辞所欲之矣;知其所之,则知其极所当害矣"。如果真是这样,那么孟子对沈同的回答过程就应是:"此挟私意欲自伐之也。知其意慊于是,宜曰:'燕虽可伐,须于天吏乃可以伐之。'"这样,就会使"沈同意绝,则无伐燕之计矣"。但是,孟子却对沈同的提问只是模模糊糊地回答了一个"可"字。王充认为这是孟子"不知有此私意而径应之,不省其语,是不知言也"③。虽然从《孟子·公孙丑

---

① 《论衡·对作》。
② 《孟子·公孙丑上》。
③ 《论衡·刺孟》。

上》篇所记载的孟子回答"燕可伐与"的后来补充说明中,我们也看到了孟子对当初回答"可"的一些自我辩护,但无论他怎样辩解,他当初所回答的"可"毕竟造成了不义的齐国讨伐不义的燕国的恶果。而这个恶果正是由于他的回答有误造成的。王充对孟子的批评显示了确定性和恰当性也是辩证统一的道理。

或如,对于孔子对宰予大白天睡觉,就说宰予"朽木不可雕"[1]的批评,王充认为这是"责小过以大恶"。

> 宰我昼寝,子曰:"朽木不可雕也,粪土之墙不可圬也。于予,予何诛?"是恶宰予之昼寝。问曰:昼寝之恶也,小恶也;朽木粪土败毁不可复成之物,大恶也。责小过以大恶,安能服人?使宰我性不善,如朽木粪土,不宜得入孔子之门,序在四科之列[2];使性善,孔子恶之,恶之太甚,过也。"人之不仁,疾之已甚,乱也。"[3]孔子疾宰予,可谓甚矣。[4]

王充认为孔子"责小过以大恶",用他在《非韩》篇中批驳韩非的话讲,这叫作"偏驳"。这种"安能服人"论证错误,从思维规律的角度讲,是理由不充分的表现。数理逻辑的创始人莱布尼茨曾提出:"任何一个陈述,如果是真的,就必须有一个为什么是这样而不是那样的充足理

---

[1] 见《论语·公冶长》。
[2] 孔子分德行、言语、政事、文学四科来评价弟子们的各自能力,宰予属于言语科。见《论语·先进》。
[3] 见《论语·泰伯》。
[4] 《论衡·问孔》。

由。"①按此,宰予白天睡觉,对于论证"朽木不可雕"来说,虽然是必要的,却是不充分的,也是非本质属性的。如果孔子要论证宰予的确"朽木不可雕"的话,他还必须要提出其他更多的、具有本质属性的论据以支持论证。应该说,王充对孔子的批评,已经思考了事物之间本质属性与非本质属性的差别。或者说,王充对于一个"名"之内涵属性的结构性、系统性、层次性有了一定的认识,并且将这种认识融贯在了他对语用效果的评价中。

3. 对于语境的辩证思考

或如,本章第一节我们曾分析了《吕氏春秋》中"夔一足"的案例,认为随着语境的不同,同一语句结构可以包含不同的语义。因此要求根据物情、人情和事理,即结合广义的语境,从一定的语言构造中,了解其真实的语义。《论衡》中也有相同的案例分析。

> 传书言:"齐桓公负妇人而朝诸侯。"此言桓公之淫乱无礼甚也。……云负妇人于背,虚矣!……桓公朝诸侯之时,或南面坐,妇人立于后也。世俗传云,则曰"负妇人于背"矣。此则"夔一足""宋丁公凿井得一人"之语也。
> 
> 唐虞时,夔为大夫,性知音乐,调声悲善。当时人曰:"调乐如夔,一足矣。"世俗传言:"夔一足。"……
> 
> 宋丁公者,宋人也。未凿井时,常有寄汲。计之,日去一人作。自凿井后,不复寄汲。计之,日得一人之作。故曰:"宋丁公凿井得一人。"俗传言曰:"丁公凿井,得一人于井中。"夫

---

① 莱布尼茨:《单子论》,载北京大学哲学系外国哲学史教研室编译:《十六——十八世纪西欧各国哲学》,商务印书馆1975年版,第488页。

> 人生于人,非生于土也。穿土凿井,无为得人。推此以论,"负妇人"之语,犹此类也。负妇人而坐,则云妇人在背。①

本来,"负妇人"是说"桓公上朝背朝着妇人";"夔一足"是说"善调音乐的夔有一个就足够了";"凿井得一人"是说"宋丁公挖井(这件事情的结果是)得到一个劳动力"。但在传言中,上述这些话却变成了"桓公背着妇人上朝""善调音乐的夔只有一只脚""宋丁公挖井挖出一个人来"。之所以出现这种以讹传讹的语词歧义,是由于古汉语中经常使用具有多义的单字。

人们在谈说论辩的过程中,表达思想感情,传达自己的主张,一定是在具体的语言环境中进行的,这种语言环境包括说话者、听话者、说话的时间、说话的地点,以及谈说论辩双方共同具有的知识等因素。我们将这种语言环境称为"语境"。语境总是具体的,因此,一个多义词在具体的语境中究竟表达的是哪一种含义,应该是确定的。这是因为,实际沟通交际的语境是唯一的,因此,在大多数情况下,通过确定的具体语境,我们仍然可以知晓它所表达的是哪一种含义,至少我们可以根据自己的认知背景,在确定的具体语境中修正原来表达模糊的词语。而传言模糊了词语使用的语境,加之古汉语中经常使用具有多义的单字,"负"就既可以解释为"背朝着",又可以解释为"背着";"足"既可以解释为"足够",又可以解释为"脚";"人"既可以解释为一般意义上的"人",又可以解释为"劳动力"。王充的批驳辩证地指出了人们对于传言理解时忽视了"语境"这一沟通交际时需要注意的"具体性"问题。

当然,还有一种消除语言歧义的办法是自觉强调逻辑重音。如说

---

① 《论衡·书虚》。

"夔一足"时,为了消除语言歧义,可注意逻辑重音,说"夔一足",而不是"夔一足"。由于逻辑重音既是一个逻辑问题,也是一个语言使用问题,所以,在一些特定的语言场合,自觉强调逻辑重音,也是消除语言歧义以自我修正的辩证思考的结果。

要言之,王充的《论衡》就是一部论证大全,也可以说是一部讨论逻辑谬误的专著。[1] 在宗教神学成为"正宗"思想的汉代,王充能够揭竿而起,对以天人感应论为基础的神学化的儒家思想、谶纬迷信、传书传语中的各种谬误进行系统的清算,真可谓"汉得一人焉,足以振耻"[2]。在这种系统清算中,王充对传统辩证思维方式的思考虽然并不多,但是融贯在他的"正真是"与"疾虚妄"的论证实践中的经验和知性的系统思考,以其生活实践中锻造出来的简洁理性取向,展现了"实用理性便是中国传统思想在自身性格上所具有的特色"[3],同样以百川汇海的态势,推动着中国古代传统辩证思维方式的发展。

---

[1] 参见李匡武:《论逻辑谬误》,《华南师院学报》(社会科学版),1982 年第 2 期。
[2] 章太炎:《检论·学变》。
[3] 李泽厚:《中国古代思想史论》,人民出版社 1986 年版,第 304 页。

# 第七章　传统辩证思维方式的拓展
## ——两宋时期

宋代理学是继先秦诸子学之后中国古代又一思想高峰期，它是儒、释、道三者糅合提升而形成的一种新的理论形态。这一时期出现了以张载为代表的气学派，以程颢、程颐、朱熹为代表的理学派，以陆九渊为代表的心学派以及以陈亮、叶适为代表的事功学派等。不同的学派在论证各自的思想学说、体系时，自先秦以来的中国古代逻辑思想理论与方法作为一种理论支撑及重要的论证方法，起到了重要作用。而两宋理学思想，也拓展着先秦以来的传统辩证思维方式，展示着中国古代逻辑思想发展的特殊性，继续体现着中国古代逻辑思想与历史文化的内在联系。

## 第一节　量宜知权——张载的辩证思维方式

张载（公元 1020—1077 年），字子厚，凤翔郿县（今陕西眉县横渠镇）人，著名理学家，"北宋五子"之一，后世尊称其为"横渠先生"。著有《正蒙》《横渠易说》《经学理窟》等。其"为天地立心，为生民立命，为往圣继绝学，为万世开太平"的"横渠四句"为后世所熟知。从名辩工具性的角度来看，张载以名辩思想与方法为支撑，总结提出"由太虚，有天之名;由气化,有道之名;合虚与气,有性之名;合性与知觉,有心之名"①的理学"四句纲领",彰显了名辩思想与方法在张载理学思想体系构建中的基础性作用。

# 一、"量宜而行"——张载气学中的名辞理论及其辩证思维运用

作为气学派的代表之一,在"气本论"的理念下,张载提出了"有气方有象""有象必可名"以及"得辞斯得象"的名辞思想与方法。

> 有气方有象,虽未形,不害象在其中。②
> 志至诗至,有象必可名,有名斯有体,故礼亦至焉。③

意谓,世间万物有"气"则有其"象",尽管它是无形的,但是并不妨碍"象"存在于其中,有"象"则必定可以"名"。按此,"象"是事物可以"名"的前提。作为张载哲学思想中的重要范畴,无论怎样地形上分析,"象"首先还是可以理解为"卦象",对"卦象"的把握需要满足"当名辨物,正言断辞"的要求,故而张载的名辞思想往往与"象"有着密切的关联。

不仅如此,张载对事物还进行了细分,并对"有形之物"与"无形之物"相关的"名"进行了诠释。

---

① 张载著,章锡琛点校:《张载集》,中华书局1978年版,第9页。
② 《横渠易说·系辞下》。
③ 《正蒙·乐器篇第十五》。

首先,在张载看来,"事物"可以分为"有形之物"与"无形之物",其中"有形之物"可以用"名"或"辞"进行表达,"无形之物"只要有"象",也可以运用"名"或"辞"来表示。或如,在解释"气"这一范畴时,张载指出:

> 所谓气也者,非待其蒸郁凝聚,接于目而后知之;苟健、顺、动、止、浩然、湛然之得言,皆可名之象尔。然则象若非气,指何为象?时若非象,指何为时?①

意谓,"气"并非仅是那些蒸发、郁结、凝聚成为事物后,通过目测就可获知的有形可见的"物象",如能够运用刚健、柔顺、运动、静止、浩大、洁净等名言来语义描述事物性质和状态,也可看作是"气"之"物象"。如果"气"中无"象",那我们所指称的是什么"象"? 四时的运行如果没有"物象"的显现,那么我们又如何指称"四时"? 因此,"象"是指称"气""四时"等"名"的前提。

其次,张载还区分了"形而上"之"名"与"形而下"之"名"的关系。所谓的"形而上",因其有自身的意蕴才能够用名言去表达,而用名言去表达才能认识其"象";反之,如果不能够用"名言"去表达,就不能认识其"象",以至于在谈论"道"的时候,就无以任何名言表达了。"形而上者,得意斯得名,得名斯得象;不得名,非得象者也。故语道至于不能象,则名言亡矣。"②对于"形而上"的名辞,张载又进一步进行了细分,提出了"缓辞"与"急辞"的概念。

---

① 《正蒙·神化篇第四》。
② 《正蒙·天道篇第三》。

> 形而上者,得辞斯得象矣。神为不测,故缓辞不足以尽神[,缓则化矣];化为难知,故急辞不足以体化[,急则返神]。①

所谓"缓辞",是对事物详细的论述之辞;所谓"急辞",是用一言指明本体的言辞。对此王夫之曾解释说:"不测者,有其象,无其形,非可以比类广引而拟之。指其本体,曰诚、曰天、曰仁,一言而尽之矣。化无定体,万有不穷,难指其所在,故四时百物万事皆所必察,不可以要略言之,从容博引,乃可以体其功用之广。"②按此解释,"神为不测"中的"神"是无形的,只能用比类的方法进行比拟,"诚""天""仁"等概念均可以用极简单的语言表示;而"化"则是没有确定的形体,变化无穷,难以指明所在,因此观察春夏秋冬四时,不能够以简要的语言表示,只有旁征博引才能够体察其广大的功用。王夫之的解释符合张载本义,因为在张载看来,"神"尽管是"不可象"的,但是可以用"急辞"来表示。

此外,张载还强调事物是不断变化的,用来指称事物的言辞也会随之变化。

> 形而上者,得辞斯得象矣,故变化之理须存乎辞。言,所以显变化也。《易》有圣人之道[四焉],而曰"以言者尚其辞","辞者",圣人之所(以圣)[重]。③

---

① 《正蒙·神化篇第四》。
② 王夫之著,《船山全书》编辑委员会编校:《船山全书》第12册,岳麓书社1996年版,第79页。
③ 《横渠易说·系辞上》。

意谓,"形而上"层面的事物,可以名辞言说就能获取其"象",名辞中含有"变化之理",故而名辞言说是显示事物变化的,《周易》中圣人之道有四种,"辞"是圣人所重视的。只是因为"变化之理须存乎辞",所以"辞不可不修"。

除了对上述"无形之物""有形之物""形而上""形而下""变化之理"的名辞解释外,张载还指出:"人言命字极难,辞之尽理而无害者,须出于精义。《易》有圣人之道四,曰以言者尚其辞必至于圣人,然后其言乃能无蔽,盖由精义所自出也,故辞不可以不修。"①意即,"修辞"要做到"言无所苟","尚辞则言无所苟"②;做到"辞无差","吾学既得于心,则修其辞命,辞无差,然后断事,断事无失"③。如果不"修辞",就会陷入孟子所言的诐、淫、邪、遁之"狂言"境地。

> 诐、淫、邪、遁之辞,古语孰近?诐辞苟难,近于并耕为我;淫辞放侈,近于兼爱齐物;邪辞离正,近于陷与不恭;遁辞无守,近于揣摩说难;四者可以尽天下之狂言。④
>
> 质疑非遁辞之比也,遁辞者无情,只是他自信,元无所执守。见人说有,己即说无,反入于太高;见人说无,己则说有,反入于至下。或太高,或太下,只在外面走,元不曾入中道,此释老之类。故遁辞者本无情,自信如此而已。若质疑者则有情,实遂其非也。⑤

---

① 《横渠易说·系辞上》。
② 《横渠易说·系辞上》。
③ 《吕大临横渠先生行状》。
④ 《张子语录·语录中》。
⑤ 《张子语录·语录上》。

这是因为,张载认为孟子所提出的"四辞"(诐辞、淫辞、邪辞、遁辞)可以概括天下之"狂言",要避免这种"狂言"就需要"正名","言从作乂,名正,其言易知,人易从。圣人不患为政难,患民难喻"①。只有"名正"才能够使"言易知"。但不可否认的是,"所以难命辞者,只为道义是无形体之事。今名者已是实之于外,于名也命之又差,则缪益远矣"②。此即,"道义"因是无形之事,因此难以命辞,如果名实不符,名在实之外,命名就会有误差,谬误也会越来越大。按此,张载提出在命名或命辞时要通过"权"而"量宜而行":

> 权,量宜而行,义之精,道之极者,故非常人所及。取名则近,取材则难,即道也,不可妄分。③

在张载看来,"义之精""道之极"之处便是"权",因此这也非常人所能及。又因"道"之命名存在"名"与"材"之间的张力,不能够妄然区分,那么,在张载那里,准确地把握事物之名又何以可能?

首先,在日常言语中,存在着"指事而异名"的现象,需要辩证地理解其具体之"名""辞"。

或如,在张载看来,"道""神""易"就是"一物",只是"指事而异名":

> 体不偏滞,乃可谓无方无体。偏滞于昼夜阴阳者物也,若

---

① 《正蒙·有德篇第十二》。
② 《经学理窟·学大原下》。
③ 《张子语录·语录中》。

道则兼体而无累也。以其兼体,故曰"一阴一阳",又曰"阴阳不测",又曰"一阖一辟",又曰"通乎昼夜"。语其推行故曰"道",语其不测故曰"神",语其生生故曰"易",其实一物,指事而异名尔。①

意谓,本体本来不偏不滞,不偏则中庸中正,不滞则有机流动。体之偏滞于阴阳则为物,偏滞于不测则为神,偏滞于推行则为道,偏滞于生生则为易,偏滞于虑则为性命,偏滞于实则为万物,究其实,一体而已。由是,对于同一件事情的不同表达,名称会不同,"道""神""易"只是从不同的角度来阐述事物的变化,其实都是对于变化的描述,因此就需要以"权"而"量宜而行",在全面性的审视下进行具体的辩证运用,在不同的语境下使用不同的概念。

之所以如此,是因为张载认为,概念并非凝固不变,而是体现出不同层次之间的相互转化,不同的概念在不同的情况下会有着不同的"名"的表现。

或如,作为阴阳的天之气,由于它体现了天道的变化,"由气化有道之名",所以此天也可称为"道";天授于人的称作"命",但此"命"既然已经授予人,就成为人之"性"了,所以可以称为"性";如果从人的角度来看,人受于天的称为"性",但其来源于天之"命",又可以称为"命"。按此,在张载看来,事物之"名"会因为视角的不同而展现出不同的具体涵义。

这种对于概念之"名"的具体化的辩证思考,还体现在张载对"太虚""道""性""心"等概念的界定与联系上。他认为:"由太虚;有天之

---

① 《正蒙·乾称篇第十七》。

名;由气化,有道之名;合虚与气,有性之名;合性与知觉,有心之名。"①从"由……有……之名"的表达方式来看,"至少前两句指谓的应该是同一对象,而各句分别指出某一定名所强调的是这一对象的不同侧面"②,此即张载名辞思想中传统辩证思维方式的现实体现。

其次,现实之"名"的指谓情况是,有时候存在"字虽同而义施各异"的表现,因此在诠释经典的过程中也需要具体地辩证权衡。或如:

> 礼矫实求称,或文或质,居物[之]后而不可常也。他人才未美,故[宜]饰之以文,庄姜才甚美[,故宜素以为绚]。下文"绘事后素",素谓其材,字虽同而义施各异。③

意谓,礼矫正实际情况使"名实相称",有人情感不足需要以文修饰,有人情感饱满需要复归质朴,在事情发生后应以礼矫正,不可以常而不变。如果他的才能不足,则应该用文采去装饰他;庄姜才能甚美,应该加以粉饰以使之变得更加绚丽。下文中说的"绘事后素"的"素"是就"材质"而言,与此处的"素"字同而实际含义却不相同。按,此处以"素"为例,仍然是强调要辩证理解其中的具体含义。不仅如此,张载还提出,面对此种情况,应当"观其文势",以如何"符合"的条件性,来达致是否"适宜"的判定。

> 凡观书不可以相类而泥其义,不尔则字字相梗,观其文势

---

① 《正蒙·太和篇第一》。
② 杨立华:《气本与神化:张载哲学述论》,北京大学出版社2008年版,第108页。
③ 《正蒙·乐器篇第十五》。

上下,如充实之美与诗之言美轻重不同。①

　　孟子之言性情皆一也,亦观其文势如何。情未必为恶,哀乐喜怒发而皆中节谓之和,不中节则为恶。②

意谓,在诠释事物之名字时,不能仅仅因为两个或几个字的相似或相类而拘泥于其一种普遍性的内涵,不能够字字梗塞,应当根据上下文而定其含义。

概之,张载的名辞理论是对魏晋时期言意理论与思想的批判继承,既强调了名言能够把握宇宙发展的规律,也强调了要通过辩证权衡的思维方式来把握"道"。只有如此才能够"辞无差",否则"于名也命之又差,则缪益远矣"③,命名就会出现谬误而离事物的真实面貌越来越远了。

## 二、"不可不知权"——张载易学推理及其辩证思维运用

### 1. 张载对"类"与"推类"的理解

"类"作为中国古代逻辑思想与方法中的核心概念,在先秦时期就已经奠定。在张载的名辩思想中"类"也被多次提及,其中既有"非逻辑"的解释,也有"逻辑"的诠释。

或如,在解释《礼记·王制》的"天子将出,类乎上帝,宜乎社,造乎祢,诸侯将出,宜乎社,造乎祢"时,张载认为:

---

① 《横渠易说·说卦》。
② 《张子语录·语录中》。
③ 《经学理窟·学大原下》。

> 类者,与旅相似,言既祭东方帝,则东方山川百神皆从而望祭。所谓类者,以一类者也。若非时有事于一方,则止以其方之百神从祭于一方之上帝,故亦言类。①

此处所论之"类"就是与祭祀有关的"祭名"。这属于对先秦"类"概念的"非逻辑"的解释。

而张载的思想中提到"比类"的名辩方法时,就有了"逻辑"的意蕴:

> 君子要多识前言往行以畜其德,以其看前言往行熟,则自能比物丑类,亦能见得时中。②

这里的"比物丑类"已经具有了"推理"的含义及过程。只有通过与以往事物的比较,与以往言语进行比对,才能恰如其分地处理好事情,从而"见得时中"。这里的"中",就是传统辩证思维方式一直强调的"适宜""恰当"的原则。

不仅如此,在张载名辩思想中,他也继先秦两汉之后,进一步明确地提出了"推类"的方法:

> 凡所当为,一事意不过,则推类,如此善也,一事意得过,以为且休,则百事废,其病常在。③

---

① 《张子全书·卷十四》。
② 《横渠易说·系辞上》。
③ 《经学理窟·学大原下》。

意谓，我们把握事物不能够仅局限在一件事情上，需要进行推类，如果仅局限在一件事情上，与此相关的其他事情就会荒废，这是不知推类而导致的弊端所在。当然，这里张载所谓的"推类"，并非"只据闻见上推类"，而是强调要通过"穷理""比较"，然后据"理"来推类。

> 言尽物者，据其大总也。今言尽物且未说到穷理，但恐以闻见为心则不足以尽心。人本无心，因物为心，若只以闻见为心，但恐小却心。今盈天地之间者皆物也，如只据己之闻见，所接几何，安能尽天下之物？所以欲尽其心也。穷理则其间细微甚有分别，至如偏乐，其始亦但知其大总，更去其间比较，方尽其细理。若便谓推类，以穷理为尽物，则是亦但据闻见上推类，却闻见安能尽物！今所言尽物，盖欲尽心耳。①

亦即，在推类的过程中，要想"尽其细理"就需要进行"比较"，进行比较就必定涉及事物的同异。显然，在张载那里，据"理"来推类要比只"据闻见上推类"更加具有推类说理的有效性和普遍适用性。换言之，张载批评了只以听见或看见的东西为基础进行的推类，强调应当"尽心"。故而他的推类是在"据其大总"的前提下，按全面性的"理"进行"其间比较"，进而通过"尽其细理"，最终实现"尽物"的目的。

2."正经"——张载易学思想中的"推类"

对于推类方法的辩证认识，同样体现在张载的易学思想中。他的易学推类就是指在"天道"归于"人事"的易学逻辑推理观念下，进行的由此及彼的推理。

---

① 《张子语录·语录下》。

张载认为,"天道"与"人事"是"卒归一道","理"则是相同的:

> 《系》之为言,或说《易》书,或说天,或说人,卒归一道,盖不异术,故其参错而理则同也。①

张载的这种认识,构成了他的易学推类方法的依据。在他看来,"天道"与"人事"密不可分,"天人不须强分。《易》言天道,则与人事一滚论之,若分别则只是薄乎云尔。自然人谋合,盖一体也。人谋之所经画,亦莫非天理"②。此即为《周易》言说天道,却与人事不相分离,如果分别论述则是厚此薄彼,而天道自然与人事谋略是合二为一的,六十四卦中的卦画,实质上也是天理。人可以根据"天道"即通过《易》之卦爻辞显示的"道理",来告诫或决定应当如何在具体的当下处事。亦即:

> 《易》即天道,独入于爻位系之以辞者,此则归于人事。盖卦本天道,三阴三阳,一升一降,而变成八卦,错综为六十四,分而有三百八十四爻也。因爻有吉凶动静,故系之以辞,存乎教诫,使人动则观其变而玩其占,其出入以度,内外使知惧,又明于忧患与故,无有师保,如临父母。圣人与人撰出一法律之书,使人知所向避,《易》之义也。③

按此,《周易》作为论述"天道"的典籍,六十四卦三百八十四爻的卦

---

① 《横渠易说·系辞上》。
② 《横渠易说·系辞下》。
③ 《横渠易说·系辞上》。

爻辞,最终是对"人事"的论述。圣人撰写《周易》,其实质就是要人们去"效法",即"法律之书",使得人们能够知晓进退取舍。

这种将"天道"最终归于"人事"的观点,在其易学论著中进行了反复的强调:

> 天下之理既已思尽,[因]《易》之三百八十四爻变动,以寓之人事告人,[则]以当如何时,如何事,若其应也,如何则吉,如何则凶,宜动宜静,丁宁以为告戒,此[所以]因贰以济民行也。①
>
> 《易》象系之以辞者,于卦既已具其意象矣,又切于人事言之,以示劝戒。②

意谓,《周易》三百八十四爻中所涵之天理寓于人事中,以此告诫人们何时何事应当如何处理,这即是因阴阳变动而推究事理以指导人们适宜的具体行动。按此,张载强调了通过穷究"天道",按照"天道"归于"人事"的理念,可以实现由"天道"到"人事"的推类。

在张载的易学推类过程中,首要的是明晓"天道"即"推究穷理","万物皆有理,若不知穷理,如梦过一生"③。在"穷理"的过程中达到"精义入神""知几造微"的地步,"义有精粗,穷理则至于精义,若精义尽性则是入神,盖惟一故神"④。不仅如此,张载的易学推类更是要在"正经"的前提下,实现由"天道"到"人事"的推类,"《易》简理得则知几,知几然

---

① 《横渠易说·系辞下》。
② 《横渠易说·佚文》。
③ 《张载集·语录中》。
④ 《横渠易说·系辞下》。

后经可正"①。

而如何才能够"知几""入神"进而在"经正"的前提下进行"可正"的推类? 这又与张载的易学诠释方法密切相关。

3."求大中"——张载易学推理中的辩证思维运用

张载继承了魏晋时期王弼的易学诠释方法,采用不同的体例,以辩证权衡来"穷理""知几"。

首先,张载重视卦象。他提出了"象谓一卦之质"②的观点,即以观卦象、物象来说明卦义,通过具体的"实事"来说明其中的寓意。

> 《易》大象皆是实事,卦爻小象则容有寓意而已,言风"自火出家人",家之道必自烹饪始。风,风也,教也,盖言教家人之道必自此始也。又如言"木上有水井",则明言井之实事也。又言"地中有山",谦,夫山者崇高之物,非谦而何! 又如言"云雷屯",云雷皆是气之聚处,屯,聚也。③

这是以《家人》《井》《谦》《屯》等卦为例。按《家人》卦(䷤)上巽下离,巽为风,离为火,风火为烹饪之象,所以从卦象中可推类得出"风也,教也,盖言教家人之道必自此始也"的义理。六十四卦中《屯》卦(䷂),上坎下震;《谦》卦(䷎),上坤下艮;《井》卦(䷯),上坎下巽;等等,都是如此取义的。

其次,张载还运用了刚柔说来解《易》。即在《彖》中,以阳为刚,以

---

① 《正蒙·至当篇第九》。
② 《横渠易说·系辞上》。
③ 《横渠易说·上经》。

阴为柔,以此来解释六十四卦的卦爻辞。或如,《坎》卦(水、☵)《彖》曰:"习坎,重险也。水流而不盈。行险而不失其信,维心亨,乃以刚中也;行有尚,往有功也。"意谓,《坎》卦,重重艰险,就像水流进凹陷的洞穴而不见盈满。行走在险境而不丧失信实,就能够使内心亨通,这是由于阳刚居中,努力前行必被崇尚。对此,张载解释说:"可盈则非谓重险也。中柔则心无常,何能亨也!内外皆险,义不可止,故行有尚也。"①此即认为,《坎》卦九二爻与九五爻为"刚",如果将此两爻视为"柔","则心无常",不能亨通。虽然《坎》卦内外皆险,但只要合义,就可推行无碍。

然而,不同的人对于同一个卦的爻辞会运用不同的解释体例来解释,这是易学诠释中辩证权衡的主要体现。或以《无妄》卦为例。

《无妄》(☰)六二爻辞曰:"不耕获,不菑畬,则利有攸往。""耕"即耕种,"获"即收获;"菑"即垦荒,"畬"即治理田地。唐代孔颖达在解释时认为:"'不耕获,不菑畬'者,六二处中得位,尽于臣道,不敢创首,唯守其终。"②此即,《无妄》卦的六二爻处在下卦的中位,是得位的,从君臣关系的角度来看,是为臣之道,要终守其中,才会是利于前往的。张载则与此不同,他运用刚柔说来解释,"柔之为道不利远者,能远利不为物首则可,乘刚处实则凶"③,六二爻为阴,为柔,而处柔顺之道是不利于远行的。

再次,张载还运用爻位说来"推究事理"。

现代学者朱伯崑曾将爻位说概括为当位说、应位说、中位说、趋时

---

① 《横渠易说·上经》。
② 刘玉建:《〈周易正义〉导读》,齐鲁书社2005年版,第219页。
③ 《横渠易说·上经》。

说、承乘说以及往来说。① 从"当位"来看,一卦六爻,各得其位,其中二、四、六爻为偶数,为阴位;一、三、五爻为奇数,为阳位。凡阳爻居阳位或阴爻居阴位,则成为"当位"或者"得位",而阳爻居阴位或阴爻居阳位则称为"不当位"或"不得位"。而在《易》的解释体例中,一般是当位则吉,不当位则凶。或如,《损》卦(䷨)九二爻辞,"利贞,征凶,弗损益之"。张载认为:"以阳居阴,刚德已损,故征则凶。"②按上,第二爻位阴位,而《损》卦第二爻为阳爻,以阳爻而居阴位,则是不当位,因此有损于刚德,故为凶,此即运用爻位说来推究事理。

此外,张载也发现,在运用"当位"的方法"取义"时,有时候也存在当位则凶,不当位则吉的情况。关于前者,《旅》卦(䷷)九三爻,张载认为,"以阳居阳,其志亢也,旅而骄亢,焚次宜也"③。按"以阳居阳"是"当位"的,按一般体例来说是"吉",但在《旅》卦所构成的时势中,"以阳居阳"反而会因为"志亢"而引发灾祸。关于后者,《巽》卦(䷸)九二爻,张载解释说,"以阳居阴,其志下比,无应于上,故曰:'巽在床下。'然不失中道,下为之用,故史巫纷若,乐为之使,吉而无咎,非如上九丧其资斧"④。按《巽》卦九二爻虽然不当位,但是"其志下比",有巽顺之利,因此"吉而无咎"。如此对比之下,有关卦象的吉凶判定是需要具体地辩证权衡的。

按上,张载要求在解《易》过程中要具体地辩证权衡,故"求大中不可不知权"⑤。也只有在辩证权衡的思维方式下,"推究事理",使得"经

---

① 参见朱伯崑:《易学哲学史》(第一册),昆仑出版社2005年版,第63—66页。
② 《横渠易说·下经》。
③ 《横渠易说·下经》。
④ 《横渠易说·下经》。
⑤ 《正蒙·王禘篇第十六》。

正",才能够恰当适宜地进行由此及彼的推类。

4."不可为典要"——张载易学推理中的辩证思维遵循的原则

张载认为,在解《易》的过程中,还要遵循"不可为典要"的原则。为此张载批判了那种固化的求《易》为典要的做法:

> 《易》虽以六爻为次序而言,如此则是以典要求也。乾初以其在初处下,况圣修而未成者可也。上以居极位画为亢,圣人则何亢之有。①

意谓,《周易》虽然是以初爻、二爻……上爻的次序展开论述,但以此为不变的法则是不恰当的。《乾》卦(☰)初九爻因为在六爻的最下面,表达圣人修养尚未完成是可以的。上九爻居于《乾》卦最上面代表"亢龙有悔",张载反问道:圣人怎么会"亢"呢?并以此来反对以"典要"的固化思维方式来诠释易学之义理。

总之,张载易学推理通过"道"来预知未来的事变,"极数知来,前知也。前知其变,有道术以通之,君子所以措于民者远矣"②。所谓的"道术以通之",即是以"道"为依据进行由此及彼的推类。在此过程中,运用不同的易学方法来解释卦爻辞所显示的"道",这是张载推理思想中传统辩证思维方式运用的主要表现。

---

① 《横渠易说·上经》。
② 《横渠易说·系辞上》。

## 第二节　因"权"知"道"——二程的辩证思维方式

程颢(公元1032—1085年)与程颐(公元1033—1107年)是北宋理学的代表人物,后世合称为"二程"。其中,程颢撰有《定性书》《识仁篇》等,程颐著有《周易程氏传》《遗书》《经说》等,现有中华书局点校本《二程集》。二程名辩思想中展现的传统辩证思维方式主要是指在"权即是经"的经权观下,"因事以制名"的理学名辩方法以及在不同取义方法基础上的易学推理的过程。

### 一、"权即是经"——二程名辩思想中辩证思维的基础

1. "经"与"权"的关系

汉代的"经权"观以"反经合道"为主,"古人之有权者,祭仲之权是也。权者何？权者反于经,然后有善者也"[①]。在汉代公羊家看来,行权可以反经,但是必须合道。所谓的"反经",是指违反封建礼仪制度;所谓的"合道",是指符合宇宙本体之道。由此,汉代公羊家那里的"经"与"道"的关系是,"道"在"经"之上,"道"为主,"经"为辅,"经"是从属于"道"的,即一般原则服从于更为普遍的本体之道。

到了宋代,"经权"观得到了进一步的发展,二程的"经权"观就是在批评汉儒的"反经合道"观点的基础上提出来的。

二程认为:"盖言权实不相远耳。权之为义,犹称锤也。能用权乃

---

① 《公羊传·桓公十一年》。

知道,亦不可言权便是道也。自汉以下,更无人识权字。"①在二程看来,汉代以来无人真正认识"权"字,并且他们也反对将"权"看作"权术""权诈"之"权","世之学者,未尝知权之义,于理所不可,则曰姑从权,是以权为变诈之术而已也"②。据此,二程提出了"权即是经"的观点:

> 论事须着用权。古今多错用权字,才说权,便是变诈或权术。不知权只是经所不及者,权量轻重,使之合义,才合义,便是经也。今人说权不是经,便是经也。权只是称锤,称量轻重。孔子曰:"可与立,未可与权。"③

由此而言,"权"只是在"经"所不及处而采取的应急措施或权宜之计,即权衡轻重利弊以通其变。《二程集》中以"汉文杀薄昭事"举例对此进行了说明,认为其实质就是以"权事势轻重"来解决"义"与"法"之间的冲突。此也为二程对经权理论的实际运用。

按,"薄昭"是西汉文帝之母薄太后唯一的亲弟弟,即汉文帝的娘舅,出任车骑将军,封轵侯,因其杀人,所以汉文帝决定将其处死。"唐李卫公以为,汉文诛薄昭,断则明矣,义则未安。司马温公以为,法者天下之公器,惟善持法者,亲疏如一,无所不行。"④根据史书的记载,我们并不知道当时薄昭杀人的具体原因。"据史,不见他所以杀之之故,须是权事势轻重论之。不知当时薄昭有罪,汉使人治之,因杀汉使也;还

---

① 《河南程氏遗书·卷二十二上》。
② 《河南程氏粹言·卷一》。
③ 《河南程氏遗书·卷十八》。
④ 《河南程氏遗书·卷八》。

是薄昭与汉使饮酒,因忿怒而致杀之也?"①亦即,薄昭杀了汉使,但是不知道是因为薄昭有罪,为了逃避罪过而杀掉汉使,还是因为两人喝酒薄昭因为愤懑而杀掉了汉使?但无论是哪种原因,杀了薄昭,太后都会心有不安,不食而死。那么这件事情是"当"还是"不当"呢?二程认为这件事情"须是权事势轻重论之":

> 若汉治其罪而杀汉使,太后虽不食,不可免也。须权他那个轻,那个重,然后论他杀得当与不当也。②

意谓,如果汉文帝是因为"薄昭为了逃避罪行而杀掉汉使"这一点才杀掉薄昭的话,这与太后不食而死这件事情相比较而言,掂量权衡之下,前者更重要,即使太后不食而死,杀了薄昭,那也是合理的。

如果说杀掉汉使这件事情与"太后不食而死"这件事情的轻重难以权正的话,《二程集》中则记载了又一个例子:

> 使薄昭盗长陵土,则太后虽不食而死,昭不可不诛也。其杀汉使,为类亦有异焉。若昭有罪,命使往治昭执而杀之,太后之心可伤也,昭不可赦也。后若必害其生,则存昭以全后可也。或与忿争而杀之,则贷昭以慰母心可也。③

意谓,如果薄昭盗取长陵之土的话,无论如何这件事情都是不可饶

---

① 《河南程氏遗书·卷十八》。
② 《河南程氏遗书·卷十八》。
③ 《河南程氏遗书·卷八》。

恕的，必诛之。此即表明无论"诛杀"与否，都需要靠对事情轻重权衡而做出选择。这也就是需要在思维认知的有效性和真实性统一的过程中，权衡轻重利弊以通其变。

2."权"与"中"的关系

除了上述经权关系的论述外，二程还论及了"权"与"中"的关系：

> 中无定体，惟达权然后能执之。①

在二程看来，"中"并不是固定不变的，适宜的"中"只有通权达变后才能够得以具体实现。换言之，要做到"中"则离不开权，用"权"以知"道"，就是要做到中庸之道，"可以仕则仕，可以止则止，可以久则久，可以速则速，此皆时也，未尝不合中，故曰'君子而时中'"②。亦即，作为有道德修养的君子应该与时偕行，与时俱进，即可仕则仕，可止则止，可久则久，可速则速。在这里，是仕、是止、是久、是速，都要根据具体的时势变化、境遇变迁，采取权衡轻重、通权达变的处世方法来确定。按此，在伦理化的社会生活中，"权"就成为实现"中"的必要前提之一。

## 二、"因事以制名"——二程理学名辩思想中辩证思维的体现

从先秦时期到宋明时期，中国古代传统名辩视域出现了如"命名辩物"的名实视域、"名分大义"的刑名视域、"才性物理"的名理视域、"言

---

① 《河南程氏粹言·卷一》。
② 《河南程氏遗书·卷二十五》。

意之辨"的言意视域等不同的分殊视域①等,宋代二程理学名辩思想则主要体现在"名分大义"的刑名视域以及"名"与"理"相结合形成的理学名理视域中。

1. 二程理学思想中的"正名"及其名学思想

首先,二程继承了儒家的"正名"思想,强调"名分正则天下定"。

> "知其说者之于天下也,其如视诸斯乎! 指其掌",此圣人言知此理者,其于治天下,如指其掌,甚易明也,盖名分正则天下定矣。②

现实的情况却是"名分未正""名分不正":

> 盖自古兴治虽有专任独决,能就事功者;未闻辅弼大臣人各有心,睽戾不一致,国政异出,名分不正,中外人情交谓不可,而能有为者也。况于措置失宜,沮废公议,一二小臣实与大计,用贱陵贵,以邪妨正者乎?③

意谓,历史上国家兴盛,治理得当的年代,虽然有时君主独断专政,但是能够成就伟业的,注定不能存在国家大臣各自存有私心、国家政策政出不一、名分不正、重用卑贱之人、用邪恶妨碍正直等现象。并且二

---

① 参见张晓芒、郎需瑞:《传统名辩的视域分殊及方法论反思》,《南开学报》,2017年第 2 期。
② 《河南程氏遗书·卷九》。
③ 《河南程氏文集·卷一》。

程又指出,"本朝踵循唐旧,而馆阁清选,止为文字之职,名实未正"①。据此而言,二程认为应当"循核本末,稽考名实"②,从而使得"名实相须""子曰:孔子为政,先正名,名实相须故也。一事苟,则无不苟者矣"③。这就将先秦孔子的"正名"思想解释为"名实相须",认为只有"名实相须",事情"无所苟",才能够达到治理的最佳状态。

按此,二程所谓的"正名"其实质也是对古代礼乐的效法。"须看圣人欲正名处,见得道名不正时,便至礼乐不兴,自然往不得。"④在他们看来,古代礼乐制度可以视为一种社会行为的"法式",是"万世不易之法":

> 三王之法,各是一王之法,故三代损益文质,随时之宜。若孔子所立之法,乃通万世不易之法。孔子于他处亦不见说,独答颜回云:"行夏之时,乘殷之辂,服周之冕,乐则韶舞。"此是于四代中举这一个法式,其详细虽不可见,而孔子但示其大法,使后人就上修之,二千年来,亦无一人识者。⑤

由之,二程也运用名实关系谈个人修养问题,"圣人之气象,不可止于名上理会。如此,只是讲论文字"⑥。然而"名实一物",不能"名过实"。"有实则有名,名实一物也。若夫好名者,则徇名为虚矣。如'君

---

① 《河南程氏文集·卷一》。
② 《河南程氏文集·卷五》。
③ 《河南程氏粹言·卷一》。
④ 《河南程氏遗书·卷十九》。
⑤ 《河南程氏遗书·卷十七》。
⑥ 《河南程氏遗书·卷十五》。

子疾没世而名不称',谓无善可称耳,非徇名也。"①在二程看来,名与实其实是一物,如果仅仅追求"名"则是虚伪的,就像《论语》中所言,君子逝去而名声却不为人们所称道,是因为没有可以称道的"名"。因此,君子重视名实相符。"君子不欲才过德,不欲名过实,不欲文过质。才过德者不祥,名过实者有殃,文过质者莫之与长。"②亦即,名过实则会招致祸殃。

其次,二程"稽考名实"的名学思想具体还体现在对《春秋》的诠释中。

《春秋》的核心主旨为"名分大义"。比如,棣问:"'天王使宰咺来归惠公、仲子之赗',如何?"答曰:"书天王者,以《春秋》之始,周方书此一件事,且存天王之号以正名分,非谓此事当理而书也,故书宰之名以示贬。仲子是惠公再娶之夫人,诸侯无再娶理,故只书惠公、仲子,不称夫人也。"③在二程看来,本该书"天王"而未能书,反而书"宰"则显示了褒贬大义。按《春秋》中所写的不同名号都有着深刻的蕴涵,并不是随意更改,而后人可以根据"同辞",从而推断出里面所蕴涵的"大义",故而"《五经》之有《春秋》,犹法律之有断例也。律令惟言其法,至于断例则始见其法之用也"④。在二程看来,《春秋》就如同法律中的条例一般,在规则之"法"的意识下可以通过条例见识其中的功用。与此相同,北宋胡安国也认为:"《春秋》之文,有事同则词同者,后人因谓之例。然有事同而词异,则其例变矣;是故正例非圣人莫能立,变例非圣人莫能裁;正例天地之常经,变例古今之通谊;惟穷理精义,于例中见法,例外通类

---

① 《河南程氏遗书·卷十一》。
② 《河南程氏遗书·卷二十五》。
③ 《河南程氏遗书·卷二十二下》。
④ 《河南程氏遗书·卷二上》。

者,斯得之矣。"①有鉴于此,对于《春秋》中的"事同""词同"现象,后人在解释过程中逐渐将其列为"正例",对于"事同"而"词异"的现象则称为"变例"。由于"正例"是圣人裁定的,我们只有通过全面的比对,才能够"穷理精义",准确地把握《春秋》大义。

再次,二程的名学思想除了具有伦理、政治意义上的"正名"意涵外,同时也具有逻辑指称的蕴涵。

二程对于"名"的形成、制名的原则,都有着自己的看法。他们将"名"与"理"结合在一起,认为"名出于理"。而这与魏晋时期品评人物品行的"玄理"之"理"是不同的。

> 物之名义,与气理通贯。天之所以为天,本何为哉?苍苍焉耳矣。其所以名之曰天,盖自然之理也。名出于理,音出于气。字书由是不可胜穷矣。②
>
> 凡物之名字,自与音义气理相通。除其他有体质可以指论而得名者之外,如天之所以为天,天未名时,本亦无名,只是苍苍然也;何以便有此名?盖出自然之理,音声发于其气,遂有此名此字。如今之听声之精者,便知人性,善卜者知人姓名,理由此也。③

在这里,二程将"名"与"理"相连接,认为"凡有物有形则有名,有名则有理"④。以"天"为例,"天"之所以名为"天",是由于"自然之理",

---

① 《春秋胡氏传·明类例》。
② 《河南程氏粹言·卷二》。
③ 《河南程氏遗书·卷一》。
④ 《河南程氏外遗·卷六》。

"理"使之名为"天"。"理"是事物得以名言的核心所在。而在现实生活中,却有很多难以"名状"的情况。或如:"仁道难名,惟公近之,非以公便为仁。"①"仁"是难以名状的,只能是以"公"来命名才能比较接近"仁"意。不仅如此,二程认为圣人的德行也是难以名状的,"圣人之德行,固不可得而名状。若颜子底一个气象,吾曹亦心知之,欲学圣人,且须学颜子"②。正是基于上述对"名"的相关理论与思想的认识,二程提出了其名辩思想中的辩证思考,继续发展着先秦以来的传统辩证思维方式。

2. 二程理学名辩思想中的辩证思维运用

在上述名学思想的论述中,二程所强调的应是传统辩证思维方式的应用。其主要体现在以下几个方面:

其一,二程认为,在"正名"的过程中尽管存在一定的"法式",但也应当有所"损益",既不应"泥古",也不能"循其名而废其实"。

> 圣人创法,皆本诸人情,极乎物理,虽二帝、三王不无随时因革,踵事增损之制,然至乎为治之大原,牧民之要道;则前圣后圣,岂不同条而共贯哉?盖无古今,无治乱,如生民之理有穷,则圣王之法可改。后世能尽其道则大治,或用其偏则小康,此历代彰灼著明之效也。苟或徒知泥古,而不能施之于今,姑欲循名而遂废其实,此则陋儒之见,何足以论治道哉!③

意谓,圣人创制法律规则,均是以人情为准,探究事物之理,但古代

---

① 《河南程氏遗书·卷三》。
② 《河南程氏遗书·卷二上》。
③ 《河南程氏文集·卷一》。

先王对于法律规则并不是一成不变的，也是因时而改革。二程反对"泥古"，不能"循名而遂废其实"，因此他们强调，"行礼不可全泥古，须当视时之风气自不同，故所处不得不与古异。如今人面貌，自与古人不同，若全用古物，亦不相称。虽圣人作，须有损益"①。有所"损益"即二程名学思想中按现实的具体要求，继续发展着传统辩证思维方式的体现之一。

其二，二程也明确指出，对于《春秋》大义的诠释方法，也需要经过辩证权衡的思考，即不可"例拘"。

> 《春秋》大率所书事同则辞同，后人因谓之例，然有事同而辞异者，盖各有义，非可例拘也。②

> 后世以史视《春秋》，谓褒善贬恶而已，至于经世之大法则不知也。《春秋》大义数十。其义虽大，炳如日星，乃易见也，惟其微辞隐义，时措从宜者为难知也。或抑或纵，或与或夺，或进或退，或微或显，而得乎义理之安，文质之中，宽猛之宜，是非之公，乃制事之权衡，揆道之模范也。③

程颐认为，《春秋》中存在大量"事同则辞同"的现象，后人称为"例"。但是在《春秋》中还存在"事同而辞异"的情况，这是因为春秋大义并不是一成不变的，故而"不可例拘"。亦即，《春秋》虽然是"经世之大法"，但是其微言大义中有"时措从宜"的道理，其"辞"也是各有各的

---

① 《河南程氏遗书·卷二上》。
② 《河南程氏经说·卷四》。
③ 《河南程氏经说·卷四》。

意义，故而并不能单纯地依靠《春秋》之"义例"来进行推断。《春秋》一书中所记载的事情，是"制事之权衡"的结果，也是我们应当遵循的"揆道之模范"。

其三，由于事物之名的确定不是那么简单，二程据此提出了"因事以制名"的制名原则，这种原则也体现出二程名学思想中传统辩证思维的运用。

> 称性之善谓之道，道与性一也。以性之善如此，故谓之性善。性之本谓之命，性之自然者谓之天，自性之有形者谓之心，自性之有动者谓之情，凡此数者皆一也。圣人因事以制名，故不同若此。①

此即以"性"之命名为例。"性"之"善"称为"道"，"性"之"本"称为"命"，"性"之"自然"称为"天"，"性"之有形者称为"心"，"性"之发动者称为"情"。上述种种，均是以"性"为基础，尽管称谓各有不同，但是实质上都是源自"性"的。这也表明，在二程看来，只有因事、因时而制名，才能够避免言辞诐、邪、淫、遁的弊端，并继而以此批评了先秦时代的杨朱和墨子，"诐辞偏蔽，淫辞陷溺深，邪辞信其说至于耽惑，遁辞生于不正，穷著便遁，如墨者夷之之辞，此四者杨、墨兼有"②。在制名的过程中如何避免出现上述弊端的问题上，因事、因时的具体性观念，同样是二程继续发展着传统辩证思维方式的体现之一。

---

① 《河南程氏遗书·卷二十五》。
② 《河南程氏外书·卷一》。

## 三、"知几能权"——程颐易学推理方法中的辩证思考

程颐作为易学义理派的主要代表人物,以儒解易,将易看成是"变易",即易是变动不拘的,这就为"易"的逻辑推演提供了可能。在程颐看来,"理"是不以人的意志转移的,人与物的区别在于人能"推":

> 物不能推,人则能推之。虽能推之,几时添得一分?不能推之,几时减得一分?百理具在,平铺放着。几时道尧尽君道,添得些君道多,舜尽子道,添得些孝道多?元来依旧。[1]

在这里程颐指出了人和物的区别在于,人能"推"而物是不能"推"的。尽管人能"推",但是所推之"理"是既定存在的,不会因为能"推"与不能"推"而有所增减变化。按此而言,"理"是"形而上"的,但人能够在"理"的层面上进行"天道"与"人事"之间由此及彼的推理。

对此程颐举例说:"独乾、坤更设《文言》以发明其义,推乾之道,施于人事。元亨利贞,乾之四德,在人则元者众善之首也,亨者嘉美之会也,利者和合于义也,贞者干事之用也。"[2]所谓的"推乾之道,施于人事"即是对"天道"与"人事"之间伦理关系的认识。此外,在解释《泰》卦(䷊)卦辞时,他又强调:"阳气下降,阴气上交也。阴阳和畅,则万物生遂,天地之泰也。以人事言之:大则君上,小则臣下,君推诚以任下,臣

---

[1] 《河南程氏遗书·卷二上》。
[2] 《河南程氏遗书·卷一》。

尽诚以事君,上下之志通,朝廷之泰也。"①此是由天道之"天地之泰"推及人事之"朝廷之泰"。仍然显现着"易"之逻辑推演过程中的政治伦理要求。

在解释《临》卦(䷒)时,程颐还论述道:"阳始生于复,自复至遁凡八月,自建子至建未也。二阴长而阳消矣,故云消不久也。在阴阳之气言之,则消长如循环,不可易也。以人事言之,则阳为君子,阴为小人,方君子道长之时,圣人为之诫,使知极则有凶之理而虞备之,常不至于满极,则无凶也。"②此是由《临》卦卦象推及人事,得出有备无患的结论。之所以能够由此及彼,由"天道"推及"人事",在程颐看来主要是因为事物之义理是相通或相同的,而程颐易学推理中的传统辩证思维即体现在他对事物之"类事理"的具体把握上。

在《易传序》中,程颐提到了把握事物"类事理"的基本原则,此即"易有圣人之道四焉:以言者尚其辞,以动者尚其变,以制器者尚其象,以卜筮者尚其占"③。意谓,圣人把握"道"的方法有四种,即"尚辞""尚变""尚象""尚占"。所谓"尚辞"就是通过卦爻辞的语言来推断其中所表示的道理,所谓"尚变"就是根据卦爻的变化来揭示《易经》所阐释的意义,所谓"尚象"就是通过观物取象的方式解释卦象所象征的内容,所谓"尚占"则是运用占筮的方法来对事物的状态进行推测。

1. 对于"尚辞"

在程颐看来,可以通过言辞来探求《周易》所蕴含的吉凶之理,亦即,可以"由辞以得其意":

---

① 《河南程氏遗书·卷一》。
② 《河南程氏遗书·卷二》。
③ 《周易·系辞上传》。

言所以述理。以言者尚其辞,谓于言求理者则存意于辞也。①

不仅如此,在程颐的易学思想中,"辞"对于学习和研究《周易》来说是首要的。"得于辞,不达其意者有矣,未有不得于辞而能通其意者也。……予所传者辞也,由辞以得其意,则在乎人焉。"②按此,在程颐的易学思想中,"达于辞乃学习和研究《周易》的根本途径"③。正是由于辞的重要性,程颐在序言中提到自己所做的就是要传承易"辞"。

究竟如何才能"由辞以得其意",即如何由卦爻辞来得知其所蕴含的"类事理"呢?程颐认为,"一爻之间,常包涵数意,圣人常取其重者为之辞"④。由于卦爻辞往往是古代圣贤通过描述具有重要代表性的事件或者事物来显示其中所包含的"类事理",并且"辞各随其事",所以它并不是固定不变的。

吉凶之道,于辞可见。以悔吝为防,则存意于微小。震惧而得无咎者,以能悔也。卦有小大,于时之中有小大也。有小大则辞之险易殊矣,辞各随其事也。⑤

"吉凶之道,于辞可见",意谓通过卦爻辞可以看到事物吉凶悔吝之道理。"卦有小大,于时之中有小大"是说卦有阴阳,阴阳会因时而变,

---

① 《河南程氏遗书·卷一》。
② 《周易程氏传·序》。
③ 梁韦弦:《〈程氏易传〉导读》,齐鲁书社2003年版,第24页。
④ 《河南程氏遗书·卷二上》。
⑤ 《河南程氏遗书·卷一》。

而阴阳卦爻所系之辞也有险易之别。按此,卦爻之"辞"不能够一成不变地理解,而是要"各随其事",因时而变。"尚辞"的认知灵活性由此显现。

2. 对于"尚变"

在程颐看来,可以通过"卦变"来把握事物的"类事理",亦即通过易的变化来推究其义理,而这种卦变可以被看作由《乾》(☰)、《坤》(☷)两卦变化而来,即"卦之变皆自乾坤"①。

或如,程颐在解释《蛊》卦(䷑)卦辞时认为:

> 刚上而柔下,谓乾之初九上而为上九,坤之上六下而为初六也。阳刚,尊而在上者也,今往居于上;阴柔,卑而在下者也,今来居于下。男虽少而居上,女虽长而在下,尊卑得正,上下顺理,治蛊之道也。由刚之上、柔之下,变而为艮巽。艮,止也。巽,顺也。下巽而上止,止于巽顺也。以巽顺之道治蛊,是以元亨也。②

即按《蛊》卦,艮上巽下,程颐认为外卦《巽》为《乾》卦变化而来,"乾之初九上而为上九";而内卦《艮》则是由《坤》卦变化而来,"坤之上六下而为初六"。这样的变化,使得阳刚在上,处于尊贵的地位,阴柔居下,处在卑微的位置,或从男女的角度看,《艮》卦属于少男,而《巽》卦属于长女,男尊女卑,顺应天理。这就是《蛊》卦所显示出来的道理,即只有尊卑上下之义正,才能够由乱到治。"尚变"的条件性也由此显现。

---

① 《周易程氏传·卷二》。
② 《周易程氏传·卷二》。

### 3. 对于"尚象"

程颐对于卦象与事理的关系的主张主要表现在"因象以明理"[①]或"假象以显义"[②]这两个主要的命题上,其实质就是以"象"为依据来明晓其中的道理。

究竟何为象?程颐认为:"圣人见天下深远之事,而比拟其形容,体象其事类,故谓之象。"[③]"象"就是"比拟其形容,体象其事类"。基于此,圣人才能够推见天下深远之事。或如,《噬嗑》卦(䷔)的卦象是口中啮物使其合,"上下二刚爻而中柔,外刚中虚,人颐口之象也,中虚之中,又一刚爻,为颐中有物之象。口中有物,则隔其上下,不得嗑,必啮之,则得嗑,故为噬嗑"[④]。因为《颐》卦(䷚)是上艮下震,为人口之象,而《噬嗑》卦与《颐》卦不同之处在于其九四为阳爻,如同口中有一物,难以合并之象。

正是基于此卦象,程颐将其同人事相连接。

> 圣人以卦之象,推之于天下之事,在口则为有物隔而不得合,在天下则为有强梗或谗邪间隔于其间,故天下之事不得合也,当用刑法,小则惩戒,大则诛戮以除去之,然后天下之治得成矣。……圣人观噬嗑之象,推之于天下万事,皆使去其间隔而合之,则无不和且治矣。噬嗑者,治天下之大用也。[⑤]

---

① 《河南程氏遗书·卷二十一上》。
② 《周易程氏传·卷一》。
③ 《河南程氏遗书·卷一》。
④ 《周易程氏传·卷二》。
⑤ 《周易程氏传·卷二》。

程颐通过对《噬嗑》卦象的解释,将其义理"推之于天下之事",从而得出了"推之于天下万事,皆使去其间隔而合之,则无不和且治(洽)矣"的结论。"尚象"的具体性同样得以显现。

4. 对于"尚占"

对于"尚占",程颐更加注重义理的阐释,并让其从汉易的占术中脱离出来,"古者卜筮,将以决疑也。今之卜筮则不然,计其命之穷通;校其身之达否而已矣。噫!亦惑矣"①。意谓,古今卜筮不同,如今的卜筮应当是"校其身之达否",更加强调道德的修养,这也构成了程颐解《易》的一大特点。

对于以上四种圣人把握"道"的方法,程颐辩证地进行了理解,即"尚辞""尚变""尚象""尚占"四者并不是孤立存在的,《易》之道理即是吉凶消亡,进退存亡,这些都体现在卦爻辞上。通过对于"辞"的理解推敲,我们可以得知事物的变化,而"象"与"占"也会在其中,"吉凶消长之理,进退存亡之道,备于辞。推辞考卦,可以知变,象与占在其中矣"②。而且无论是通过卦爻辞、卦爻变还是卦爻象获得的义理,在程颐易学逻辑思想中都体现了一种"体用一源,显微无间"的基本原则。

或如,关于卦爻辞所记之事与其义理,程颐认为,"至显者莫如事,至微者莫如理,而事理一致,微显一源。古之君子所谓善学者,以其能通于此而已"③。而关于卦爻象与理,程颐认为,"至微者理也,至显者象也。体用一源,显微无间"④。这种原则的实质就是对于"彰往而察来,

---

① 《河南程氏遗书·卷二十五》。
② 《周易程氏传·序》。
③ 《河南程氏遗书·卷二十五》。
④ 《周易程氏传·序》。

而微显阐幽"①的易学推理理论的进一步发展。

5."知几能权"

对于"类事理"的正确把握,程颐认为,在"类事理"的获取过程中应当做到"知几能权"。这是因为,"类事理"既有一定的确定性,也有一定的灵活性,对于"类事理"的把握应当因时而变,随时而动。这种按具体的场景"能权"的灵活性,仍然体现的是程颐易学思想中的传统辩证思维方式。此即为:

> 君子之道,随时而动,从宜适变,不可为典要,非造道之深,知几能权者,不能与于此也。②

按此,程颐认为"易随时取义,变动无常"③。这也是"尚变"的一个重要表现。或如,在解释《明夷》卦(䷣)六五爻时,他认为:

> 五为君位,乃常也。然易之取义,变动随时。上六处坤之上而明夷之极,阴暗伤明之极者也。五切近之,圣人因以五为切近至暗之人,以见处之之义,故不专以君位言。上六阴暗伤明之极,故以为明夷之主。五切近伤明之主,若显其明,则见伤害必矣。④

---

① 《周易·系辞下传》。
② 《周易程氏传·卷二》。
③ 《周易程氏传·卷一》。
④ 《周易程氏传·卷三》。

亦即,原本六五爻的位置属于"君位",是固定不变的,是"常",但是《周易》取义,应该因条件的变化而变化,不可为典要,因此需要"权"。表现在《明夷》卦中,六五之位圣人不将其看作君位,而是"切近至暗之人",因为上六是"明夷之主",而六五靠近此主,如果显现其明智,则必定会得到伤害,由此得出此爻所揭示的义理为晦藏其明,内守其正。

概之,程颐认为"易随时取义,变动无常"[①]。因此,"类事理"的获取过程中要做到"知几能权",表明了"类事理"既有一定的确定性,也有一定的灵活性,对于类事理的把握应当因时而变,随时而动。程颐易学推理思想中的辩证精神继续完善着传统辩证思维方式的基本要素。

## 第三节 权正得中——朱熹的辩证思维方式

朱熹(公元1130—1200年),字元晦,一字仲晦,号晦庵,又号晦翁,徽州婺源人(今属江西),生于南剑州尤溪(今属福建)。绍兴十年(1148年)进士,早年受业于理学大师李侗,师承二程学说,兼顾周敦颐、张载的哲学思想,集宋代理学之大成,建立起一个庞大的哲学思想体系,对后世产生了深远的影响。

朱熹的主要著作有《周易本义》《太极图说解》《西铭解》《四书章句集注》《伊洛渊源录》《八朝名臣言行录》《资治通鉴纲目》《楚辞集注》《诗集传》等,后人编纂有《朱子语类》和《朱文公文集》。现代通行本有2002年(2010年修订)上海古籍出版社、安徽教育出版社共同出版的《朱子全书》,共27册,较为完整地体现了朱熹的思想。

---

① 《周易程氏传·卷一》。

朱熹名辩思想中的辩证思维，主要是在"权而得中，不离于正"的经权观下，"随时取义"的理学名辩思想，以及确保"理不走作"的易学推理论证思想。此外，在朱熹的政治伦理思想论证中，也体现出朱熹名辩推理的辩证思考。

# 一、"权而得中，不离于正"——朱熹名辩思想中辩证思考的基础

我们在第二章"执两用中——孔子的辩证思维方式"的章节中已前述，春秋战国时期已经是礼崩乐坏的时代，孔子主张"正名"，用不变的"礼"去匡正变化的社会现实，以实现社会秩序的合理有序。与此同时，他也强调了"通权达变"的重要性。在孔子的思想中，"权"是与"学""道""立"三者联系起来的，孔子认为四者具有递进的关系，"子曰：'可与共学，未可与适道；可与适道，未可与立；可与立，未可与权'"①。"权"作为最难掌握的能力，处于最高层次，属于"从心所欲而不逾矩"的境界。由此可以看出，孔子一方面强调用不变的"礼"来匡正社会现实，另一方面也重视通权达变，这就为后世讨论"礼"（经）与"权"之间的辩证关系埋下了伏笔。

我们在第二章"执中而权——孟子的辩证思维方式"的章节中也前述，先秦时期的孟子也多次提及"权"的方法，这主要体现在《孟子》一书所记载的事例中。为了表明在"权"的问题上朱熹对孟子的发展，我们在这里再次整理提及。

第一则事例是以"权"来解决"男女授受不亲"与"嫂溺援之以手"之

---

① 《论语·子罕》。

间的矛盾：

> 淳于髡曰："男女授受不亲，礼与？"孟子曰："礼也。"曰："嫂溺，则援之以手乎？"曰："嫂溺不援是豺狼也。男女授受不亲，礼也；嫂溺援之以手者，权也。"①

在这个事例中，涉及一个两难的伦理"悖论"："礼"规定了男女之间不能够有近距离的接触，当"嫂子"落水面临生命危险的时候，如果你伸手去救落水的"嫂子"那就违背了"男女授受不亲"的"礼"之规定，即违背预设的伦理道德；如果你不伸手救助落水的"嫂子"，那么很有可能她就会溺亡。救，违背预设的伦理道德；不救，就会溺亡。这是一个两难选择。

同样的情形也体现在"舜"娶妻而告与不告父母这则故事之中。

> 万章问曰："《诗》云：'娶妻如之何？必告父母。'信斯言也，宜莫如舜。舜之不告而娶，何也？"孟子曰："告则不得娶。男女居室，人之大伦也。如告，则废人之大伦，以怼父母；是以不告也。"②

按先秦文献史料，"舜父顽母嚚，常欲害舜，告则不听其娶，是废人之大伦"，亦即舜的父母顽固嚚张，娶妻这件事如果告诉了他们，一方面，他们会阻拦不许舜娶妻，父母之命不可不听，因此舜就没法娶妻生

---

① 《孟子·离娄上》。
② 《孟子·万章上》。

子,而"不孝有三,无后为大",这就会造成"不孝";另一方面,"孝子之至,莫大乎尊亲"①,娶妻必须事先告诉父母,这也是最大的"礼",不告诉父母,也是"不孝"。简言之,舜娶妻如果告诉父母,父母阻挠,因此就无法生儿育女,不孝有三,无后为大,这是"不孝";如果舜不告诉父母,而尊亲是"孝子之至",隐瞒父母,这也是"不孝"。总之,告诉是"不孝",不告诉也是"不孝",如何进行选择,这似乎也造成了伦理上的"悖论"。

为了解决"嫂溺"救还是不救,舜娶妻告还是不告的两难问题,孟子提出了权变思想。孟子认为:"权,然后知轻重;度,然后知长短。"②"权"即称量权衡之意。孟子还进一步提出了"执中而权"的思想,也就是将孔子的"叩其两端而竭焉"以及《中庸》中的"执其两端而用其中"的思想与"权"相结合,通过衡量"两端"的情况而用其"中",这种思想体现在他对杨朱"为我"以及墨家"兼爱"思想的批判中。

> 孟子曰:"杨子取为我,拔一毛而利天下,不为也。墨子兼爱,摩顶放踵利天下,为之。子莫执中。执中为近之。执中无权,犹执一也。所恶执一者,为其贼道也,举一而废百也。"③

孟子既反对杨朱单纯的"为我",也反对墨子的"兼爱",称其为"贼道",他强调在"为我"与"兼爱"之间权衡求取一个"中"道。无论是"救"还是"不救","告诉"还是"不告诉","为我"还是"兼爱",其实都可以看成事物的"两端"。在此,孟子是想表明"权"要符合"中","权"是手段,

---

① 《孟子·万章上》。
② 《孟子·梁惠王上》。
③ 《孟子·尽心上》。

"中"是原则,并试图以此来解决这种伦理上的冲突。

朱熹进一步发展了孟子的学说,他认为,舜娶妻没有告诉自己的父母,尽管是违背了"礼",但是这种"权"是"当"理的,符合了"正"的恰当、适宜要求。"舜告焉则不得娶,而终于无后矣。告者礼也,不告者权也。犹告,言与告同也。盖权而得中,则不离于正矣。"①由此而展开的"经权观"就成为朱熹传统名辩思想中的辩证思维的理论基础。

如前所述,"经"和"权"是传统辩证思维方式中的一对重要范畴,"经"一般是指"常",是不变的东西,"权"则是"变"的东西。朱熹的经权观,涉及朱熹对于"经"与"权"的认识。

1. "权"与"经"不同

朱熹认为,"权"与"经"是不同的,"权与经,不可谓是一件物事。毕竟权自是权,经自是经"②。二者必须名义界分,不可混淆,"经与权,须还他中央有个界分"③。为此,朱熹批评了程颐"权只是经"的说法,"伊川谓'权只是经',意亦如此,但说'经'字太重,若偏了"④。在朱熹看来,尽管"经"与"权"不同,但两者并不是毫无关联,为此他也批评了汉儒离经行权的做法,认为离开"经"的"权"就会变成一种"权术"而失去限制,"汉儒'反经合道'之说,却说得'经''权'两字分晓。但他说权,遂谓反了经,一向流于变诈,则非矣"⑤。在此分析批判的基础上,朱熹认为,"权"的行使应当切合时宜,"但非汉儒所谓权变权术之说。圣人之权,

---

① 《孟子集注·卷七》。
② 《朱子语类·卷三十七》。
③ 《朱子语类·卷三十七》。
④ 《朱子语类·卷三十七》。
⑤ 《朱子语类·卷三十七》。

虽异于经,其权亦是事体到那时合恁地做,方好"①。亦即,"权"并非是汉儒所言之"权变""权术",圣人之"权"尽管不是"经"的范围,但是也做到了恰到好处。

2. 如何行"权"

在如何行"权"的问题上,朱熹认为,"经"固然重要,但是如果单纯地依照"经"来行事,许多问题就难以解决,因为处世不可能是一成不变的。为此朱熹强调了"权"的重要性,要"应变达权","'权者,经之所不及。'这说却好。盖经者只是存得个大法,正当底道理而已。盖精微曲折处,固非经之所能尽也。所谓权者,于精微曲折处曲尽其宜,以济经之所不及耳。所以说'中之为贵者权',权者即是经之要妙处也"②。在朱熹看来,"经"只是一种"大"层面的取法标准,是应当如何做的一般道理,在"精微"细小之处,事情应当如何处理,这是"经"所不能及的。因此要做到恰到好处的"中",就需要具体的辩证权衡,故而"权"是"经"之机要巧妙的地方。同时,"权"也是"经"的一种替代形式,因此需要运用"权"的方法。"圣人平日只是理会一个大经大法,又却有时而应变达权;才去应变达权处看他,又却不曾离了大经大法。可仕而仕,学他仕时,又却有时而止;可止而止,学他止时,又却有时而仕。'无可无不可',学他不可,又却有时而可;学他可,又却有时而不可。"③亦即,圣贤之人在日常生活中理会"大经大法",而面对不同的情况,不同的时机,圣贤之人又能够应权达变,但是这种"权"并不是毫无依据的,而是在不离开"大经大法"的基础上所做出的权衡变通。故而,"权"与"经"有着

---

① 《朱子语类·卷三十七》。
② 《朱子语类·卷三十七》。
③ 《朱子语类·卷二十四》。

密不可分的联系,只是在朱熹的思想中,"权"是"经"的一种辅助性的变通方法,不可经常使用。

> 经是万世常行之道,权是不得已而用之,大概不可用时多。①
>
> 权是碍着经行不得处,方始用得,然却依前是常理,只是不可数数用。如"舜不告而娶",岂不是怪差事?以孟子观之,那时合如此处。然使人人不告而娶,岂不乱大伦?所以不可常用。②

按此,"权"与"经"相比较而言,"权"是不得已而用之的方法,不能够一味地追求"权","权"的使用有其限度,需要"依前是常理"。

3. "权"与"经"之"合于中"的条件关系

为了在"权"与"经"的联系中合理有效地把握"权",朱熹论述了"权"与"经"之间的条件关系。

首先,他批评了汉儒对经权关系的认识:

> 因论经、权二字,曰:汉儒谓"权者,反经合道"却是权与经全然相反。伊川非之是矣。然却又曰"其实未尝反经",权与经又却是一个略无分别。恐如此又不得。权固不离于经,看"可与立,未可与权"及孟子"嫂溺援之以手"事,毫厘之间,亦

---

① 《朱子语类·卷三十七》。
② 《朱子语类·卷三十七》。

当有辨。①

汉儒所谓"反经"是基于"权"与"经"之间"全然相反"而提出来的,程颐对此提出"权即是经"的"无分别"异议。但朱熹指出,程颐对经权关系的认识也有所偏颇,经权并不是"无分别",而应"当有辨"。在朱熹看来,说"经"与"权"两者是"不相干涉""全无分别"的观点只是一偏之见,"经与权之分,诸人说皆不合。曰:'若说权自权,经自经,不相干涉,固不可。若说事须用权,经须权而行,权只是经,则权与经又全无分别'"②。"经""权"之间实际上存在着条件性的关系,这种关系解决了一些"有经无权"的难题以及由于"有权无经"而导致的离经叛道的问题。为此,在朱熹看来,两者条件关系的最佳状态是"权"要合乎"中"的要求。

> 两端,谓众论不同之极致。盖凡物皆有两端,如小大、厚薄之类。于善之中又执其两端而量度以取中,然后用之,则其择之审而行之至矣。然非在我之权度精切不差,何以与此?此知之所以无过不及,而道之所以行也。③
> 
> 道之所贵者中,中之所贵者权。④
> 
> 权,称锤也,所以称物之轻重而取中也。执中而无权,则胶于一定之中而不知变,是亦执一而已矣。⑤

---

① 《朱子语类·卷三十七》。
② 《朱子语类·卷三十七》。
③ 《中庸章句》。
④ 《孟子集注·卷十三》。
⑤ 《孟子集注·卷十三》。

亦即，要区分事物的"两端"，而"两端"所凸显的问题，就是"是非善恶"问题，只有认识到是非善恶，然后才能够依其两端而进行"权衡"，实现"中"的恰当适宜性目标。而"权"要合乎"中"，首先要合乎"正"。朱熹继承了程颐"中则无不正者，而正未必得中也"①的思想，认为在"中"之前必须有"正"。"晏亚夫问'中正'二字之义。曰：中须以正为先。凡人做事，须是剖决是非邪正，却就是与正处斟酌一个中底道理。若不能先见正处，又何中之可言。"②亦即，没有"正"也就无所谓"中"，"凡事先理会得正，方到得中；若不正，更理会甚中"③。这也表明，符合"中"的事物一定符合"正"，但是符合"正"的事物不一定符合"中"，"于理无所当"的"正"就不符合"中"的要求。

> "中重于正，正未必中。"盖事之斟酌得宜合理处便是中，则未有不正者。若事虽正，而处之不合时宜，于理无所当，则虽正而不合乎中。此中未有不正，而正未必中也。④

此即，要想实现"中"的目标，首先要了解"正"。所谓的"中"就是在处理事情的过程中，能够"斟酌得宜"，"于理所当"，合理适中。换句话说，孟子想通过"权"来实现"中"，而朱熹继承了程伊川的思想，在"权—中"的条件关系之间又增添了一个环节即"正"，从而无论在理论建设上还是在方法论意义上，都补齐了"权—正—中"的传统辩证思维方式的完整链条。

---

① 《河南程氏粹言·卷一》。
② 《朱子语类·卷六十七》。
③ 《朱子语类·卷六十七》。
④ 《朱子语类·卷六十七》。

至于那种不"正"之"权"则不能称为"权"。朱熹对此举例解释道：

> 且如周公诛管蔡，与唐太宗杀建成元吉，其推刃于同气者虽同，而所以杀之者则异。盖管蔡与商之遗民谋危王室，此是得罪于天下，得罪于宗庙，盖不得不诛之也。若太宗，则分明是争天下。故周公可以谓之权，而太宗不可谓之权。①

意谓，周公诛管叔、蔡叔与唐太宗杀建成、元吉两件事情，表面上看似是相同的，都是杀人，但是其原因则不同。前者是因为管、蔡得罪于天下、得罪于宗庙而不得不诛，后者则是为争夺天下。因此，前者符合"正"的要求，后者则不符合。因此，在朱熹那里，只有前者能够称为"权"而后者不能。朱熹的这个案例解释告诉我们，只有在能得到"正"的条件结果下进行的"权"才能够称为"权"。朱熹将"权"与"正""中""理"等结合起来，在"正"要求下的权变，即在"当理"的要求下灵活地处理"经"无法处理的矛盾，其强调的是"经"中有"变"，两者是辩证统一的。

朱熹的"经权观"构成了其名辩思想中辩证思维的基础，这种辩证思维首先体现在朱熹的理学名辩思想与方法中。

## 二、"随时释义"——朱熹理学名辩思想中的辩证思考

"辨名析理"是朱熹理学名辩方法之一，朱熹强调了"析之有以极其

---

① 《朱子语类·卷六十七》。

精而不乱"①。此即,"名"要在具体的关系和语境中才能够准确把握。朱熹看到了"名"(概念)自身的复杂性,强调要在具体概念的关系中来寻找概念的新的确定性,以此来实现"名义界分"的目的。在朱熹看来,"名"与"名"之间具有相似性,这种相似性的存在很容易造成认识上的混乱,"盖凡物之类,有邪有正,邪之与正,不同而必相害,此必然之理也。然其显然不同者,虽相害而易见,惟其实不同而名相似者,则害而难知。易见之害,众人所能知而避之;难知之害,则非圣智不能察也。是知圣人于此三者,深恶而力言之,其垂戒远矣"②。亦即,事物有邪正之分,正与邪是相互危害的,这种划分十分明显,其危害之处很容易看到,但对于一些"实不同而名相似者"其危害则往往难以知晓,只有圣人能够察觉,因此圣人对这些危害深恶痛绝,力求纠正其失。至于如何"辨名析理",以使"析之有以极其精而不乱",就涉及如下辩证思考的问题。

1."名"的同异辩证关系

朱熹主张通过"名"何以同异的适时、适义的具体考察,来实现对于概念之"名"的准确把握,即所谓"须各晓其名字训义之所以异,方见其所谓同"。故而朱熹强调对于"名"的解释要"随时释义""随文、随时、随事看,各有通彻处"③。"随文"也就是要根据文章的语境来理解"名","随时"就是根据具体的条件来理解"名",而"随事"则是根据具体的事件理解"名"。或如,"阴阳"之名虽然相同,但是从"气"之阴阳来看,阴阳二气相互作用,不能舍离;从君子小人的角度看,阳为君子,阴为小

---

① 《大学或问》。
② 《论语或问》。
③ 《朱子语类·卷十九》。

人。又如,"已发"与"未发"在不同语境下的表达也是不同的,"继之者善"为已发,"成之者性"为未发,从接续流行的角度看是已发,从禀赋成性的角度来看则为未发。

> 凡此等处,皆须各随文义所在,变通而观之。才拘泥,便相梗,说不行。譬如观山,所谓"横看成岭侧成峰"也。①

不仅如此,在解析事物所指时还要"随事观之"。朱熹以《近思录》中的概念为例,提出要对具体概念进行具体分析,不能一概而论。或以"诚"为例,"诚"是指"实然"的道理,以天地万物言之,阴便诚然是阴,阳便诚然是阳,没有一丝一毫不真实。至于"中",是喜怒哀乐之未发的道理,至于"仁",则是天地发育为万物,"中"和"仁"均与天地相类似,"仁"包涵仁义礼智四者,如同《周易》中的"元"包含"元亨利贞"一样。

> 《近思录》首卷所论诚、中、仁三者,发明义理,固是有许多名,只是一理,但须随事别之,……析而言之,各有所指而已。②

概言之,"诚""中""仁"都是实然的道理,只是从不同的角度分析,各有所指而已。并且,我们可以认为,"随事别之"的过程,就是一个在确定性与灵活性的统一中实现对概念准确把握的过程。

按上,朱熹以阴阳、未发已发、诚、中、仁等名义为例,指出事物之名义需要根据名义的"各有所指"以"随文义所在,变通而观",不能拘泥。

---

① 《朱子语类·卷六十五》。
② 《朱子语类·卷九十五》。

既要看到名义之间的"同",也要关注名义之间的"异"。而"随文、随时、随事"的具体"变通而观",能够展开"名"何以同异的具体认识。

2. 言意的具体性与相对性

朱熹重视言意关系,认为语言是用来讲述道理的,"因言以明道"。

> 圣人之言坦易明白,因言以明道,正欲使天下后世由此求之。使圣人立言要教人难晓,圣人之经定不作矣。若其义理精奥处,人所未晓,自是其所见未到耳。学者须玩味深思,久之自可见。①

朱熹还指出,"所言者便只此道理""只要得大家尽心,看得这道理教分明透彻。所谓道理,也只是将圣贤言语体认本意。得其本意,则所言者便只此道理,一一理会令十分透彻,无些罅缝蔽塞,方始住"②。因此就要"知言""穷理"。朱熹认为"知言"与"穷理"是一回事情,"所谓'知言、穷理',盖知言亦是穷理之一事,然盖互举也"③。在"穷理"的过程中,朱熹强调了言意的具体性与相对性。

> 圣贤所说工夫,都只一般,只是一个"择善固执"。《论语》则说"学而时习之",《孟子》则说"明善诚身",只是随他地头所说不同,下得字来,各自精细。其实工夫只是一般,须是尽知

---

① 《朱子语类·卷一百三十九》。
② 《朱子语类·卷一百二十一》。
③ 《朱子语类·卷二十四》。

其所以不同,方知其所以同也。①

意谓,以"择善固执"的功夫论而言,圣贤之人所述的这一功夫,其实质上是"同"的,《论语》中所言"学而时习之",《孟子》中所言"明善诚身"等等,只是根据不同的语境而有不同的表达而已。这种"随地头"而发的具体性,体现出的正是言辞的相对性。"这个道理,各自有地头,不可只就一面说,在这里时是恁地说,在那里时又如彼说,其宾主彼此之势各自不同。"②也正是由于"地头"不同,对于语言的理解就会不同,因此也需要在全面知晓"不同"的基础上知晓"同",从而按"地头"需要进行具体的权正取舍。

3. "推类"之"理"的具体性

与朱熹易学推理方法相同,朱熹理学中的主要推理方法也是"推类"。朱熹认为,不仅要看到事物之间相同之"理",也要看到不同事物的不同之"理",故而在推类时不能只要求牵强附会的贯通。

> 但求众物比类之同,而不究一物性情之异,则于理之精微者有不察矣。不欲其异而不免乎四说之异,必欲其同而未极乎一原之同,则徒有牵合之劳,而不睹贯通之妙矣。③

亦即,只有在"真同"的基础上才能够类推,而所谓的"真同"就是"于道理却无差错"。"世上许多要说道理,各家理会得是非分明,少间

---

① 《朱子语类·卷八》。
② 《朱子语类·卷八》。
③ 《大学或问》。

事迹虽不一一相合,于道理却无差错。一齐都得如此,岂不甚好!这个便是真同。"①因此,要想进行有效的推理,就要弄清楚"异中之同"和"同中之异",这就是"格物致知"中的推类方法所要解决的。朱熹的这种认识,也如镜像般地映射着黑格尔所说的,"假如一个人能看出当前即显而易见的差别,譬如,能区别一支笔与一头骆驼,我们不会说这人有了不起的聪明。同样,另一方面,一个人能比较两个近似的东西,如橡树与槐树,或寺院与教堂,而知其相似,我们也不能说他有很高的比较能力。我们所要求的,是要能看出异中之同和同中之异"②。这也表明,在不同历史文化的国度里,对于辩证思维的理解有其共同性。

朱熹还认为,在读书解字的过程中,其推类方法的运用也需要"具体"的辩证思考。即推类方法的运用必须要遵循一些原则,不然就会"反失圣言平淡之真味,而徒为学者口耳之末习"。

> 圣贤之言平铺放着,自有无穷之味。于此从容潜玩,默识而心通焉,则学之根本于是乎立,而其用可得而推矣。患在立说贵于新奇,推类欲其广博,是以反失圣言平淡之真味,而徒为学者口耳之末习。③

这是朱熹在解释文字的过程中要求重视推类的有效性和真实性的统一。对于不精于章句而误用推类的做法,他极力反对,认为"得一字可推而前者,则极意推之,不问其至于何处与其可行不可行也"。亦即,

---

① 《朱子语类·卷三十》。
② 黑格尔:《小逻辑》,贺麟译,商务印书馆1981年版,第253页。
③ 《晦庵先生朱文公文集·卷二十五》。

在推类的过程中,要考虑到"具体"场景中的可行与不可行,不能够牵强附和,失去本义。

或如,朱熹批评张无垢在解释《中庸》时只顾运用推类等方法,而没有考虑推类方法运用中的"具体"场景因素,因此导致了解释上的偏差。

> 张云:顾者,察也。愚按上章以"求"为"察",固已无谓;此又以"顾"为"察",尤为牵合。大抵张氏之为是说,得一字可推而前者,则极意推之,不问其至于何处与其可行不可行也。篇内所谓"戒慎""恐惧",下章所谓"忠恕"、所谓"知仁勇"、所谓"发育峻极",皆此类也。①

为什么会有如此批评?因为张无垢在解释《中庸》的"所求乎子"时认为:"子事父,臣事君,弟事兄,朋友先施之皆曰求者,盖所以致其察也。"而朱熹却不这么认为,他批评张无垢说:"盖其驰心高妙,而于章句未及致详,故因此误为此说。"张无垢的做法是"得一字可推而前者,则极意推之,不问其至于何处与其可行不可行也",是将"察"字进行简单的无类比附,没有进行"具体"因素下的辩证思考。

具体地说,张无垢看见《中庸》篇中有"《诗》云'鸢飞戾天,鱼跃于渊',言上下察也""及其至也,察乎天地"之类的话,便以为《中庸》所述修身功夫全在"察"上,故其有"戒慎恐惧,则未萌之始已致其察;至于鸢飞鱼跃,而察乃在焉……上际下蟠,察无不在,所以如鸢飞鱼跃,察乃随飞跃而见焉"等说法,于是他紧紧抓住这一"察"字做无条件性的类比推衍,将篇中"求""顾"之类词语的意义也都推定为"察"。并且朱熹还认

---

① 《晦庵先生朱文公文集·卷七十二》。

为,张无垢解释的"戒慎""恐惧""忠恕""知仁勇""发育峻极"等语义说明,都存在上述的这种情况。

正因为有此批评,朱熹对二程"鸢飞鱼跃必有事"之言语的相关分析也进行了评价。二程认为"鸢飞鱼跃"是子思为人处世最重要的地方,它是"于事物中指出此理",从而使人看到此理活泼泼地显现;而"鸢飞鱼跃"同样也是孟子认为为人处世最重要的地方,但是孟子是"教人就己分上略绰提撕"。一个是"于事物之中",一个是"就己分上",文字类似,实际的意思却是不同,因此朱熹认为,"不可以其文字言语比类牵合,而使为一说也。凡若此类,更宜深思"①。朱熹还进一步评论说:"如今且平看,若更去说程子之说;却又是说上添说。子思言'鸢飞鱼跃',与孟子言'勿忘、勿助长',此两处皆是'吃紧为人'处。但语意各自别。后人因'吃紧为人'一句,却只管去求他同处,遂至牵合。"②"语意各自别"即指出不能仅仅"求他同处"而忽略了事物之间的不同,最终导致牵合附会的弊端。

由上观之,朱熹强调要在"通透"全面理解"类事理"基础上进行"比类",而不是简单地"类聚","向所示问目,看得路脉全未是,又多未晓此章之正意,而遽引他说以杂乎其间,展转相迷,彼此都晓不得,不济得事。且当依傍本文,逐句逐字解释文理,令其通透,见得古人说此话是此意了,更将来反复玩味,久之自有见处,不须如此比类也"③。亦即,朱熹认为"比类"的过程中,需要反复琢磨,反复玩味,而不能将"杂说"掺加其间,使得对事物的认识辗转迷离。这体现了朱熹在文字诠释过程

---

① 《晦庵先生朱文公文集·卷六十五》。
② 《朱子语类·卷四十》。
③ 《晦庵先生朱文公文集·卷五十八》。

中,对于比类方法的辩证运用。

4.对"譬喻"性质的辩证认识

朱熹名辩思想中的辩证思维还体现在朱熹对于"譬喻"性质的认知上。譬喻推论方法往往能够"突破既定思维范畴而建立新的逻辑联系,为我们提供新的认知角度与模式,并通过类比、投射向未知领域进行创造性的扩展,从而形成新的知识和理解"①。其运行原理"涉及目标情景与始源情景的比较。始源情景的各个方面与目标情景的各个方面(往往)系统地关联起来。这种关联是从始源物体集合到目标物体集合的函项。具体地说,这种关联是一种类比"②。自先秦诸子以来,朱熹也善于运用譬喻推论,其内容主要散落在《语类》各篇中。

或如,以水比性来说明人性之清、净、平。"性譬之水,本皆清也。以净器盛之,则清;以不净之器盛之,则臭;以污泥之器盛之,则浊。本然之清,未尝不在。"③其引征谕证的推类过程为:"性"如同水一样,本来是清澈的,用干净的容器盛水,水是清的;用不干净的容器盛水,水则是臭的;以有污泥的容器盛水,水是浑浊的。尽管用不同的容器盛水,但是水清之本性是没有改变的。人性亦是如此,处在不同的环境之中,"性"的表现不同,但是人性的本来面目并没有随之而变。

或如,以镜比心来诠释心之空净与抹去尘垢。"仁与心本是一物。被私欲一隔,心便违仁去,却为二物。若私欲既无,则心与仁便不相违,合成一物。心犹镜,仁犹镜之明。镜本来明,被尘垢一蔽,遂不明。若

---

① 张沛:《隐喻的生命》,北京大学出版社2004年版,第16页。
② 斯坦哈特:《隐喻的逻辑——可能世界中的类比》,黄华新、徐慈华等译,浙江大学出版社2009年版,第6页。
③ 《朱子语类·卷四》。

尘垢一去,则镜明矣。"①其引征谕证的推类过程为:"仁"亦如同"镜子"一样,镜子本来是明亮干净的,被尘土所遮蔽就显得不再明亮,但是镜子本身是明亮的。"仁"之德有时候也会被尘世间的种种事情所遮蔽,但是"仁"作为一种本来的面貌其实并没有改变。

或如,以宝珠比理来寓意理之不为物蔽。"理者,如一宝珠。在圣贤,则如置在清水中,其辉光自然发见;在愚不肖者,如置在浊水中,须是澄去泥沙,则光方可见。今人所以不见理,合澄去泥沙,此所以须要克治也。至如万物亦有此理。"②其引征谕证的推类过程即为:"理"如同宝珠一样,圣贤之人对"理"的把握就像将宝珠置于清水之中,光辉自然而然就会被看见,在愚钝不肖的人那里,"理"就像宝珠放在浑浊的水里,需要去除泥沙才能够见得其"理"。

虽然朱熹所用譬喻比比皆是,但朱熹也同样认识到了譬喻的局限性,"譬喻无十分亲切底"③。或如,对于孟子性善论以水之就下为喻说明人之性善,朱熹认为,"此段引譬喻亦丛杂。如说水流而就下了,又说从清浊处去,与就下不相续"。并且"若比来比去,也终有病"④,因此,譬喻推论方法的运用也需要遵循"类事理"相同意义下的"举相似"规则,否则就会陷入弊病。

要之,朱熹传统名辩思想中的传统辩证思维方式体现在上述的名义诠释、理学推类、譬喻论说等领域。同时,还体现在其易学推理方法中。

---

① 《朱子语类·卷三十一》。
② 《朱子语类·卷十七》。
③ 《朱子语类·卷七十四》。
④ 《朱子语类·卷九十五》。

## 三、"理不走作"——朱熹易学推类中的辩证思考

朱熹的辩证认识除了体现在上述的名义诠释、理学推类、譬喻论说等领域外,还体现在他的易学推理方法中。朱熹的易学推理方法也主要为推类。其中,朱熹易学推类方法中的传统辩证思维方式主要体现在他对于"《易》不可为典要"[①]的易学推理原则的解释中。

1. 推理规则的辩证运用

在《易》之推理规则的运用上,朱熹批评了扬雄在《太玄》中将《易》作为"典要"而不变的做法,认为这种做法是"死法"。"扬雄《太玄》,皆排定了第几爻便吉,第几爻便凶,此便是死法。"[②]而这与《周易》中的"《易》不可为典要"原则相背离,"《大传》说'上下无常,刚柔相易,不可为典要,唯变所适',便见得《易》人人可用,不是死法。虽道是二、五是中,却其间有位二、五而不吉者。有当位而吉,亦有当位而不吉者"[③]。意谓,在《周易》的思想当中,一般情况下二、五爻位居中,当位则吉,但是也有当位而不吉的现象。不仅如此,也会出现应而吉者与应而不吉者,阳居阳位而吉者与阳居阳位而凶者,阴居阴位而吉者与阴居阴位而凶者等,这些情况都需要变通适宜地权衡看待。

《易》不可为典要,《易》不是确定硬本子,扬雄《太玄》却是

---

① 《周易·系辞下传》:"《易》之为书也不可远,为道也屡迁,变动不居,周流六虚,上下无常,刚柔相易,不可为典要,唯变所适。"
② 《朱子语类·卷六十七》。
③ 《朱子语类·卷六十七》。

可为典要。他排定三百五十四赞当昼,三百五十四赞当夜,昼底吉,夜底凶,吉之中又自分轻重,凶之中又自分轻重。《易》却不然,有阳居阳爻而吉底,又有凶底;有阴居阴爻而吉底,又有凶底;有有应而吉底,有有应而凶底,是"不可为典要"之书也。是有那许多变,所以如此。①

此即朱熹反复批评扬雄的《太玄》。在《太玄》中,扬雄将《易》作为"典要",排定三百五十四赞为白昼,三百五十四赞为夜晚,白昼寓意吉,夜晚寓意凶,吉凶之间又有轻重之分。但《周易》不是这样,圣人之《易》是有所变通的,而扬雄则将其"相间排将"使其"毫发不可移",这是不可取的。因为,《易》本身就不是"说杀底物事","三说九卦,是圣人因上面说忧患,故发明此一项道理,不必深泥。如'《困》,德之辩',若说《蹇》《屯》亦可。盖偶然如此说。大抵《易》之书如云行水流,本无定相,确定说不得"②。在朱熹看来,《周易》如同行云流水一般,无有定相。为此他又进一步依据《既济》《未济》卦强调说:"《易》不是说杀底物事,只可轻轻地说。若是确定一爻吉一爻凶,便是扬子云《太玄》了,《易》不恁地。两卦各自说'濡尾''濡首',不必拘说。在此言首,在彼言尾,大概《既济》是那日中衙哺时候,盛了,只是向衰去。《未济》是五更初时,只是向明去。"③《既济》《未济》卦中的"濡尾""濡首"不必拘泥论说,首尾并非一成不变。按上概言朱熹的分析批判,易学推理过程中应当遵循《易》不可为典要"这一推理规则,因时而变。

---

① 《朱子语类·卷七十六》。
② 《朱子语类·卷七十六》。
③ 《朱子语类·卷七十三》。

朱熹还批评了程颐运用舜的例子来解《易》之《乾》卦的爻辞的做法。程颐在解释"九二,见龙在田,利见大人。九三,君子终日乾乾,夕惕若,厉,无咎。九四,或跃在渊,无咎"时,认为这是舜在不同时间的经历,即九二是"舜之佃渔时也",九三是"舜之玄德升闻时也",九四是"舜之历试时也"。但朱熹并不同意这种解释:

> 问:"程传大概将三百八十四爻做人说,恐通未尽否?"曰:"也是。则是不可装定做人说。看占得如何,有就事言者,有以时节言者,有以位言者。以吉凶言之则为事,以初终言之则为时,以高下言之则为位,随所值而看皆通。《系辞》云:'不可为典要,惟变所适。'岂可装定做人说!"[①]

朱熹在此认为,对于卦爻辞的解释不应"装定做人说",有时候是因时节而言,有时候是根据具体的事情而定,有时候则依据卦位而定,不可固化为定说,而是要随其所值而定。即占卦后如何推理,有时是以吉凶之事而言的,有时是以所处的初始与终结之时间而言的,有时则以卦爻位的高低而言。因此需要变通适宜地辩证取舍。

概之,这种"不可为典要"的推理原则,就是要求在易学推理中运用变通适宜的辩证思维方法。

2."理不走作"地对"类事理"辩证诠释

朱熹易学推类方法中的辩证思维,还体现在他运用不同的易学推理体例对"类事理"的诠释上。朱熹易学的主导推理方法是"推类"或"类推"。

---

① 《朱子语类·卷六十七》。

夫善观《易》者,必观夫刚柔之中而究其所以用,则六十四卦三百八十四爻之或得或失,或悔或吝,或吉或凶,可以类推矣。①

亦即,擅长《周易》的人,必须观察其中的阴阳刚柔变化而推究其所显现的功用,六十四卦三百八十四爻的得失、吉凶、悔吝,可以以类而推。推类的依据是事物之间相同或相似的"类事理",而获取"类事理"的方法可以有多种。为了确保推类的有效性,朱熹提出要在"理不走作"的前提下进行推类:

然沿流以观,却须先见象数的当下落,方说得理不走作。不然,事无证实,则虚理易差矣。②

朱熹强调不能依据"虚理"而推类,应当"理不走作"。至于如何才能够做到"理不走作",这就需要在获取"类事理"的过程中变通权衡,灵活取义了。

首先,朱熹重视卦象的作用。

在朱熹看来,"《易》之有象,其取之有所从,其推之有所用,非苟为神寓言也"③,亦即,《周易》中的卦象,其选取是有所依据的,依据卦象推理其功用,并非仅仅是神话寓言而已。但是朱熹认为"卦象"也有其不足之处,其中最为明显的就是朱熹认为卦象之间存在着不合或矛盾

---

① 《晦庵先生朱文公文集·卷九十五》。
② 《晦庵先生朱文公文集·卷五十六》。
③ 《晦庵先生朱文公文集·卷六十七》。

之处：

> 《易》之象理会不得。如"《乾》为马"，而《乾》之卦却专说龙。如此之类，皆不通。①
>
> 取象底是不可晓处也多。如《乾》之六爻，象皆说龙；至说到《乾》，却不为龙。龙却是变化不测底物，须着用龙当之。如"夫征不复""妇孕不育"，此卦是取"《离》为大腹"之象。本卦虽无《离》卦，却是伏得这卦。②

这表明，有时候《易》之取象本身存在不通之处。或如，《乾》可以为"马"，而《乾》卦的卦爻辞却说《乾》为"龙"。这种取象的方法其"不可晓处"很多，"广八卦之象，其间多有不可晓者，求之于经亦不尽合也"③。亦即，广义上八卦的取象往往与《易经》中的论述不完全一致。

不仅如此，朱熹认为，即使是相同的"卦象"也可能具有不同的涵义。或如：

> 问：《屯》《需》二象，皆阴阳未和洽成雨之象。然《屯》言"君子以经纶"，《需》乃言"饮食宴乐"，何也？曰：《需》是缓意，在他无所致力，只得饮食宴乐。《屯》是物之始生，象草木初出地之状，其初出时，欲破地面而出，不无龃龉艰难，故当为经纶，其义所以不同也。④

---

① 《朱子语类·卷六十六》。
② 《朱子语类·卷六十六》。
③ 《周易说卦传第八》。
④ 《朱子语类·卷七十》。

按此而言,《屯》卦(上坎下震,☳)与《需》卦(上坎下乾,☰),从卦象上看,都有阴阳未和洽成雨之象,但是《屯》卦《大象》说"君子以经纶",即君子努力经纶天下大事;《需》卦《大象》说"君子以饮食宴乐",即君子需要待其时饮用食物,举宴作乐。两者不同的原因为何?朱熹解释说,"需"是缓慢之意,因此在《需》卦之时,无法用力,只能饮食宴乐;"屯"是事物开始生长,好像草木开始破土而出一样,尽管很艰难,但可以经纶天下大事。《需》卦与《屯》卦的意义是不同的。在这里,朱熹强调了取象要清楚其中的真正意涵,卦象有时候表面上相同,实际却不同,取象不能无所依据。

为此,朱熹还批评了滥用卦象的现象。或如,朱熹以郑东卿说《易》为例。郑东卿认为《中孚》卦(☰)有"卵"之象,《小过》卦(☳)有"飞鸟"之象。朱熹理解郑东卿持上述观点的原因是"孚"字从"爪"从"子",好像鸟以爪抱卵一样,并且从《中孚》卦的卦象上看,四阳居外,二阴居内,外实内虚,因此有卵之象。郑东卿所说的《鼎》卦(☰)像鼎之形,《革》卦(☰)像风炉,也是同《中孚》与《小过》卦取象方法一样。但是朱熹指出:

> 但《易》一书尽欲如此牵合附会,少间便疏脱。学者须是先理会得正当道理了,然后于此等些小零碎处收拾以相资益,不为无补。若未得正路脉,先去理会这样处,便疏略。①

亦即,如果《易》一书当中都是这样固化取象,便会牵合附会,脱离了圣人本义。因此,朱熹强调要先理会事物的正当道理,然后再采取一

---

① 《朱子语类·卷六十六》。

些"逸象"解易的方法,如此才是正道。

针对这种取象杂乱的情况,朱熹还举例予以讽刺。程迥将《井》卦(☵)中"井谷射鲋"一句中的"鲋"解释为"虾蟆",认为《井》卦有虾蟆之象,并且还进一步叙述,"上,前两足;五,头也;四,眼也;三与二,身也;初,后两足也"。朱熹对此批评道:"其穿凿一至于此!某尝谓之曰:'审如此,则此卦当为虾蟆卦方可,如何却谓之《井》卦!'"①这种对程迥将《井》卦牵强附会为"虾蟆"卦的批评颇有些嘲讽之意。

其次,除了卦象,朱熹还提出要运用"卦德"来解释"类事理"。

在朱熹那里,"卦德"也就是"卦之情",指每一卦所代表或具有的性能、性情、特点等。或如,《乾》卦(☰)即如此。"'八卦之性情'谓之'性'者,言其性如此;又谓之'情'者,言其发用处亦如此。如《乾》之健,本性如此,用时亦如此。"②对此,朱熹还例举了《蒙》卦(☶)予以说明:

"山下有险"是卦象,"险而止"是卦德。《蒙》有二意,"险而止",险在内,止在外,自家这里先自不安稳了,外面更去不得,便是蒙昧之象。若"见险而能止"则为蹇,却是险在外,自家这里见得去不得,所以不去,故曰"知矣哉"。尝说八卦著这几个字,形容最好。看如"险止""健顺""丽人""说动"都包括得尽,唤做"卦之情"。③

亦即,《蒙》卦上艮下坎是其卦象,艮为山为止,坎为水为险,由此而

---

① 《朱子语类·卷六十六》。
② 《朱子语类·卷六十六》。
③ 《朱子语类·卷七十》。

言的"险而止"是指《蒙》卦内卦为坎为险，外卦为山为止，由内而外则为险而止。这里的"险""止"以及《乾》卦中的"健"，《坤》卦中的"顺"等，都是从卦德而言的。

除了对《乾》卦、《坤》卦、《蒙》卦的卦德解释外，在《周易本义》中，朱熹对《大畜》卦、《睽》卦、《需》卦、《讼》卦、《解》卦、《丰》卦等，也都是从卦德的角度进行了"类事理"解释。

概言之，朱熹为了确保推类的有效进行，继承了程颐"知几能权"的辩证方法，在诠释事物"类事理"的过程中，强调基于卦象、卦德等不同的易学取义方法，灵活适宜地因时而定，这是朱熹易学逻辑推理过程中的辩证思维运用。

3. 对"推类"过程及结论的辩证思考

除了上述对于推类前提准备的"类事理"的把握需要辩证的思考权衡，对于推类的过程及结果，朱熹认为也存在着辩证的因素。

从推理的结果来看，易学推类的结果有时还受到伦理道德因素的影响，因此朱熹认为，在推理的过程中也要注意辩证权衡。为此他列举了一个事例。"黄裳元吉"出自《坤》卦，"六五，黄裳元吉"。"黄"代表大地的本色，为中色；"裳"为下衣，"元吉"为吉祥。"黄裳元吉"即是说，穿不显眼的黄色下衣吉祥。又按《左传·昭公十二年》记载，鲁国南蒯准备叛乱，占得《坤》之《比》卦，按照朱熹一般的解卦方法，"一爻变，则以本卦变爻辞占"[①]，应当用《坤》卦六五爻爻辞即"黄裳元吉"，由此以为大吉。但是朱熹在此又指出，推类的结果也会受到伦理道德因素的影响，有时候占得"吉"，如果卜筮者没有德行，所占得之"吉"就有可能是"凶"；有时候占得"凶"，但是卜筮者德行俱佳，由此也可以逢凶化吉。

---

① 《易学启蒙·考变占第四》。

吉凶是相对的,应该灵活地看待取舍。按此,我们在进行易学推理的时候,也要考虑到其他相关因素的影响,应当灵活变通地辩证取舍。

从推理的过程来看,朱熹认为在易学推理过程中要"变例推明",灵活地运用"活法":

> "需于泥,灾在外也。自我致寇,敬慎不败也。"孔子虽说推明义理,这般所在,又变例推明占筮之意。"需于泥,灾在外",占得此象,虽若不吉,然能敬慎则不败,又能坚忍以需待,处之得其道,所以不凶。或失其刚健之德,又无坚忍之志,则不能不败矣。①

这里所谓的"变例",就是指易学推理体例有多种,需要根据具体的实际情况而权衡选择。或如,当卦爻辞与所求之事并不"相应"时,应当如何处理?"今且以占辞论之,如人占婚姻,却占得一病辞,如何用?"②朱熹认为,当"爻卦与事不相应,则推不去"时,应当灵活地运用"活法":

> 说卦中说许多卜筮,今人说《易》,却要扫去卜筮,如何理会得《易》?每恨不得古人活法,只说得个半死半活底。若更得他那个活法,却须更看得高妙在。古人必自有活法,且如筮得之卦爻,却与所占底事不相应时如何?他到这里,又须别有个活底例子括将去,不只恁死杀着。③

---

① 《朱子语类·卷六十六》。
② 《朱子语类·卷六十六》。
③ 《朱子语类·卷六十六》。

这里所谓的"活法",就是"于此须有变通","'某所恨者,不深晓古人卜筮之法,故今说处多是想象古人如此。若更晓得,须更有奥义可推。'或曰:'布蓍求卦,即其法也。'曰:'爻卦与事不相应,则推不去,古人于此须有变通'"①。

基于上述这些案例的分析评价,朱熹所强调的就是,在易学推理的过程中,要根据具体的情况灵活变通,不能死板。朱熹在这里所突出的"变通",就是他对"推类"过程及结论的辩证思考。

4. 对"卦名"的辩证认识

除了上述之外,朱熹易学中的辩证思维同样体现在他对卦名的认识中。

朱熹认为,六十四卦也有不同的取名方式:

> 所以名卦之例非一端,有兼取二义二象者,有专取二义者,有专取二象者,有兼取二象与人情者,有专取人情者,有兼取二象与阴阳之位者,有取爻画之多寡者,有取爻画兼二象者,有取变卦者,有取爻画之形与二义者,有不可晓者。②

"名卦之例非一端","二义"即是内卦与外卦两卦的卦义,"二象"则是内卦与外卦两卦的卦象。在朱熹看来,卦的命名有时候是按照内外两卦的卦义而定,有的时候是以内外两卦的卦象为依据。亦即,六十四卦的命名与卦象、卦义、人情、卦位、爻画、变卦等因素有关,需要根据每一卦的具体情况来定,不可绝对化地一概而论。

---

① 《朱子语类·卷六十六》。
② 《晦庵先生朱文公文集·卷五十九》。

在《周易本义》中，朱熹还提出了"以二体释卦名义""以卦德释卦名义""以卦体释卦名义""以卦体、卦变、卦德释卦名义"等等，也体现出在诠释卦名的过程中应当辩证地诠释，不能拘为定说。

概之，朱熹易学推理中的辩证思维主要体现在"《易》不可为典要"的原则阐释中，体现在据象而推或据辞而推的"类事理"的获取中，体现在"推类旁通，各随其事"的易学推理过程与结果中。易学推理方法中辩证思维的运用为朱熹易学推理的有效进行提供了有益的保障，成为朱熹易学推类过程中极其重要的一环。

## 四、"求同究异"——朱熹政治思想论证方法中的辩证思考

"推类"是一种以事物之间的同异比较为基础，以事物的"类属性"或"类事理"之间的相似或相同为依据而实现的由此及彼的推理方法。这种方法与中国古代的政治思想有紧密的联系。从逻辑史的角度看，"中国古代政治思想形成和发展的逻辑思路是循天顺人、家国同类。中国古代政治在'家国同构与伦理政治'的形成、'天地自然与政治秩序'的设定、'天人关系与政治标准'的建立、'内圣外王与治国策略'的推演等方面，都具有明显的'推类'特征"[①]。中国古代思想家普遍认为，人类社会的政治生活与天道之间存在着某种逻辑联系，并试图通过推类方法对伦理道德和等级秩序的合理性进行论证，即可以"推天道以明人事"。

1. 历史的传统

先秦思想家在解释"天道"与"人事"的关系时，有时会运用比附方

---

① 杨蕾：《中国逻辑与中国古代政治思想》，南开大学博士学位论文，2005年。

式追求天人之间的逻辑"类同"关系。或如《礼记·月令》记载："凡举大事,毋逆大数,必顺其时,慎因其类。"所谓的"必顺其时"是指顺从四季的变化;"慎因其类"是说,万物以类分,自然现象与社会现象有类同之处,比如庆赏与阳气同类,刑罚与阴气同类。春夏属阳,秋冬属阴,所以春夏用庆赏,秋冬用刑罚。诸如此类,比附极多。① 如果不按照这种"类同"的关系进行活动,就会造成困境。"孟春行夏令,则风雨不时,草木早槁,国乃有恐。行秋令,则民大疫,疾风暴雨数至,藜莠蓬蒿并兴。行冬令,则水潦为败,霜雪大挚,首种不入。"②

汉儒一般也采用比附的论证方法,认为"天人同类",故而可根据天变来推论人间灾异。典型的就是董仲舒的"天人感应"学说,它是以"类"思维为核心的理论学说,"以类合之,天人一也"③。在他看来,天与人是同类的。

董仲舒还提出了"人副天数"的理论,这种理论带有某种神秘色彩和原始天神崇拜的痕迹,逻辑简单,论证粗疏。而后期的阴阳灾异说则运用阴阳、五行和八卦等理论来推论自然变化以及人事吉凶,具有强烈的命定论色彩。随后,谶纬神学所采用的也是"类"思维的延伸,但是这种类思维对于"类同"的认知更加神秘,难以言传。

这些根据天变而推论灾异的论证方式后来遭到了许多人的反对,比如东汉王充强调"方比物类"必须要"引物事以效其言行",不能够"独思而无据,不睹兆象,不见类验"④,否则就会导致"饰貌似强类"的错误。

---

① 参见刘泽华、葛荃主编:《中国古代政治思想史》(第2版),南开大学出版社2001年版,第170—171页。
② 《吕氏春秋·孟春纪》。
③ 《春秋繁露·阴阳义》。
④ 《论衡·实知》。

北宋王安石对于阴阳灾异学说也进行了质疑,认为人们要尊重天。但是他否定了天对于人类社会的政治生活会做出回应,"不蔽不惠、不固不怠者,亦以天变为己惧,不曰天之有某变,必以我为某事而至也,亦以天下之正理考吾之失而已矣"①。

对于中国古代传统逻辑思想中推类方法的有效性问题,由于"逻辑思维怎样能起到认识客观世界、获得正确知识的作用,最关键的一环也在于抓住类的联系"②,因此,这种论证方法的合理与否取决于人们对于事物之间"类同"关系的认知。有学者认为,先秦两汉时期之所以没能很好地运用推类方法来论证政治思想的合理性,其根本原因在于没有在"天道"与"人道"之间建立起真正的逻辑关系,即没有找到天人之间真正的"同"与"异",而之所以不能够建立起真正的逻辑关系,主要是"由于形而上学修养的相对不足,人们常常把必然意义的天与作为物质实体的天混同起来,于是,对于天道与人道的关系便有了种种不同的理解"③。如孟子、董仲舒把天看作具有与人类相同道德情感和意志的存在物,尤其是董仲舒更是把天解释为有着与人类相同意识和知觉的存在物,甚至用简单比附的方式解释天道与人道关系,但"从神秘主义方面追求天人之间的统一性,不可能得出合理的结论,只能引导人们走向迷信和愚昧"④。随着人类认识水平的不断提升,人们对于这种以意象的相似为依据而进行推类的方法的合理性产生了怀疑,迫切需要寻找

---

① 王安石,唐武标校:《王文公文集》,上海人民出版社1974年版,第293页。
② 温公颐:《先秦逻辑史》,上海人民出版社1983年版,第92页。
③ 孙晓春主编:《中国政治思想通史》(宋元卷),中国人民大学出版社2014年版,第206页。
④ 刘泽华、葛荃主编:《中国古代政治思想史》(第2版),南开大学出版社2001年版,第14—15页。

一种新的论证方式或者对于传统的推类方法进行进一步的深化。宋代理学家同样需要证明现实政治制度的合理性,但是他们不能够重复先秦两汉时期儒家比附的论证方法,而是需要博采众长,采取更加严谨的论证方式。

2.传统的延续

以朱熹为代表的理学家在论证"天道"与"人道"的关系时,延续了历史的传统,同样运用了推类的论证方法。

首先,理学家试图证明"天道"与"人道"的统一性。

理学家对"天道"与"人道"之间逻辑"类同"关系的寻找,既不像以往的天人相分论者那样,简单地把天理解为自然,把天与人看作互无关涉的存在,也不像汉代的今文经学那样,用"天人相与"或者"天人感应"的方式来说明天人之间的统一性,他们抛弃了思孟学派以及汉代今文经学的有神性的天,而致力于对"天"的本体论证明。这种论证其政治思想合理性的方法,无疑是吸收了儒家《易传》传统的形而上思维、《中庸》的一些思想、道家形而上的思维、佛家理事论思想等等,试图在形而上的层面上把握"同"。而这种形而上的"同"就是"道"同或者"理"同。这种认识明显超越了形而下的"同",这是宋代名辩思想在灵活寻找新的"类同"过程中运用辩证思维的结果。

其次,理学家试图证明"天理"先天存在的必然性。

理学家们证明了"天理"是绝对的,这种规律是先天存在的,先于世间万物而存在,不因事物的变迁而变化,不因意志的变化而转移,是一种客观的存在,是必然的。或如朱熹在论证"理"的绝对性与普遍性时,就认为理是先于万事万物而存在的。"未有天地之先,毕竟也只是理。有此理,便有此天地;若无此理,便亦无天地,无人无物,都无该载了!

有理,便有气流行,发育万物。"①并且还认为,理在气先,有理而后有气,"要之,也先有理。只不可说今日有是理,明日却有是气。也须有先后"②。这是因为,"理与气本无先后可言。但推上去时,却如理在先,气在后相似"③。由于天理先于事物而存在,"有是理,方有这物事。如草木有个种子,方生出草木"④;将其引申至人类社会领域也一样,"未有君臣,已先有君臣之理,未有父子,已先有父子之理"⑤。由是,天理也就自然是先天存在的了,这也就为推类论证找到了一个预设的大前提。

再次,由于"天道"与"人道"是统一的,由此大前提可以进行推类论证。

也就是说,"天道"与"人道"在形而上层面上是"类同"的,我们可以由此及彼进行推类,故而"天道"的属性同样可以适用于"人道"。亦即,天道的"理"是绝对的、必然的、普遍的,人道与天道"类同",因此也就有了这种属性,天理是宇宙间的绝对真理,"故推至四海而准"。同样,人伦道德在确定的历史文化中也具有绝对的真理性,人伦道德因此具有了不为人的意志所左右,亦非人力所能干预的绝对权威和永恒性质,它的合理性不容置疑。这就为封建等级秩序的合法性寻找到了更加稳妥有效的形而上的理论依据和推导途径。

或如,朱熹认为:

---

① 《朱子语类·卷一》。
② 《朱子语类·卷一》。
③ 《朱子语类·卷一》。
④ 《朱子语类·卷十三》。
⑤ 《朱子语类·卷九十五》。

孝悌忠信仁义礼智，皆理也。①

不为圣贤而有余，不为愚不肖而不足。②

亦即，"理"是亘古至今常在不灭之物，"虽千五百年被人作坏，终殄灭他不得"③。至此，理学家为现实生活中的伦理道德寻找到了形而上的理论依据，为政治伦理的合理性进行了论证方式上的"逻辑有效"的辩护。因此，李泽厚才评价说："朱熹庞大体系的根本核心在于建立这样一个观念公式：'应当'（人世伦常）＝必然（宇宙规律）。朱熹包罗万象的'理'世界是为这个公式而设：万事万物之所以然（'必然'）当即人们所必须（'应当'）崇奉、遵循、服从的规律、法则、秩序，即'天理'是也。尽管与万物同存，'理'在逻辑上先于、高于、超越于万事万物的现象世界，是它构成了万事万物的本体存在。"④

### 3. 对传统的辩证超越

从问题历史化、问题情景化的角度来看，宋代理学家的论证方式已经明显超越了先秦两汉时期儒家关于政治合理性的论证方法。先秦两汉时期，现实的政治伦理社会使得诸思想家更关注现实社会的政治伦理问题，尽管出现了老子这样的重视形而上思维的思想家，但是道家的形而上思维最终强调的是"无为"，这与儒家所倡导的思想有悖，人们对于事物同异的认识更多的是在形而下的层面，缺乏思辨的因素。而宋代理学家重视《周易·系辞上传》的"形而上者谓之道，形而下者谓之

---

① 《朱子语类·卷四》。
② 《朱子语类·卷十四》。
③ 《晦庵先生朱文公文集·卷三十六》。
④ 李泽厚：《中国古代思想史论》，生活·读书·新知三联书店 2008 年版，第 244 页。

器"的思想,使得形上与形下"具有了重要的方法论的意义"①。理学家们从"本体论"的层面论证了"天道"与"人道"之间的逻辑关系,并试图通过"天道"与"人道"之间的统一性,由天道的绝对权威类推人道的至高无上性,从而论证其政治制度的合理性。"按照宋代理学家的逻辑,天人之所以是统一的,并不是由于人生于自然这一简单的事实,也不是因为天具有人的灵性并且可以与人相互感应,而是因为天与人有着共同的原因。这样,人们对于必然之天的把握无须求助于天有四时、人有四体之类的简单比附,也无须把天神化,而只能依赖于人们在自己的思维过程中对于作为世界的终极原因的天理的理解和把握。"②理学家的这种论证逻辑,成为中国政治思想史上的又一大特色。从逻辑求善的功能来看,这种论证方法无疑起到了巨大的作用,"这种逻辑思维惯常在思维的起始建立一个参照点,并认定事物与这一参照点之间有相通、相类的关系,进而径直相与比照和推演。只要起始的参照点被认为具有权威性与合理性,那么事物间的逻辑关系不容置疑,论证就可以成立"③。

但是,反思宋代理学家的论证方法,这种本体论层面上所进行的推类,其依据,从本质上说,依然是"类事理"意义框架下的相关,并没有明确的内涵本质规定性,所以在这一论证的过程中,其"真"的有效性并不那么明显。尽管以朱熹为代表的理学家运用辩证思考后的推类方法来论证其政治思想的合理性,但是这一论证方式仍然值得反思:天道与人

---

① 蒙培元:《理学范畴系统》,人民出版社1989年版,第139页。
② 孙晓春主编:《中国政治思想通史》(宋元卷),中国人民大学出版社2014年版,第17页。
③ 葛荃:《逻辑与政治思想——推类逻辑与中国传统政治思维》,《中州学刊》,2003第2期。

道在形而上层面的统一性是否真的存在？详言之，尽管宋代理学家从形而上的层面来论证"天道"与"人道"的统一性，认为"天道"与"人道"有着共同的形成原因，但是"天道"与"人道"之间的统一性毕竟只存在一种"类事理"意义框架下的相关性，而相关的不一定就是必然的，"要在一个推理理论中去反映、刻画这种相关性，所遇到的困难：首先是难以严格和确切地说清楚究竟什么是推理所涉及的'意义'和'内容'"[1]。从逻辑求真的角度来看，宋代理学家的论证似乎仍然是一种"丐辞"。胡适说："在论理学上，往往有人把尚待证明的结论预先包含在前提中，只要你承认了那前提，你自然不能不承认那结论了，这种论证叫作丐辞。"[2]按这些分析评价，宋代理学家们在有关"天道"与"人道"的论证过程中，首先论证了二者之间具有着统一性，并且认为，"理"是绝对的存在。尽管这种论证过程中有着传统辩证思维的因素，在方法论意义上比先秦两汉时期的相关性论证更加严密合理，但是这种论证后的结论是否是真的，尚难以完全确定。因此，这种论证方法，把人们对于推理求真的欲望转移到了关于绝对权威的认同上，从而进一步消解了人们对于"天道"与"人道"之间统一的合理性思考，使得推类论证成为了维护封建统治的思维方法。

---

[1] 陈波：《逻辑哲学导论》，中国人民大学出版社2000年版，第94页。
[2] 转引自罗根泽：《古史辨》（第6册），开明书店1938年版，第388页。

# 第八章　传统辩证思维方式的延续
## ——明清时期

明末清初,传统名辩学复兴,诸思想家对于名辩思想的分析评价,散见在他们对于先秦诸子及宋儒的批注中。其在一定程度上延续着传统的"权正"辩证思维的思想与方法。

## 第一节　穷理行权——方以智的辩证思维方式

方以智(公元 1611—1671 年),字密之,安徽桐城人,明末清初哲学家,在自然科学及哲学领域造诣颇深。其著作有《通雅》《物理小识》《东西均》《药地炮庄》《易余》等。其中《通雅》《物理小识》是两部关于古代自然科学和社会、语言方面的著作,其名辩思想的运用主要体现在这两本著作之中。

### 一、"称物当名"——方以智的名辩思想及其辩证思考

方以智的名辩思想主要围绕名实关系、正名、推理等展开。其名辩思想中的辩证思维运用也主要围绕"名"与"推"而展开。

## 1. "名实相符"的名实观

在"名"与"实"的关系上,方以智主张"名"必须要符合"实",名与实如形与影:

> 有实即有名,犹有形即有影。天地既分,物物而名之,事事而名之。称其名使知其实,因有名实;名实当、不当,因有是非;是非相乱,因有虚名。①
>
> 名实既如形影,因有颠倒名实以窃遁者。其为动持也,发机也,又孰若系马而止者耶?芳草歇时难怪鸩,良苗荒尽枉迎猫。②

在方以智看来,有"实"就有"名",天地产生万物,万物称名,通过事物之"名"可以知晓其"实",而名实关系的"当"与"不当"则产生了是非问题,是非混淆即为名实不符而徒有虚名造成的。基于此,"实"必须要用"名"来指称,名实不能颠倒。由此他在《药地炮庄·秋水篇评》中批评了先秦时期的名家公孙龙,认为公孙龙的"离坚白"实际上是"翻名实以困人"。亦即,在公孙龙那里,石头的坚硬与白色相互分离,颠倒了名实之间的关系。故而方以智继续评论道:

> 公孙龙谈臧三耳屈孔子高。……韩婴曰:辩有三至五胜。别殊类,使不相害;序异端,使不相悖;输公通意,扬其所谓,使人预知焉,不务相迷,故辩可观也。繁文以相假,饰辞以相悖,

---

① 《东西均·名教》。
② 《药地炮庄·天道》。

数譬以相移,外人之身,使不得反其意则论便,然后害生也。夫不疏其指而弗知,谓之隐;外意外身谓之讳,几廉倚跌谓之移,指缘谬辞谓之苟,君子不为也。《诗》曰:无易由言,无曰苟矣。①

概言之,方以智是借助他人对公孙龙的评判,来表达言语应当"无所苟"的思想,体现在名实关系上就是要"辨名当物""称物当名""一核名实"。为此,方以智在《通雅》中提到:"函雅故,通古今,此鼓箧之必有事也。不安其艺,不能乐业;不通古今,何以协艺相传,讵曰训诂小学可弁髦乎?理其理,事其事,时其时,开而辩名当物;未有离乎声音文字,而可举以正告者也。《尔雅》之始于释诂而统当名物也。"②并且他认为《通雅》一书的主旨在于"辨当名物":"辨证以经史为本,旁及诸子百家,志书小说,难可尽信。然引以相参,自可证发,……此书主于辨当名物,征引以证其义。"③在"辨名当物""称物当名""一核名实"的过程中,方以智记载了大量的"同名异实"与"同实异名"的现象,这就需要具体把握的辩证思考。

或如,关于"同实而异名"。方以智说:"嬰姥诸称,皆母之转语也。齐人呼母为嬰,李贺称母阿弥。江南曰阿妈,或作姥,或呼为妳,因作奶。江南呼母曰阿姐,皆母字之转也。"④不同的地方对于同一对象的称谓不同,"嬰""阿弥""阿妈""姥""妳""奶""阿姐"等实际是"同实而异名""皆母之转语"。

---

① 《药地炮庄·天下篇评》。
② 《通雅·自序》。
③ 《通雅·凡例》。
④ 《通雅·姓名》。

此外,方以智对"同时及异代同姓名"①的情况也进行了考据。

或如,"有各本异载而实同者。伏牺一作虙羲,庖牺、包牺、炮羲、伏戏。《律历志》作炮羲,帝王世记作包牺,庄子:'伏戏得之以袭气母。'罗泌云:'名苍牙'"②。这是以例诠释"异载而实同"的现象,"虙羲""庖牺""包牺""炮羲""伏戏"等是"异载而实同",实际上即是"同实而异名"。

按此而言,方以智在"辨名当物"的过程中所提及的"同实而异名"或"同名而异实"等诸种情况,均体现了他在名实关系处理中如何具体地辩证思考。

2."随时变更"的正名观

在"正名"过程中,同样会遇到"名"在历史流变中的意义变迁,"名逐物而迁,言因理而变,此犹声发响应,形存影附,不得相与为二。苟其不二,则言无不尽矣"③。方以智也认识到了这一点。或如:"草木鸟兽之名,最难考究。盖各方各代,随时变更。东璧穷一生之力,已正唐宋舛误十之五六,而犹有误者,须足迹遍天下,通晓方言,方能核之。尔雅诗注,汉晋即多谬缺,存中、渔仲、元晦、伯厚、升庵、元美诸公,皆不能定古人之名物,而可责人乎!"④亦即,在考究"草木鸟兽之名"时,因"各方各代,随时变更",称谓也要随着时间而变化。李时珍曾穷尽一生的精力去纠正唐宋之际名物上的错误,尽管如此,还是有错误的存在,只有足迹遍布天下,通晓不同地方的方言,才能够核对纠正其中的错误之处。尔雅诗的注疏中,汉晋时期已经多有谬误缺点,学者皆不能穷究事

---

① 《通雅·姓名》。
② 《通雅·姓名》。
③ 欧阳询著,汪绍楹校:《艺文类聚》,上海古籍出版社1999年版,第348页。
④ 《通雅·凡例》。

物之名。

正是由于"汉代以后名多事起,称谓混淆",所以必须要正名以示区别,而在变动不居的情况下,"正名"需要全面把握、辩证思考。

> 书不必尽信,贵明其理。或以考事,或以辨名当物,或以验声音称谓之时变,则秦汉以来之所造所附,亦古今之征也。①

意谓,书籍中所记载的名称事物不必全部相信,可贵之处即在于明理,考究其所载之事,辨别其中事物的名称,校验其中所载有的声音等等,会因时而变。换言之,不同时代对于同一事物的称名是不一样的,需要我们运用全面把握的辩证思考对其进行考究,而不能固守旧名,要做到"称物当名"②。

3."推其常变"的方法论

在正名的过程中,方以智还运用了"推理"的名辩方法:

> 炎黄之所言,《山海》之所称,岂无附会?要当存证以推其理,不必拘拘其名与事也。③
>
> 吾以实事征实理,以后理征前理,有不爽然信者乎?④
>
> 通观天地,天地一物也。推而至于不可知,转以可知者摄之,以费知隐,重元一实,是物物神神之深几也。寂感之蕴,深

---

① 《通雅·音义杂论》。
② 《通雅·诗说》。
③ 《物理小识》。
④ 《东西均·扩信》。

究其所自来,是曰通几。物有其故,实考究之,大而元会,小而草木蠡蠕,类其性情,征其好恶,推其常变,是曰质测。质测即藏通几者也。①

这里所谓的"实事征实理""后理征前理",指在一定事实和原理的前提下,进行逻辑推演和论证的功夫。在方以智看来,"推理"包括"类其性情""征其好恶""推其常变"三个阶段。② "类其性情"是将纷繁的事物归类排比,找出"物性相通"点;"征其好恶"是将通过类比得出的结论再从好、坏两个方面加以比照验证;最后"推其常变"是再推论一下其结论在正常条件下及反常条件下的适应程度。方以智认为,只有经过这三步,推理才能"征其确然",准确地把握"物之故","推而至于不可知,转以可知者摄之"。亦即,推演出"至理"(不可知)以后,再回过头来把它运用于解释事物(可知者)。

方以智自己就经常"以理推之",以解决无法实测的问题。或如,他根据"地是球形"这个理论,推出"有日光不没之国"和"有日少夜多之国",而这在当时条件下是根本不可能实测的。"密缀所言五星行最高以定占。或曰:万国岂同此岁乎?曰:万国各就其国测之,则各国有各国之最高,犹之日出自辽东,至甘肃则差四刻。欧罗于中国则日出差七时有余矣。南方居赤道下者极热,太阳南陆北陆一交,其国一岁,两度春秋。《隋志》云:北有煮羊脾而天明者。今推之,由煮羊脾之国再转,则有日光不没之国。智按:《周髀》言之矣,两极之下,半年昼,半年夜。

---

① 《物理小识》。
② 参见蒋国保:《方以智哲学思想研究》,安徽人民出版社1987年版,第143—144页。

细推之,惟夏三月明,冬三月暗,春秋如黄昏。"①

当然,方以智在"以理推之"的过程中也认识到了推理的有效性问题,为此提出了"推其常变"的方法论。所谓的"变"就是指在推理论证的过程中,应当进行权变,这是其考据学名辩推理思想中如何变通以适宜的辩证思考的集中体现。

## 二、"费隐适当"——方氏易学思想及其辩证思考

墨子的"三表法"是先秦逻辑思想中的重要内容,"何谓三表?子墨子言曰:有本之者,有原之者,有用之者。于何本之?上本之古者圣王之事。于何原之?下原察百姓耳目之实。于何用之?废(发)以为刑政,观其中国家百姓人民之利。此所谓言有三表也"②。三表法实际上是通过知觉、效用、经验三种方式,树立了一种评判是非正误的标准,即思想认识规范的真实性要跟历史上已有的肯定的经验一致,跟众人耳目感觉的真实知觉一致,跟实际运用所取得的效果一致。墨子三表法的提出,有其积极的意义,它力求为人们辨别是非的思维活动提供一个衡量尺度,从而规范人们以此明辨是非。"三表法"强调了先秦名辩思潮中的"法则"作用,这种"法则"观念也体现在易学思想中,比如,《易传·系辞上传》中记载"河出图,洛出书,圣人则之",从推理的角度看,"则"的实质就是以河图、洛书为前提标准从而推出先天八卦、后天八卦等其余图式。方氏(方大镇、方孔炤、方以智)易学思想也继承了这种"法则"观念,并继续发扬了这种观念的作用及意义。

---

① 《物理小识》。
② 《墨子·非命上》。

1."表法"的作用

方氏(方大镇、方孔炤、方以智)易学思想将"表法"作为明确的概念提出。比如方孔炤于《周易时论合编·凡例》中说:"自在西库,与石斋公论易表法,邵子举概而已,细差殊未合也。故衍二十四图,易历相追,今十余年,究之本无追不合者。"方以智在《周易时论合编》中还编有《图象几表》八卷,附于此书前面,体现了其对"表法"的重视。

> 圣人明见以易立准,如数一二,无处非表法也。道在法中,以费知隐,序列其初分之定盘。①
>
> 圣人随处表法,因形知影,而隐用于费,知体在用中乎!知至体大用在质体质用中乎!则不落而并不落其不落矣。②

方氏易学思想中所谓的"表法",其实是指通过"象""数"之"费",来推究其"隐"之"理",并以"理"作为准则,指导人们的行为。故而方氏认为:"易合理象数为费隐一贯之书,善全民用,适中于时。神也,准也,变也,度也,皆因二贞一之几,随物征验者也。诸子百家岂能逃此恒易简知险阻之范围哉!"③即象、数、理三者"费隐一贯",由此可以"依象而得表法"。

方氏认为,《易》为"观象之学",可以"依象而得表法"。"盖依象而得表法,即可知尽人还天之用,与天人必用之用矣。天道自顺,人道贵逆。然天道自有顺逆逆顺之几,人道亦有顺逆逆顺之几。两语序其交

---

① 《周易时论合编·卷十》。
② 《周易时论合编·图象几表一》。
③ 《周易时论合编·卷十二》。

错之用,而末语断之曰易逆数也,贵人用也,贵致知也,贵先几也。"①或如,在解释《说卦》中乾为马、天、圆、父等取象时,方氏认为,"两间无非易也,无非物也,为之云者,不硋乎以此为彼,则格通之,而因彼即此矣,即无彼此矣。无彼此而随其彼彼此此,此易之道也"②。所谓的"无彼此"即乾类中的卦象可以彼此相通,这是乾卦之卦德,也称为"公性";而物象之间又是有所差别的,因此是"彼彼此此",指个别的物象,也称为"独性"。而"公性"与"独性"之间的关系,方大镇以为"公性寓于独性中"③。这种取象说,并不排斥义理,而是以"象"为理的依据,因此称为"观象之学"。

方氏易学在重视易象的同时也重视易数。即象中有数,"一切阴阳五行皆有度数,而变在其中,所以即在其中,圣人制度数,以议德行,表于甲历之节";而"数"也是"理"的标志,"至理一合,无所不合,万事万理以数为征"。因此,需要"倚数穷理,即逆是顺"。方氏指出:"立卦生爻,依数而理寓焉。尽性至命,则超于一切而依然一切也。此节序森列之理数,分毫不坏也。示人研极,则倚数穷理,即逆是顺,圣人开成,则倚数穷理,是饮食耳。故会通者,以为象数,一切是象数;以为道理,一切是道理。"④亦即,六十四卦的卦爻,依据"数"而蕴含"理",穷理尽性以至于命,就是要通过"理数"而穷究其中的道理,最终"至于命"。

或如,"其实只此易之阴阳,蕴为万变。或位之所适,数之所适,互相错综,而统御生克交焉。通者曰:此位数适配耳。不知其适配之即至理也。明者以图书卦策为准,则万法齐矣。图书卦策,安往而非位数之

---

① 《周易时论合编·卷十三》。
② 《周易时论合编·卷十三》。
③ 《周易时论合编·卷二》。
④ 《周易时论合编·卷十三》。

互相错综乎！"①亦即,五行之气,说到底,还是出于阴阳二气。阴阳五行之气虽千变万化,但各有其时位和数,所以其变化,互为错综,相生相克。气化过程中的位和数,乃至理的表现;图书卦策中的位和数,互相错综,亦出于此。此亦是以数为气化的节度和表法。

2. "穷理"过程中的"行权"

但是在"穷理"的过程中,方氏认为既不能"执名象",也不能"破名象"。"充类扫二以见一,则扫天地以显于穆,究竟时争开辟,则开辟即于穆也。毁开辟以窈混沌者,诐词骇人,以激夺藏身耳! 执名象之病拘,破名象之病荡,双扫而栖心无寄,其病非死则荒。"②亦即,"穷理"既不能拘于名象,"善观物理者,自有取法,不拘一说也"③,也不能脱离名象。为此方氏重点批评了"离费求隐"的做法,"或合物以言理,或托空以愚物,学术日裂,物习日变,弁髦礼乐,灭弃图书,其有不坏其心者,但暗与道合而已"④。"离费求隐"即脱离象数而求"虚理","执虚理而不征之象数者,是边无而废有也,执一恶赜,则先为恶赜之心所碍……真易简者,不离繁多而易简也"⑤。因此,"穷理"的过程中还要"行权":

> 圣人行权,轻重合宜而已,盖因物中节者也。⑥
> 权变莫神于易,然权即德之制,变即有其度,故首末以道呼之,道本至变,道又有方,不明其故,非滞则荡。道之于方,

---

① 《周易时论合编·图象几表卷五》。
② 《周易时论合编·卷六》。
③ 《周易时论合编·卷十三》。
④ 《物理小识·总论》。
⑤ 《东西均·象数》。
⑥ 《周易时论合编·卷十二》。

权之于制,随在有费隐适当,无过不及之中节焉,名之曰度。著其度曰方,列之辞曰典,其所以然曰故,由之曰道。[1]

在方氏看来,《周易》强调的即是"权变","变"当然也有其"度",而不能无限制地"变",所谓"度"即是"费隐适当"。最终,方氏提出了"统法"的易学方法。在《时论合编》中有"立法""泯法"与"统法"。

费天地人而立一切法,所以安之也;隐天地人而泯一切法,所以深之也;合费隐之天地人而统一切法,所以贯之也。[2]

所谓"立法",就是立表法,即通过"征象穷理""倚数穷理"深研其几,确定人道应当遵循的法则。所谓"泯法",则是泯灭一切法则。方氏反对虚空之说,由此,方氏又提出了"统法"。所谓"统法",就是将"立法"与"泯法"统一起来的"权":

故掩立见泯,掩立与泯而见统者,权也。统在泯与立中,而泯在立中者,实也。偏立者拘循,偏泯者顽石,偏统者颟顸,圣人前民,民之视听即天。故以立寓泯,而即为善用费隐之统法也。[3]

亦即,"掩立与泯而见统",这样既不偏执于"立法"的表象,也不顽

---

[1] 《周易时论合编·卷十二》。
[2] 《周易时论合编·卷十三》。
[3] 《周易时论合编·卷十三》。

冥不化,离费求隐。应当"即费求隐",通过辩证权衡,使得"费隐得当"。这种"统法"之"权",体现了方氏易学思想中尚变通的辩证思考。

# 第二节 因时辨宜——王夫之的辩证思维方式

王夫之(公元 1619—1692 年),字而农,号姜斋,湖南衡阳人,明末清初哲学家。崇祯十五年(1642 年)举人,明亡后举兵抗清,失败后隐于湘西,最后定居衡阳石船山,世称"船山先生"。王夫之著述极其丰富,后人编为《船山遗书》,刊行共七十种。现代通行本《船山全书》由岳麓书社 1992 年出版,较为完整地记载了王夫之的思想。其中,王夫之名辩思想中的辩证思维主要体现在其"在彼在此之无定者"的理学名辞理论以及"遭变事而知权"的易学推理方法中。

## 一、"在彼在此之无定者"——王夫之理学中的名辞理论及其辩证思考

"名实"问题是先秦以来名辩思潮的重要问题之一,从先秦时期儒家的"正名",墨家的"所以谓,名也;所谓,实也"[1],名家的"循名责实""按实定名"[2],法家的"循名实而定是非,因参验而审言辞"[3],到两汉时

---

[1] 《墨经·经说上》。
[2] 《邓析子·转辞》。
[3] 《韩非子·奸劫弑臣》。

期董仲舒的"深察名号"①,王符的"有名者必称于典,名理者必效于实"②,宋明时期二程的"名实相须",朱熹的"名义界分"等,都涉及"名"与"实"的相关问题。王夫之的"名实"思想与方法就是在总结前人名实观的基础上提出来的。

1."名"的发展过程

从"名"的发展过程来看,"名"经历了"自命""他命""王者制名"三个阶段。③ 最初的"名"(㞢)由口、夕组成,所谓"自命"是指,夕者傍晚昏暗,人与人相互看不见,通过"口"说出自己的名称以免碰撞。王夫之也指出:"名,本训云:'自命也。'从夕者,夕不相见,必自言其名,因此知暗

---

① 《春秋繁露·深察名号》。
② 《潜夫论·考绩》。
③ "自命"阶段:"名,自命也。从口、夕。夕者冥也。冥不相见,故以口自名。"(《说文解字·口部》)"他命"阶段:为三王五帝正百物的传统,"黄帝正名百物,以明民共财"(《礼记·祭法》),"禹敷土,随山刊木,奠高山大川"(《尚书·禹贡》),段玉裁《说文解字注》,"奠高山大川之奠,定也",即命名。奠:定;划分。做路标匡定、划分需要命名),"告于皇天后土,所过名山大川"(《尚书·武成》,孔颖达疏,"山川大乃有名。名、大,互言之耳")。这是一个由自命到他命的阶段。其所产生的名,应该就是荀子所说的描述、规定万物的"散名","散名之加于万物者,则从诸夏之成俗曲期,远方异俗之乡则因之而为通"(《荀子·正名》)。"王者制名"阶段:随着社会的发展,差别的产生,人伦秩序也需要用"名"来标示。因此,先秦之名,有许多是礼仪、制度、伦理之名,而这些名的制定权力在王者手中,于是又有了王者制名阶段,"刑名从商,爵名从周,文名从礼"(《荀子·正名》)。但王者制名的权力是不可以随便给予别人的,"唯器与名不可以假人,君之所司也。……若以假人,与人政也。政亡,则国家从之,弗止也与"(《左传·成公二年》)。这实在是因为祭奠之器与人伦名分、名号联系在一起,"使契为司徒,教以人伦:父子有亲,君臣有义,夫妇有别,长幼有序,朋友有信"(《孟子·滕文公上》),"《易》以道阴阳,《春秋》以道名分"(《庄子·天下》),"定府官,明名分"(《管子·幼官图》),"名也者,名其别离分散也"(《春秋繁露·深察名号》)。

夕问答。"同时他还指出"虽曰自命,有命之者矣""名必有所自受"等观点,将"自命"阶段的"名"与"实"也联系起来:

> 名,自命者也。……名必有所自受。子生三月,而父名之。父名子,人名万物。虽曰自命,有命之者矣。①

"自命"阶段尽管是通过说出自己名字以避免与他人碰撞,但这个阶段已经有其所指,"虽曰自命,有命之者矣"。王夫之通过在《说文广义》中列举"名誉""功名""若干名"等例来说明"名必有所自受"。即"名"必须有所指,"有所自受"。这已经触及"名"与"实"如何对应的关系问题。此外,王夫之还继承了墨家"所以谓,名也;所谓,实也"的名实论,认为"'谓之'者,从其谓而立之名也"②,"谓之"与"从其谓"也是"名"与"实"如何对应的关系体现。

2. "名"的起源

从"名"的起源来看,王夫之认为"名因人立"。

> 天无度,人以太阳一日所行之舍为之度。天无次,人以月建之域为之次。非天所有,名因人立。名非天造,必从其实。十有二次因乎十有二建而得名,日运刻移,东西循环,固无一定之方也。……名从实起,次随建转,即今以顺古,非变古代而立今,其尚允乎!③

---

① 《说文广义》。
② 《周易外传·卷五》。
③ 《思问录·外篇》。

此即以天之"度""次"为例来说明"名"的起源。天本无"度"、无"次"可言,是人根据"实"而创造了"名",并且"名从实起","夫名,因实而生者也。勺、抄以下,无此量器,何从而为之名?"①其间的对应关系即没有"实"的存在就没有"名",强调了"实"先于"名"存在的第一性,"夫所谓实者,理之不容已,内外交尽而无余憾之谓也,有其实,斯有其名矣"②"名以成实,名不可辱;实以主名,名不可沽"③。由是,"实"成为"名"的主体,"名与实非有异也"④。因此,王夫之认为,在"制名"过程中,需要根据古今变化的具体现实情况"援实定名"。但他也同时认识到,要做到"援实定名"也不是那么容易,"援实定名而莫之能易矣"⑤。基于此,王夫之提出如何以确定现实情况的不同而具体地"援实定名"的思想与方法。

在"援实定名"的过程中,要使名实不可"偏废"⑥,使"名实两相称","体用一依其实,不背其故,而名实各相称矣"⑦。但现实情况往往是"名实"不相称,"名实不称,事多错乱,与周公制礼之意殊相背戾,而盛德不彰,故夫子深叹之"⑧。这主要表现为"名"具有复杂性,"夫名者,在彼在此之无定者也"⑨。正是因为"名"无定者的现实情况会造成"知名而不知实"与"知实而不知名"的两种错误倾向,"知实而不知名,知名而不知

---

① 《噩梦》。
② 《读通鉴论·卷二十九》。
③ 《尚书引义·卷五》。
④ 《尚书引义·卷五》。
⑤ 《尚书引义·卷五》。
⑥ 《尚书引义·卷四》。
⑦ 《尚书引义·卷五》。
⑧ 《礼记章句·卷九》。
⑨ 《尚书引义·卷四》。

实,皆不知也"①,因此在"援实定名"的过程中,王夫之认为,还要运用具体的认知对其进行准确的把握。这种具体情况具体对待的辩证思考,首先体现在"命名辨物"的名辩视域中。

3."命名辨物"中的辩证思维运用

"命名辨物"是传统名辩思想的重要视域分殊之一。或如,《周礼》记载了大量"辨其名物"的内容,"掌共六畜、六兽、六禽,辨其名物"②"掌玉瑞玉器之藏,辨其名物,与其用事"③"掌六弓、四弩、八矢之法,辨其名物,而掌其守藏,与其出入"④等等。而孔子也曾提到,"多识于鸟兽草木之名"⑤,而"若乃可以博物而不惑,多识鸟兽草木之名者,莫近于《尔雅》"⑥。从广义上讲,这些都是"命名辨物"视域下对"名实"思想的考察。"命名辨物"正是经过不断发展,逐渐上升为哲学层次的理性认知,体现出古人对于"命名辨物"视域下"名实"方法持续不断地阐发。

按照王夫之的观点,"命名辨物"同样要"名实两相称"。他首先批评了"名实舛错"的现象。或如,在《说文广义·卷三》中,他分辨自然界中的"桂"之物,指出《本草》中所谓的"观桂"其实是指"菌桂",《楚辞》中以木樨花为桂,是因为"桂"为香木,人们喜爱木樨,用美名以称谓。"紫茎"与"马兰"类似,有人却称之为"叶长花香酷烈之草","牡丹"被称为"木芍药","芙蓉"被称为"拒霜花"等等。在王夫之看来,这些均是"名实舛错"而造成的。正是因为这些"名实不称""名实相淆""名实颠倒"

---

① 《姜斋文集·卷一》。
② 《周礼·天官·庖人》。
③ 《周礼·春官·典瑞》。
④ 《周礼·夏官·司弓矢》。
⑤ 《论语·阳货》。
⑥ 《尔雅·释诂》。

"名实失据"等现象的存在,"辨物"才显得十分困难。或如,在《诗经稗疏·卷一》中,他还进一步举例论证:"虆"为一种藤木,"千岁虆"有时名为"虆芜",有时称为"巨苽"(野藤,蓲的异名),三国陆玑认为其与"蘡薁"相似,"似蘡薁,则又蓬虆,作巨苽也"。王夫之认为这是没有详细考察其"实"。由此可见辨别事物之难,难在如何全面而具体。

"辨物"之所以困难,还因为古今异名、同实异名等现象的存在。

古今异名,浅人遂至淆乱。①

艸木之名古今互异,有同名而异实,有异名而同实,唯据所言前后之文以考之,斯为定论。②

"艸木"是初生的草木,存在同名而实际事物不同,以及不同名而实际事物相同的现象。为此王夫之列举了大量的事例。或如,对"苹"之名的论述。

其名苹者,古今称谓之殊也。以此推之,"食野之芩",亦当是水芹。芩、芹音相近耳。要亦不出九草之中为正。若《夏小正》云:"七月苹秀"。苹也者,马帚也。然则《尔雅》所谓并者,乃今之地肤子草,亦苹。并传讹之差。大抵汉人传书,多承口授,故音相近而字遂无择。以理事求之,斯可为折衷尔。③

---

① 《诗经稗疏·卷二》。
② 《诗经稗疏·卷二》。
③ 《诗经稗疏·卷二》。

王夫之在此所列举的"苹"之名,在中国现存最早的一部传统农事历书《夏小正》中,记载的是"七月苹秀",而《尔雅》中记载的"萍"也是"苹","古今称谓之殊",但其实指是相同的。

　　又如,王夫之对"雏"之名的考察。"雏",古书指鹁鸠,这种鸟与"鸣鸠"类似而不善鸣叫,身上有梨花斑点,春天尚幼小时为绿褐色,也称之为"黄褐侯",秋天时则称为"祝鸠"。《说文》中记载了"雏,祝鸠也";《左传》中记载了"祝鸠氏,司徒也",西晋杜预解释说,"祝鸠,鷦鸠也。鷦鸠孝,故为司徒";而《方言》记载了,"鵴鸠,大者谓之鳻鸠,小者谓之鹪鸠,梁宋之间谓之鷦鸠"。对此,王夫之详细具体地解释了祝鸠、鷦鸠、鳻鸠之间的同异关系以及名之来源,"祝鸠、鷦鸠,一鳻鸠尔。鳻、斑音相近,今俗书作斑鸠。古者老人杖首刻此鸠,取其不噎,有祝噎孝养之义,故谓之祝鸠"①。即"祝鸠"有祝福孝养的含义。这也说明古今异名,而其实指是一样的。通过考察比对,王夫之认为"雏"与"祝鸠"名虽然不一样,但实际是同一种鸟。但是"雏"与"隹"异音、异名,如果认为《集传》中的"雏"与《尔雅》中的"隹"相同,在王夫之看来是不正确的,不能够固化地一概而论而失去其"实"。

　　按上,"名实之用,不可不辨也"②,因此,在王夫之看来,在"辨物"时应当历史地考察辨析"名"之流变与分化,不可一概而论,"与物同名,考义类而知之,又不可以一概论也"③。只有通过具体的辩证诠释,才能使得名实关系在各自现实的统一中趋于一致。

　　与自然界中事物的"命名辨物"相比,人类思想领域中的"命名辨

---

① 《诗经稗疏·卷二》。
② 《续春秋左氏传博议·卷下》。
③ 《诗经稗疏·卷二》。

物"同样困难。以"性"的命名为例,王夫之认为,言"性"者都认为自己知"性",但实际上他们所谓的"性"可能并非真正的"性"。为此他从"名实"体用观的角度进行了相关分析论证。亦即,"体"之"实"与"用"之"名",二者是相互联系的,知"体"而不知"用",知"用"而不知"体"都是错误的。

> 目击而遇之,有其成象而不能为之名,如是者于体非茫然也,而不给于用。无以名之,斯无以用之也。习闻而识之,谓有名之必有实。而究不能得其实,如是者执名以起用,而茫然于其体,虽有用,固异体之用,非其用也。夫二者则有辨矣。①

意谓,通过眼睛观察到的成像事物,不能为之"名",因为其本体并不是茫然无知的,只是没有展现其功用。通过见闻而认识的事物,如果有名称就会有其实际存在,通过探究不能够得到对"实"的认识,"执名以起用",茫然而不知其"体",虽然有其"用",也是"异体"之用。这就是所谓的"知实而不知名,弗求名焉,则用将终绌"②,"知名而不知实,以为既知之矣,则终始于名,而惝怳以测其影,斯问而益疑,学而益僻,思而益甚其狂惑,以其名加诸迥异之体,枝辞日兴,愈离其本"③。亦即,只知道其"名"而不求其"实",终究会离事物本来面貌越来越远。因此,需要"问以审之,学以证之,思以反求之,则实在而终得乎名,体定而终伸其用"④。通过问辩审思,使得"名实""体用"得到具体真实的合一。

---

① 《姜斋文集·卷一》。
② 《姜斋文集·卷一》。
③ 《姜斋文集·卷一》。
④ 《姜斋文集·卷一》。

王夫之以"性"为例,评判了以往对"性"的理解,强调要做到"知实""知名",从而名实不可分。他认为,言性者"则皆有名之可执,有用之可见,而终不知何者之为性。盖不知何如之为知,而以知名当之,名则奚不可施哉?……名之所加,亦必有实矣"①。为此,王夫之运用名实观批判了以往学者以"作用""杳冥之精""未始有有无""恶""善恶混""三品""无善无恶"等言辞对"性"的不同诠释。王夫之认为上述"其所云性者非性,其所自谓知者非知"②,故而需要辩证地诠释"性"之名义,以实现"性"之真正"微显阐幽"下的名实相符。

## 二、"遭变事而知权"——王夫之易学 推理方法及其辩证思考

按《周易·系辞下传》记载:"夫《易》,彰往而察来,而微显阐幽,开而当名辨物,正言断辞,则备矣。其称名也小,其取类也大,其旨远,其辞文,其言曲而中,其事肆而隐,因贰以济民行,以明失得之报。"这说明《易》通过"微显阐幽"要实现的目的之一是"彰往察来"。王夫之对此解释说:"'往'者已著之理,'来'者必然之应。'微显者',事物之迹皆推其所以然,而示其当然也。'阐幽',明示其繇来之故,必见于事应也。"③至于如何从方法上能够"彰往察来",王夫之认为需要通过"称名""取类"的方法。

---

① 《姜斋文集·卷一》。
② 《姜斋文集·卷一》。
③ 《周易内传·卷六上》。

"名",谓卦名及辞中所举事物之名也。"小"者,专以一事一物言也。"取类",取义而推其类也。"大"如:屯,本草出土之象,而可推之建侯;噬嗑,啮合也,而可推之用刑。①

王夫之由此提出了他的易学推理方法:"取义而推其类。"详言之,"取义而推其类"即在"天人之合用"的前提下,通过"推其辞义以论理""即象以见理""爻外求义""因时制义"等途径,来"研几精义""引申""拟议""比类广引而拟之"②,以寻找"辞与象相应之理"③,最后以此为依据"以义类而推之"④,从而实现天道与人事之间的推通。

在推类的过程中,王夫之认为还需要"研几精义",而在"研几精义"的过程中,会有辞与事不相干的情况。如南宋理学家刘爚认为:"辞与事不相应,吉与凶何自而决?盖人于辞上会者浅,于象上会者深;文王、周公之辞虽以明卦,然辞之所该终有限,故有时而不应。"⑤亦即,"辞"与"事"有时会不相干,因为"辞"所涵盖的内容或义理终归有限,所以有时候会不应。王夫之认为针对此种情况,需要"推广辞中精义以旁通之",换言之,需要"因时制义,辨而宜矣"⑥。所谓的"因时制义"就是指"《易》之为道,无有故常,不可为典要"⑦,即要遵循"《易》不可为典要"的原则,使所制之"义"恰当合宜。为此王夫之批评了汉代京房、邵雍、《火珠林》等解《易》的方法,认为他们的解释方法属于"凝滞之法"。

---

① 《周易内传·卷六上》。
② 《张子正蒙注·卷二》。
③ 《周易内传·卷六上》。
④ 《周易内传·卷六上》。
⑤ 《周易内传·发例》。
⑥ 《周易内传·卷六上》。
⑦ 《周易内传·卷一上》。

《易》之为道本如是，以体天化，以尽物理，以日新而富有，故占者、学者不可执一凝滞之法，如后世京房、邵子之说，以为之典要。故"得位"，正也，而有时非正；"居中"，吉也，而有时不吉；"相应"，利也，而有时不利；《坎》或为云，而或为雨；《巽》以上入，而其命下施，不可为典要也类如是。读《易》者所当唯变所适，以善体其屡迁之道也。①

意谓，在《周易》当中有时候"得位"是大吉的，但也并非尽然；"居中""相应"等也是这种情况，不可以将其看成必然的。王夫之批评汉代京房的易学方法，"盖自战国，经学乱而术数兴，汉儒承之，以一定之小数窥测天道，为之限制，而不审于'周流六虚，不可为典要'之变化，执十二卦以象十二月，外此者无所配合，则房又为一卦六日之说以文饰之，乃尚余四卦，则置之无用之地；其为道也，致远而泥者也"②。这种批评说明汉代易学家不晓得辩证权衡，而以十二卦作为十二个月来"配象"，京房又进一步将一卦的六爻与六日相匹配，将《乾》《坤》《坎》《离》四卦置于无用之地。在王夫之看来，这是不可取的。他认为应当"于无典要之中，得其至当不易之理矣"③"不可据义例为典要"。在王夫之那里，这种"不可为典要"的原则，体现在对卦爻辞的诠释中，"《易》之不可为典要，辞亦有之，存乎人之善通耳"④。亦即，在诠释卦爻辞的时候应当将其放在当时的具体语境中进行分析，不可一概而论。

---

① 《周易内传·卷六上》。
② 《周易内传·卷二上》。
③ 《周易内传·卷六上》。
④ 《周易内传·卷六上》。

唯《易》不可为典要,故玩象、爻之辞者,亦不可执一以求之。有即爻之得失而象占在者,如"潜龙勿用",则"龙"者初九之德,"潜"者初九之时,"勿用"则示修龙德而在潜者当以藏为道之类是也。乃执此以概其不然者,则于爻无义,于象相违者多矣。①

意谓,观象彖辞时不可"执一以求",有些卦爻辞所彰显的得失吉凶与象占是密不可分的。比如《乾》卦初九爻"潜龙勿用",意思是说"修龙德而在潜者当为道",但如果执念于此,就会使卦爻变得没有意义,并且与象辞也有相违背的地方。故而《周易》中的诠释体例,有阴阳之分,中与不中之别,当位与不当位,应与不应等,这些都体现了变化之道。概言之,王夫之认为易学推理中,"不可为典要者,又存乎其时,读者常善通之"②。"存乎其时"即是强调在推理过程中应当适时适宜地辩证权衡。

又由于《易》中有常有变,在"研几"后"义类而推之"时,王夫之认为也要"遭变事而知权"。或如:

当位之吉,不当位之凶,其恒也。应之利,不应之不利,其恒也。使有恒之可执,而据之为典要,则《火珠林》一类技术之书,相生相克之成局,足以与于圣人之道义、天地之德业矣。故有不当位而吉,当位而不吉,应而不利,不应而利者。……位无恒,应必视其可应,以为趣时之妙用。③

---

① 《周易内传·发例》。
② 《周易内传·发例》。
③ 《周易内传·发例》。

这里所谓的"恒",即是恒久不变。王夫之认为当位时之"吉",不当位之"凶",类应之"利",不类应之"不利",均可视为恒久不变的道理。如果将恒久不变的道理"据之为典要",就会变成《火珠林》之类的卜筮技巧之书。因此,王夫之强调要"遭变事而知权,以研几也"①,不必拘为定说。

> 盖古筮人因象推求以待问,与后世射覆之术略同,为类甚繁,故荀爽集九家解,更有多占,而夫子取其理之可通者存之。实则尽天下之物、天下之事、天下之情伪,皆卦象之所固有,则占者以意求之,无不可验,而初不必拘于一定之说。②

王夫之此处所言的"不必拘于一定之说",就是强调在"研几"的过程中,要适当选择所需体例,从而找到正确的"辞与象相应之理",然后才能确保推类的有效性,以真实见"理"。

首先,可以"推其辞之义以论理"③,即通过卦爻辞所记载的内容来推究其中所显示的义理。所谓"《易》原天理之自然,析理于毫发之间,而吉凶著于未见之先,此其所以为天下至精,而君子之所必尚也"④。意谓,《易》是对天理的效法,因此通过卦爻辞的记载对天理进行辨析时,其中的吉凶在未发生某事之前就能够得以彰显,这就是《易》之所以为天下之精的原因,也是君子所崇尚的原因。

---

① 《周易内传·卷五》。
② 《周易内传·卷六下》。
③ 《周易内传·卷五下》。
④ 《周易内传·卷五下》。

其次，可以"即象以见理"①，即通过卦象来推究其中所显示的义理。王夫之认为，"《易》聚象于奇偶，而散之于参伍错综之往来，相与开合，相与源流。开合有情，源流有理。故吉凶悔吝，舍象而无所征。乾非六阳，无以为龙；坤非六阴，无以为马；中实外虚，颐无以养；足敬铉断，鼎无以烹。推此而言，天下有象，而圣人有《易》，故神物兴而民用前矣。"②"吉凶悔吝，舍象而无所征"，也就是说，《易》中所显示的义理，只有通过卦象才能够得以显示，而"汉儒说象，多取附会。流及于虞翻，而约象互卦，大象变爻，曲以象物者，繁杂琐屈，不可胜纪"③。亦即，汉儒取象却多流于牵强附会，汉代的虞翻更是通过互卦来取象，十分繁琐，此为王夫之所不取。

王夫之还反对魏晋王弼"忘象以求意"的易学方法，认为"自王弼有'得意忘象'之说，而后之言《易》者以己意测一端之义，不揆诸象，不以象而征辞，不会通于六爻，不合符于象象，不上推于阴阳十二位之往来，六十四卦、三十六象之错综，求以见圣人之意，难矣"④。意谓，自王弼提出了"得意忘象"以后，后世学者推究事物义理的时候就不再依据卦象，如此来求取圣人的意愿，实在是难呀。于是，王夫之改造了程颐的"假象以显义""因象以明理"理论，提出了"即象以见理"的观点：

> 若夫《易》之为道，即象以见理，即理之得失以定占之吉凶，即占以示学，切民用，合天性，统四圣人于一贯，会以言、以

---

① 《周易内传·发例》。
② 《周易内传·卷六》。
③ 《周易内传·卷六》。
④ 《周易内传·卷五下》。

动、以占,以制器于一原,则不揣愚昧,窃所有事者也。①

王夫之"即象以见理"的认识,是在重视卦象,纠正王弼"得意忘象"的易学方法,改造程颐"假象以显义""因象以明理"的理论基础上提出的,其根本目的就是强调"据象推理"的重要性。

再次,有时仅仅靠卦辞、卦象来求得事物的"类事理",也是不完善的,还可以依据"卦德"即卦所具有的属性进行"研几"。

> 天、地、雷、风、水、火、山、泽,八卦之象也。八卦之德,不限于此。舍卦画所著之德,仅求之所取之象,是得枝叶而忘其本根;于是雷火盛而为《丰》,山风厉而为《蛊》,一偏之说,遂以蔽卦之全体,而《彖》与《爻》之大义微言皆隐矣。②

王夫之在此强调以"卦德"来推究事物之义理,在他看来,舍弃卦画中所显示的卦德,仅仅去追求所取之象,是得枝叶而忘却事物本旨的做法。为了纠正这种错误,可以参照卦德来"取义"。而以"卦德"为依据来寻找"辞象相应之理",在这一过程中"取义"也不是一成不变的,"凡推言卦德而极赞之者,皆卦之情才本有所不足,而圣人穷理通变以达天则,见阴阳之变化为两间必有之理数,初无不善之几,而但在观察之审,因而善用之尔"③。之所以用"卦德"来"取义",也是因为有时候一卦之性情有所不足,难以穷究其理,因此圣人通过其他方法"穷理通变

---

① 《周易内传·发例》。
② 《周易内传·发例》。
③ 《周易内传·卷三上》。

以达天则"。

此外,在卦辞、卦象、卦德之外,还有依据"卦变"而"取义"者。"卦变者,因《彖传》往来上下进行内外之旨,推而见其所自变也。夫子作《彖传》,于卦画已定、卦象已备、卦德已见于彖辞之后,而得其理焉,明此卦之所以异于彼卦者,以其爻与位之有变易也"[①]。所谓的"卦变"就是一卦既成后,通过往来上下变化而产生另一卦,在王夫之看来,也可以通过"卦变"来求得事物之义理。这是因为,有时候卦象杂乱,变化多端,不易把握,"要此诸卦,皆相杂而难乎取象。变易之极,非固然之体撰,则有彼卦稍有移易而又别为一道之理。从其变而观之,以审进退升降于几微,穷人情物理之致"[②]。亦即,彼卦稍微有一处移动,所显示的义理就随之变动,通过卦变而观之,也可以审察其中的道理。

而上述这些,均使得王夫之的"遭变事而知权"易学推理方法中的辩证思维一以贯之。

# 第三节 明末清初其他思想家的辩证思维认识

自方以智的"设教之言惟恐矛盾,而学天地者不妨矛盾"[③]之后,明末清初类似这样的将古代朴素辩证思维提升到一个新的高度的精辟论断就不多见了。不过还是有一些有关辩证思维方式的论断散见在其他一些思想家的认识中。

---

[①] 《周易内传·发例》。
[②] 《周易内传·发例》。
[③] 《一贯问答》。

## 一、顾炎武

顾炎武(公元 1613—1682 年)在重视经验的基础上,旁征博引,提出"天下之事,有言在一时,而其效见于数百年之后",认为判断的充分依据是有其历史时代的条件性的。他的重辨源流而审名实的"采山之铜"治学方法,也在批评着宋明理学家的"豁然顿悟"。"尝谓今人纂辑之书,正如今人之铸钱。古人采铜于山,今人则买旧钱,名之曰废铜,以充铸而已。所铸之钱既已粗恶,而又将古人传世之宝,舂锉碎散,不存于后,岂不两失之乎?承问《日知录》又成几卷,盖期之以废铜;而某自别来一载,早夜诵读,反复寻究,仅得十余条,然庶几采山之铜也。"①细细品读,称量权衡的辩证思考跃然纸上。

## 二、黄宗羲

黄宗羲(公元 1610—1695 年)在探讨君民、君臣的名实关系的过程中,其《原君》《原臣》等使用的古今对比法,也显露着历史时代的条件性。"古者以天下为主,君为客,凡君之所毕世而经营者,为天下也。今也以君为主,天下为客,凡天下之无地而得安宁者,为君也。"②

在治学方法上,黄宗羲认为认识对象林林总总,总是同中有异,异中有同,故而应该采用同异比较的方法。"学问之道,以各人用得着者

---

① 《日知录·与友人书》。
② 《明夷待访录·原君》。

为真。凡依门傍户,依样葫芦者,非流俗之士,则经生之业也。此编①所列,有一偏之见,有相反之论,学者于其不同处,正宜著眼理会,所谓一本而万殊也。以水济水,岂是学问?"②这种不能"以水济水"的认识,正是承继了先秦时代有关"和与同异乎"的讨论,在黄宗羲那里,其意味就是"中和"的调羹术,"甜酸苦辣,油盐酱醋,调和在一起,才能成为美味"③。

## 三、唐甄

唐甄(公元 1630—1704 年)重实践,重正名,其"天下有天下之智,一州有一州之智,一郡一邑有一郡一邑之智,所言皆可用也。我有好,不即人之所好,我有恶,不即人之所恶,众欲不可拂也。以天下之言谋事,何事不宜?以天下之欲行事,何事不达?"④其"为仁不能胜暴,非仁也;为义不能用众,非义也;为智不能决诡,非智也。……不能救民者不如无贤"⑤的论断,亦如当下的批判性思维所要求的"有无其他因素影响推理"的辩证追问,在那个时代也是有迹可循的。

---

① 指黄宗羲本人编纂的《明儒学案》。
② 《明儒学案·发凡》。
③ 温公颐:《中国古代逻辑史》(下),南开大学出版社 2019 年,第 929 页。
④ 《潜书·六善》。
⑤ 《潜书·有为》。

## 四、颜元

说到颜元(公元 1635—1704 年),我们这里着重在历史的纵向比较上,对他充满辩证思考的功利判断进行些许评价。

纵览低徊,"义"和"利"作为一对相互影响、相互作用、对立统一的范畴,在先秦时代即已存在"义利之辩"。其"辩"就是以对它们之间关系的不同理解而展开。

儒家重义轻利。孔子说:"君子喻于义,小人喻于利。"①认为"放于利而行,多怨"②。这其中似含有一定的偏见在内,但他要求"见得思义"③"见利思义"④,不但表明了一种对完人的理解,而且还以其"富与贵,是人之所欲也,不以其道得之,不处也。贫与贱,是人之所恶也,不以其道去之,不去也"⑤的鲜明态度,表明了"义然后取"⑥,反对"不义而富且贵"⑦的取利途径。这与荀子以其辩证的态度提出"义与利者,人之所两有也"⑧"好利恶害,是君子小人之所同也;若其所以求之之道则异也"⑨殊途同归。虽然儒家在这里更多的是强调"君子"求"义"是需要经常思考的问题,但这种对于"利"的求取方法的不同,却为以后的"君子

---

① 《论语·里仁》。
② 《论语·里仁》。
③ 《论语·季氏》。
④ 《论语·宪问》。
⑤ 《论语·里仁》。
⑥ 《论语·宪问》。
⑦ 《论语·述而》。
⑧ 《荀子·大略》。
⑨ 《荀子·荣辱》。

爱财,取之有道"奠定了诚信原则的基础。

墨家"贵义",认为"有义则生,无义则死;有义则富,无义则贫"[1],以其"爱无差等",将"兼爱"建立在人类的"互报"上,故"夫爱人者,人必从而爱之;利人者,人必从而利之;恶人者,人必从而恶之;害人者,人必从而害之"[2]。认为只有含"义"的行为才能给人带来利益,故而要求以"兼相爱"达至"交相利",在此过程中,义利是统一的,"义:利也"[3]。墨子"交相利"的原则应该是"互惠互利"原则的滥觞。

毋庸置疑,古人显然也认识到了"利"的物质利益给人带来的情感上的愉悦,"利:所得而喜也"[4],也认识到了"义"和"利"是统一的,一定的道德行为必然会给人带来利益,"利者,义之和也"[5]。他们认为取"利"要讲求原则,即主张以"义"来节制人们的行为。

但是,这种传统的义利观显然带有时代的局限,有人为割裂"义""利"的工具理性(取的方法、途径)和价值理性(取的目的)的痕迹。在他们的义利观中,过多地强调了社会生活中的"义"的方面,弱化了社会生活中的"利"的方面,因此在"义"与"利"的辩证统一中,他们有时不当贬低了"利"的意义。如孟子在梁惠王提出"将何以利吾国"的问题时,就回答说:"何必曰利,亦有仁义而已矣。"[6]

这种只问行为的动机,不问行为的效果,推至极端,便成了董仲舒所说的"正其谊不谋其利,明其道不计其功"[7]。故而这里有一个问题需

---

[1] 《墨子·天志上》。
[2] 《墨子·兼爱中》。
[3] 《墨经·经上》。
[4] 《墨经·经上》。
[5] 《周易·乾·文言》。
[6] 《孟子·梁惠王上》。
[7] 《汉书·董仲舒传》。

要澄清,"利"本身与对"利"的追求中所表现出来的精神不是一回事,"义"本身与对"义"的追求中所表现出来的精神也不是一回事。无论是取"义"还是取"利",都涉及一个他者的存在,只有把"利"作为自己行为的最终目的而不考虑他者的存在时才可以说是不道德的。如果在"所得而喜也"的取"利"过程中"见利思义",考虑到他者的存在,是可以将取"利"的功能价值与伦理价值结合在一起,从而"义以生利,利以丰民"[①]的。

相较于过往历史上的义利观,颜元的看法就辩证得多了。

> 以义为利,圣贤平正道理也。尧舜利用,《尚书》明与、正德、厚生并为三事。利贞、利用安身,……利者义之和也,《易》之言利更多。……后儒乃云:"正其谊不谋其利",过矣!……予尝矫其偏,改云:正其谊以谋其利,明其道而计其功。[②]

颜元这种对于义利"恰当""适宜"之掂量权衡的辩证认识,实际涉及对于人在社会中的义务应采取一种什么样的"应然"生存方式。颜元"正其谊以谋其利,明其道而计其功"的辩证命题,将曾经截然对立多少年的"利"和"义"在多层面的意义上统一起来。一方面,"利"是"义"的基础,"正谊""明道"的目的就是为了"谋利"和"计功";另一方面,"利"也离不开"义",取"利"必须合"义"。颜元这种对于义利观的辩证思考,在当今时代也足以引发我们的思索:人是现实生存的人,他除了应该具有理想追求外,还有着实实在在的现实需求,那种"存天理,灭人欲"的

---

① 《国语·晋语一》。
② 《四书正误·卷一》。

生存方式恐非人的"实然"生存方式。

## 五、戴震

戴震(公元1724—1777年)学识渊博,在其治学过程中,也有着严密的"综刑名、任裁断"的逻辑方法,其中也体现着辩证思维方式。如他在研读经书的过程中,认为:

> 寻思之久,计于心曰:经之至者道也,所以明道者其词也,所以成词者字也。由字以通其词,由词以通其道,必有渐。……
> 一字之义,当贯群经,本六书然后为定。至若经之难明,尚有若干事,诵《尧典》数行,至乃命羲和,不知恒星七政所以运行,则掩卷不能卒业;诵《周南》《召南》,自"关雎"而往,不知古音徒强以协韵,则龃龉失读;诵古《礼经》,先"士冠礼",不知古者宫室衣服等制,则迷于其方,莫辨其用;不知古今地名沿革,则《禹贡》《职方》失其处所;不知少广旁要,则《考工》之器,不能因文而推其制;不知鸟兽虫鱼草木之状类名号,则比兴之意乖,而字学、故训、音声未始相离,声与音又经纬衡从易辨。……凡经之难明,右若干事儒者不宜忽置不讲。……仆闻事于经学,盖有三难:淹博难,识断难,精审难。……暨为书之大概端在乎是。①

---

① 《与是仲明论学书》,见《戴东原集·卷九》。

这一大段洋洋洒洒的论述,在论证"一字之义,当贯群经"的称量权衡过程中,在恰当、适宜的意义上,也体现着本书导论中论述的整体性、系统性、层次性的辩证认识。

# 结　语　传统辩证思维方式的研究意义及现代转换的可能性与必要性

著名逻辑史学家杜米特留的《逻辑史》第一卷包含了"中国古代的逻辑"专章。但在论述中国古代逻辑史一开始,他就谈到了中国哲学对于欧洲学者来说非常难懂,并分析了其中的原因。其举《老子》为例,结论是,"中国古代哲学没有发展出一套像亚里士多德在古希腊系统化巅峰时期那样的逻辑工具,但是仍有许多关于几乎逻辑所有方面的有趣的论述,它证明了逻辑问题并未处于中国人的思维之外"[1]。由之,我们按今天中国逻辑史的研究成果简单回溯,亦即,在先秦名辩思潮中,老子的"正言若反"与《老子》开篇即言的"道可道,非常道;名可名,非常名"[2]有着密切的联系。

在老子那里,"道"是先天地而生的宇宙本原,"有物混成,先天地生,寂兮寥兮,独立而不改,周行而不殆,可以为天地母,吾不知其名,字之曰道"[3]。其特点无以名状、恒常、不可言说,"道之为物,惟恍惟惚"[4],且是运动、发展、变化的,而这种运动过程是循环往复的,"反者道

---

[1] 转引自李先焜:《李先焜文集》,长江出版社2017年版,第425页。
[2] 《老子·一章》。
[3] 《老子·二十五章》。
[4] 《老子·二十一章》。

之动"①"大曰逝,逝曰远,远曰反"②"致虚极,守静笃。万物并作,吾以观复。夫物芸芸,各复归其根。归根曰静,静曰复命,复命曰常,知常曰明。不知常,妄作凶"③。其性质是"道"统有无,并且具有多样性和统一性的性质,使得万物总是"负阴而抱阳,冲气以为和"④。正因为"道"有这些性质,所以老子认为人们只能通过静观来体悟"道",不可能认识和言说之,于是老子就势必要求"非辩""不争"。因为,在"法自然"的过程中,自然的法则是利于物而无害,人间的法则是施为而不争夺,"信言不美,美言不信。善者不辩,辩者不善。知者不博,博者不知……天之道,利而不害;人之道,为而不争"⑤。虽然老子主张"不辩",但另一方面他又承认有"大辩"——"大辩若讷"⑥。其实,老子的"大辩"还是"不辩",其实质仍然是要求通过静观来尊崇自然法则,达到反璞归真。

但是,尽管老子主张"不辩"和"不辩"意义上的"大辩",他所描述的"道"的根本性、运动性、多样性和统一性的大一统,不但是自然法则、社会法则,同时还以"无名,天地之始,有名,万物之母",将"道"引入人的主观认识的思维领域,成为规范人们正确辨别与认识事物发展变化的思维法则。这种思维法则在"不辩""大辩"中是以"正言若反"的思维形式体现出来的。即如前述,它一般是通过联结对立的概念,构成一个似乎是违反常识的有似于悖论的语句,以此表达事物的对立统一。《老子》五千言中多达七十多条的"正言若反",被老子称为"知此两者亦稽式"⑦。所谓"稽式"

---

① 《老子·四十章》。
② 《老子·二十五章》。
③ 《老子·十六章》。
④ 《老子·四十一章》。
⑤ 《老子·八十一章》。
⑥ 《老子·四十五章》。
⑦ 《老子·六十五章》。

就是认知事物的不易准则,也融贯在先秦传统辩证思维方式的长河中。

从这个意义出发,作为中国古代"思维样法"之一的"权正致中"的传统辩证思维方式,是在中国传统"中和"文化的历史化过程中形成的。"中和"是世界本原的"道"之根本特性与万事万物运行变化的基本法则,要以"权正致中"的认识事物的基本方法,以"时中"的实践原则,以"协调"的审美原则,达至"和谐"之社会价值目标。其发生发展,可谓源远流长,是历史选择中文化主体的主观性和客观性的辩证统一。

首先,传统辩证思维方式是中国传统历史文化形成过程中,思维主体总结和概括出来的思考问题的规则、程序、步骤和手段,它们必须通过思维主体"中理""中法"原则的实际运用才能实现。

其次,传统辩证思维方式是在一定历史实践基础上形成和发展的,其基础和源泉具有历史客观性,这种客观性体现在作为中国传统"中和"文化体的人们如何认识世界万物之间的相互关系和对其规则的认知上,依据于现实事物之间相互关系所形成的思维规则、程序、步骤、手段和工具。也正是由于这种传统辩证思维方式的发展受到客观历史条件的制约,具有一定历史时代的特征,所以对它的选择和评价也有客观性,也受到中国古代社会实践规模和水平的制约,并随着中国古代社会实践活动方式的发展而发展。在此我们不妨重温恩格斯所说的一段话:"每一时代的理论思维,从而我们时代的理论思维,都是一种历史的产物,在不同的时代具有非常不同的形式,同时具有非常不同的内容。因此,关于思维的科学,也和其他各门科学一样,是一种历史的科学,是关于人的思维的历史发展的科学。"[①]

---

[①] 中共中央马克思恩格斯列宁斯大林著作编译局编译:《马克思恩格斯选集》(第4卷),人民出版社1995年版,第284页。

正是由于中国传统辩证思维方式的发生发展，是在中国传统"中和"文化的历史化过程中形成的，是历史文化主体选择的主观性和客观性的辩证统一，所以在其历史化的发生发展过程中，对它的探讨及实践应用，都是在"中国传统名辩"的语境下进行的。而从明末开始，一种全新的理论化形态的思维工具学科开始进入中国，它又带来了一种新的语境。如"第一次把西方的演绎观念介绍到中国的是1607年利玛窦与徐光启合译的《几何原本》前六卷"①，至清末民国初年，随着西方"逻辑"作为一个稳定的普遍适用的思维工具学科被中国社会接受，被严复称为"一切法之法，一切学之学"②的"逻辑"，就为中国人又开启了一个新的思维工具的"视野"。至如今，"逻辑"一词对任何一个求知的人来说已不再陌生，西方逻辑科学的地位在中国大地上已经得到了确立。且对其进行的研究，已是从领域合一到领域分离，研究的成果林林总总，但基本是在西方"逻辑"语境下进行的。西方"逻辑"在中国的土地上早已取得了无可取代的地位。

其实，早在20世纪五六十年代，我国逻辑学界曾进行了一次参与人数众多、影响深远的逻辑大讨论③，而肇始问题是有关形式逻辑与辩

---

① 翟锦程：《近代中国逻辑思想研究源论》，《中国高校社会科学》，2016年第1期。
② 严复：《穆勒名学》"引论"的案语，见中国逻辑史研究会资料编选组：《中国逻辑史资料选》（近代卷），甘肃人民出版社1991年版，第255页。
③ 这次逻辑大讨论的主题主要有七个：形式逻辑与辩证法的关系问题；形式逻辑的客观基础问题；形式逻辑的对象、性质和作用问题；形式逻辑推理中真实性和正确性的关系问题；形式逻辑的修正、改造与发展方向问题；归纳逻辑的问题；形式逻辑与数理逻辑的关系问题。参见"哲学研究"编辑部编：《逻辑问题讨论集》（上海人民出版社1959年版），《逻辑问题讨论续集》（上海人民出版社1960年版），《逻辑问题讨论三集》（上海人民出版社1962年版）。

证法的关系①,其中的第五个主题是关于"形式逻辑的修正、改造与发展方向问题",涉及逻辑的可修正问题。受当时国际国内政治因素的影响,讨论的结果都主张以辩证唯物主义为指导,修正和发展现有的形式逻辑,在各有不同的修正方案中,大多都是要求提升辩证逻辑的地位。②或如,有的主张修改形式逻辑就是创造辩证逻辑;有的主张形式逻辑与辩证逻辑是初级与高级的关系;金岳霖先生则认为应该建立一个新的逻辑体系,"这个逻辑体系是既有辩证法或辩证逻辑因素在内、又有形式逻辑因素在内的、而又以前者为主的统一的逻辑体系"③。这在当时的政治背景下,不失为一种"中和"的观点。

但是,"由于马克思主义经典作家在著作中往往将唯物辩证法与辩证逻辑当作同一个概念来使用"④,所以逻辑大讨论中的辩证逻辑的语境受时代的影响,还是以黑格尔以来至列宁的西方"辩证法"语境为主,因而辩证逻辑与辩证法似可等同而相互替代,完全没有中国传统辩证思维方式的什么事。

受此观念影响,即如赵纪彬、詹剑峰、汪奠基等中国逻辑史研究前辈在几十年前的研究中,认为既然研究的对象是思维,就应包含形式逻辑、辩证逻辑及其与认识论的关系等内容,"中国逻辑史,就是研究所有留在旧中国哲学和一定的科学思想范围内的,有关形式逻辑及辩证法方面的思维形式法则及思维理论认识的发生和发展的历史"⑤。这里的

---

① 参见周谷城:《形式逻辑与辩证法》,生活·读书·新知三联书店1962年版。
② 参见吴家国:《关于形式逻辑问题讨论的回顾》,《哲学研究》,1979年第4期。
③ 金岳霖学术基金会学术委员会编:《金岳霖文集》(第4卷),甘肃人民出版社1995年版,第355页。
④ 李继东:《中国现代逻辑史论(1919—1949)》,延边大学出版社2001年版,第140页。
⑤ 汪奠基:《关于中国逻辑史的对象和范围问题》,《哲学研究》,1957年第2期。

"辩证法方面的思维形式法则"及"发生和发展的历史",应该指的就是在总体上契合着现代对辩证思维认识的、存在于中国传统社会里的传统辩证思维方式。"辩证法""辩证逻辑"与"辩证思维"研究的语境,有了一定程度"自己讲自己的道理"的"本土化"变化。

历史演进到今天,随着社会的不断发展、科技的不断进步,对于"逻辑的修正"的讨论业已展开,逻辑思维的方法研究可以是多元的,故而有逻辑领域研究的分离。但使用方法的最终主体毕竟还是人,作为逻辑思维的观念还是需要在不同的研究中得到合一。能否在此合一中,使研究方法和研究内容也在新的基础上整合到我们的思维工具系统研究中?哪怕是出于一种民族情怀,今天的我们在新的思维工具"视野"下,仍然需要重新认识传统"中和"文化中的辩证思维方式。即如我们在导论中曾说到的张岱年先生,他认为"在今日建设社会主义文化的新时代,必须做到思维方式的现代化。既要发挥辩证思维的优良传统,更要学会缜密分析、进行实验的科学方法。中国新文化的灿烂未来,有待于思维方式的更新"。而"发挥辩证思维的优良传统"的前提条件,就是要重新发掘它、梳理它、认识它、理解它、在现代转换下用好它。

习近平总书记2017年5月在中国政法大学考察时曾提出:"青年时期是培养和训练科学思维方法和思维能力的关键时期,无论在学校还是在社会,都要把学习同思考、观察同思考、实践同思考紧密结合起来,保持对新事物的敏锐,学会用正确的立场观点方法分析问题,善于把握历史和时代的发展方向,善于把握社会生活的主流和支流、现象和本质。要充分发挥青年的创造精神,勇于开拓实践,勇于探索真理。养成了历史思维、辩证思维、系统思维、创新思维的习惯,终身受用。"[1]

---

[1] 转引自李锦云:《养成辩证思维习惯终身受用》,《光明日报》,2017年11月20日。

2017年10月18日中国共产党第十九次全国代表大会上,习近平总书记所做的十九大报告第十三部分(八)中,也在"全面增强执政本领"的意义下,提出"增强政治领导本领,坚持战略思维、创新思维、辩证思维、法治思维、底线思维,科学制定和坚决执行党的路线方针政策,把党总揽全局、协调各方落到实处"①。

2021年8月19日外交部发言人华春莹在谈到阿富汗局势时也表示:"我注意有些人反复强调他们对阿塔的不信任。我想说的是,世界上没有任何事物是一成不变的。我们主张要用全面、联系、发展的辩证思维来认识、看待和处理问题,不仅要看过去怎么样,也要看现在怎么样;不仅听其言,也要观其行。如果不与时俱进,而是抱守固定思维,无视形势发展,那就是刻舟求剑,就不会得出符合实际的结论。"②

上述几例也说明,在现实生活的思维整体中,无论逻辑思维是怎样的基础地位,辩证思维还是须臾不可阙如的。《礼记·中庸》有言:"万物并育而不相害;道并行而不相悖。"其实,逻辑思维(常、经的确定性)与辩证思维(权、变的灵活性)不但可以并行不悖,而且在统一的思维认知过程中还可以相互交融。当今热浪滚滚的批判性思维之"有无其他因素影响推理"的追问与逻辑学基本规律的作用的条件性③之融贯,是能够搭建一座沟通逻辑思维与辩证思维的桥梁,使逻辑思维的确定性与辩证思维的变易性,以及在变易性中寻找新的确定性,整合在我们认识世界的整体思维中。亦即,在"三同一"(同一时间、同一关系下针对

---

① 新华社微信公众号,2017年10月18日。
② 黄惠馨、孔禄渊:《外交部谈阿富汗局势:主张用辩证思维来认识、看待和处理问题》,环球网,2021年8月19日。
③ "第五章 逻辑学基本规律",参见南开大学哲学院逻辑学教研室编著:《逻辑学基础教程》(第四版),南开大学出版社2020年版。

同一对象)条件下的同一个推理论证过程中,务必保持思维的确定性,同时也要思考自问或他问的"有无其他因素影响推理"的追问,如果有,就需要在条件变化的基础上,继续探索新的确定性。

这是因为,自古至今,人所存在的现实世界是一个道义可能世界,人必须遵守这个道义世界中必然要建立的各种思维的、法律的、道德的规范体系。而这一切思维认识,需要人通过相互之间进行沟通交际、表达各自的思想来实现。从这个意义上讲,人的沟通世界实际上就是一个"逻辑"规约下的"交际场",必然涉及诸多"他者"的存在,人生就是一个不断各自论证自己同时又相互推销自己、说服他人的过程。在这个交际场中,对待同一个问题,不同的知识水平、不同的思想观点、不同的认知程度、不同的社会经历,会给予人们不同的认识角度和主观态度。因此,在这个人生交际场中,由于每个人的知识和信念都处于一种各自独立平衡的状态,这使得每个人都具有一个相对稳定的知识场域和信念场域。也正是因为这种不一致,人们才需要沟通。有效、合理、适宜、恰当的思维判定能够使不同的知识场域与信念场域在思维认知发展的过程中融会贯通,从而在和而不同的基础上,让每个人都为正常有序的沟通交际做出自己的努力,使原有的各自独立平衡的状态不断被修正,不断被提升。而固化的思维只会不受规约地一犟到底,每个人就都不打算改变自己的知识场域与信念场域,剩下的只有无休止打嘴仗。

或如,先秦孟子曾经对主张"贵生"与"重己"的杨朱、主张"兼爱"与"非攻"的墨子大加挞伐:"杨氏为我,是无君也;墨子兼爱,是无父也。无君无父,是禽兽也。"[1]但孟子"稻草人"式的攻击,如何能够令人信服?

或如,如今的互联网世界,每个人有着或多或少的微信群,面对一

---

[1] 《孟子·滕文公下》。

些问题,情绪化的争议几乎每天都会在这个群或那个群里发生着。许多争议中的每一方都只是坚定地坚持着自己的"一方面",拒斥着他人的"另一方面"。面对这样的争论,多少人有着"有无其他因素影响推理"的批判性追问的冲动?

古希腊智者学派普罗泰戈拉曾断言,每个人的感觉都是可靠的,人们对一切事物都根据各自的感觉做出不同判断,无所谓真假是非之分。因此提出"人是万物的尺度"的著名命题。同样,中国先秦时代也有类似命题,"惟人万物之灵"①。当我们今天再说这些命题时,这里的"人",就当指由诸多"人"所组成的集合体,其"人"应是一个集合概念,而非类概念。② 而在"交际场"中的每一个"他者",都具有"人"的本质属性③,也正是因为能思维,才能在"人能群"的"类集合"中成为思想意识千差

---

① 《尚书·泰誓上》。
② 根据概念内涵的不同,概念可以分为反映集合体的集合概念和不反映集合体的非集合概念(普遍概念)。集合体指一类事物中每一个个别事物(类中的分子)按照一定方式组合起来,形成了一个具有新的本质属性的整体。每一个个别事物相对于集合体,都是这个集合体中的个体,两者之间是集合体与个体的关系,即整体与部分的关系。如树木是一个普遍概念(类概念),但当一棵棵树木组成一个森林集合体时,其中的每一棵树木都是这个森林集合体中的个体。因此,集合概念的外延只是作为集合体的事物,不是集合体中的个体。一个集合体所具有的属性,它的个体却不一定具有。或如,我们不能指着任意一棵树说"这是森林"。非集合概念(普遍概念)表达的是"类"与"分子"的关系,即一般和特殊的关系。普遍概念的外延是这个类所包含的每一个分子。因此,一个普遍概念所具有的属性,它的分子也一定具有。或如:人有生老病死,我是人,所以我有生老病死。而一旦混淆集合概念与非集合概念(普遍概念),就会造成困惑。或如:人是万物的尺度,我是人,所以我是万物的尺度?
③ 在人类学上,"人"被定义为能够思维、使用语言、具有复杂的社会组织与科技发展的高级动物。尤其是"人"能够建立团体与机构来达到互相支持与协助的目的。

万别的独立个体。为了展现"惟人万物之灵"的风采,我们就理应在"辩明礼义,人之所长"①的大语境下,辩证正视"交际场"中"他者"的存在。即便"庄周梦蝴蝶,蝴蝶梦庄周。一体更变易,万事良悠悠"也是一种人生境界,但它不会是无所沟通的自得其乐。否则庄子也不会写下《庄子》,以他"无端崖之辞,时恣纵而不傥"②的思维方法向"他者"论说着自己的精神快乐主义。

因此,在现实生活的交际场中,为了更好地促进沟通与交流,我们就理应在正确有效的思维过程中,不但要体验、遵守大家"共许"的逻辑思维规则,同时也要辩证地思考具体的论证认识过程,思考"还有其他因素影响推理"的各种具体问题的条件性因素,寻找当下真正"恰当、适宜"的思维确定性。因为,这种"遵守"和"辩证思考"有时未必是自觉的或自愿的,却是现实的。它的现实性就在于它是在现实的社会关系中,规范人们有效思维论证的"强约束"。这种强约束不但体现了确定的具体因果条件下有效论证中的"逻辑真",同时也体现着确定的具体因果条件下有效论证中的"伦理真"。至少在辩证潜意识中,我们不是敬畏神明,而是敬畏因果。

按此,在西方逻辑学知识体系日益深入人们日常生活的今天,回顾、探索、认识、理解"中国传统名辩"语境下的中国古代传统辩证思维"样式",并努力将其现代地转换到我们现实生活的思维认知活动中,使自古以来经验性的"事缓从恒,事急从权"再次焕发出它自有的历史化的思维工具的理论光彩,也就显得尤为有意义了。

这是因为,"思维方式的辩证法是对客观辩证法的反映。它通过概

---

① 《管子·形势解》。
② 《庄子·天下》。

念、判断、推理的辩证运动,标注了人类思维发展的一般进程"[1]。在当代现实的社会生活中,我们如何在问题意识的驱动下,在确定性的坚持与灵活性的变通之间,"权正致中"地自觉适时调整看待问题的眼界和思路,把相对的"对立"从事物本身的静态是非判断中抽取出来,放到一个动态的是非判断中,从肯定中看到否定的因素,肯定包含着否定,从否定中看到肯定的因素,否定有助于肯定,从思维方法论意义上谋求合理认知事物的途径,也就成为一个现实的问题。

纵览低徊,"权正致中"早已从自古以来诸思想家的个人体验,在历史的流变中以历史的积淀,成为思想,成为文化,成为思维方式。虽然也曾有人认为这种思维方式只会培养一种夹缝人格,但如何通过今天对它的产生、发展的历史过程重新发掘梳理,重新发现它的思维方法论的必然性和合理性,重新认识到它本来就是为了满足现实需要而创生出来的意义框架,重光它的传统价值,也是一个现实的问题。因为,"传统是保存的原则","在早期它并非瞬间兴起。它综合了个体成就的复杂性,这种综合的过程仍然延续至今,而且将保持到不可预见的未来"[2]。

概言之,作为中国传统辩证思维方式的思维"样法","权正致中"是本民族的历史文化催发出来的,它有其清晰的"执中""用中""贵和"的传统文化遗传基因与社会治理的政治伦理理念支撑,有其从萌芽、形成、继承、拓展的瓜瓞连绵的发展历程,有其自古就一以贯之并不断整合的"经常""权变"的"时中"根据,有其"讲逻辑"与"用逻辑"相统一的工作机理论述与模式刻画,在总体上也契合着现代人对辩证思维的

---

[1] 张晓芒:《正确思维的基本要领》,中央编译出版社2008年版,第202页。
[2] 蓝德曼:《哲学人类学》,工人出版社1988年版,第281、282页。

认识。

　　基于上，在比较逻辑史的研究中，在现代转换的可能性下，我们就应既遵从孙中原先生的观点，即如果要了解中国古代逻辑思想的特殊性和普遍性，我们就应该在"讲逻辑"与"用逻辑"相结合的意义下，采用"形式逻辑与辩证逻辑"和"实事求是和具体分析"的方法①，也应遵从崔清田先生提出的"历史分析的方法"与"文化诠释的方法"②，从而加强对中国古代传统辩证思维方式的研究，重新认识它的工作机理，品咂它的意义与价值；从而在扩展我们认识世界的思维工具库的同时，不断增强我们对它背后的逻辑原则、文化传统、人文精神的了解，不断增强我们对它的方法论意义、文化认同意义的感受；从而使我们对于传统辩证思维方式的如何理解、如何现代转换，有一个较为明确、清晰的认识；从而为建设我们新时代的和谐社会，不断发掘、展现中国古代"中和"文化的辩证魅力。

　　一言以蔽之，使之能够继续成为一个"能走远路的人"。

---

① 参见孙中原:《中国逻辑研究》，商务印书馆2006年版，第32—36页。
② 参见崔清田主编:《名学与辩学》，山西教育出版社1997年版，第11页。

# 参考文献

## 一、古典文献

班固著,颜师古注:《汉书》,中华书局1962年版。

卜各主编:《四书五经大系》(1—4卷),天津古籍出版社1998年版。

陈鼓应:《老子注译及评介》,中华书局1984年版。

陈鼓应注译:《庄子今注今译》,中华书局2009年版。

陈广忠译注:《淮南子》,中华书局2010年版。

程颢、程颐著,王孝鱼点校:《二程集》,中华书局2004年版。

戴震:《戴东原集》,商务印书馆1933年版。

董仲舒著,周桂钿解读:《春秋繁露:节选》,国家图书馆出版社2019年版。

方韬译注:《山海经》,中华书局2011年版。

方以智著,黄德宽、诸伟奇主编:《方以智全书》,黄山书社2019年版。

高亨:《墨经校诠》,科学出版社1958年版。

高亨注:《诗经今注》,上海古籍出版社2019年版。

高亨注译:《商君书注译》,中华书局1974年版。

国学整理社辑:《诸子集成》(1—8册),中华书局1954年版。

胡安国著,钱伟强点校:《春秋胡氏传》,浙江古籍出版社2010年版。

黄晖:《论衡校释》,中华书局2018年版。

黄寿祺、张善文:《周易译注》,上海古籍出版社2012年版。

黄宗羲著,段志强译注:《明夷待访录》,中华书局2011年版。

江灏、钱宗武译注,周秉钧审校:《今古文尚书全译》,贵州人民出版社1990年版。

赖炎元注译:《春秋繁露今注今译》,台湾商务印书馆1984年版。

李梦生译注:《左传译注》,上海古籍出版社2016年版。

刘勰著,范文澜注:《文心雕龙注》,人民文学出版社1978年版。

陆玖译注:《吕氏春秋》,中华书局2011年版。

马瑞辰:《毛诗传笺通释》,山东友谊书社1992年版。

毛公传,郑玄笺,孔颖达等正义:《毛诗正义(附校勘记)》,上海古籍出版社1990年版。

欧阳询著,汪绍楹校:《艺文类聚》,上海古籍出版社1999年版。

庞朴译注:《公孙龙子译注》,上海人民出版社1974年版。

任继愈:《老子绎读》,北京图书馆出版社2006年版。

沈剑英注释:《〈因明正理门论〉今注今译》,上海教育学院1990年打印稿。

司马迁著,吴顺东等译:《史记全译》,贵州人民出版社1994年版。

孙希旦撰,沈啸寰、王星贤点校:《礼记集解》,中华书局1989年版。

汤可敬:《说文解字今释》,岳麓书社2001年版。

王安石著,唐武标校:《王文公文集》,上海人民出版社1974年版。

王充:《论衡》,岳麓书社1991年版。

王夫之著,船山全书编辑委员会编校:《船山全书》,岳麓书社1996

年版。

王焕镳:《墨子校释》,浙江古籍出版社 1987 年版。

王森译注:《荀子白话今译》,中国书店 1992 年版。

许慎著,段玉裁注:《说文解字注》,上海古籍出版社 1981 年版。

杨伯峻编著:《春秋左传注》,中华书局 1990 年版。

杨伯峻译注:《论语译注》,中华书局 2011 年版。

杨伯峻译注:《孟子译注》,中华书局 1962 年版。

张双棣等译注:《吕氏春秋译注》,吉林文史出版社 1986 年版。

张载:《张载集》,中华书局 1978 年版。

赵守正:《管子通解》,北京经济学院出版社 1989 年版。

钟嵘著,李子广评注:《诗品》,中华书局 2020 年版。

周振甫:《文心雕龙今译》,中华书局 2012 年版。

朱杰人等主编:《朱子全书》,上海古籍出版社、安徽教育出版社 2010 年版。

朱熹集注,赵长征点校:《诗集传》,中华书局 2019 年版。

## 二、现代文献

"哲学研究"编辑部编:《逻辑问题讨论集》,上海人民出版社 1959 年版。

"哲学研究"编辑部编:《逻辑问题讨论续集》,上海人民出版社 1960 年版。

"哲学研究"编辑部编:《逻辑问题讨论三集》,上海人民出版社 1962 年版。

《逻辑学辞典》编辑委员会编:《逻辑学辞典》,吉林人民出版社 1983

年版。

北京大学哲学系外国哲学史教研室编译:《十六——十八世纪西欧各国哲学》,商务印书馆1975年版。

陈波:《逻辑哲学导论》,中国人民大学出版社2000年版。

陈鼓应、白奚:《老子评传》,南京大学出版社2001年版。

崔清田主编:《名学与辩学》,山西教育出版社1997年版。

董作宾编:《殷虚文字乙编》,中央研究院历史语言研究所1948年版。

辜鸿铭:《中国人的精神》,海南出版社2007年版。

郭沫若:《十批判书》,人民出版社1954年版。

郭沫若著作编辑出版委员会:《郭沫若全集(历史编)》第1卷,人民出版社1982年版。

侯外庐主编:《中国思想史纲》(上册),中国青年出版社1980年版。

侯外庐等:《中国思想通史》(第2卷),人民出版社1980年版。

胡适:《中国哲学史大纲》,商务印书馆1987年版。

黄现璠:《古书解读初探——黄现璠学术论文选》,广西师范大学出版社2004年版。

蒋国保:《方以智哲学思想研究》,安徽人民出版社1987年版。

金岳霖学术基金会学术委员会编:《金岳霖文集》(第4卷),甘肃人民出版社1995年版。

黎锦熙:《佛教十宗概要(宋元明思想学术文选前编)》,北平京城印书局1935年版。

李继东:《中国现代逻辑史论(1919—1949)》,延边大学出版社2001年版。

李先焜:《李先焜文集》,长江出版社2017年版。

李泽厚:《美的历程》,天津社会科学院出版社 2001 年版。

李泽厚:《中国古代思想史论》,人民出版社 1986 年版。

联合国教科文组织编:《世界文化报告(1998)——文化、创新与市场》,关世杰等译,联合国教科文组织、北京大学出版社 2000 年版。

梁韦弦:《〈程氏易传〉导读》,齐鲁书社 2003 年版。

刘玉建:《〈周易正义〉导读》,齐鲁书社 2005 年版。

刘泽华、葛荃主编:《中国古代政治思想史》(第 2 版),南开大学出版社 2001 年版。

孙晓春主编:《中国政治思想通史》(宋元卷),中国人民大学出版社 2014 年版。

罗根泽:《古史辨》(第 6 册),开明书店 1938 年版。

罗振玉编:《殷虚书契前编》,1932 年版。

蒙培元:《理学范畴系统》,人民出版社 1989 年版。

南开大学哲学院逻辑学教研室编著:《逻辑学基础教程》,南开大学出版社 2020 年版。

欧阳哲生编:《胡适文集》(3),北京大学出版社 1998 年版。

彭漪涟、马钦荣主编:《逻辑学大辞典》,上海辞书出版社 2004 年版。

钱穆:《先秦诸子系年考辨》,上海书店出版社 1992 年版。

任继愈主编:《中国哲学发展史》(先秦),人民出版社 1998 年版。

任秀玲:《中医理论范畴——〈黄帝内经〉建构中医理论的基本范畴》,中医古籍出版社 2001 年版。

孙中原:《逻辑哲学讲演录》,广西师范大学出版社 2009 年版。

孙中原:《中国逻辑史》(先秦),中国人民大学出版社 1987 年版。

孙中原:《中国逻辑研究》,商务印书馆 2006 年版。

谭戒甫:《公孙龙子形名发微》,中华书局1963年版。

谭戒甫:《墨辩发微》,中华书局1964年版。

田文军、吴根友:《中国辩证法史》,河南人民出版社2004年版。

王琯:《公孙龙子悬解》,中华书局1928年版。

王力主编:《古代汉语》(第一册),中华书局1985年版。

王晓德、张晓芒主编:《历史与现实:世界文化多元化研究》,天津人民出版社2007年版。

王孝廉:《中国的神话世界》,作家出版社1991年版。

温公颐、崔清田主编:《中国逻辑史教程》(修订本),南开大学出版社2001年版。

温公颐:《先秦逻辑史》,上海人民出版社1983年版。

温公颐:《中国古代逻辑史》,南开大学出版社2019年版。

伍非百:《中国古名家言》,中国社会科学出版社1983年版。

武宏志、马永侠:《谬误研究》,陕西人民出版社1997年版。

徐中舒主编:《甲骨文字典》,四川辞书出版社1988年版。

杨立华:《气本与神化:张载哲学述论》,北京大学出版社2008年版。

张岱年:《文化与哲学》,教育科学出版社1988年版。

张沛:《隐喻的生命》,北京大学出版社2004年版。

张汝伦编选:《理性与良知——张东荪文选》,上海远东出版社1995年版。

张晓芒:《先秦辩学法则史论》,中国人民大学出版社1996年版。

张晓芒:《先秦诸子的论辩思想与方法》,人民出版社2011年版。

中国科学院哲学研究所西方哲学史组编:《黑格尔论矛盾》,商务印书馆1963年版。

中国逻辑史研究会资料编选组:《中国逻辑史资料选》(先秦卷),甘肃人民出版社1991年版。

中国逻辑史研究会资料编选组:《中国逻辑史资料选》(汉至明卷),甘肃人民出版社1991年版。

中国逻辑史研究会资料编选组:《中国逻辑史资料选》(近代卷),甘肃人民出版社1991年版。

周谷城:《形式逻辑与辩证法》,生活·读书·新知三联书店1962年版。

周文英:《中国逻辑思想史稿》,人民出版社1979年版。

朱伯崑:《易学哲学史》,昆仑出版社2005年版。

左安民:《汉字例话》,中国青年出版社1984年版。

## 三、外国文献

中共中央马克思恩格斯列宁斯大林著作编译局编译:《马克思恩格斯选集》(第1卷),人民出版社1972年版。

中共中央马克思恩格斯列宁斯大林著作编译局编译:《马克思恩格斯选集》(第3卷),人民出版社1972年版。

中共中央马克思恩格斯列宁斯大林著作编译局编译:《马克思恩格斯选集》(第4卷),人民出版社1995年版。

中共中央马克思恩格斯列宁斯大林著作编译局编译:《马克思恩格斯全集》(第20卷),人民出版社1971年版。

中共中央马克思恩格斯列宁斯大林著作编译局编译:《列宁全集》(第38卷),人民出版社1990年版。

爱德华·泰勒:《原始文化》,连树声译,上海文艺出版社1992

年版。

爱因斯坦:《爱因斯坦文集》(第 1 卷),许良英等编译,商务印书馆 2009 年版。

第欧根尼·拉尔修:《名哲言行录》,马永翔等译,吉林人民出版社 2003 年版。

黑格尔:《法哲学原理》,范扬、张企泰译,商务印书馆 1961 年版。

黑格尔:《小逻辑》,贺麟译,商务印书馆 1981 年版。

黑格尔:《哲学史讲演录》(第 1 卷),北京大学哲学系外国哲学史教研室编译,生活·读书·新知三联书店 1956 年版。

克莱夫·贝尔:《艺术》,周金环、马钟元译,中国文联出版公司 1984 年版。

列维-斯特劳斯:《野性的思维》,李幼蒸译,商务印书馆 1987 年版。

穆勒:《穆勒名学》,严复译,生活·读书·新知三联书店 1959 年版。

乔治·贝克莱:《人类知识原理》,关文运译,商务印书馆 2010 年版。

斯塔夫里阿诺斯:《全球通史:1500 年以前的世界》,吴象婴等译,上海社会科学院出版社 1999 年版。

斯坦哈特:《隐喻的逻辑——可能世界中的类比》,黄华新、徐慈华等译,浙江大学出版社 2009 年版。

索绪尔:《普通语言学教程》,外语教学与研究出版社 2001 年版。

亚里士多德:《工具论》,余纪元等译,中国人民大学出版社 2003 年版。

## 四、论　文

董志铁:《言道、言事与援类、引譬》,《信阳师范学院学报》(哲学社会科学版),2003年第2期。

葛荃:《逻辑与政治思想——推类逻辑与中国传统政治思维》,《中州学刊》,2003第2期。

葛志毅:《〈春秋〉义例的形成及其影响》,《中华文化论坛》,2006年第2期。

黄克剑:《"名"的自觉与名家》,《哲学研究》,2010年第7期。

李匡武:《论逻辑谬误》,《华南师院学报》(社会科学版),1982年第2期。

任秀玲:《中医药理论是辩证、形名、类推逻辑体系》,"中国逻辑史第十一次全国学术研讨会"论文,2007年。

孙中原:《甘瓜苦蒂,天下物无全美——墨家的辩证理论思维》,《武汉大学学报》(人文科学版),2013年第5期。

汪奠基:《关于中国逻辑史的对象和范围问题》,《哲学研究》,1957年第2期。

吴家国:《关于形式逻辑问题讨论的回顾》,《哲学研究》,1979年第4期。

吴显庆:《论〈左传〉中的政治辩证法思想》,《北京大学学报》(哲学社会科学版),1993年第5期。

杨国荣:《以人观之、以道观之与以类观之——以先秦为中心看中国文化的认知取向》,《中国社会科学》,2014年第3期。

杨蕾:《中国逻辑与中国古代政治思想》,南开大学博士学位论文,

2005年。

翟锦程:《近代中国逻辑思想研究源论》,《中国高校社会科学》,2016年第1期。

张晓芒、郎需瑞:《传统名辩的视域分殊及方法论反思》,《南开学报》,2017年第2期。

## 五、其 他

黄惠馨、孔禄渊:《外交部谈阿富汗局势:主张用辩证思维来认识、看待和处理问题》,环球网,2021年8月19日。

李锦云:《养成辩证思维习惯终身受用》,《光明日报》,2017年11月20日。

# 后　　记

本书以传统辩证思维方式的萌芽、形成、继承、拓展为主线,选取了古代名辩思想发生发展的先秦、两汉、两宋、明清时期,作为本书论述中国传统辩证思维方式发生发展的主要时代范围。

关于本书的写作,张晓芒撰写了导论、第一章、第八章第三节、结语和参考文献,刘琪撰写了第二章至第六章,郎需瑞撰写了第七章与第八章第一、第二节,贾磊、张奕参与了导论部分内容的讨论及撰写,最后由张晓芒统一修改统稿。

本书的写作与出版,要衷心感谢郑州中华之源与嵩山文明研究会、郑州嵩山文明研究基金会予以立项并资助,衷心感谢研究会领导王文超先生及郑州大学刘太恒教授的关心与指导,衷心感谢商务印书馆的支持。同时,我也曾于编辑此道工作,与本书的责任编辑的沟通极为融洽,也要感谢他为本书的辛勤付出。

书中的疏漏错讹之处,敬请专家学者批评指正。

张晓芒

2022 年 4 月于南开大学

# 作者简介

刘琪,唐山学院马克思主义学院副教授。主要从事马克思主义理论与思想政治教育的研究工作,先后主持完成省市校级课题10项。在各级期刊上先后发表学术论文多篇,出版专著1部。

郎需瑞,南开大学哲学院助理研究员。曾在《周易研究》《孔子研究》《逻辑学研究》《南开学报(哲学社会科学版)》等刊物发表论文10余篇,多篇论文被《中国社会科学文摘》《人大复印资料》等转载。

张晓芒,南开大学哲学院教授、博士生导师,曾任中国逻辑学会中国逻辑史专业委员会主任委员、形式逻辑专业委员会副主任委员、逻辑教育专业委员会副主任委员。主要著作有:《逻辑思维与诡辩》(台海出版社2019年)、《先秦诸子的论辩思想与方法》(人民出版社2011年)、《奇谈怪论说名家》(湖北人民出版社2011年)、《创新思维方法概论》(中央编译出版社2008年)、《中国古代论辩艺术》(山西人民出版社2001年)、《先秦辩学法则史论》(中国人民大学出版社1996年)等18部。发表论文140多篇。